古代中国の言語哲学

古代中国の言語哲学

浅野裕一

岩波書店

装画　宮地昭裕

この書を故北恭昭先生に捧ぐ

目　次

序　章　名家の誕生 1
名家とは何か　名家の誕生　ポリス的古代と論理学的思索
第一章　恵施の思想――至大と至小の論理 13
鄧析の先駆的活動　恵施の論理学　恵施の思想を伝える文献
「歴物十事」の解釈　恵施の理念　政治世界への登場
恵施の理想主義的統治　「歴物」と政治活動の関連　恵施の落日
第二章　弁者の論理――ソフィストたちの命題 45
恵施の論敵　「弁者二十一条」の解釈　恵施・公孫龍との関係
第三章　公孫龍の言語哲学 57
1　指物論――対象と認識
指物論の解釈　指物論の認識論の特色
2　堅白論――普遍は実在する
堅白論の解釈　概念は実在する

3　白馬論——白馬と馬の間
白馬論の解釈　白馬論をめぐる研究史
4　通変論——普遍と特殊
通変論の解釈　通変論の思想
5　名実論——名は実の従者
名実論の解釈　公孫龍の論理学の全体像　名実錯乱への批判
6　公孫龍の全体像——その政治活動と言語哲学
政治思想家としての公孫龍　公孫龍の論理学的立場
政治思想と論理学の関係
7　跡府篇の意図——公孫龍学派の消滅
跡府篇と公孫龍後学　跡府篇の内容　後学による師説の改変
後学の苦境
第四章　墨家の論理学——兼愛の戦士たちの論理——199
墨家集団と鉅子　墨家の思想　分裂と消滅
『墨子』のテキスト　『墨子』経上・経説上の論理学
『墨子』経下・経説下の論理学　『墨子』大取篇の論理学
『墨子』小取篇の論理学　墨家の論理学の特色
第五章　荀子の正名思想——王権と言語——257
『荀子』正名篇の思想　他学派との比較　約名の論理

第六章　『尹文子』の形名思想――名家的思惟の残照――　277
尹文の思想　尹文と『尹文子』　『尹文子』の文献的性格
『尹文子』の形名論　『尹文子』の名分論　『尹文子』の政治思想
論理学と政治思想の関係

注　339

あとがき　355

序　章　名家の誕生

名家とは何か

古代中国の戦国時代（前四〇三―前二二一年）、白い馬は馬ではないとか、天と地は水平だといった命題を唱え、諸国を遊説してまわる思想家たちがいた。同時代の人々は彼等を、巧みな弁舌を操って議論する者、弁者《べんじゃ》と呼んだが、前漢（前二〇二―後八年）末の学者・劉歆《りゅうきん》は、『七略《しちりゃく》』の中で彼等を名家《めいか》と総称した。

名とは狭くは物の名称の意味であるが、言語によって物に命名し、言語によって名称を表示するので、言語一般の意味まで拡大して用いられることもある。それでは劉歆は、なぜ弁者たちを名家なる学派名で呼んだのであろうか。『漢書』芸文志《げいもんし》・諸子略《しょしりゃく》・名家の項には、班固《はんこ》の小序が付してあるが、これも劉歆が著した『七略』に由来すると思われるので、小序によって劉歆の考え方を知ることができる。

名家者流は、蓋《けだ》し礼官より出づ。古《いにしえ》は名位同じからざれば、礼も亦《ま》た数を異にす。孔子曰く、必ずや名を正さんか。名正しからざれば則ち言順《したが》わず。言順わざれば則ち事成らずと。此れ其の長ずる所なり。警者《ごうしゃ》の之を為すに及びては、則ち苟《た》だ鉤鈲析乱《こうはくせきらん》なるのみ。

名家の学者たちは、思うに古代の礼官に淵源を持つのであろう。古代にあっては、称号や爵位が違っていれば、それに応じて礼の規定も異なっていた。だから孔子も、「必ず名分の乱れを正したい。名分が乱れたままでは、言語も道理を外れてしまう。言語が道理を外れたままでは、事業の成功も望めない」と語ったのだ。このように、名分の乱れを正そうとした点は、名家の長所と言えよう。だが徒に常識の欠陥を暴き立てる者がこの学問を行うと、鉤を引っ掛けては言語の体系をズタズタに引き裂き、言語の体系は破壊されて、残骸だけが散乱する始末になってしまうのだ。

古代の周王朝の時代には、社会的身分の上下に応じて、衣服や冠、装身具や馬車、邸宅や儀式などに等級を設けて、身分の上下が一目で識別できるようにするなど、社会秩序を維持するための礼の制度が厳重に定められていた。周王朝が盛んであった時代には、こうした礼制の管理を職掌する礼官が存在していたが、周王朝の権威が衰えるにつれて、下の身分の者が上の身分の者の真似をする僭上が横行し、礼の規定もしだいに守られなくなる。そうした状況の下、名家は古代の礼官の発想を引き継いで名分を正そうとし、名称や言語に精緻な分析を加える思想活動を行ったのだ。

これが名家の発生原因に対する劉歆の説明で、彼は名分を正そうとして言語に分析を加えた学派との理解から、弁者たちに名家なる名称を与えたことになる。この説明の当否については後で述べることとして、つぎに『漢書』芸文志・諸子略・名家の項目に記録される弁者たちの著作を見てみよう。

鄧析《とうせき》二篇。　鄭《てい》の人。子産《しさん》と時を並《とも》にす。

尹文子《いんぶんし》一篇。　斉《せい》の宣王に説く。公孫龍《こうそんりゅう》に先んず。

公孫龍子十四篇。　趙《ちょう》の人。

成公生五篇。　黄公等と時を同じくす。

恵子《けいし》一篇。　名は施《し》。荘子と時を並にす。
黄公四篇。　名は疵《し》。秦《しん》の博士と為り、歌詩を作る。秦の時の歌詩の中に在り。
毛公九篇。　趙の人。公孫龍等と並に平原君趙勝《へいげんくんちょうしょう》の家に游ぶ。
右名七家三十六篇。

これによれば班固は、書名と篇数、簡略な自注を記したのち、名家の著作は七種、合計三十六篇だと言う。ところがこの七種類の著作は、『公孫龍子』を除いてすべて亡んでしまった。しかも十四篇のうち八篇が失われたため、現行の『公孫龍子』は、わずか六篇に過ぎない。この他に『鄧析子』一巻と『尹文子』二篇が現存するが、どちらも後人の手に成る偽書とされている。したがって我々が戦国期の弁者、すなわち名家の思想を知ろうとする場合、『公孫龍子』六篇以外には、ほとんど手がかりがない状態が続いているのである。

戦国期の弁者の活動については、ほとんど資料が残っておらず、その実体は分かりにくい。そうした中にあって、『荘子』天下篇には弁者に関する貴重な記録が残されている。『荘子』天下篇は、恵施《けいし》と渡り合った弁者たちの命題を、二十一条紹介する。この弁者二十一条の内訳を見てみると、時間に関する命題、空間に関する命題、分類に関する命題、概念に関する命題などが含まれている。

これらの命題は、「白狗は黒し」のように、まさしく白を黒と言いくるめる詭弁の印象を与える。弁者たちはこの手の命題を掲げて弁論活動を展開したのであるが、一体彼等は、なぜにこうした思索を生み出したのであろうか。名家が発生するに至った要因とは、どのようなものであったのだろうか。

名家の誕生

「上古の世は、人民少なくして禽獣《きんじゅう》衆《おお》し。人民は禽獣・虫蛇《ちゅうだ》に勝《た》えず。聖人の作《おこ》る有り。木を構えて巣を為《つく》り、以て群害を避く。而して民は之を悦び、天下に王たらしむ。号して有巣氏《ゆうそうし》と曰う」（『韓非子』五蠹《ごと》篇）と回顧されるように、文明世界に住み、日々文明の恩恵を受けて暮らした古代中国の人々は、文明成立以前の世界は混沌の闇であり不可知の恐怖に満ちた暗黒であったと理解した。そこで人々は、人間が対象世界に認識行為を加え、さまざまな対象を知覚して概念化し、万物・万象に名称をつけて世界を分節化した上で、さらに現象の推移や変化を法則化したり、名称をあまねく分類して一つの体系内に収容したり、価値的序列を加えて名分の体系を構築したりしたのちに、世界は初めて人間が安住できる構造へと転換したのだと考えた。彼等にとっては、このピラミッド型のヒエラルヒーこそが、人類に繁栄と安寧をもたらす、誇るべき文明装置であった。

古代中国の伝説は、黄帝《こうてい》を漢民族の始祖にして文明の創始者と仰ぐが、それはまさしく、「黄帝は能く百物に成名し、以て民を明にし財を共にせしむ」（『国語』魯語上）とか、「黄帝は星歴を考定し、五行を建立し、消息を起こし、閏《じゅん》余《よ》を正す」（『史記』暦書）と、黄帝が四面・八眼を備え、いながらに四方八方をくまなく認識して、万物に命名し万象を理法化して、「未だ以て名を有《たも》たず」「恒善の法則无《な》き」（『十六経』観篇）混沌たる世界を、人間が豊かな社会生活を営める、整然たる世界へと改造したからにほかならない。黄帝伝説は、認識・命名・法則化・分類などを黄帝一人に託す形で、これらの行為こそが、人間社会を、そして文明を、根柢で支える重大事なのだと、我々に語りかけている。したがって、この名分の体系こそは、文明社会の秩序を維持する支柱であり、両者は表裏一体の関係にあると意識された。

だが春秋期から戦国期にかけての激しい社会変動の前に、人間がそれまで蓄積し維持してきた名分の体系、名と実との対応関係は、急速に破壊されて行く。春秋末、中原の大国であった晋《しん》国では、有力貴族である知伯《ちはく》氏・范《はん》氏・中行《ちゅうこう》氏・韓《かん》氏・魏《ぎ》氏・趙《ちょう》氏の六卿《りくけい》が君主から実権を奪い、晋国の分割統治を開始する。その後、六卿は複雑な抗争をくり返したが、知伯・范・中行の三氏は滅び、韓・魏・趙の三氏が晋国を三分割する事態に落ち着く。これは下克上による君位の簒奪であるから、本来であれば、周の天子は軍隊を出して三氏を討伐し、晋国の旧状を回復しなければならないのだが、当時の周王室にもはやそうした力はなく、反対に前四〇三年に周の天子はそれを容認し、韓・魏・趙は正式に諸侯として公認される。この年をもって戦国時代の始まりとするのだが、この事件に象徴されるように、春秋・戦国期は、それまで伝統的権威を保持していた名分の体系が、随所で破壊されて行く時代であった。

かつて王号は、文王とか武王などと、周王朝の天子のみが称し得る称号であった。しかるに春秋末には、呉《ご》や越《えつ》や楚《そ》といった蛮夷の族長が勝手に王号を名乗り、ために周王は、新たに天王と称して自己の権威を守らねばならなかった。さらに戦国中期に入ると、諸侯は斉王とか魏王・燕王などと、競って王号を僭称し始め、もはや王号は、天下全体の支配者を指すのか、それとも一国の君主を指すだけなのか、判然としなくなってしまう(1)。

こうした名と実の乖離現象は、単なる言語の乱れといった次元にとどまるものではなく、既成の社会体制の全面的崩壊を、不気味に象徴し予告するものであった。そこで伝統的秩序の回復を願う人々にとっては、このまま「夫れ名実の相怨《うら》むや久し。是の故に絶えて交わること無し」(『管子』宙合篇)との混乱を座視することはできず、「必ずや名を正さん」(『論語』子路篇)とする運動は、今や切実な課題となった。

このように社会秩序の混乱・動揺は、必ず名分の体系の混乱・動揺の形を伴って表出してくる。こうした両者の関係から、名分の体系の混乱を是正し、本来の姿に戻す行為によって、逆に現実に発生した社会秩序の混乱を是正し、社会を本来の姿に戻せるとの発想が生まれてくる。この発想は現実に生じた社会秩序の混乱が部分的な範囲にとどまる一方、既成の名分の体系が人々の規範意識の中で、伝統的権威を強固に保っている間は、実際にある程度の有効性を発揮する。伝統的権威を無視して名分の体系を逸脱した行為を非難して、本来の位置に戻すことにより、既存の社会体制の維持がなお可能になるからである。「必ずや名を正さん」との孔子の言に象徴される正名思想には、こうした性格が辛うじて残存している。

だが社会体制の混乱・動揺が広範囲にかつ急激に生ずる一方、既成の名分の体系が伝統的権威を喪失し、もはや人々の行動を強力に規制する規範とはなり得なくなった状況の下では、正名思想は有効性を発揮できなくなる。すでに形骸と化した名分の体系を梃子に、現実の社会変動を阻止せんとする試みは、もはや観念論でしかないからである。にもかかわらず、観念論的性格の強い正名思想によって、なお現実社会の側を操作できると考えた人々がいた。それがのちに名家《めいか》に分類された思想家たち、すなわち戦国期の弁者《べんじゃ》たちであり、またそれ以外の学派においても、それぞれの思想の一部を正名思想が担う現象が見られた。名分の体系と社会秩序が表裏一体の関係にある以上、在るべき社会体制の実現を目指す思想家たちは、学派の如何を問わず、この問題に全く無関心ではいられなかったからである。

こうして正名の方策が追究されて行けば、そこには当然、名はいかにして実を表示し得るのかとする、言語そのものへの反省が生じてくる。それはさらに、そもそも人はいかにして実を認識し得るかとの、人間の認識能力自体への疑いを引き起こす。そしてついには、世界ははたして我々が知覚するままに存在するのであろうかとの、対象世界の実在性そのものに対する深刻な反省へと辿り着く。

ここに、それまで人間が集積してきた概念・名称への懐疑と批判を通しての、既成の世界認識に対する全面的な再検討が開始される。鄭《てい》の子産《しさん》に対抗して独自の法律案を提示した春秋末の鄧析《とうせき》を先駆けに、恵施《けいし》・桓団《かんだん》・尹文《いんぶん》・公孫《こうそん》龍《りゅう》といった一群の思想家たちは、時間、空間、数量、力、運動、形状、色彩、塡充性、分類、知覚、言語等々について、新たな思索を加え、その成果をつぎつぎに命題化して行った。ここに名家が誕生したのである。したがって名家が礼官から出たとする劉歆《りゅうきん》の説明をそのまま事実として受け取ることはできない。弁者による命題化は、特殊な知識や術語の共有を前提に、多く結論のみを提示する形で行われたため、難解を極めるが、『墨子《ぼくし》』『公孫龍子』『荘子』天下篇などの資料を通覧するとき、我々は、彼等が形成した共通の思想的場が当時たしかに存在したことを知るのである。

弁者たちは、こうした思索を重ねながら、日常を超えた、世界の本質的把握を目指した。その過程で正名の理念もまた変質し、もはや単なる旧体制の復活にとどまらず、全く新しいアイデアによる世界の再編成が構想される例も出てくる。これに類似する現象は、仏教の側から六師《りくし》外道《げどう》と呼ばれた思想家群が活動した古代のインドや、ソフィストたちが活躍し、アリストテレスやプラトンが論理学的思索を深めた古代ギリシアにも見られ、それこそはポリス的古代文明に特有の知的方向性であった。

ポリス的古代と論理学的思索

古代中国の国家は、城壁で囲まれた都市国家を原型とする。城壁は最初は一つであったが、外敵の侵入に備えて防御力を高める必要から、しだいに外郭と内城の二重に作られるようになった。外郭と内城の間には一般の居住区域や市場があり、内城の内側には君主が政務を執る宮殿や、君主の祖先神を祭る宗廟があった。外部に通じる四方の門には、門番が配置されて人々の出入を厳重に監視した。建設された都市の空間は、もとより自然そのままの空間ではなく、「周公は始めて基《もとい》し、新たなる大邑を東国の洛に作る。四方の民は大いに和会す」（『書経』康誥《こうこう》）とか、「周公は朝

城壁に囲まれた都市

に洛に至り、則ち新邑《しんゆう》の営を達観す」（『書経』召誥《しょうこう》）と、全く人工的に設計された空間である。このように、城壁で囲まれた都市がそのまま国家でもある形態は、さまざまな意味で弁者の思索に影響を与えたと推測される。(2)

丘陵や林、河川や農耕地が連なる自然の空間は、そびえ立つ巨大な城壁によって、突如遮断される。自然の空間から城壁で分断された都市の内部は、築城の技術者により設計された、完全に人工的な空間として出現する。この空間は、その内部が街路で多数の里に分割される。こうした風景は、空間をはてしなく連続する自然の空間としてではなく、観念的に設定された人工の空間として捉える、新たな思考を生み出す。それはまた、観念の所産である人工的空間にさらに観念的操作を加え、極限にまで拡大したり、無限に分割したりする思考をも発生させる。しかも都市内部のさまざまな建築物は、角度や位置関係に応じて多様な幾何学的構図を描き出し、数量や傾斜の角度、光線の性質などに関する思索をも促す。

また都市の構造は、個々の物体の性格を考える場合にも、大きな示唆を与える。たとえ君主が国外に出ていても、都市国家の外観自体には何の変化も生じない。しかしそれは、君主不在の言わばもぬけの殻である。こうした現象の変化は、人々を個物の外形と内実の関係に対する思索へと誘うであろう。

さらに宗廟では、決められた期日に祖先神が祭祀される。『墨子《ぼくし》』明鬼下篇が「其の始めて国を建て都を営むの日には、必ず国の正壇を択びて、置《た》てて以て宗廟と為し、必ず木の脩《なが》く茂れる者を択びて、立てて以て菆位《そうい》と為す」と述べるように、祭壇には祖先の神霊が降る場所として、木製の神主《しんしゅ》(依《よ》り代《しろ》)が設けられる。子孫が祭壇に供物を供えて神降しの儀式を行えば、天界から神霊が降下し、祭祀の間だけ神主に宿る。祭祀が終わると、神霊は神主を抜け出して天界に戻る。もし都市国家が滅亡し、子孫による祭祀が絶えてしまえば、神霊は二度とその場所には姿を現わさない。こうした世界観は、個物とそれを成り立たせている本質との関係に対しても、重要な示唆を与えるであろう。

人工的に作られた空間である都市では、時間もまた人工的に管理される。「王公・大人は蚤《はや》く朝し晏《おそ》く退き、獄を聴き政を治む」、士君子は「股肱《ここう》の力を竭《つ》くし、其の思慮の智を亶《つ》くし、内は官府《かんぷ》を治め、外は関市《かんし》・山林・沢梁《たくりょう》の利を収斂し、以て倉廩府庫《そうりんふこ》を実《み》たす」「農夫は蚤く出で暮れに入り、耕稼樹芸《こうかじゅげい》し、多く叔粟《せきぞく》を聚《あつ》む」(『墨子』非楽上篇)と言われるように、君主や貴族が法廷での裁判や政務を行ったり、多数の官僚や官吏が国家財政を豊かにすべく任務に励んだり、農民が農耕に励んで穀物の収穫量を増したりするためには、政府による時間の管理が不可欠の条件となる[3]。

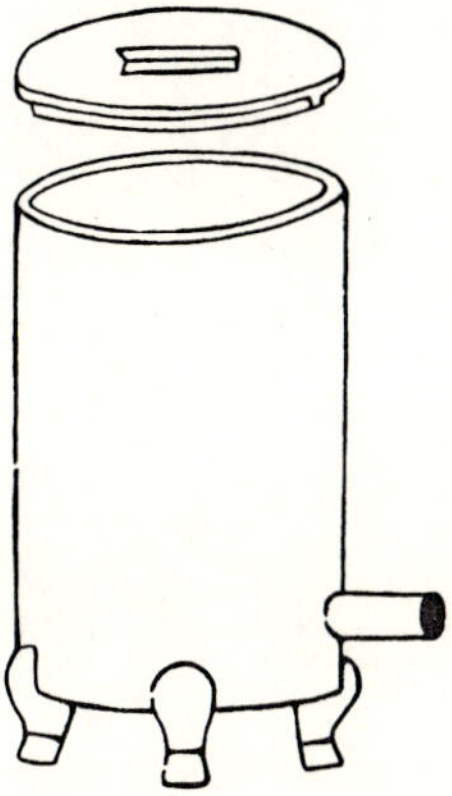
漢代に使用された水時計・漏壺(ろうこ)

君主は農業生産を監督し、国家収入の安定的確保を目指した。時を失せず民に農作業を行わせるためには、天体観測のデーターに基づく精確な暦が必要となる。そこで天文・暦法の技術が高度に発達し、「天の高く、星辰の遠きも、苟《いやし》くも其の故を求むれば、千歳の日至《にっし》も坐して致すべし」(『孟子』離婁《りろう》下篇)と、千年後の冬至すら予め計算できると考えられるほどになるとともに、天界の運行と人為を対応させる時令思想も盛んに考案されるようになった。もはや「日出でて作《たがや》し、日入りて息《いこ》う。井を鑿《うが》ちて飲み、田を耕して食う。帝力我において何か有らんや」(『史記』五帝本紀)といった自然の時間に委ねるだけでは、国家を運営できない時代が到来していた。

こうした時代の変化は、時間を人間の日常生活のリズムと一体化した自然の時間としてではなく、観念的に設定された人工の時間として捉え、それを管理して統治に利用しようとする新たな思考を生み出す。それはまた、観念の所産である人工的時間にさらに観念的操作を加え、極限にまで拡大したり、無限に分割したりする思考をも発生させる。

都市の特徴としては、人工的であること以外に、人口や富、文化や技術の集積度の高さが挙げられる。国都には君主や貴族・神官が居住する内城があり、そこには宮殿や宗廟が存在した。内城と外郭の間には、士・農・工・商などの職業別に区分された市民の居住区域や市場などが広がっていた。

そのため都市の内部では、車輛や武器、工芸品や生活用品などを製造する手工業者たちの技術に関する情報が、工人以外の人々にも伝わりやすい。むろん工人たちの仕事ぶりを直接目撃する機会も多かったであろう。「桓公は書を堂上に読む。輪扁《りんぺん》は輪を堂下に斲《けず》るも、椎《つち》と鑿《のみ》を釈《お》きて上《のぼ》り、桓公に問いて曰く」(『荘子』天道篇)といった説話は、そうした状況の反映であろう。工人たちは鋳型を用いて金属器を鋳造したり、矩で方形を、規で円形を描いたりしながら、石や木などの材料を切ったり削ったり、組み合わせたりして、さまざまな器物を製造する。その過程で獲得された幾何学や工芸に関する知識もまた、工人以外の人々に伝わって行く。

同様に、各種の行政技術や外交・軍事・祭祀などに関する知識、法律や裁判などに関する知識、土木工事の工法に関する知識、商業活動に伴ってもたらされる外国に関する知識、農業生産に関する知識など、多種多様な知識が都市の内部に大量に集積される。こうした多様な知識が都市の内部で融合されるとき、そこには法律・数学・力学・光学・幾何学・地理学・天文学などの諸分野にわたる、新たな博物学的思索が誕生してくる。

　むろん都市は多種多様な人間をその内部に抱えるから、農村地帯に比較して知識人の数も相対的に多い。そこで都市の中では、異なる学派の思想家が出会う機会も飛躍的に増大し、多様な学術が接触する。当然彼等の間では、互いの学術・思想の優劣を競う論争が頻繁にくり返されることになる。しかも都市には、周辺の農村地帯から穀物や織布などの余剰生産物が輸送されて、都市人口の消費を支えていた。そのため都市では、韓非子が「今、文学を修め、言談に習わば、則ち耕すの労無くして、富むの実有り」（『韓非子』五蠹《ごと》篇）と非難するように、知識人が直接生産労働に従事せずに、ひたすら思索と弁論に専念できる環境が整っていた。こうした「文学を修め、言談に習う」知識人による議論の蓄積は、学術・思想の水準を高めるとともに、彼等が操る弁論術、引いては弁論の手段である言語そのものへの反省と思索を発展させる。また異質な学派間の論戦は、論敵の世界観を成り立たせている前提、すなわち世界に対する認識そのものへの懐疑さえ呼び起こす。

　春秋から戦国にかけては、こうした状況が日増しに進展して行く時代であった。戦国中期、斉《せい》の威王と宣王は天下中から著名な思想家を招聘し、国都・臨淄《りんし》の稷門《しょくもん》の下に屋敷を与えて上大夫の待遇で召し抱えた。その結果、威王の時代には七十二人の学者が稷下に集合し、つぎの宣王の時代には数百人から千人にも達する学者が集まったという。彼等は稷下の学士と呼ばれ、臨淄は当時の学術・文化の一大中心地となった。[4] この臨淄の光景は、都市の機能が学術・文化を高度に発達させることを示す好例である。

　こうした時代状況こそが、古代中国に弁者《べんじゃ》を誕生させ、その活動を支えた土壌であった。全く人工的に設定された時間や空間。それに観念的操作を加える方法により、自然の時間や空間に身を委ねて生きていた時代の常識を自在に破壊でき、世界を新しい形で認識し直せる。この可能性に目覚めた知的興奮と感動こそ、弁者の思想活動の原動力であったろう。

彼等は人々を驚かせる反常識的命題を掲げて衆人の耳目を引きつけながら、都市から都市へと渡り歩き、行く先々の君主や貴族に自分を売り込み、客として厚遇される地位の獲得を目指した。各国の君主や貴族たちは、外交交渉を有利に導く弁論術や、法律の制定に役立つ修辞法などに魅力を感じたり、著名な弁者を客として抱える名声を得たいとの欲求に駆られたり、あるいは自分自身の知的好奇心を煽られたりして、弁者たちを厚遇した。彼等の華々しい活動と成功が世間に喧伝されるや、それぞれの弁者には、師と仰いで入門してくる者たちも現われる。かくして弁者たちは、多くの流派を形成しながら、戦国の中期から後期にかけて、その全盛期を迎えたのである。戦国期を中心に発達した古代中国の論理学的思惟は、まさしく中国のポリス的古代が生み出した貴重な文化的遺産だったと言える。

「汎《ひろ》く万物を愛す」(『荘子』天下篇)べきだと唱え、「兵を案《やす》ぜんと欲し」(『戦国策』魏策)た恵施《けいし》、「偃兵《えんぺい》の意は、天下を兼愛するの心なり」(『呂氏春秋《りょししゅんじゅう》』審応覧)と、反戦と兼愛を訴えた公孫龍《こうそんりゅう》、非攻と兼愛を説いて、「小国を守らんと欲し」(『墨子』備城門篇)た墨家《ぼくか》、「攻を禁じ兵を寝《や》めて、世の戦いを救わん」(『荘子』天下篇)とした尹文《いんぶん》など、系統を異にする多くの論理学派が、等しく諸国家の存続を希求して、侵略戦争による他国の併合に激しく抵抗し続けたのも、決して偶然ではない。

第一章　恵施の思想
――至大と至小の論理――

鄧析の先駆的活動

弁者《べんじゃ》の先駆者と見なされるのは、春秋末の鄭《てい》国で活動した鄧析《とうせき》である。そこで本章では、まず鄧析の事跡について簡単に触れたのち、恵施《けいし》の論理学的思索について述べることにしたい。道家の書である『列子』力命《りきめい》篇は、鄧析の活動についてつぎのように記す。

鄧析は両可《りょうか》の説を取り、無窮の詞を設く。子産《しさん》は政を執りて竹刑を作り、鄭国に之を用う。析は数《しば》しば子産の治を難じ、子産は之に屈す。子産は執《とら》えて之を戮《りく》す。

これによれば鄧析は、正反対の結論を両方とも成立可能にする「両可の説」や、どこまで行っても結論が出ない「無窮の詞」といった弁論術を操って、鄭の宰相・子産の政治を非難し、名宰相の誉れ高い子産も、ついに鄧析の議論に屈したとされる。とすれば鄧析は、特異な弁論術を編み出し、それを武器に子産に対抗したことになるから、彼はたしかに弁者たるにふさわしい性格を備えていたと言える。また『左伝』定公九年にも、鄧析に関する記述が見える。

鄭の騶歂《しぜん》は鄧析を殺して其の竹刑を用う。君子子然《しぜん》を謂う。是に於て忠《まこと》ならず。苟《も》し以て国家に加うべき者有らば、其の邪を弃《す》てて可なり。（中略）子然は以て能を勧むる無しと。

前五二二年に宰相の子産が没すると、息子の大叔《たいしゅく》がその後を継いだ。前五〇二年に大叔が没すると、騶歂（子然）が後を襲って執政となる。すると騶歂は翌年に鄧析を殺し、彼が作った竹刑を奪って鄭国に施行したという。子産の時代、鄭は刑書を鋳込んだ鼎を鋳造し、それまで非公開とされていた刑法の条文を公開する。それと同時に子産は、刑書に基づく厳格な法治を断行した。

こうした事情を踏まえて『列子』力命篇の記載を解釈すれば、鄧析は子産が制定した刑書に対して苛法に過ぎるとの非難を加え、「両可の説」や「無窮の詞」を駆使して子産の法網をかいくぐる術を編み出すとともに、より柔軟な刑法案を独自に考案し、それを竹簡に記して公表したと考えられる。騶歂は鄧析の竹刑の優秀さを認めてそれを採用する一方、子産が敷いた路線を非難し続けた鄧析を憎み、彼を捕らえて誅殺したのであろう。子産が鄧析を刑戮したと記す『列子』の記述は、こうした経緯を短絡させた誤伝と思われる。

『左伝』定公九年の記事は、鄧析の竹刑が国家に適用すべき有効性を備えていたのであれば、勝手に刑法案を公表したとの邪悪さには目をつぶるべきだったのではないか、鄧析を殺して置いて、その竹刑だけを採用するのは不誠実な対応であり、有能な人物を奨励する精神に反するとの、君子の批判を紹介する。こうした評価を生ずるほどに、鄧析が有能な人物だったことはたしかで、「両可の説」「無窮の詞」を操って宰相・子産の法治に抵抗し続けた鄧析の名声は、その後永く語り継がれる。

(A)山と淵は平らかなり。天と地は比《ひと》し。斉《せい》と秦《しん》は襲《よ》る。鉤《こう》に須《ひげ》有り。卵に毛有り。是れ説の持し難き者なり。而

して恵施と鄧析は之を能くす。然れども君子の貴ばざる者は、礼儀の中には非ざればなり。（『荀子』不苟篇）

山と淵は水平である。天と地の高さは等しい。斉と秦は隣接する。釣針には髭がある。卵には毛がある。これらはいずれも、その論理を維持しがたい命題である。なのに恵施や鄧析は、巧みにその論理を維持する。そうではあっても、君子がそうした弁論を尊重しないのは、それが礼儀の中正に適っていないからである。

(B)先王に法《のっと》らず、礼儀を是《ぜ》とせずして、好んで怪説を治め、琦辞《きじ》を玩《もてあそ》ぶ。甚だ察なるも急ならず、弁なるも用無く、事多くして功寡《すく》なく、以て治の綱紀と為すべからず。然れども其の之を持するに故有り、其の之を言うに理を成して、以て愚衆を欺惑《ぎわく》するに足る。是れ恵施と鄧析なり。（『荀子』非十二子篇）

古代の王者の道に従わず、礼儀を規範と仰がず、奇怪な弁論を好み、奇妙な言辞を弄する。甚だ明察ではあるが、社会の急務ではなく、能弁ではあるが、社会的には無用で、考察は多岐にわたるが、社会的功績はなく、とても政治の基本方針にはできない。ところが、その学説を維持するだけの論拠を備え、その主張は理路整然としていて、愚かな大衆を欺き惑わせるだけの力は持っている。これが恵施や鄧析の思想である。

戦国末の思想家である荀子は、儒家思想を是とする立場から、弁者の活動に対し激しい非難を加える。注目すべきは、(A)でも(B)でも鄧析が恵施と並ぶ弁者の代表として扱われている点である。荀子の活動時期は、鄧析の活動時期より降ること約二百五十年であるが、それでもなおこうした扱いを受ける点に、弁者の雄としての鄧析の名声がいかに高いものであったかが窺えよう。

このように弁者の先駆者として著名な鄧析ではあるが、残念なことにその思想を伝える確実な文献が伝わらないため、彼が操った「両可の説」「無窮の詞」の具体的内容は、ほとんど不明のままである。現在伝わる『鄧析子』は、無厚《むこう》と転辞《てんじ》の二篇から成るが、その内容は、合従連衡を説く縦横家の書である『鬼谷子《きこくし》』や道家の書である『荘子』

などと重なる文章を含み、さらに法家の『慎子《しんし》』から取ったものや、『韓非子』風の形名思想に類する文章も散見する。先に述べた鄧析の事跡と関連する内容は皆無と言ってよく、後世の人間が諸書の文章を拾い集めて綴輯《ていしゅう》した偽書であることは、すでに明らかである。

『漢書』芸文志《げいもんし》が著録する「鄧析」二篇と、現行の『鄧析子』二篇との関係もはっきりしない。もし前漢の時代に鄧析の思想や事跡を正しく伝える著作が存在していたとすれば、他の文献にその一部が引かれるはずであるが、そうした現象が全く見られないことからすると、すでに芸文志が記す「鄧析」二篇そのものが、現行本と大差のないものだった可能性が高い。したがって鄧析の論理学的立場を解明することは、現在のところ不可能な状況にあるとしなければならない。

恵施の論理学

恵施《けいし》は鄧析《とうせき》や公孫龍《こうそんりゅう》と並び称せられる弁者《べんじゃ》の雄である。だが春秋末の鄧析が、弁者としての性格だけではなく、子《し》産《さん》の法治に抵抗する刑法学者の性格をも合わせ持っていたように、恵施の活動もまた多岐にわたっている。あるときは弁者の旗手として、あるときは魏《ぎ》国の宰相として姿を現わす活動の多様さが、彼の全体像を容易に知りがたいものにしている。そこで本章では、この一見隔絶するかに見える二つの像の接点を求めながら、恵施の論理学的世界を探って行くことにしよう。

恵施の思想を伝える文献

晋《しん》の郭象《かくしょう》が編集した現行の三十三篇本『荘子』天下篇後半は、司馬彪《しばひょう》が編集した五十二篇本では恵施《けいし》篇として独立

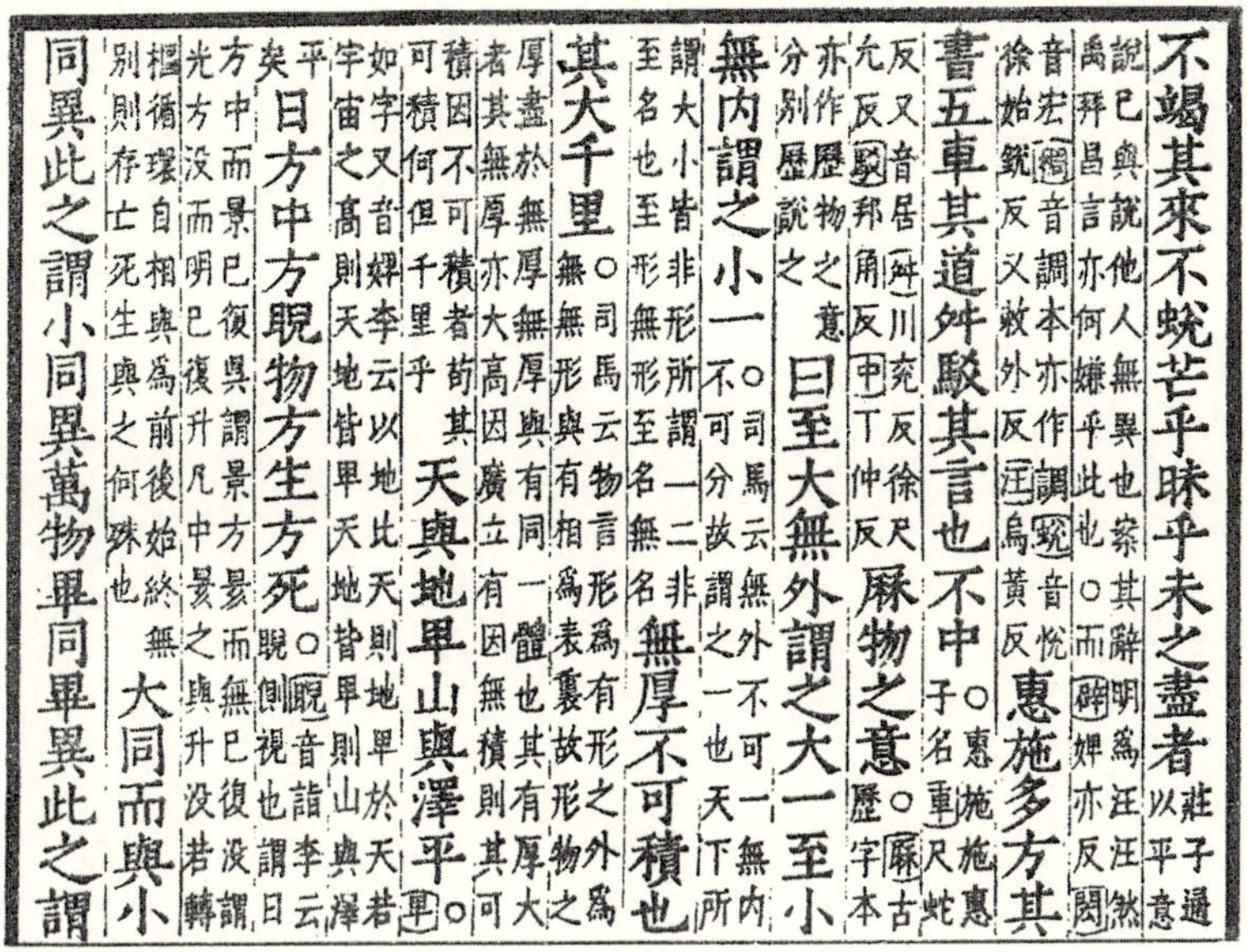
不竭其來不蛻芒乎昧乎未之盡者莊子通以平意
說已與說他人無異也案其辭明爲汪汪然禹拜昌言亦何嫌乎此也○而[辟]婢亦反[閲]
音宏[㶁]音調本亦作調[䚬]音恍徐始鋭反又敕外反[汪]烏黄反惠施多方其
書五車其道舛駁其言也不中○惠施施惠子名[車]尺蛇
反又音居[舛]川兖反徐尺允反[駁]邦角反[中]丁仲反厤物之意○[厤]古歷字本
亦作歷物之意分別歷說之曰至大無外謂之大一至小
無内謂之小一○司馬云無外不可一無内不可分故謂之一也天下所
謂大小皆非形所謂一二非至名也至形無形至名無名無厚不可積也
其大千里○司馬云物言形爲有形之外爲無無形與有相爲表裏故形物之
厚盡於無厚無厚與有同一體也其有厚大者其無厚亦大高因廣立有因無積則其可
積因不可積者苟其可積何但千里乎天與地卑山與澤平○[卑]
如字又音婢李云以地比天則地卑於天若宇宙之高則天地皆卑天地皆卑則山與澤
平矣日方中方睨物方生方死○[睨]音詣李云睨側視也謂日
方中而景已復昃謂景方昃而無已復没謂光方没而明已復升凡中昃之與升没若轉
樞循環自相與爲前後始終無別則存亡死生與之何殊也大同而與小
同異此之謂小同異萬物畢同畢異此之謂

『荘子』天下篇

していたとされる。[1] したがって『荘子』天下篇後半（旧恵施篇）は、『漢書』芸文志《げいもんし》が著録する「恵施」一篇がすでに失われた今となっては、恵施の思想を伝えるほとんど唯一の資料となっている。そこで恵施の思想は、天下篇後半の記載を基に探究することになるが、この方法にも問題が残されている。

というのは、天下篇後半には恵施の思想の要約として、所謂「歴物十事《れきぶつじゅうじ》」が紹介されているが、はたしてそれを真に恵施自身の思想の概括と見なせるのか、との疑問も提起されているからである。[2] もし「歴物十事」に恵施以外の弁者《べんじゃ》の命題が雑多に混入していて、しかもそれらを判別するための有効な手段がないとすれば、もはや我々は、恵施の論理学の全体像を回復する最後の手がかりすら失うことになる。

しかしながら注意を要するのは、旧恵施篇が持つ全体的構成である。この篇の作者は、冒頭で「恵施は多方にして、其の書は五車」と言い、また至るところで恵施に対する総括的評価をくり返して、自己が恵施の著作を読んだ上で彼の思想全体を把握していたことを重ねて表明する。作者はこうした立場に立ちながら、「歴物の意に曰く」として十個の命題を紹介し、その直後を「恵施は此を以て天下を大観すと為して弁者を暁《さと》す」と結んでいる。

こうした叙述の仕方は、やはり作者が「歴物」なる恵施の著作を実際に通読した上で、それを要約したことを示すものであり、さらに「歴物十事」が当の恵施においては「天下を大観す」る体系的思索と自覚されていたことをも伝えるものである。作者が「歴物十事」を公孫龍らの所謂「弁者二十一条」と対立するものとして、両者を截然と区別していることも、「歴物」と恵施との結びつきの強さを裏づけている。こうした理由から、「歴物十事」はやはり恵施自身の思想体系と見なすべきであろう。

「歴物十事」の解釈

そこでつぎに「歴物十事《れきぶつじゅうじ》」の解釈から、恵施《けいし》の思想を解明する作業に入るのだが、とりあえずその内容を箇条ごとに掲げて置く。

(1) 至大《しだい》は外無し。之を大一《たいいつ》と謂う。至小《ししょう》は内無し。之を小一《しょういつ》と謂う。
(2) 無厚は積むべからず。其の大なること千里。
(3) 天は地と与《とも》に卑《ひく》く、山は沢と与に平らかなり。
(4) 日は方《まさ》に中し方に睨《かたむ》き、物は方に生じ方に死す。
(5) 大同にして小同と異なる。此を之れ小同異と謂う。万物の畢《ことごと》く同じく畢く異なる。此を之れ大同異と謂う。
(6) 南方は無窮にして有窮。
(7) 今日越《えつ》に適《ゆ》きて昔来《きのう》る。

(8)連環《れんかん》解くべし。
(9)我れ天下の中央を知る。燕《えん》の北、越の南、是れなり。
(10)汜《ひろ》く万物を愛す。天地は一体なり。

この十個の命題の解釈は極めて困難であって、これまで多くの説が提出されてきているにもかかわらず、いまだ定説を見るまでには至っていない。こうした事態を招く最大の原因は、結論としての命題だけが唐突に記されていて、そうした結論に到達するまでの論理過程が一切記されていない点にある。一見詭弁に近い断片的命題の羅列に対して、その意味を確定するための根拠が示されていないのであるから、主観的に如何様にでも解釈できるのであって、それが解釈者の数だけの異説が並び立つ状況を生み出しているのである。これはたしかに、資料上の制約から来る免れがたい宿命ではあるが、しかしこうした制約の下でも、なお何らかの手がかりを求めることはできないのであろうか。

ここで前掲の「歴物十事」の内容に目を移すと、(1)(5)(10)の三箇条が、他とは性格を異にする命題であることに気付く。残りの七箇条が反常識的な詭弁としての印象を強く与えるのに対して、この三箇条にはそのような要素がほとんど見られないからである。

特に(1)と(5)は、「之を大一と謂う」「之を小一と謂う」とか、「此を之れ小同異と謂う」「此を之れ大同異と謂う」と、概念の定義を行う点で、内容的にも形式的にも他とは著しく異なる特性を備えている。しかもこの二条は、概念の定義を行いつつ、同時にある特定の思考様式をも示唆していると思われる。

とすれば、「歴物十事」を解釈するための基準を主観的に外部に求めるよりは、他ならぬ「歴物」中に示される思考様式に沿って全体を解釈する方が、より恵施本来の意図に近い形での理解を提出できる可能性があろう。そこで「歴物十事」を一個の思想体系と見なす前提に立った上で、「歴物」全体に対し、前記の思考様式による統一的な解釈を試みることにしたい。

それではまず、(1)と(5)に提示されている特異な思考形態から検討してみよう。(1)は「至大無外。謂之大一。至小無内。謂之小一」というものである。ここでは至大・至小、すなわち極限大と極限小の概念が提出されており、恵施はその各々にさらに大一・小一と命名している。一とは無二、すなわち絶対との意味であろう。「歴物」がこうした「外無き」極限大と「内無き」極限小の概念提起で開始されることは、極めて重視すべきことであるが、それではなぜこうした概念提起が必要とされたのであろうか。(5)はこの両者が果たすべき役割と作用を示唆している。

(5)は「大同而與小同異。此之謂小同異。萬物畢同畢異。此之謂大同異」と、小同異と大同異の両概念に定義を下している。このうち「小同異」とは、ある基準(内包)から分類すれば同類としての共通性を見出だすことができ、またあるより厳密な基準から分類すれば、異類としての差異性を認め得るというような、通常の判断形式のことである。これに対して「大同異」の方は、「万物畢《ことごと》く同じく畢く異なる」といった全く反常識的な判断形式であって、通常行われている既成の思考様式では到底成立しないものである。それではこの奇異な判断は、いかなる論理を以てすれば成立可能なのであろうか。

ここで先程の「至大」と「至小」が重要な意義を帯びて浮かび上がってくる。というのは、「至大」すなわち極限大を基準にして物に対し判断を下せば、物相互間の一切の差異性は解消されて、天下の万物は「畢く同じく」なり、また逆に「至小」すなわち極限小を基準に据えて物に対して判断を下せば、物相互間のあらゆる共通性は否定されて、天下の万物は「畢く異なる」ことになり得るからである。

この小同異と大同異の間には、本質的な価値的差別は設定されていないと思われる。ただし小同異の側は通常の思考様式で成立し得るが、大同異の方は大一・小一といった特殊な概念を前提にしない限り、成立不可能である。

この点からすると、「歴物」の命題はいずれも全く反常識的な判断で占められていて、小同異に該当するものは一つも見当たらない。とすれば恵施は、原則的にはこの二種類の判断様式をともに認めているわけなのだが、少なくも「歴物」においては大同異の側に重点が置かれていると見なければならない。

また前述したように、大一を想定しないと「萬物畢同」が成立し得ず、小一を想定しないと「萬物畢異」が成立し得ないのに対して、小同異は別に大一・小一を必要としないことから考えると、大一と大同、小一と大異が対応しているのであって、大一と大同異、小一と小同異が対応しているのではないと考えられる。[3]

つまり小同異は、(1)の中にそれと対応するものを持たないわけで、やはりこの点からも、小同異は「歴物」の体系の中では中心的な位置を占めていないと見るべきである。小同異は現実に対処しようとする場合には不可欠の判断様式であるが、後で述べるように、恵施の意識では、大同異によって既成の小同異がいったん崩壊した後に、全く新たに構築し直されるべきものなのである。

このように大同異なる特異な判断様式は、至大＝大一と至小＝小一の概念を前提にすることにより、初めて成立し得るものであって、この点で(1)と(5)は密接不可分の関係にある。そしてこれこそが、「歴物」全体を統括する理論的根拠になっていると考えられる。[4]もとより、この論理がいかなる操作を経て他の八個の命題に到達するのか、その過程は依然として不明であるため、解釈に当たって決定的な論断を下すことには、やはり大きな危険が伴う。そこで先程の基本論理に基づいて八個の命題の解釈を試みるに際しては、あまりに細密な追究によって牽強付会の弊に陥ることを避け、むしろ「歴物」の全般的な思考形態に沿って解釈するようにしたい。

順序にしたがって(2)から始めると、「無厚不可積也」の「無厚」とは、厚みを持たない空間的至小を指すと思われる。「無厚は積むべからざる」が故に、すなわち「無厚」はもはや計量の対象となる相対性を逸脱した絶対としての極限小であるが故に、その大きさは本来決定しようがなく、そこで千里とでも万里とでも、どのようにでも言えるのである。

この場合、千里なる数字は、「無厚」は微小であるとの常識を打破するために、単に巨大さの象徴として用いられているのであって、この論理を極端に推し進めれば、それは必然的に至小と至大の相互転換にまで行き着くべき性質のものである。これによって恵施は、(1)で掲げた極限大と極限小が、すでに常識的な相対判断を超越した絶対的概念であることを、ここで重ねて宣言しようとしたのであろう。恵施はこの基本的前提に立った上で、世間の相対判断に対する否定をつぎつぎに試みる。

(3)では、天と地、山と沢との間に高低の差を認める常識的判断に対し、恵施は「天與地卑、山與澤平」と主張する。立論の根拠は、空間的至大を物に対する判断の基準にするところにあろう。つまり極限大の空間からすれば、天地・山沢の間の相対的差異は消滅してしまうからである。これは前掲の(5)に示された「萬物畢同」なる基本論理の応用例と見られる。

つぎの(4)では、恵施は「日方中方睨、物方生方死」と、南中から日没、あるいは誕生から死滅までの間に時間の幅を認めようとする既成の判断を否定している。これもやはり、時間的至大を基準にして時期的差異を抹消しようとする「萬物畢同」の一例であろう。

(6)は「南方無窮而有窮」というものである。『墨子』経説下篇はこの問題に関して、「有窮無窮は未だ智《し》るべからず」と記す。当時南方が有窮か無窮かをめぐる論争があって、そのいずれとも決着がつかなかったものと考えられる。これに対して恵施は、南方は有窮でもあり、かつまた無窮でもあるとの断定を下す。なぜにこの矛盾する二つの命題が、ともに成立し得るのか。南方に空間的至小を収容する場合、収容できる数には際限がなく、故に南方は無窮であると言える。また南方に空間的至大を収容することはできず、この点では南方は有窮であるとも言える。このような理由から、南方は有窮か無窮かのいずれか一方であるとする既成の判断に対して、恵施はその両方が同時に成立し得るとの反常識的命題を提出したと考えられる。

続く(7)は、「今日適越而昔來」と、僻遠の越に到るまでには多くの日数を要するとの常識的判断を覆し、さらには出発日と到着日の順序すら逆転させて、時間を連続した時の流れとする理解をも拒否しようとするものである。これは時間的至大を基準に据えることによって、時の相対的差異を抹消してこそ、初めて成立可能となる論理であろう。

(8)は連環は決して解くことができないとの既成の判断に対して、「連環可解也」と主張する。片方の環が持つ僅かな間隙も、空間的至小を基準にすれば無限大の空間であり、一方の環の太さも空間的至大よりすれば「無厚」に等しい。とすれば、どのような連環も本来自由自在に解けるはずである。恵施が用いた論理は、ほぼこのようなものではなかったかと推測される。

(9)は「我知天下之中央。燕之北、越之南、是也」というものである。(6)の場合と同じく、当時天下の中央はどこかをめぐる議論がさまざまに存在したのであろう。この問題に対して恵施は、天下の中央は中国の最北端である燕のさらに北方であり、かつまた中国の最南端である越のさらに南方であると断定して、どこであるにせよ天下の中央は一か所であるとの常識的判断に対抗する。これは空間的至大を想定した場合、いかなる地点もそこから四方に等しく無窮の距離を保つ点では、天下の中央と言うことができ、したがって燕の北であるとも越の南であるとも言える、との論理によるものであろう。

最後の(10)は、「汜愛萬物。天地一體」というもので、「歴物」全体の結論としての意味を持つ。「外無き」至大は、既成の判断様式による差等を解消させ、「萬物畢同」をもたらす。天地・万物は際限のない判断の付加による差別と分断を免れて、まさしく「天地は一体」となるわけである。そして一方の「内無き」至小は、「萬物畢異」の理論的根拠として、既成の差等が排除された世界に個物の独自性を保証する。万物はもはや既成の固定した判断・差等の下に逼塞することなく、互いに譲ることのできない独自性を保ちつつ、全体として一なる世界を構成する。恵施は、この原則的には何ひとつ切り捨てるわけにはいかない等価値の万物に対し、「汎く万物を愛す」と初めて自己の意思を表明して、「歴物」の思想と現実世界との接点の様相を提示するのである。

恵施の理念

それでは、恵施《けいし》はこのような「歴物《れきぶつ》」の体系的思索によって、一体何を目指したのであろうか。前記の命題を類型ごとに大別すると、つぎの三種の場合を考えることができる。その一は、(6)(9)のように、両極端の結論をともに承認することによって、その中間に含まれるあらゆる判断がことごとく肯定される可能性を示唆し、その裏返しとして、一切の判断が何らの絶対性をも保持できない事態を導く場合である。

その二は、(2)(3)(4)のように、両極端の事象を同一視したり、あるいは(7)のように錯倒させることにより、その中間に位置する事象すべてが同一化ないしは錯倒され得る可能性を示して、逆に一切の分別が絶対性を保持できない状況を導く場合である。

その三は、(8)のように、一点に固定された結論を動揺させて、その他もろもろの絶対だと信じられてきた判断が、正反対の方向に覆る可能性を提示する場合である。

要するにいずれの場合にせよ、至大と至小の概念操作によって出現する世界は、万物が既成の判断様式に基づくあらゆる差別から解放されて、固定した判断を付加されない原存在のままに併存する世界である[5]。すなわち世界は、彼によって一度白紙の状態に還元されたわけである。この既成の差等の重圧が雲散霧消した世界においては、ありとあらゆる個物はにわかにその本来的生彩を回復し、永い沈滞を脱して独自に躍動し始めるのである。恵施が己の学説の優位を宣揚して、「天地は其れ壮《さかん》なるかな」(天下篇)と誇ったのは、この天地の壮大な営みに道を開く「歴物」の作用に対する、彼の自負の念の表明であったろう。

しかしながら、たとえ天地・万物を久しく閉塞状況に追い込み、息苦しいまでに束縛してきた従来の秩序は崩壊すべきだとしても、それはこの世界が、言わば無政府状態のままに放置されてよいというのではない。後で述べるが、恵施においても世界はやはり一定の秩序の下に存続して行くべきものなのである。

それでは、その新たな秩序とは一体いかなる手段によって獲得できるのであろうか。世界の構造を再編成するためには、先ず「畢《ことごと》く異なる」はずの各個物の特性や、物相互間の関係の実情が、既成の常識的判断に囚われることなく新たに究明され、天地・万物の本来在るべき姿が余すところなく再確定される必要がある。そこで恵施は、対象世界に向かって異常なまでの探究を開始するのである。

旧恵施篇の作者は、この外物に対する執拗な探究を、「恵施は多方」にして「其の道は舛駁《せんばく》」であり、南方の奇人である黄繚《こうりよう》が「天地の堕《お》ちず陥らざる所以、風雨雷霆《らいてい》の故《こ》」を問うと、「辞せずして応え、慮《おもんぱか》らずして対《こた》え、偏《あまね》く万物の説を為して休《や》め」なかったと描写する。「偏く万物の説を為す」「徳に弱くして物に強し」とか、「万物を散じて厭《あ》かず」「万物を逐《お》うて反《かえ》らず」などと繰り返し指摘されるように、既成の判断を超えて万物に対し新たな判断を樹立しようとする恵施は、「衆と適《あ》わず」、「人に反するを以て実と為し」つつ、独り対象世界の探究に邁進し続けたのである。

それでは恵施の天地・万物に対する飽くなき探究は、いかなる方法によって実施されたのであろうか。「万物を散じて厭かず」と評される「散」は、『荘子』則陽《そくよう》篇に「丘里之言《きゅうりのげん》」の定義として見える「異を合して以て同と為し、同を散じて以て異と為す」の「散」と同義であって、これはまさしく「歴物」中の「小同異」に該当する判断様式を指すと思われる。とすれば、恵施の対象世界に対する積極的探究も、ある程度の現実観察を基礎に、同類と異類を分かつ判断基準をつぎつぎに立てては、万物を同類から異類へと際限なく分類して行くという、それなりに一定した方法を自覚的に駆使して行われたと考えることができる。

ところでこうした世界に対する再認識の事業は、当然のことながら、そもそも至大と至小の概念操作を駆使し、「歴物」によって世界を白紙の状態に引き戻した張本人である、他ならぬ恵施自身の個人的才能を待って初めて実現される。彼は新たな世界構造を企画する立案者であり、世界の再編成にとって、恵施個人の才能は決定的な意義を持つのである。

すなわち、既成の判断様式による差等の桎梏からいったん解き放たれた万物は、恵施の卓越した才能と、飽くことのない万物に対する追究とが生み出す新構想によって、各々その特性・分限に応じて新たに安寧の居所を与えられ、そこに「氾愛萬物、天地一體」なる世界が出現する手筈になっていた、という次第である。かくして彼は、自己の賢智・能弁・博識の限りを尽くして世界全体を究明し、その結果獲得した独自の世界解釈を駆使して、他者を啓蒙せんと試みる。彼は「恵施の口談、自ら以て最も賢《まさ》れりと為し」て、「日に其の知を以て人と之れ弁ず」るのである。

旧恵施篇の作者はこうした恵施の賢智主義に対して、「天地の道より恵施の能を観れば、其れ猶《な》お一蚊一虻《いちぶんいちぼう》の労する者のごとし。其の物に於てするは何ぞ庸《もち》いん」とか、「惜しいかな、恵施の才、駘蕩《たいとう》して得ず」と評する。世界全体を己の個人的能力を恃んで宰領せんとしてみても、所詮それは、広大な天地の片隅を一匹の蚊や虻があくせく飛んでいるようなものに過ぎず、無益な万物への探究は才能の無駄遣いに過ぎないとの批判であり、たとえ恵施の才能がどんなに優れたものであったとしても、その個人的賢智で以て万物をことごとく究明しつくし、世界全体を勝手に解釈し直せると考えるのは、甚だしい思い上がりに過ぎないと言うのである。

しかしながら、ただひたすらに「雄を存する」発展家の恵施にとっては、世界はあくまでも自己の理念を実現すべき対象であり、自己の才能を発揮すべき場であった。「天地は其れ壮《さかん》なるかな」とは、天地自体が壮んであることもさりながら、実は何よりも、己の才能を揮うべき晴れの舞台に臨まんとする恵施自身にとって壮であったと言うべきであろう。

「歴物」が⑴⑸⑽の基本命題では、「至小」「萬物畢異」「汎愛萬物」と、明瞭に個物の差異性を強調して置きながら、他の七個の命題では「萬物畢同」の側に重点を置いていたことも、まず常識的判断の累積をご破算にした上で、その「歴物」を踏み台にして世界に跳躍せんとする、恵施の意図の現われと見なすことができる。

政治世界への登場

これまで旧恵施篇《けいし》が伝える「歴物十事《れきぶつじゆうじ》」を中心に、恵施の思想の復元を試みてきた。そこでつぎに、魏《ぎ》の宰相としての恵施の活動を通じて、「歴物」に示された世界観と現実の政治世界との関連について考えてみることにしよう。

前三四三年、数年にわたって趙《ちよう》の国都・邯鄲《かんたん》を攻囲中の魏軍は、馬陵《ばりよう》で将軍・田忌《でんき》の率いる斉《せい》の援軍と戦うが、敵の軍師・孫臏《そんぴん》の詭計にはまって大敗を喫する。恵施はこの敗戦の直後、初めて魏にその姿を現わす。太子の申《しん》を殺され、十万の軍を覆された魏の恵王は怒りに燃え、「夫れ斉は寡人《かじん》の讐《あだ》なり。之を怨むこと死に至るまで忘れじ。国は小なりと雖も、吾れ常に悉《ことごと》く兵を起こして之を攻めんと欲す」(『戦国策』魏策)と、斉に対する復讐を叫ぶ。(6)

これに対して恵施はその無謀を諫め、「王若《も》し斉に報いんと欲すれば、則ち因りて服を変じ節を折りて、斉に朝するに如《し》かず。楚王《そおう》必ず怒らん。王、人を游ばしめて其の闘いを合わすれば、則ち楚は必ず斉を伐《う》たん。休楚《きゅうそ》を以て罷《ひ》斉《せい》を伐たば、則ち必ず楚の禽《とりこ》とならん。是れ王、楚を以て斉を毀《やぶ》るなり」(同)と、外交的策謀を用いて斉を破るべきことを進言する。

魏と斉は対等の王国ではあるが、この際、王の使者としての服装を改めさせ、王の使者としての旗を持たせずに、使者を斉に派遣し、わざとへりくだって斉に臣従するふりをする。さすれば楚王は、同格であるべき他国の王を臣従させる斉王の無礼に怒るだろう。そこで両国に工作員を送り込んでけしかければ、楚は必ず斉を攻撃するだろう。休養十分な楚の軍隊と、馬陵の戦いの直後で、まだ戦力を回復していない斉の軍隊が戦えば、斉軍はきっと敗北するに違いない。これこそが、楚の力を利用して斉に復讐する方策である。これが恵施が考えた筋書きで、恵王がそれを実行すると、果たして「楚王怒り、自ら将として斉を伐つ。趙之に応じ、大いに斉を徐州に敗る」(同)との成功を収めた。

恵施はこうした功績によって恵王の重用を受ける。恵王は恵施を宰相に任命して仲父と尊称し、ついには「上世の国を有《たも》つ者は、必ず賢者なり。今、寡人《かじん》は実に先生に若《し》かず。願わくは国を伝うることを得ん」(『呂氏春秋《りょししゅんじゅう》』審応覧不屈篇)と、王位を譲ろうとするまでに至った。かくして恵施は、魏を舞台に政治世界に参画することになった。

それでは、恵施が積極的に政治世界に参与しようとした動機は、そもそも何だったのであろうか。『説苑《ぜいえん》』雑言篇には、つぎのような逸話が記される。

梁相《りょうしょう》死す。恵子梁に之《ゆ》かんと欲す。河を渡らんとして遽《あわ》てて水中に堕《お》つ。船人之を救う。船人曰く、子は何《いず》くに之かんと欲して遽てしやと。曰く、梁に相無し。吾は往きて之に相たらんと欲すと。船人曰く、子は船檝《せんしゅう》の間に居りて困《くる》しむ。我無くんば則ち子は死せり。子何ぞ能く梁に相たらんやと。恵子曰く、子艘楫《そうしゅう》の間に居らば、則ち吾は子に如《し》かず。国家を安んじ、社稷《しゃしょく》を全うするに至りては、子の我に比するや、蒙蒙《もうもう》として未だ視ざるの狗《いぬ》の如きのみと。

魏（梁）の宰相が死んだと聞いて、恵施は魏を目指すが、気が急くあまり河に転落してしまう。恵施を助けた船頭は、どこに行こうとして慌ててたのかと聞く。魏には宰相がいないから、急いで魏に行き、宰相になろうと思うんだと恵施は答える。呆れた船頭は、船から転げ落ち、私に助けられて命拾いするざまで、どうして魏の宰相がつとまるんですとからかう。すると恵施は、船の上ではお前の方が達者でも、国家の経営で腕比べとなれば、お前なんか、まだ目も見えぬ生まれたての子犬も同然じゃとやり返す。

このやり取りの中で恵施は、人には才能・特性に応じて各々長ずる所があるが、自己の才能は「国家を安んじ、社《しゃ》稷《しょく》を全うする」分野でこそ、初めて真価を発揮するのだと、自らの役割を統治者として設定している。つまりここでは、「安國家、全社稷」なる理念と、それを可能にする自己の能力への自負心が、政治世界を志向する動機として語られているわけである。

この「安國家、全社稷」なる表現は、一国家の経営が彼の目標であるかのような印象を与えるが、しかしそれは、船頭の「子何ぞ能く梁に相たらんや」との批判に対する反論中の言葉であり、またその国家が必ずしも特定の国家である必要がないことを考慮すれば、彼の統治者としての自負心は、本来一国家の枠に限定されてはいないと考えられる。この点は、つぎに紹介する恵施と白圭《はくけい》との問答を参照することによって、もう少し鮮明になってくる。

恵施が新参の身にもかかわらず、魏では先輩である白圭に向かって強弁を張った際、白圭は嫁いだばかりの新婦を例に挙げつつ、「今、恵子の我に遇《あ》うこと尚《な》お新《あらた》なり。其の我に説くこと大いに甚だしき者有り」（『呂氏春秋』審応覧不屈篇）と、その無遠慮さを批判する。すると恵施は、つぎのように応酬する。

然らず。詩に曰く、愷悌《がいてい》の君子は民の父母と。愷《がい》とは大なり。悌《てい》とは長なり。君子の徳長にして且つ大なる者は、民の父母為り。父母の子を教うるや、豈《あ》に久しきを待たんや。何事ぞ我を新婦に比するや。詩、豈に愷悌の新婦と曰わんや。

恵施は『詩経』大雅《たいが》・洞酌《けいしゃく》の文句を引用しながら、自らの使命を「民の父母」、すなわち指導者と規定する。その上で彼は、自分は民の指導者である以上、新参だとか先輩だとかは関係ないと反論する。自分が指導者である根拠を優れた才能に求める点は、前の場合と同様であるが、「民の父母」との表現は、彼の統治者としての役割が、必ずしも一国内にとどまらない普遍性を持つものとして意識されていたことを感じさせる。

こうした恵施の意識を最も鮮明に示すものとして、さらにつぎの資料を紹介してみよう。

匡章《きょうしょう》、恵子に魏王の前に謂いて曰く、蝗螟《こうめい》は農夫得れば而ち之を殺す。奚《なん》の故ぞ。其の稼《か》を害するが為なり。今、公の行くや、多き者は数百乗・歩者数百人、少なき者は数十乗・歩者数十人なり。此れ耕すこと無くして食う者、其の稼を害するや亦《ま》た甚しと。恵子曰く(7)、施は辞を以て公と相応じ難しと。恵王曰く、然りと雖も請う、其の志を言えと。恵子曰く、今の城《きず》く者は、或る者は大築を城上に操《と》り、或いは畚《もっこ》を負いて城下に赴き、或いは表綴《ひょうてつ》を操《と》りて以て善く睎望《きぼう》す。施の若《ごと》き者は、其の表綴を操る者なり。工女をして化して糸為らしめば、糸を治むること能わず。大匠をして化して木為らしめば、木を治むること能わず。聖人をして化して農夫為らしめば、農夫を治むること能わず。施は而ち農夫を治むる者なり。公何事ぞ施を螣螟《とうめい》に比さんやと。

(『呂氏春秋』審応覧不屈篇)

魏の重臣である匡章は、大勢のお供を引き連れて外出する恵施をイナゴの害に譬え、何ひとつ生産しないくせに贅沢に耽るものだと非難する。これに対して恵施は、城邑の建設工事を例に引き、城壁の上で木槌で土をつき固める者、もっこで土を運ぶ者、観測機器を手に指揮・監督する者など、建設工事が分業体制で行われることを指摘する。つまり恵施は、個人はそれぞれ能力に応じて役割を分担して世界を構成すべきだと規定するのだが、その上で彼は自分の役割を、「施の若き者は、其の表綴を操る者なり」とか「施は而ち農夫を治むる者なり」と表明して憚らない。まさしく恵施こそは、観測機器を手に築城を指揮・監督する者のように、世界全体の秩序を企画する者であり、聖人とも称すべき役割を担う指導者なのである。

以上の例を総合して考えると、具体的な構造は不明であるが、恵施には何らかの理想とする世界像があり、彼はその在るべき世界像を実現すべく、己の才能を恃んで政治世界に登場したと見なすことができる。

恵施の理想主義的統治

恵施《けいし》はこうした立場から、魏《ぎ》の宰相として魏国に各種の政策を試みるのだが、注目されるのは、恵施の政策に対し、非現実的であるとの批判が常に現実政治家の側から投げかけられている点である。

恵子は魏の恵王の為に法を為《つく》る。法を為ること已に成り、以て諸良人に示す。[8] 良人は皆之を善しとす。之を恵王に献ず。恵王は之を善しとし、以て翟翦《てきせん》に示す。翟翦曰く、善しと。恵王曰く、行うべきかと。翟翦曰く、不可なりと。恵王曰く、善なるも行うべからざるは何の故ぞと。翟翦対《こた》えて曰く、今、大木を挙ぐる者は、前輿謣《よく》と呼びて、後亦《ま》た之に応ず。此れ其の大木を挙ぐる者に於て善し。豈《あ》に鄭《てい》・衛《えい》の音無からんや。然れども此の其の宜しきに若《し》かざるなり。夫れ国も亦た木の大なる者なり。

（『呂氏春秋《りょししゅんじゅう》』審応覧淫辞篇）

恵施は魏の恵王のために、独自の国法草案を作る。国法を立案するとの行為は、恵施が鄧析《とうせき》と同じく法律に関する深い学識を備えていたことと、国家の全体像に対して独自の理念を保持していたことを物語る。諸先生や恵王がことごとくそれに賛同したことから推して、このとき作成された国法案は、それなりに整った体裁を具備していたと考えられる。ところが重臣の翟翦は、たしかに善であると一応の評価を与えながらも、国家の経営は大勢でワッショイワッショイと掛け声を掛けながら大木を運搬するようなもので、なりふり構わず常に現実的効用を最優先に進めなければならず、見てくれだけの綺麗事では済まされないと批判を加える。

それでは、ここで「鄭衛之音」に譬えられる恵施の国法案の非実用性は、一体何に由来しているのであろうか。そもそも恵施が政治活動に乗り出した動機は、「国家を安んじ、社稷《しゃしょく》を全う」せんとする自負心であり、さらには「農夫を治むる者」「表綴《ひょうてつ》を操《と》りて以て善く睎望《きぼう》す」る者として、聖人のごとく世界全体の在り方を指導せんとする理想にあった。そこで国法案の作成も、当然そうした理念の具体的表出として行われたと見なすべきであろう。そうした彼の内面に宿る理想主義が、現実主義者の翟翦から、「善なるも行うべからざる」空理空論として排斥される要因だったと思われる。

類似する現象は他にも見出だすことができる。翟翦と同じく魏の現実政治家である白圭《はくけい》は、恵王の面前でつぎのように恵施の姿勢を批判する。

市丘《しきゅう》の鼎《かなえ》は、以て雞を烹《に》るに、多く之に洎《き》すれば、淡くして食うべからず。少しく之に洎すれば、焦げて熟せず。然して之を視るに蝺焉《くえん》として美なれども、用うべき所無し。恵子の言は、此に似たる有り。

（『呂氏春秋』審応覧応言篇）

魏国有数の軍事都市である市丘には、巨大な鼎がある。この鼎はあまりにもでかすぎて、鶏を煮ようとする場合、焦がさないように水を多く加えると味が薄くなってしまう。味が薄まらないように水の量を減らすと、今度は焦げついてしまう。見てくれは壮大で立派なのだが、少しも実用の役には立たない。恵施の言論は、この鼎にそっくりだ。

白圭はこのように皮肉って、恵施の理想倒れを批判する。

これに対して恵施は、「然らず。三軍をして飢えて鼎旁に居らしめ、適《たま》たま之が甑《こしき》を為さば、此の鼎よりも宜しきは莫《な》し」(同)と応酬する。魏の全軍が腹を空かせて、この鼎の側にいたとしよう。飯を炊いて兵士たち全員に給食しようとすれば、この巨大な鼎に勝るものはないだろう。つまり恵施は、自分の言論がたとえ小事には役立たないとしても、三軍の兵士を飢餓から救うような大事には、非常な効用を発揮するはずだと、己の言論の背後に遠大な理想が存在することを示唆して、白圭の非難に反駁したのである。

やはりこの場合も、恵施の政治姿勢に対しては、「蝺焉として美なれども、用うべき所無し」と、その現実と遊離した理想主義的傾向が批判の的となっている点が注目される。このように恵施の理想主義的政治には、常に「大術の愚」(『呂氏春秋』審応覧不屈篇)との否定的評価が付きまとうのであるが、恵施の理想主義の根柢には、ある一定の共通性を見出だすことができる。

斉王《せいおう》を盟主と仰いで魏の保全を図ろうとする恵施の外交方針に対し、匡章《きょうしょう》が批判を加えると、恵施は「今、此に人有り。必ず其の愛子の頭を撃たんと欲せば、石、以て之に代うべし」「子の頭は重しとする所なり。石は軽しとする所なり。其の軽しとする所を撃ちて、以て其の重しとする所を免れしめば、豈に可ならずや」(『呂氏春秋』開春論愛類篇)との比喩を用いて反論する。愛する子供の頭と石ころの軽重の差を考え、軽いものを犠牲にして重いものを救わなければならないというわけである。

恵施の真意は、「今、以て斉王を王として、黔首《けんしゅ》(民)の命を寿《ながいき》にし、民の死を免れしむべくんば、是れ石を以て愛子の頭に代うるなり。何為《なんす》れぞ為さざらん」(同)とする点にある。魏の民衆を戦禍より救済することこそ政治の本務であり、対等の王国であるとのプライドを捨てて、もはや自分は王ではありませんとの装いを取り、斉王を王と仰いで入朝する屈辱も、そのための便宜的手段に過ぎないと言うのである。

こうした事例は他にも挙げることができる。前三一九年、魏の恵王が死去し、太子が大雪を押して葬儀を強行しようとしたとき、群臣は「雪甚だしきこと此の若《ごと》し。葬を行わば、民は必ず甚だ之を疾《や》まん。官費も又《ま》た恐らくは給せじ。請う、期を弛《ゆる》めて日を更めん」(『呂氏春秋』開春論)と諫める。(9) 動員される民衆は苦労するし、出費も莫大になるから、葬儀の日取りを延期してほしいというわけである。

ところが太子は、「人の子為《た》る者、民の労と官の費用とを以ての故に、先王の葬を行わざるは不義なり。子復《ま》た言う勿れ」(同)と聞き入れようとしない。もはや太子を説得できるのは恵施だけだと懇願されると、彼は周の文王の故事を引きつつ、「願わくは太子日を易えよ。先王必ず少しく留まりて、社稷を撫《ぶ》し、黔首を安んぜんと欲するなり」(同)と説得する。やはりこの場合も、恵施が揮う弁舌の背後には、「黔首を安んぜんと欲する」理念の存在が認められる。

馬陵の敗戦処理の際、恵施のめぐらした謀略が、恵王の一時の憤激によって引き起こされる戦争の惨禍から魏の士民を救ったように、彼の政治活動の背後には、常に「黔首の命を寿にし、民の死を免れし」めんとする理念が働いていることに注目しなければならない。すなわち恵施の理想主義の実体とは、愛民の理念をその基盤とする者であったと言える。たとえ白圭に「市丘の鼎」のように「美なれども、用うべき所無き」ものと揶揄されようとも、あるいは翟翦から「善なるも行うべからず」と謗られようとも、恵施には我こそが「民の父母」として「愛子」たる万民に安寧をもたらすのだとの強烈な自負の念があり、その故に彼は「此の鼎よりも宜しきは莫し」と、非実用的だとの周囲の非難の声に昂然と胸を張るのである。

「歴物」と政治活動の関連

これまで魏《ぎ》の宰相としての恵施《けいし》の政治活動の特色を見てきた。それでは彼の政治的行動と「歴物《れきぶつ》」の思想とは、どのような関連を持つのであろうか。まず魏での政治活動が彼の思想活動と密接な関係にあったことは、恵施と論敵・荘周《そうしゅう》の間で交わされた有用・無用の論争から窺うことができる。恵施は、思想が単に思想として語られるにとどまることなく、さらに現実の人間社会に対しても有効性を伴って作用すべきであるとの立場に立つ。その上で恵施は、「恵子、荘子に謂いて曰く、（中略）子の言は大なるも無用、衆の同しく去りし所なり」（『荘子』逍遥遊篇）とか、「恵子、荘子に謂いて曰く、子の言は無用なりと」（『荘子』外物篇）と、荘周の思想が持つ非実用的性格に批判を加える。

荘周は政治世界に価値を認めることを拒絶し、逆に魏の宰相なる政治的地位に執着する恵施の姿勢に対して、腐った鼠を有り難がる者だと激しい反発を示す（『荘子』秋水篇）のであるが、まさしくこのような荘周の立場こそ、恵施が荘周の思想を無用の虚言として否定する理由だったと考えられる。こうした形での荘周に対する批判は、裏を返せば、恵施の内面では自分の思想活動が対社会的有効性を保持するものとして、両者の結びつきが強く意識されていたことを物語る。

この点に関しては、恵施が弁論の果たすべき役割について、「夫れ説なる者は、固《もと》より其の知る所を以て、其の知らざる所を諭《さと》し、人をして之を知らしむるなり」（『説苑《ぜいえん》』善説篇）と定義していることも、その傍証となろう。弁論とは知識の伝達であるとの定義には、弁論に対社会的有効性を求めようとする彼の立場が表明されているからである。世界の森羅万象について飽くことなく弁じ立て、他者からは弁者《べんじゃ》と評される彼の活動も、恵施の内面においては、単に「好んで怪説を治め、琦辞《きじ》を玩《もてあそ》ぶ」（『荀子』非十二子篇）にとどまらない社会的活動として意識されていたことを示している。こうした点から考えると、旧恵施篇が伝える恵施の弁者としての思想活動と、魏における彼の政治活動との間には、密接な関係が保たれていたと推測される。

思想と政治の結合を求めるのが恵施の基本的立場であることは確認できたが、それでは「歴物」の思想内容と彼の政治活動とは、具体的にどのような関連を持つのであろうか。

『呂氏春秋』《りょししゅんじゅう》開春論愛類篇には、匡章《きょうしょう》が恵施の信奉する思想と彼の外交政策との矛盾を非難する際に、「公の学は尊を去る」と指摘したことが見えている。この場合、「公之學」との表現は、「去尊」《きょそん》が特定の国を盟主に立てないと言った類の恵施の外交方針を意味するのではなくして、より広範な恵施の思想的特色を指す語であることを明示している。この恵施が常々標榜していた「去尊」の学とは、まさしく「歴物」中に最も重要な地位を占めていた、あの「萬物畢同」の理論を指すのにほかならないであろう。前述のように「萬物畢同」は、至大を基準に据えることによって、既成の判断が個物相互間に付加してきたあらゆる差等を排除しようとする論理だったからである。

注目すべきは、旧恵施篇においては弁者としての恵施像とのみ結合した形で紹介されていた「萬物畢同」が、もっぱら政治家としての恵施像だけを描く『呂氏春秋』中においても、やはり「去尊」の学として登場してきている点である。これは「萬物畢同」が単に恵施の弁者と称される活動に限って重要な位置を占めるだけではなく、魏の宰相としての彼の政治活動に関しても重大な役割を果たすものであったことを示唆している。

この点について、以下さらに論を進めてみよう。「歴物」においては、「萬物畢同」は既成の固定した判断を打ち砕き、天地・万物を一切の判断や差等が付加されない白紙の状態に還元する作用を果たすものであった。彼はこの「歴物」の理論を振りかざし、既成の判断の脆弱性を衝いて、「弁者を暁《さと》し」たのであるが、この段階においては、万人は頼るべき既成の判断基準を喪失して、皆目是非不明の世界に放り出されることになる。そのとき独り「万物を散じて」人々に新たな判断を教え諭すのが、「自ら以て最も賢《まさ》れりと為す」ほかならぬ恵施であった。
この点については、政治世界においても、恵施が弁論の役割を「其の知らざる所を諭し、人をして之を知らしむる」ところにあると規定し、「農夫を治むる者」「愷悌《がいてい》の君子」「民の父母」として、やはり常に他者を教え諭す存在であったことは、すでに述べたごとくである。すなわち賢智主義の立場に関して、政治家としての恵施像は、弁者としての恵施像と全く変わるところがないのである。

それでは現実政治の領域でも依然として保持されていた、恵施のこの自己の賢智に対する絶対の自信は、一体何に基づくものであったろうか。それは弁者としての場合と同じく、外界の事物に対する執拗な探究が生み出す、豊富な判断の蓄積を基盤とするものであったと思われる。『韓非子』中にはそうした事情を伝える記載がいくつか存在している。

慧(恵)子曰く、狂者東に走り、[10] 逐《お》う者も亦《ま》た東に走る。其の東に走るは則ち同じ。東に走る所以の為は則ち異なると。故に曰く、事を同じうするの人は、審《つまび》らかに察せざるべからざるなりと。(説林《ぜいりん》上篇)

東に走るという行為を基準に判断すれば、両者は「同」じであるが、なぜ東に走るのか、その動機を基準に判断すれば、両者は「異」なると指摘するこの恵施の判断形式は、まさしく「歴物」中の「小同異」に相当する。「歴物」では定義が示されたのみで、個々の命題には全く登場しなかった「小同異」が、法家の文献中に引用されて、初めてその姿を現わしてくるのである。

以下に挙げる例は、表現上これほど明確に「小同異」を前面に出してはいないが、やはり同様の判断形式に基づくものと思われるので、参考までに紹介して置こう。

恵子曰く、猿を柙中《こうちゅう》に置かば、則ち豚と同じと。故に勢の便ならざるは、能を逞《たくま》しくする所以に非ざるなり。

猿と豚とは形態や能力を異にするが、しかし猿を檻の中に閉じ込めてその能力を束縛してしまえば、敏捷な行動が取れない点では、両者は同じであると言える。(11)　　（説林下篇）

恵子曰く、羿抉《げいゆがけ》を執り扞《かん》を持し、弓を操りて機を関せば、越人《えつひと》も争いて為に的を持たん。弱子《じゃくし》弓を扞《ひ》かば、慈母も室に入りて戸を閉じんと。故に曰く、必すべくんば則ち越人も羿を疑わず、必すべからざれば則ち慈母も弱子を逃ると。　　（説林下篇）

弓を引いて矢を放つとの動作に関しては、羿も幼児も同じであるが、しかしそれに対応する人々の行動は大きく異なる。それは両者が命中精度を全く異にするからである。

このように『韓非子』説林篇の作者は、恵施の「小同異」形式による判断例を引いてきて、その各々に必治の勢などと結びつけた解説を加え、法家思想を説く補助手段としているわけである。こうした法家による受容の形態は、とりもなおさず「小同異」を駆使して蓄積される恵施の判断が、現実の政治領域においても一定の有効性を発揮するものであったことを裏書きしている。

したがって恵施は、政治世界においても「萬物畢同」に基づく「去尊」の学によって既成の判断を動揺させ、人々を判断不可能な状態に追い込んだ後、それに代わるべき新たな判断を、自己の賢智の下に「小同異」の形式で形成・集積して行ったと考えられる。(12)こうした操作によって、恵施の才能は政治世界でも活躍の場を切り開くことができたのであり、弁者に対したと同様、魏の宰相としても常に他者を教え諭す立場を確保することが可能だったのである。

続いて「歴物」の結論である「汜愛萬物、天地一體」なる理念と、恵施の政治活動との関連について述べてみたい。「汜《ひろ》く万物を愛す」と言われる場合、その主語は当然恵施であろう。そして「歴物」を中心に考えた場合、「汜く万物を愛す」とは、万物をいったん既成の差等から解放し、各々の独自性を認めた上で、さらに個々の特性や分限に応じて、一体なる天地の中に安寧の居所を保証してやることであった。

一方、魏の宰相としての恵施の政策の根柢にあるものが、愛民の理念であったことはすでに述べた。そしてこの場合の愛民も、築城の比喩に示されたように、個々の能力・特性に応じて、全体の中に一定の役割を占めさせた上で、すなわちある者は「農夫」として、ある者は「工女」として、ある者は「大匠」として、各々生活の場を獲得させた上で、「黔首《けんしゅ》の命を寿《ながいき》にし、民の死を免れし」めて「黔首を安んぜんと欲する」ものであった。

先に「歴物」の体系により「天下を大観すと為し」た弁者としての恵施と、聖人のように「表綴《ひょうてつ》を操《と》りて以て善く睎望《きぼう》す」る者であった政治家としての恵施とは、そのように天下全体の在り方を宰領せんとする姿勢において強い共通性を示すのみならず、またその最終的に志向する世界の在り方においても、ほぼ完全に重なり合う像を結ぶのである。故にこの二つの理念の間には、「氾愛萬物、天地一體」なる原則が現実の政治領域に適用されるとき、愛民の施策となって現われるとの関係にあったと考えられる。

これまで「歴物」の思想と魏の宰相としての恵施の政治活動とが密接な関係にあり、政治世界に参画することが、彼が思想活動を展開する上で不可欠の要素だったことを述べてきた。このように自分の思想を現実政治の場でも実現しようとする恵施にとっては、魏の宰相という地位は、そのために彼が獲得した貴重な足場となる。『呂氏春秋』審応覧不屈篇が、「天下を賊《そこな》うを以て実と為し、之を治むるを以て名と為す」恵施の思想は、「幸いにして独り魏に聴かれ」たと述べるように、魏は恵施を受け入れたほとんど唯一の国家だったからであり、また彼は「恵子曰く、猿を柙中に置かば、則ち豚と同じ」と、能力を発揮するためには然るべき勢位が必要なことをも熟知していたからである。そこで魏と魏における自己の地位を保全することは、恵施にとって極めて重要な意義を帯びてくる。

そのため、斉《せい》と同盟して秦《しん》に対抗せんとする恵施の外交政策の目標は、常に魏の保全の一点に集中する。「恵施は斉と魏の交わりを為し、太子《たいし》鳴《めい》をして斉に質《ち》為らしむ」(『戦国策』魏策)と、恵施は外交の基本路線をほぼ一貫して斉との同盟関係に置こうとする。無論、以前わざと斉に臣従して馬陵の敗戦の報復を遂げたことや、「今、以て斉王を王として、黔首の命を寿にし、民の死を免れしむべくんば、是れ石を以て愛子の頭に代うるなり。何為《なんす》れぞ為さざらん」などの発言からも明らかなように、恵施が心底から斉に好意的だったことを意味するものではない。(13) 恵施の狙いはつぎの資料に明瞭に示されている。

張儀は魏を以て秦・韓《かん》に合して、斉・楚《そ》を攻めんと欲す。恵施は魏を以て斉・楚に合して、以て兵を案《やすん》ぜんと欲す。(『戦国策』魏策)

もし張儀の連衡策に乗って秦・韓と同盟すれば、魏は秦の東方攻略の先鋒として常に戦場に駆り立てられ、勝敗の如何にかかわらず疲弊・衰亡の破局に陥ることになる。これは魏を拠点に活動する恵施にとっては、是が非でも回避しなければならない事態である。そこで彼は、逆に斉・楚と同盟することにより、強大な秦と東方諸国との間に勢力の均衡を生み出し、その膠着状態の中で魏に平和をもたらそうとするのである。したがって、この「魏を以て斉・楚に合して、以て兵を案ぜんと欲す」る恵施の外交政策は、彼にとって、平和の維持により愛民の理念を実現し、同時に魏の保全により自己の思想を実現すべき場を確保するとの、二重の意義を含むものであった。張儀の連衡策と終始対決し続けた恵施の外交政策にも、彼の思想的立場が色濃く反映していたのである。

このように見てくると、旧恵施篇が伝える恵施の弁者としての思想活動と、魏の宰相としての彼の政治活動とが、実は密接な連携の下に展開されていたことが了解される。恵施が魏で取った政治行動も、結局は自己の世界観を現実の政治領域に対しても適用せんとする、彼の思想活動の一環だったのである。

恵施の落日

「歴物《れきぶつ》」の思想は、既成の判断をすべて打ち砕き、世界を一度白紙の状態に引き戻そうとするものであった。しかしながら、その世界はいつまでも無秩序のままに放置されてよいのでは決してない。彼の弁者《べんじゃ》としての活動が、「先王に法《のっと》らず、礼儀を是《ぜ》とせず」(『荀子』非十二子篇)と一見甚だ奇矯な印象を与えるにもかかわらず、意外とその裏には「文王之義」とか『詩経』の「愷悌《がいてい》君子」などといった伝統的価値観が、これまた儒家や墨家と共通する個人的賢智を重視する立場と結びついて、常に顔をのぞかせていた点に注目する必要がある。

恵施《けいし》の理想とする世界においても秩序はやはり必要であり、その新たな秩序を立案・企画する者こそ、ほかならぬ「聖人」恵施だったのである。すなわち荘子の万物斉同の思想と似通った性格を持つ「去尊《きょそん》」の学により、従前の世界秩序を崩壊させた後は、世界は恵施の豊かな才能を縦横に揮うべき舞台であり、自己の理念を押し通す場となるはずであった。しかも、「歴物」の理論が用意した白紙の世界に彼が描く未来の構図の中に、自らは「農夫を治むる者」として最も輝かしい地位を占めるはずでもあった。恵施は万物を愛し民を愛する理念を高く掲げたが、それはあくまでも彼の偉大な賢智の指導の下に実現されるべきものだったのである。

恵施の思想的特色は、物を超えた至大・至小の概念・名辞を操ることによって、逆に物の世界を再編成しようと試みた点にある。彼は名辞を武器に、世界に自己の意志を貫徹させるべく闘いを挑んだのである。これこそ恵施が後世名家《めいか》と呼ばれるにふさわしい理由でもあったわけであるが、こうした恵施の立場に対し、荀況《じゅんきょう》は「恵子は辞に蔽《おお》われて実を知らず」(『荀子』解蔽《かいへい》篇)と非難を浴びせる。この批判は、ある意味で恵施の思想の本質を衝いていると言える。いかに巧妙に名辞を操作し、世界に対する解釈を変えてみても、だからと言って世界の実相までが変化するわけではないからである。

にもかかわらず、恵施は単なる観念論者にとどまりはしなかった。彼は自ら進んで戦国の険しい政治世界の渦中に身を置き、曲がりなりにも魏《ぎ》の宰相として十数年にわたって手腕を揮い、時には成果を収めることもできたのである。それは、万物に対する執拗な探究が事物に対する精緻な判断の蓄積をもたらし、それが現実に対処する上で一定の有効性を発揮したからにほかならない。彼が巧みに比喩を操って他者を論破する術に長じていた(『説苑《ぜいえん》』善説篇)と言われるのも、この事物に対する博識がそれを可能にしていたのである。すなわち「万物を散じて厭《あ》かざる」恵施の思索が、彼を陋屋の中に世界を論ずる単なる空想家に陥ることから免れさせていたのであった。

しかしながら、「歴物」の思想により世界に挑戦しようとした恵施の闘いも、最終的に彼に勝利をもたらしはしなかった。『呂氏春秋《りょししゅんじゅう》』審応覧不屈篇の作者が、恵施を「察士《さっし》以て道を得たりと為すは、則ち未だしなり」と評するように、彼の事業にもやがて挫折が訪れる。

紀元前三二二年、「張儀、秦《しん》を以て魏に相たり」(『戦国策』魏策)との状況が生じ、「魏を以て秦・韓《かん》に合して、斉《せい》・楚《そ》を攻めんと欲す」(同)る張儀の連衡策が魏の政権内で優勢を占めるに至る。独り「魏を以て斉・楚に合して、以て兵を案《やす》ぜん」(同)ことを主張した恵施は孤立し、「張儀、恵子を魏より逐《お》う。恵子楚に之《ゆ》く」(『戦国策』楚策)と、彼は政敵張儀の前に敗れ去ることとなった。

退去に際して恵施は、「小事なるも、可と謂う者と不可と謂う者とは、正に半ばす。況《いわ》んや大事をや。魏を以て秦・韓に合して、斉・楚を攻むるは、大事なり。而るに王の群臣は皆以て可と為す。知らず、是れ其の可なること、是《か》くの如く其れ明らかなるか。而して群臣の智術や、是くの如く其れ同じきか。是れ其の可なること、未だ是くの如く其れ明らかならず。而して群臣の智術や、又《ま》た皆同じきには非ず。(14) 是れ其の半ば塞がるること有るなり。所謂劫主《きょうしゅ》は其の半ばを失う者なり」(『戦国策』魏策)と、恵王を皮肉っている。本来意見が分かれるはずの群臣が、口を揃えて一つの意見に賛同するのは、恵王の意向に迎合しているからだというのである。かくして言外に、是非不明の事態における己の智術に最後まで揺ぎない自信を表明しつつも、結局彼は思想活動の唯一の足場である魏を立ち去らざるを得なかったのである。

秦の威勢を恐れる馮郝《ふうせき》の策謀によって、亡命先の楚からも厄介者扱いをされ、体よく生国の宋に送還された(『戦国策』楚策)恵施は、三年後、張儀の失脚とともに再び魏に復帰する。しかしこうした絶望を知らぬ執念にもかかわらず、二度と恵施が宰相の地位を回復することはなく、魏を足がかりに自己の理念の実現を図らんとする彼の意欲は、もはや空しく世界に呑み込まれて行く。後に残されたのは、つぎのような惨澹たる悪評のみであった。

恵子の魏を治め本を為すや、其の治治まらず。恵王の時に当たりて、五十戦して二十敗し、殺さるる所の者は、勝《あ》げて数うべからず。(中略)大術の愚は天下の笑いと為り、其の諱《き》を挙ぐるを得たり。(中略)名宝は散出し、土地は四《よも》に削られ、魏国此れより衰えたり。仲父は大名なり、譲国は大実なり。説以て聴かれず信ぜられず、聴かれて此くの若《ごと》ければ、工と謂うべからず。工ならずして治むるは、天下を賊《そこな》うこと焉《これ》よりも大なるは莫《な》し。幸いにして独り魏に聴かる。天下を賊うを以て実と為し、之を治むるを以て名と為す。匡章《きょうしょう》の非とせしも、亦た可ならずや。

(『呂氏春秋』審応覧不屈篇)

世界はついに恵施の意志を受け容れなかったのである。

『呂氏春秋』の評価に従う限り、理想を追い続けた政治思想家としての恵施の生涯は、惨めな失敗に終わったように見える。また名家の思想家としての人生も、後世の悪評を基準にすれば、やはり失敗だったと総括されるであろう。だがそうした否定的評価を超えて、恵施の活動にはなお重要な意義を見出だすことができる。

人間が自然界の仕組みを探究しようとする場合、万物への幅広い興味に裏づけられた博物学的思索は、その基礎を形成する。また博物学は、その性格上、必然的に万物を異類と同類に分類する分類学的思索を生ずる。この分類学的思索を伴う博物学こそは、自然界を探究せんとする知的営為の第一の基礎である。恵施の思想からは、こうした性格を明瞭に読み取ることができる。

もし恵施の思想が、彼の後継者たちによってさらに深められて行ったならば、それは古代中国における自然科学的思索の発達を促す、貴重な知的遺産となり得たであろう。実際にそうはならなかったが、その原因はいろいろ考えられる。恵施が天地・万物の一切を解明しつくしたと自負し、後継者たちが探究を継続する余地のない完成した理論として、それを他者に提示したため、彼一代の業にとどまってしまったことも、その一因であろう。

また恵施が、自然界への探究が生み出した自己の思想を、性急に政治思想へと転換して政治活動に乗り出したため、自然界に対する思索は政治思想と一体化してしまい、彼の政治活動の失敗とともに、自然界への思索の側も否定されてしまう。これも恵施の思想が後継者たちによって継承されずに終わった要因の一つであろう。

そこには、学術の完成と人格の完成を直結させるため、学術を未完の作業として後世に委ねることを嫌い、個人一代の間に完成させるべきものと理解しがちな、中国的学問観の傾向が見て取れる。加えて、学術が現実世界から遊離することを嫌い、常に学術が政治と結合するため、純粋に学術それ自体として存立しがたいといった、中国世界の学術が宿す特色も窺える。

こうした要因が重なって、恵施の思想はのちの時代に継承されることなく消えて行った。だが恵施の思想が大きな可能性を秘めていたこと自体はたしかで、我々はその事実を記憶にとどめるべきであろう。また中国最古のガイア説とも称すべき、「氾愛萬物、天地一體」の理念が秘める普遍的意義をも、我々は改めて考えてみる必要があろう。

第二章　弁者の論理

――ソフィストたちの命題――

恵施の論敵

すでに序章でも触れたが、『荘子』天下篇には、恵施《けいし》と論戦をくり返した弁者《べんじゃ》たちの命題、所謂「弁者二十一条」が記録されている。戦国期の論理学派の著作は、『公孫龍子《こうそんりゅうし》』を唯一の例外として、ほとんど後世に伝わることなく消滅した。その意味でこれは、断片的記述ながら、弁者の論理を窺い知るための貴重な資料となっている。そこで本章では、「弁者二十一条」の検討を通して、戦国期の弁者の論理がいかなるものであったかを、探って行くことにしたい。

天下篇は、まず恵施の「歴物十事《れきぶつじゅうじ》」を紹介したのち、「恵施は此を以て天下を大観すと為して弁者を暁《さと》し、天下の弁者は相与《とも》に之を楽しむ」と、恵施の論敵だった弁者たちに言及し始め、彼等の命題をつぎのように列挙する。

卵有毛。雞三足。郢有天下。犬可以爲羊。馬有卵。丁子有尾。火不熱。山出口。輪不蹍地。目不見。指不至、至不絕。龜長於蛇。矩不方。規不可以爲圓。鑿不圍枘。飛鳥之景、未嘗動也。鏃矢之疾、而有不行不止之時。狗非犬。黄馬驪牛三。白狗黒。孤駒未嘗有母。一尺之捶、日取其半、萬世不竭。辯者以此與惠施相應、終身無窮。桓團公孫龍辯者之徒、飾人之心、易人之意、能勝人之口、不能服人之心。辯者之囿也。惠施日以其知與人之辯、特與天下之辯者爲怪。此其柢也。

卵に毛有り。雞《にわとり》は三足。郢《えい》に天下有り。犬は以て羊と為すべし。馬に卵有り。丁子《がま》に尾有り。火は熱からず。山は口より出ず。輪は地を蹍《ふ》まず。目は見ず。指は至らず、至らば絶えず。亀は蛇より長し。矩《く》は方ならず。規《き》は以て円を為すべからず。鑿《さく》は枘《ぜい》を囲まず。飛鳥の景《かげ》は、未だ嘗て動かず。鏃矢《ぞくし》の疾《はや》きも、行かず止まらざるの時有り。狗《く》は犬に非ず。黄馬と驪牛《りぎゅう》は三なり。白狗は黒し。孤駒《こく》は未だ嘗て母有らず。一尺の捶《むち》は、日に其の半ばを取るも万世竭《つ》きず。

弁者は此を以て恵施と相応じ、終身窮まること無し。桓団《かんだん》・公孫龍《こうそんりゅう》・弁者の徒は、人の心を飾《たしな》め、人の意を易《か》え、能く人の口に勝つも、人の心を服せしむること能わず。弁者の囿《ゆう》なり。恵施は日に其の知を以て人と之れ弁じ、特《ひと》り天下の弁者と怪を為す。此れ其の柢《あらまし》なり。

(1)鶏の卵には羽毛がある。(2)鶏には足が三本ある。(3)(楚《そ》の都である)郢の中には天下がある。(4)犬は羊だと言うことができる。(5)馬は卵を生む。(6)蛙には尻尾がある。(7)火は熱くない。(8)山は口から出る。(9)車輪は地面を踏まない。(10)目は(物を)見ない。(11)知覚は(人間に)到達しない。到達すれば離れない。(12)亀は蛇より長い。(13)定規は直角ではなく、コンパスで円を描くことはできない。(14)孔はほぞを囲まない。(15)飛鳥の影は最初から動かない。(16)速いスピードで飛んで行く矢にも、前進もせず停止もしない時がある。(17)狗は犬ではない。(18)黄色い馬と黒い牛は三である。(19)白い犬は黒い。(20)母のない子馬には、最初から母がいない。(21)一尺の鞭は、一日に半分ずつ取り去っても、永久になくならない。

弁者たちは、これら二十一条の命題を掲げて恵施と論争し、死ぬまで決着がつかなかった。桓団や公孫龍に代表される弁者の輩は、他人の心を(間違っているとして)戒め、他人の(言葉が伝えようとする)意味をすり替え、他人との論争に勝利を収めるが、(いくら相手を言い負かしてみても)他人を心から納得させることはできない。これが彼等弁者が抜け出せない限界なのである。恵施は来る日も来る日も智能を奮って彼等と論争し、ただ一人天下の弁者を向こうに回して奇怪な弁論をくり広げた。これがその概略である。

「弁者二十一条」の解釈

「弁者二十一条」には、結論としての命題だけが唐突に羅列されるので、それらがいかなる論理操作を経て提出されているのかの推定は難しいが、以下に順を追って、できる限りの解釈を試みてみよう。

(1)「卵に毛有り」

卵が孵化して、羽毛を持つひな鳥が誕生する。そこで常識的には、卵の段階ではまだ羽毛は存在していない。だが極限大の時間、恵施《けいし》が説く「至大」の時間を分母に据えれば、卵の段階からひな鳥の誕生までの時間は無と化して、時間差は消滅する。とすれば、卵の段階ですでに羽毛が存在すると称することが可能となる。これが、弁者が駆使した論理だったと考えられる。

(2)「雞《にわとり》は三足」

この命題と同じものは、『公孫龍子《こうそんりゅうし》』通変論《つうへんろん》にも、「鶏の足と謂えば一、足を数うれば二、二と一、故に三」とか、「鶏の足は三」と見える。したがってこの命題は、公孫龍の論理学的立場を踏まえて解釈すべきであろう。

鶏の実際の足を数えれば、足は二本に過ぎない。だが人間は、なぜそれを足と認識するのであろうか。それは普遍概念としての足概念が、目で足を見るとの人間の認識行為に応じて、視認の対象物たる鶏の足に一時的に発現するからにほかならない。たとえ形態は類似していても、樹木や柱が地面に立っている場合は、人はそれを足とは認識しない。それは、普遍者たる足概念が対象物に発現しないからである。とすれば鶏の足を認識するとき、人は足二本と、そこに一時的に宿る足概念の双方を認識しているとしなければならない。故に鶏の足は三本なのである。

(3)「郢《えい》に天下有り」

郢は当時の楚《そ》の都である。郢は城壁で囲まれた一つの都市に過ぎないから、郢の中に天下全体が包摂されるなどということは、常識的思考では成立しない。しかし、極限大の空間、恵施の言う「至大」なる空間を分母に据えれば、両者の面積は限りなく無に近づいて等しくなるから、郢と天下の相対的大小の差異は消滅する。そこで郢の中に天下が収容されると称して構わないのである。

(4)「犬は以て羊と為すべし」

この命題に類似するものは、「牛と羊の足は五にして、鶏の足は三。故に曰く、牛は羊に合して鶏に非ず」と、『公孫龍子』通変論にも見えている。そこでこの命題は、分類に関する公孫龍の論理学的立場、所謂「同異之辯」を踏まえて解釈すべきであろう。

動物を分類するに当たり、分類の基準(内包)を四足獣に設定すれば、犬も羊も同類に分類されて、ともに四足獣なる同類概念の外延中に包摂される。こうした条件の下では、犬は羊だとも言えるのである。

(5)「馬に卵有り」

『公孫龍子』通変論は、動物の分類法に関してつぎのように述べる。「故に曰く、牛は羊に合して鶏に非ずと。

以て鶏に非ざること有るには非ざるも、馬と鶏とを以てせば、寧ろ馬ならん」。すなわち、牛は羊と同類を組んで、鶏は異類として除外される。牛と羊が、どんな場合でも絶対に鶏と同類を組まないわけではないが、牛と羊が馬と鶏のどちらかを選んで同類を形成する場合は、鶏よりも馬を選択すべきであるというのである。

しかしながら公孫龍が、四足獣である牛・羊と、鳥である鶏が同類を組む可能性を、完全には否定していない点に注意しなければならない。内包の設定の仕方によっては、牛・羊と鶏、あるいは馬と鶏が同類を組む可能性が残されているのである。

このように馬と鶏を同類に分類した上で、そこに⑷の「犬は以て羊と為すべし」との論理を適用すれば、「馬は以て鶏と為すべし」とすることが可能となり、「馬に卵有り」との命題が成立するのである。

⑹「丁子《がま》に尾有り」

オタマジャクシ（科斗）には尾があるが、成長して蛙になる過程で尾は姿を消す。もし極限大の時間を分母に据えるならば、科斗から蛙に移行するまでの時間は無と化し、科斗はそのまま蛙となる。そこで蛙に尾があると称することが可能となる。

⑺「火は熱からず」

熱いと感じるのは、感覚がもたらす人間側の知覚なのであって、火それ自体の性質ではない。木や石など、認識能力を持たない物体に火を近付けても、それらの物体が熱いと感じることはない。ゆえに火そのものは熱くないのである。

⑻「山は口より出ず」

極限大の空間、「至大」を分母に据えれば、いかに巨大な山も無に等しい存在と化す。一方、極限小の空間、

「至小」を分母に据えれば、人間の口は極限大の空洞となる。そこで口から山が出てくることも可能となるのである。

(9)「輪は地を蹍《ふ》まず」

地を踏むとは、ある物体の重量が垂直方向に地面にかかる状態を指す。ところが馬車が走行する場合は、車輪と地面との接点はつぎつぎに移動して、一瞬たりとも静止することがない。そこで、たとえ接地の瞬間を無限に分割したとしても、いずれの時点も移動の途中に過ぎず、車輪の重量が垂直方向に地面にかかる時間帯は存在しない。したがって車輪は地面を踏まないのである。

(10)「目は見ず」

この命題と類似した思考は、「猶《な》お白は目と火を以て見るがごときも、而して火は見ず。則ち火と目と見ずして神見る」と、『公孫龍子』堅白論にも見える。人間が色や形を視認するには、目と光と精神の連携が必要となる。たとえ目を見開いていても、光のない闇の中だったり、精神がぼんやりした状態であれば、何も見えはしない。ゆえに目それ自身は見ないのである。

(11)「指は至らず、至らば絶えず」

「指」とは、『公孫龍子』指物論《しぶつろん》の解説で述べるように、特定の対象に対する認識を意味する。また「至」とは、何かが向こうからやって来るとの意味である。人間が白い花を見て白なる色彩を認識しても、白なる色彩そのものが人間の側に移動してきたわけではない。人間が石に触れて石の堅さを認識しても、堅なる塡充性そのものが人間の側に移動してきたわけではない。もし色彩や塡充性が人間の側に移行してくるのであれば、その知覚は人間から決して離れず、一瞬たりとも途絶えない。だが人間が獲得する知覚はつぎつぎに消え失せて、永くとどまることはない。してみれば、「指」はやはり人には至らないのである。

⑿「亀は蛇より長し」

常識的思考では、亀の体長は蛇よりも短いとされる。だが極限大の空間を分母に据えれば、亀と蛇の体長の差は無と化す。そこで亀は蛇よりも長いと言えるのである。

⒀「矩《く》は方ならず。規《き》は以て円を為すべからず」

矩は工匠が直角を描くための差し金で、規は円を描くためのコンパスである。だが矩が作る直線を組み合わせて方形を描いたり、規が作る曲線によって円を描く場合、その線には必ず幅が生じる。幅が存在する以上、方形は台形や平行四辺形だとも言えるし、円形は楕円だとも言えるわけで、それは決して真の方形や真の円形ではあり得ない。

⒁「鑿《さく》は枘《ぜい》を囲まず」

鑿は木材や石材に穿《うが》たれた孔で、枘はその孔にはめ込まれるほぞを指す。こうした細工を施して、木材や石材を組み合わせる。常識的思考では、より大きい鑿がより小さい枘を囲んでいるとされる。だが空間的「至大」を分母に据えれば、鑿の直径は無と化す。その一方で、「至小」の空間を分母に据えれば、枘の直径は極限の大きさとなる。そこで小なる鑿が、大なる枘を囲むことはないのである。

⒂「飛鳥の景《かげ》は、未だ嘗て動かず」

鳥が空を飛ぶ時間を無限に分割すれば、飛鳥の影は、無限に分割された瞬間瞬間に、光が鳥に遮られて地上に投影されることになる。すなわち影は、一回一回、別々に映写されるのであって、影なる一定のものが存在していて、それが地上を移動して行くわけではないのである。

(16)「鏃矢《ぞくし》の疾《はや》きも、行かず止まらざるの時有り」

発射された矢が飛んで行く時間帯を極限まで分割した上で、ある一瞬の時点を捉えると、矢は全く空間を移動せず、あたかも空中に静止しているかのようである。だが全体としては、矢は前進しているのであるから、たとえどんなに短い一瞬であっても、完全に停止しているとすることはできない。したがって、極小の時点で考えれば、矢は「行かず止まらず」の状態にあるとしなければならない。古代ギリシアの哲学者エレアのゼノンにも、飛ぶ矢は静止しているとする類似の命題がある。

(17)「狗《く》は犬に非ず」

狗は生後間もない子犬を指す。当然狗は、やがて成長して犬になる。そこで通常は、狗は犬であると理解される。しかるにこの命題では、狗は犬ではないと、常識的思考が否定される。その論理は、それを狗と称する以上、狗はいまだ犬になっておらず、したがって毛虫が蝶でなく、オタマジャクシが蛙ではないように、狗を犬と称することはできないとする点にあろう。墨家《ぼくか》の論理学である墨弁は、「二名一実なるは重同なり」(説87)と、たとえ名称が二つあっても、実体が重なり合うのであれば「重同」であると規定した上で、「狗は犬なり。狗を殺すは犬を殺すに非ずとするは、不可なり。説は重なるに在り」(経154)と主張して、弁者の命題に反駁している。

(18)「黄馬と驪牛《りぎゅう》は三なり」

これは、(2)の「雞は三足」と似た命題と考えられる。馬と牛は、「牛羊の足と謂えば一、足を数うれば四」(『公孫龍子』通変論)といったように、ともに四足獣なる同類概念を形成する。この同類概念一と、黄馬一、黒牛一を合計すれば、その数は三となる。

(19)「白狗は黒し」

白とは特定の色彩に人間が付加した名称である。だが言語を異にする人間集団の間では、同一の対象を別々の名称で呼ぶように、特定の対象に特定の名称を対応させるのは、人間の側の便宜的な約束事に過ぎず、対象世界の側には、そうした必然的対応関係は全く存在しない。人間が自分たちの都合で言わば勝手に命名している以上、人間がその対応関係を勝手に変更しても、それで対象の実が損なわれるわけではない。したがって、通常人々が白と呼ぶ色彩に、黒なる名称を付加しても構わないのであって、白い犬は黒いと称することが可能なのである。

(20)「孤駒《こく》は未だ嘗て母有らず」

この命題は、恵施の「歴物十事《れきぶつじゅうじ》」に含まれる「今日越《えつ》に適《ゆ》きて昔来《きのう》る」と同じく、時期的先後を逆転させる論理を用いたものと考えられる。孤駒は今でこそ孤児で母がいないのであるが、最初から母親がいなかったわけではなく、かつては母親がいたと考えるのが常識的理解である。つまり母親がいた状態から、母親を失った状態へと変化したとの時期的先後関係が存在したと見なすのである。だが時間的「至大」を分母に据えれば、母親がいた段階から、母親を失った段階までの時間は無に等しくなる。そこで時期的先後を逆転させて、母親がいなかった状態が先にあったとすることが可能となる。とすれば最初から母親がいなかった孤児に、後から母親が現われるわけはないから、「孤駒は未だ嘗て母有らず」との命題が成立するのである。

(21)「一尺の捶《むち》は、日に其の半ばを取るも万世竭《つ》きず」

一尺の鞭を毎日半分に分割し続けても、常に半分は残るわけだから、鞭は永遠に尽き果てない。この命題は空間の無限分割を扱うもので、古代ギリシアの哲学者エレアのゼノンが唱えた著名な命題、「アキレスは先を行く亀に永久に追いつけない」と同じ発想に基づく。アキレスが亀の出発点に到達しても、その間亀は幾分か前進している。つぎにアキレスがそこに到達しても、亀はさらに前進しているから、アキレスは永久に亀に追いつけないというのが、ゼノンの論理である。

以上が筆者が試みた「弁者二十一条」に対する解釈である。初めに述べたように、結論としての命題だけが記され、それを導き出した論理についての記述を欠いているため、あくまで現段階での一応の解釈と言うべきものである。

恵施・公孫龍との関係

天下篇(旧恵施《けいし》篇)の作者は、「弁者二十一条」を恵施の論敵だった「桓団《かんだん》・公孫龍《こうそんりゅう》・弁者《べんじゃ》の徒」の命題として紹介する。ところがその中には、(1)(3)(6)(8)(12)(14)(20)のように、極限大の時間や空間を分母に据えて、相対的大小関係を消滅させる論理を用いたと思われるものが含まれている。この論理は、「歴物十事《れきぶつじゅうじ》」において恵施が駆使していたものである。とすれば恵施の論敵と恵施は、敵対しつつも共通する論理を使用していたことになる。

こうした現象は、第一章で解説した「至大」「至小」の論理が、必ずしも恵施の独創ではなく、その一部が恵施に先行する弁者によって発案されていた可能性を示唆する。天下篇は「歴物十事」を紹介したのち、「恵施は此を以て天下を大観すと為して弁者を暁《さと》す」と述べるから、恵施は部分的には論敵の弁者と論理を共有しながらも、天下全体を網羅する理論体系の雄大さに、弁者たちにはない自己の優位を認めたのであろう。

一方「弁者二十一条」の中には、(2)(4)(5)(7)(10)(11)(18)などのように、明らかに公孫龍学派の論理と関連する命題も多い。天下篇の作者が恵施の論敵中に公孫龍の名を挙げる以上、これは当然の現象と言える。

公孫龍と並んで恵施の論敵とされている桓団については、詳細が不明である。ただ『列子』仲尼《ちゅうじ》篇には、「子輿《しよ》曰く、公孫龍の人と為りや、行に師無く、学に友無く、佞給《ねいきゅう》にして中《あた》らず、漫衍《まんえん》にして家無し。怪を好みて言を妄《みだ》りにし、人の心を惑わせ、人の口を屈せんと欲し、韓檀《かんだん》と之を肆《ほしいまま》にす」との記述が見える。この韓檀と桓団は同一人物であろう。『列子』仲尼篇によれば、桓団は公孫龍の門人ではなく、論争相手の関係にあったと思われる。してみれば「弁者二十一条」の中、恵施の論理にも公孫龍の論理にも該当しない命題、例えば(9)(15)(16)(21)などのように、時間や空間の無限分割を扱うものが、桓団が得意とした命題だった可能性が高いであろう。

もっともこれは、断片的記述を繋ぎ合わせた上での推論にとどまる。『公孫龍子』十四篇の中、八篇が滅んでしまったのはやはり大きな痛手で、現段階では公孫龍の論理とは判断できない命題も、失われた八篇の中に専論が存在していた可能性が残る。したがって、「弁者二十一条」の内部を学派別に類別するのは、今のところ困難だと言わざるを得ない[1]。

だが天下篇の記述は、戦国中期(前三四二―前二八二年)から戦国後期(前二八一―前二二一年)にかけて、系統を異にする論理学派同士が議論を戦わせる場が、たしかに存在していた状況を伝えている。『荘子』則陽《そくよう》篇には、「丘里之言《きゅうりのげん》」なる論理が見える。それはつぎのようなものである。

少知問於太公調曰、何謂丘里之言。太公調曰、丘里者、合十姓百名而以爲風俗也。合異以爲同、散同以爲異。今指馬之百體而不得馬。而馬係於前者、立其百體而謂之馬也。

少知《しょうち》、太公調《たいこうちょう》に問いて曰く、何をか丘里の言と謂うと。太公調曰く、丘里とは、十姓百名を合して以て風俗と為すなり。異を合して以て同と為し、同を散じて以て異と為す。今、馬の百体を指すも馬を得ず。而るに馬の前に係《つな》がるる者は、其の百体を立てて之を馬と謂《よ》べばなり。

丘や里は当時の行政単位で、一丘は四邑・百二十八家で構成される。また一里は二十五家で構成される。丘や里は行政単位の名称であるから、その内部は多数の家に分解される。一つ一つ異なる多くの家を統合して丘とか里と総称するのが、「異を合して以て同と為す」分類法であり、逆に丘や里を多数の家に分解していくのが、「同を散じて以て異と為す」分類法である。このうち、「同を散じて以て異と為す」分類法を馬に適用すると、馬と総称されるものの実体は、頭・首・胴・足・尾などの部分につぎつぎに分解されて行き、馬なる実体はどこにも見当たらない。にもかかわらず、それを馬と称するのは、「其の百体を立てて之を馬と謂ぶ」からである。とすれば馬なる名称は、丘や里と同様に、観念的に設定された総称概念に過ぎないのであって、馬なる名称に直接対応する実体は存在しないとしなければならない。以上が則陽篇が記す「丘里之言」の論理で、『荘子』斉物論《せいぶつろん》篇に「馬の馬に非ざるを喩す」とあるのも、この種の議論を指す。こうした記述からも、各種の論理学派が論争をくり返す場が当時存在していて、荘周《そうしゅう》学派が彼等の弁論から多大な影響を受けていた状況が判明する。

天下篇の作者は恵施と桓団・公孫龍・弁者の徒の論争の様子を、「天下の弁者は相与《とも》に之を楽しむ」と描写する。論理学的命題をめぐって論争するためには、互いに高い水準の論理学的知識を共有している必要があり、ともに語るに足る好敵手に出会えることは、彼等にとってまさしく楽しみであったろう。彼等は論戦の過程で他学派の論理をも取り込みながら、自己の論理を磨いて行ったと想像される。この時期が名家《めいか》思想の黄金時代であった。

第三章　公孫龍の言語哲学

1　指物論――対象と認識

指物論の解釈

戦国時代の中期(前三四二―前二八二年)から後期(前二八一―前二二一年)にかけて活動した公孫龍《こうそんりゅう》は、恵施《けいし》と並び称せられる弁者《べんじゃ》の雄である。しかも戦国期に著作された弁者の書物が、その後つぎつぎに滅んで行った中で、『公孫龍子』は今に残されたほとんど唯一のまとまった著作である。そのため、名家《めいか》思想の研究は、もっぱら『公孫龍子』を中心に進めるほかはなく、公孫龍の研究がそのまま名家の研究であると言っても過言でないほどに、大きな比重を占めている。

ただし『漢書』芸文志《げいもんし》は『公孫龍子』十四篇と記すが、宋代までに八篇が失われ、現在我々が手にするテキストは、跡府《せきふ》・指物《しぶつ》・堅白《けんぱく》・白馬《はくば》・通変《つうへん》・名実《めいじつ》のわずか六篇に過ぎない。そこでこれら六篇の内容から公孫龍の論理学的思索を探って行くのだが、六篇の中では最初に指物論を取り上げることにしたい。なぜなら指物論に表出される認識論こそが、公孫龍の思想全体の根柢を成しているからである。

まず指物論の原文に即して、逐一その思考展開の筋道を辿って行くことにしたい。『公孫龍子』は内容の理解が極めて困難で、意味の通じがたい箇所が頻出するため、錯簡・誤脱が多数存在するとして、これまで本文校訂の努力が重ねられて来ている。(1) しかしながら、『公孫龍子』、とりわけ指物論は、ほとんど近似した表現が絶えず反復されるところにその文体上の特徴があり、ために文義を通そうとして、一度字句の改変や文の削除・付加、順序の入れ替えなどに手を着けた場合には、際限なく改修の可能性が生じてきて、かえって収拾がつかなくなる危険性を孕んでいる。(2) こうした理由から、指物論の解釈に際しては、準拠した崇徳書院二十家子書本の原文に対し、一切の校訂を加えない方針を取った。(3) 指物論以外の篇の解釈に際しては、若干校訂を加えた箇所があるが、紙数の都合で逐一の注記を省くことにする。なお行論の便宜上、『公孫龍子』の解釈に当たっては、すべて原文を段落毎に細分して、各々に番号を付す体裁を取ることにする。

(1)物莫非指、而指非指。

指物論はその篇名からも明らかなように、物《もの》と指《し》との関係を基本構造とするが、この場合、物は人を囲繞する対象世界を示す語であり、指は人間の認識を表わす語であると考えられる。(4)「物《もの》は指《し》に非《あら》ざるは莫《な》し」とは、およそすべての対象は人の認識作用によってその存在が初めて知覚される、との意味であろう。

この句の後に「而して指は指に非ず」と続くことから、公孫龍が指に二種類の区別を設定していたことは明瞭である。(5) そこでこの二種類の指が、それぞれ何を意味するのかが問題となる。この点については、最初の指を「指すもの」すなわち主観認識とし、後の指を「指されるもの」すなわち主観認識により選択された対象と解して、主観認識により獲得した知覚は対象の実在と同一ではないとする解釈が有力であり、筆者も基本的にこの立場に賛同したい。

「指」を手の指と解し、親指も人差し指も指には違いないが、指の全部ではないとする理解もあるが、筆者はそうした立場は取らない。

篇の冒頭に掲げられたこの二つの命題、すなわち「物莫非指」と「指非指」とは、指物論全体を貫く基本命題となっており、以下の議論はことごとくその論証もしくは解説として展開される。

(2)天下無指、物無可以謂物。

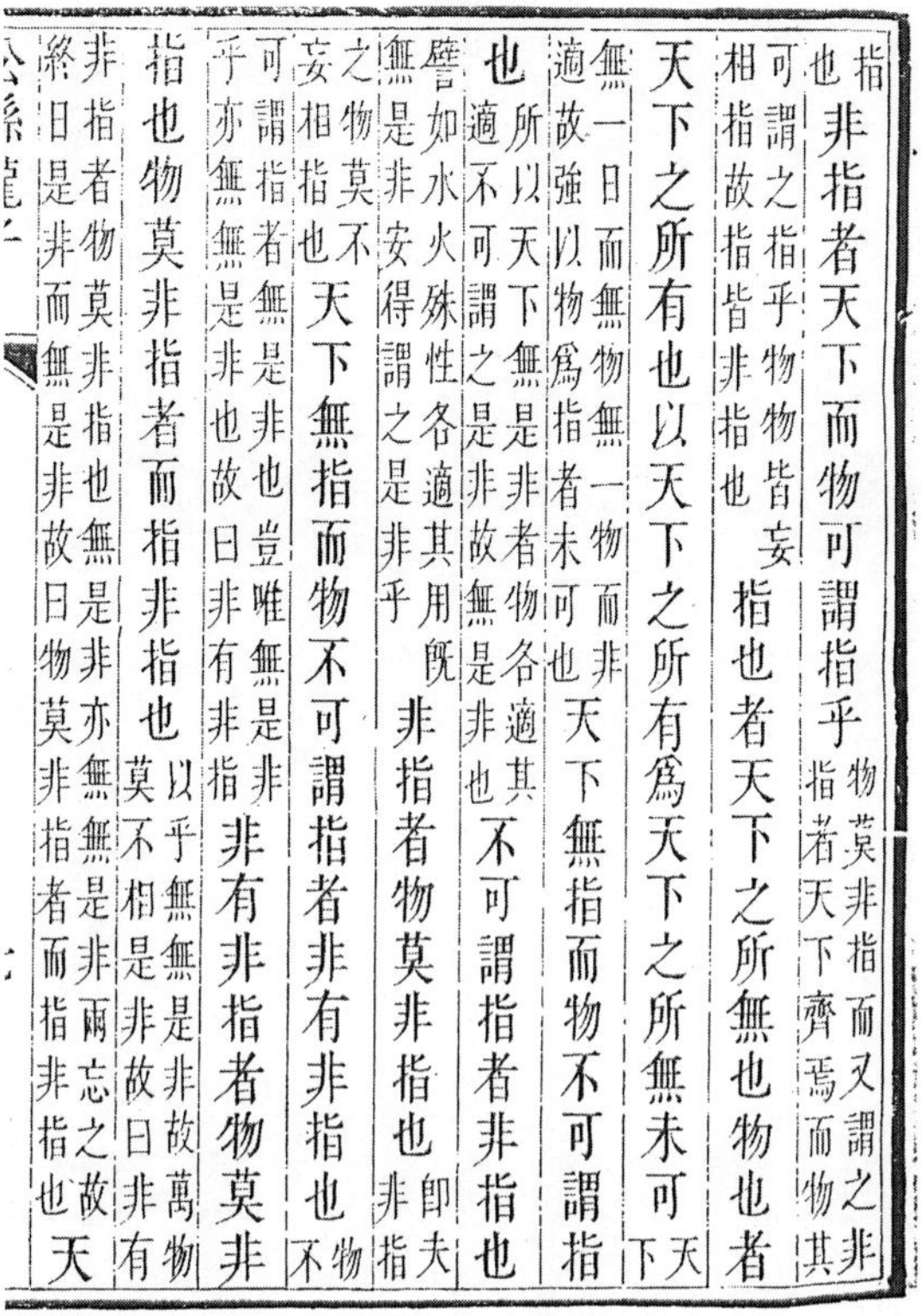
指也非指者天下而物可謂指乎物莫非指而又謂之非指者天下齊焉而物其
可謂之指乎物物皆妄相指故指皆非指也指也者天下之所無也物也者
天下之所有也以天下之所有爲天下之所無未可天下
無一日而無物無一物而非適故強以物爲指者未可也天下無指而物不可謂指
也所以天下無是非者物各適其適不可謂之是非故無是非也不可謂指者非指也
譬如水火殊性各適其用既無是非安得謂之是非乎非指者物莫非指也即夫非指
之物莫不妄相指也天下無指而物不可謂指者非有非指也物不
可謂指者無是非也豈唯無是非乎亦無無是非也故曰非有非指非有非指者物莫非
指也物莫非指者而指非指也以乎無無是非故萬物莫不相是非故曰非有
非指者物莫非指也無是非亦無無是非兩忘之故終日是非而無是非故曰物莫非指者而指非指也天
公孫龍

『公孫龍子』指物論篇

(3)非指者、天下而物可謂指乎。

「天下に指無ければ、物は以て物と謂うべきこと無し」との(2)の文章は、前掲の(1)の前半「物莫非指」をさらに敷衍した部分である。もし世界に認識作用が存在しないとするならば、いかなる対象世界も対象として知覚されることは不可能である、と言うのである。

これに対して、「指に非ざるとは、天下にして物を指と謂うべけんや」との(3)の文は、(1)の後半「而指非指」についての解説となっている。

すなわち公孫龍は、先に主観認識による知覚は対象の実在と同一ではないと規定した理由を、この世界において対象世界の実在と人間の知覚とが一致するなどとは到底主張し得ない、とするところに求めているのである。

(4)指也者、天下之所無也。

(5)物也者、天下之所有也。

(6)以天下之所有、爲天下之所無、未可。

これら(4)(5)(6)は、全体として前の(3)に対する論証である。まず(4)は、「指なる者は、天下の無とする所なり」と、認識が無形の感覚としてのみこの世界に存在することを指摘する。(5)はこれに対して、「物なる者は、天下の有とする所なり」と、対象世界が有形に存在することを述べる。最後に(6)は(4)(5)の結果を踏まえて、「天下の有とする所を以て、天下の無とする所と為すは、未だ可ならず」と、存在様式を決定的に異にする両者の一致は不可能である、との結論を導き出す。言わば幻に過ぎない無形の認識は、どこまで行っても所詮幻であって、実体を備えて存在する異次元の対象世界を全的に把握することは本来的に不可能である、と公孫龍は思考したのであろう。

(7)天下無指、而物不可謂指也。

(8)不可謂指者、非指也。

(9)非指者、物莫非指也。

この部分では、(4)(5)(6)の結果を引き継ぎながら、(3)の方向に逆戻りする形で、(1)の基本命題の論証がくり返されている。(7)は「天下に指無ければ」と、この世界に認識が形を伴って存在しないことを理由に、有形の対象世界と認識とが乖離するとした(4)(5)(6)の結果を前提に、(4)(5)(6)が証明の目的とした(3)「天下而物可謂指乎」に戻って、今度は反語の型式を取らずに、認識が有形に存在しない以上「物は指と謂うべからざるなり」と断定する。(8)は、かくして(7)

の段階に至って最終的に確認された⑶からさらに⑴の後半へと戻って、「指と謂うべからずとは、指に非ざるなり」、つまり有形の対象世界と無形の認識とが一致すると称しがたい以上、その認識は対象の実在と同一ではないとして、「指非指」なる第二命題を検証する。⑼は、⑶から⑴の後半に遡った⑻を承けて、「指に非ずとは、物は指に非ざること莫きなり」、すなわち人間の認識が決して対象の実在と一致し得ない以上、対象世界はすべて主観認識を経由するほかはないとして、⑴の前半「物莫非指」なる第一命題に帰着しつつ、第一命題における指が主観認識を意味することを明らかにしている。

⑽天下無指、而物不可謂指者、非有非指也。

⑾非有非指者、物莫非指也。

⑿物莫非指者、而指非指也。

ここでは先程の⑺が議論の出発点となっており、ほとんど既出の表現を反復しながら、最後はやはり⑴の基本命題に帰る構成となっている。新たに登場した要素は、⑽の後半と⑾の前半に見える「非有非指」のみであるが、それだけに注目すべき箇所でもあろう。

まず⑽は、「天下に指無ければ、而ち物は指と謂うべからずとは、指に非ざること有るには非ざるなり」と、前に⑺において、認識は有形に存在せず、故に対象の実在は主観認識と乖離していると述べたが、だからと言ってそれは主観認識によらない認識が別に存在することを意味するものではない、と補足する。

続く⑾は、「指に非ざること有るには非ずとは、物は指に非ざること莫ければなり」と、主観認識以外の認識が存在しないとする⑽の根拠を、⑴前半の第一命題に置こうとする。第一命題における指が主観認識のみを示すことは、すでに⑺⑻⑼の操作を経ることによって検証済みだからである。

最後の⑿は⑽⑾を承けて、「物は指に非ざる莫しとは、而ち指は指に非ざるなり」と結論する。こうした公孫龍の思考は、最初にAはBであるとの第一命題を何らの証明なしに設定した上で、今度はそれを根拠にBはAであるとの命題を論証し、さらにまたBはAであることを論拠に最初のAはBであるとの命題を証明する、というに似た空疎な循環論法を一見感じさせる。しかしながら、単に前出の表現を反復するかに見えるこの部分も、すでに触れたように、「非有非指」なる従来見られなかった要素が含められていることに注意を払うならば、それなりの存在意義を見出だすことができる。

というのは、⑿は、対象はことごとく主観認識によってのみ認識されるとの第一命題から、知覚は対象の実在そのものではないとの第二命題を引き出すわけであるが、そこに至る⑽⑾の過程において、新たに「非有非指」を問題としたことによって、「物莫非指」以外の可能性を完全に絶つことができ、したがって⑴においては内的連関を欠くまま並置されていた第一命題と第二命題との間に、第一命題が必然的に第二命題の論拠となり得るとの関係が成立することを、初めて導き出すことができたからである。そこで累層的に前段階の結論を含ませて⑿を解釈すると、以下のようになる。⑽⑾により主観認識以外の認識（客観認識）が存在しないとすれば、対象世界はただただ主観認識を通した知覚・幻としてしか認識されないわけであるが、そのことは結局、知覚・幻たる主観認識が対象の実在ではないことをも示すものである。

⒀天下無指者、生於物之各有名、不爲指也。
⒁不爲指而謂之指、是兼不爲指。
⒂以有不爲指、之無不爲指、未可。
⒃且指者、天下之所兼。

⒀は、「天下に指無しとは、物の各《おの》おの名有るより生じて、指為《た》らざるなり」と読むことにしたい。冒頭の「天下無指」なる句は、⑵⑺⑽に既出するが、⑵における指は第一命題の指と同様主観認識を意味し、その存在が肯定されているのに比して、⑺⑽においては指の存在形態が問題とされて、その存在の有形性が否定されている。⒀の「天下無指」は⑺⑽の系統を引き継ぐもので、やはりこの世界には認識は有形に存在しないとの意味である。

以下に続く「生於物之各有名」なる表現では、指物論において初めて名が問題とされている点が注目される。ここの解釈には、⑺の「天下無指」が成立する前提とされていた⑷⑸⑹の論理展開を参照すべきであろう。⑷において指は「天下之所無」、⑸において物は「天下之所有」と各々規定された上、⑹で「所有」(物)と「所無」(指)との乖離が説かれていた。そしてこれが⑺の「天下無指」の論拠となったのである。そこで「生於物之各有名」の句においても、物は「天下之所有」としての性格を主眼に扱われているものと考えると、初出の名は「天下之所無」、すなわち無形の存在として物と対比されていると解される。そうだとすると、「天下の有とする所を以て、天下の無とする所と為すは、未だ可ならず」との⑹の規定がこの⒀の場合にも適用可能となり、この句は、対象の命名は認識によって行われるが、有形の物に対し無形の名を付加することも、やはり対象世界の実在を全的に把握できない点で「未だ可ならず」である、との主張を表明していることになる。以上の諸点から⒀全体の解釈を示すとつぎのようになる。この世界に認識が有形に存在しないというのは、およそ対象の認識は必ず命名の段階を経るが、それこそまさに有形の対象に無形の名を対応させんとする試みにほかならず、そうした認識が対象の実在ではあり得ない、つまり「指為らざる」ことを如実に示すものだからである。

⒁は⒀を承けて、「指為らずして之を指と謂うは、是れ指為らざるを兼ぬるなり」と述べる。このように本来「指為らざる」にもかかわらず、これを一般に指と称するのは、認識による命名がただちに対象の実在と一致すると無批

判に信じつつ、実は主観認識でしかないものまでをも対象そのものとして、指なる一語の中に兼ね含ませてしまっているのである、と分析するのである。

⒂は「指為らざること有るを以て、指為らざること無きに之《ゆ》くは、未だ可ならず」と、「指為らざること有る」主観認識と「指為らざること無き」対象の実在との無自覚な混同が、厳密な思索の上では成立し得ないことを指摘している。

最後の⒃は、「且《そ》そも指とは、天下の兼ぬる所なり」と述べて、およそこの世界で指と言う場合、その概念の中には、本来的に主観認識による知覚と対象の実在との二義が包摂されていると、両者の無自覚な混同に対して重ねて注意を喚起するのである。

⒄天下無指者、物不可謂無指也。
⒅不可謂無指者、非有非指也。
⒆非有非指者、物莫非指。
⒇指非非指也。
(21)指與物非指也。

まず⒄は⑺⑽⒀と同様「天下無指」を出発点に据えて、「天下に指無しとは、物は指無しとは謂うべからざるなり」と議論を開始する。従来この世界に認識は有形に存在せず、故に認識と対象とは常に乖離するとくり返し述べてきたが、それは対象世界がいかなる意味でも自己の存在を知覚される認識を持たないことを意味するものではない、と公孫龍は解説する。

その理由は、⒅に「指無しとは謂うべからずとは、指に非ざること有るには非ざればなり」と、⑽⑾に既出の「非有非指」を用いて提示される。認識が有形に存在せず、したがって認識と対象の実在が合致しないからと言って、対象世界が自己の存在を一切知覚されることがないなどとは言えないのは、そもそも主観認識によらない認識(客観認識)が別個に存在したりはしないからである、というのである。ここの論理展開は、客観認識が存在してこそ初めて対象世界は自己の存在を知覚されることができるとの関係が成立しない理由は、もともと客観認識など存在しないからである、すなわち最初から存在しないもの(客観認識)が存在しないからと言って、いささかも他者(対象世界)に影響はない、と換言すると理解が容易であろう。

⑲は「指に非ざること有るには非ずとは、物は指に非ざること莫ければなり」と、⑾と全く同文を反復して、⒅で主観認識によらない認識が存在しないとした理由を、対象世界はすべて主観認識によってのみその存在を知覚されるとの第一命題に帰結させる。⒇はこれまでの論理過程を総括する形で、「指は指に非ざることには非ざるなり」と結論づける。この「指に非ざること」とは、⒅⑲の「非指」と同様、主観認識以外の認識(客観認識)を示す。⑲で述べたように、主観認識を通さない知覚が存在せず、対象世界はすべて主観認識を経由して知覚されるとすれば、それは同時に主観認識が決して客観認識ではないことを意味するものである、と言うのである。

㉑は「指は物に与《あずか》るも指なるには非ざるなり」と、⑲を逆転させた形で、客観認識は存在しないとのこの部分の論旨を再確認しようとする。すなわち⑲においては、「指に非ざること有るには非ざる」ことの論拠として、「物は指に非ざるは莫し」との第二命題を据えたが、そのことは主観認識が対象世界との関係においてのみ成立すること、つまり必然的に「指は物に与る」ことを意味する。しかしながら、いくら「物は指無しとは謂うべからず」であり、また「指は物に与る」からと言って、それはそのまま主観認識による知覚が対象の実在と一致することを意味するものではない、と公孫龍は主張するのである。

(22)使天下無物、指誰徑謂非指。

(23)天下無物、誰徑謂指。

(24)天下有指無物、指誰徑謂非指。

(25)徑謂無物非指。

この部分では、(17)から(21)までの間に展開した思考に新たな角度から検討が加えられる。(21)において「指與物」と認識が対象との関連においてのみ成立する点に言及した公孫龍は、この両者の相互依存関係についてさらに詳細に解説する。したがって、否定さるべきものとして登場する仮定条件「無物」が、この部分を通しての中心主題となる。

冒頭の(22)は、「天下に物無からしめば、指は誰か径《ただ》ちに指に非ずと謂わん」と読むことにしたい。その解釈は以下のごとくである。先に「指は物に与る」と述べたが、もし仮にこの世界に対象世界が存在しないとするならば、主観認識は対象世界を把握できるか否かとの問題自体が起きないから、どうして獲得した知覚は対象の実在と同一ではないなどと言えようか。

ついで(23)は、「天下に物無ければ、誰か径ちに指と謂わん」と、やはり「天下に物無き」状況を仮定した上で、もし対象世界が存在しないのであれば、そもそも認識そのこと自体問題にされることはないと主張する。つまり認識とは言うまでもなく対象の認識であって、仮に対象が存在しないとすれば、必然的に認識もまた存在しないとしなければならず、(22)における知覚と対象の実在との区別以前の問題として、認識そのものが消滅せざるを得ない、というのである。

(24)はこうした議論を承けて、「天下に指有りて物無ければ、指は誰か径ちに指に非ずと謂わん」と、さらに新たな仮定条件を設定する。あるいは、対象世界が所詮主観認識によってのみ知覚される以上、すべては主観認識から生ずるとして、この世界には認識だけが存在していて、対象世界は初めから存在しないと考えてみた場合も、対象世界の存在を否定する以上、やはり知覚と対象の実在との相違を議論することは不可能である、との主張であろう。最後に㉕は、「径ちに物無くして指に非ずと謂わん」と、結局いかなる場合でも、対象世界の存在を否定した上で、知覚が対象の実在と同一でないことを論ずるわけにはいかないと結論を下す。

こうした公孫龍の論理展開は、「物は指に非ざるは莫く、而して指は指に非ざる」ことを論証せんとするこれまでの彼の議論が、決して対象世界の存在を否定したものではなく、逆に対象世界の客観的存在を前提に組み立てられてきたことを明らかにする。対象世界の存在を否定することは、何よりも認識について語ろうとする公孫龍自身の立場を根柢から覆すものだったのである。

㉖且夫指固自爲非指。

㉗奚待於物、而乃與爲指。

以上のように入念な論理の迂回を経た上で、公孫龍はいよいよ指物論の結末に辿り着く。㉖は、「且つ夫れ指は固《もと》より自ら指に非ずと為す」と言う。上記のように自分は対象世界の客観的存在を前提として認めるのであるが、それでもなお、そもそも認識はそれ自身本来的に対象の実在ではあり得ないと、公孫龍は執拗に力説する。㉗は㉖を承けて、「奚《なん》ぞ物を待ちて、乃ち指為《した》るに与《あずか》らん」と主張する。もとより対象世界の客観的存在は認めざるを得ないが、しかしながら、はたして認識は対象世界の実在を把握できるのであろうか。たしかに対象の存在を前提としない限り、認識を論ずること自体が成立しない。故に認識について論ずる以上、認識は必然的に対象世界と対峙する構図を取らざるを得ない。だからと言って、認識が対象の実在と一致するなどということはあり得ないと、公孫龍は指物論全体を結ぶのである。

かくして執拗な論理展開の後、公孫龍は再び「物莫非指、而指非指」なる基本命題に立ち帰った。後には結局、客観的に存在するはずの対象世界と、それを全的に把握できぬ宿命を背負った主観認識だけが残された。それでは、公孫龍が説いて止まないこの索漠たる構図は、一体何を告げるのか。「指は指に非ず」との命題は、主観認識が本来脱し得ぬ大いなる限界を自覚せよ、との警鐘となって響く。他方「物は指に非ざるは莫し」との命題は、主観認識のみが対象を知覚し得る唯一の手段であると迫る。そのとき人は、所詮全的把握は不可能であると知りつつも、なお主観認識に一縷の望みを託して万物と対峙する以外に術のないことに思い至るであろう。

以上で指物論の解釈を終えて、つぎに指物論に示された認識論の性格や、そこに窺われる公孫龍の立場について検討することにしたい。

指物論の認識論の特色

公孫龍《こうそんりゅう》は、指物論《しぶつろん》を通してくり返し語る。物はすべて認識によってしか知覚されないが、しかるに対象を知覚する唯一の手段であるその認識すら、すでに対象の実在を捉えきれないと。それでは、認識能力の限界性に対するかかる徹底的な自覚は、必然的に従来集積された認識全般にわたる深刻な懐疑を生ぜしめ、公孫龍その人を不可知の闇へと引きずり込みはしないであろうか。

この問題を論ずるに際しては、やはり人間の認識に潜む欠陥を鋭く衝いた荘周《そうしゅう》の場合を対照させながら、考察を進めてみたい。

つぎに挙げるのは、人間の感情が変転常なく、しかも感情を統率・制御する主体が不明であるとして、発生源すら定かでないままに揺れ動く感情の不安定さを指摘する『荘子』斉物論《せいぶつろん》篇の一節である。

喜び怒り、哀しみ楽しみ、慮《はか》り嘆き、変わり執《とら》われ、姚《よろこ》び佚《いっ》し、啓《ひら》き態《かま》え、(6) 日夜前に相代《か》わるも、其の萌す所を知る莫《な》し。已《や》んぬるかな、已んぬるかな。旦暮《たんぼ》に此れを得るも、其の由りて以て生ずる所あるか。彼に非ざれば我れ無く、我れに非ざれば取る所無し。是れ亦《ま》た近し。而も其のせしむるを為す所を知らず。真宰《しんさい》有るが若《ごと》きも、而も其の眹《あと》を得ず。行う可《ところ》は已《はなは》だ信《まこと》なるも、而も其の形を見ず。

このように知覚の一種である感情に疑念を示した彼は、さらに人間の認識・判断が到底物の実在を把握し得ないことをも主張する。

齧欠《げっけつ》、王倪《おうげい》に問いて曰く、子は物の同《ひと》しく是《ぜ》とする所を知るかと。曰く、吾れ悪《いず》くんぞ之を知らんと。子は子の知らざる所を知るか。曰く、吾れ悪んぞ之を知らんと。然らば則ち物は知ること無きか。曰く、吾れ悪くんぞ之を知らん。（斉物論篇）

人間の認識が物の実相を絶対的に知覚できないことは、「毛嬙《もうきよう》・麗姫《りき》は人の美とする所なるも、魚之を見れば深く入り、鳥之を見れば高く飛び、麋鹿《びろく》之を見れば決して驟《はし》る」ことからも明白ではないかと、彼は人間の認識能力に不信を表明する。このほか斉物論篇は、「言は未だ始めより常有らず」と言語の不安定さなどの論拠も動員しつつ、人が不動の真実として疑いを抱かない認識が、実は極めて脆弱なものでしかないことを啓蒙せんと試みる。もっとも荘周の場合、懐疑の対象とされる認識は是非・善悪の価値判断を伴う世俗の判断が主となっており、等しく認識能力の限界性に対する自覚とはいっても、物それ自体の性質に重点を置く公孫龍とは、扱われる認識の段階に差異が見られる。

それにしても、いったん認識能力の限界性に覚醒した以上、所詮は不可知であるとして、荘周は万物に対する判断を停止せざるを得ないのではないか、と考えられる。たしかに「然らば則ち物は知ること無きか」との問いにさえ、

「吾れ悪んぞ之を知らん」と応ずる態度や、「今、我れ則ち已《すで》に謂うこと有り。而も未だ吾が謂う所の、其の果たして謂うこと有りや其の謂うこと無きやを知らず」などの発言には、「巧歴《こうれき》も得ること能わざる」混沌たる世界に対して、「吾れ悪んぞ能く其の弁を知らん」と一切の判断を放擲せんとする傾向が窺える。

ところが一方で斉物論篇は、万物の実相を見極めよとも主張して、世界の実在に対する自己の見解を再三にわたって表明する。つぎにいくつかその例を挙げてみる。

> 子游曰く、地籟《ちらい》は則ち衆竅《しゅうきょう》是れのみ。人籟は則ち比竹《ひちく》是れのみ。敢えて天籟を問うと。子綦《しき》曰く、夫れ吹くこと万《よろず》にして同じからざるも、而ち其の己自《よ》りせしむるなり。咸《ことごと》く其れ自ら取れり。怒する者は其れ誰ぞや。
>
> 物は彼に非ざるは無く、物は是れに非ざるは無し。(中略)是れも亦《ま》た彼なり。彼も亦た是れなり。彼も亦た一是非。此れも亦た一是非。果たして且《そ》れ彼と是れ有るか。果たして且れ彼と是れ無きか。彼と是れと其の偶《ぐう》を得る莫きは、之を道枢《どうすう》と謂う。
>
> 物は固《もと》より然る所有り。物は固より可なる所有り。物として然らざるは無く、物として可ならざるは無し。(中略)凡そ物は成ると毀《こわ》るると無く、復《ま》た通じて一為《た》り。唯《た》だ達する者のみ、通じて一為るを知る。

すなわち荘周は、万物斉同こそが世界の唯一の実相であるとして、天籟とか天鈞《てんきん》・道《みち》・道枢など、種々の術語でそれを表示しようとする。しかし、かつて認識能力の限界性を指摘して止まなかったはずの彼は、今度はそうした判断を一体いかなる認識方法によって認識できたのであろうか。

荘周の言によれば、彼は「明を以《もち》うる」ことによって、前記の「万物尽《ことごと》く然り」とする認識に到達したのだと言う。斉物論篇に頻出するこの「明を以う」とは、彼が排撃するところの通常の認識手段を一切経由しない、強いて言えば直観による認識方法とでも称すべきもので、これに依拠するならば、人はたちまち万物斉同なる世界の実在を全的に悟り得るとされる。つまり荘周は「明」なる超越的認識能力を媒介に、何も知り得ないとする立場から、すべてを瞬時に知りつくす立場へと、一挙に飛躍を遂げたわけである。

ここで再び公孫龍に話を戻すと、およそ物は認識によってしか知覚されないが、その認識は主観認識であって客観認識ではなく、しかも主観認識以外に物を知覚する手段はないと、彼は「物莫非指」なる第一命題と「指非指」なる第二命題との間を際限なく循環する。それでは、こうした懊悩の果てに公孫能が辿り着くべきところは何処か。

「天下に物無ければ、誰か径《ただ》ちに指と謂わん」と告白されるように、認識を問題にすること自体、すでに物の存在を前提にすればこそ可能なのであって、公孫龍において、対象世界の存在は言わば論証以前の先験的付与条件であった。かように物は確固として存在するはずであるにもかかわらず、認識能力は対象の実在を全的に知覚できず、さりとて「指に非ざること有るには非ず」で、主観認識以外に対象を知覚する術がないとすれば、結局、「物は指と謂うべからざる」認識能力の限界性を充分自覚した上で、なおかつ「物は指に非ざるは莫し」「物は指無しとは謂うべからず」と、主観認識の存在意義を擁護する形を取りつつ、対象の全的把握を断念して限定的な認識に甘んずるしか、彼に残された途はないであろう。すなわちこの限定的な認識とは、所詮主観認識は対象世界の実在を絶対的に知覚することはできないが、かと言って対象世界の一切が不可知なわけではないとの、相対的立場に立つことを意味する。

こうした立場からは、人が対象について、ある段階での認識方法を適用した場合、その段階内に限った知覚のみが得られるのであり、故にその認識の位相の差異を精緻に弁別して、異なる位相間での認識を混同する事態を回避すべきである、との思考が導き出されてくる。つぎに掲げるのは、そうした思考を展開する『公孫龍子』名実論《めいじつろん》の一節である。

物は以て其の物とする所を物として、過ぎざるは、実なり。実は以て其の実とする所を実として、曠《むなし》からざるは、位なり。其の位する所を出ずるは、位に非ず。其の位する所に位するは、正なり。

この名実論は、上記の立場を一般論として述べたものであるが、具体的対象を選択しての応用は、白馬論《はくばろん》や堅白論《けんぱくろん》にその実例を見出だすことができる。なおその詳細については、節を改めて後述することとしたい。

このように公孫龍が位相を異にする認識の混同を厳しく批判し、ある認識の形式からはそれに対応する内容しか知覚できないと、認識に限界を課すことに執着する背景には、指物論に示されていた、認識能力そのものにすでに限界性があるとの自覚が作用している。対象の全的把握が本来不可能であるとするからこそ、彼は唯一の手段として残された限定的認識の使用法にこだわらざるを得ない。公孫龍にとって対象の認識はあたかも群盲が象を撫でるがごときものであって、獲得した認識は所詮断片としての限界性を免れ得ないが故に、なおさらそれがどの部分に限定された認識であるのかを自覚することが、対象の実在に迫る上での最大の鍵とされるのである。

ところで荘周は斉物論篇において、「指《し》を以て指の指に非ざるを喩《さと》すは、指に非ざるものを以て指の指に非ざるを喩すには若《し》かざるなり。馬を以て馬の馬に非ざるを喩すは、馬に非ざるものを以て馬の馬に非ざるを喩すには若かざるなり。天地も一指なり。万物も一馬なり」と語る。荘周は、「非指」、つまり前述の「明を以うる」認識によってこそ、「指之非指」、すなわち主観認識が対象の実在と同一ではないことを教導すべきであるとして、主観認識が客観認識とはなり得ないことを、主観認識を用いて明らかにしようとする立場に批判を加えるのである。

指物論に展開される認識論は、まさしくここで批判されている立場と同一の性格を持つのであるが、公孫龍にとっては、「指之非指」なる自覚からただちに「非指」へと飛躍する立場を取ることは到底不可能である。なぜなら、もとより彼は、「指は指に非ざる」ことを徹底的に自覚していたのではあるが、その一方で彼は「指に非ざること有るには非ざる」ことをも強く主張するからである。たとえ主観認識が対象世界の実在を全的に把握し得ないとしても、だからと言って主観認識以外に対象を認識する手がかりが存在しない以上、主観認識の限界性を認めつつもそれに頼るほかないではないか、とするのが公孫龍の基本的立場なのであり、限界があるからと言って主観認識を放棄し、「指に非ざる」明によって一挙に「天地一指也、萬物一馬也」なる対象世界の全的把握に飛躍する行為は、彼の認識論の枠外に逸脱するものとなる。

また荘周の場合は、やはり万物の存在を前提とした上で、認識の対象はもっぱら是非・善悪の価値判断により相互に位置づけられた、万物間の差等関係に向けられる。故に主観認識の限界性を糾弾し主観認識による知覚を廃絶して、この差等関係を拒否しても、差し引きそこには価値関係を払拭された万物の存在が、そのまま万物斉同なる世界の実相として残され、それがただちに彼にとっての一個の完結した世界に対する判断として確保され得る。

しかるに公孫龍の場合は、認識はひたすら物それ自体の性質に集中するがために、もし主観認識に対する懐疑から主観認識の放棄へと進むならば、それは対象世界の存在に対して一切の判断を放擲すること、すなわち対象世界そのものの全き喪失を意味し、彼に残されるのはただ不可知の闇でしかなくなる。公孫龍が、「物は指無しとは謂うべからず」、「指に非ざること有るには非ざるなり」と、限界性を認めつつもなお主観認識を擁護せんとするのは、彼の認識論の性格上、主観認識の否定は彼自身に致命的打撃を与えざるを得ないからであり、荘周のように、それを単に世俗の価値判断を否定するための手段とするわけにはいかない深刻さを内在させていたからである。

以上公孫龍と荘周とを対比しつつ論を進めてきたが、そこに見られた両者の立場の相違に近似した構図は、恵施《けいし》と荘周の関係においても、多少違った形ではあるが現われてきている。

荘周は恵施と連れ立って濠梁《ごうりょう》を訪れた際、「鯈魚《ゆうぎょ》出游して従容たり。是れ魚の楽しみなり」(『荘子』秋水篇)と語りかける。これに対して恵施は、「子は魚に非ず。安《いずく》んぞ魚の楽しみを知らんや」と反問する。恵施は「万物を散じて厭《あ》かず」「万物を逐《お》うて反《かえ》らず」(『荘子』天下篇)と評されるように、対象世界の探究に異常な執念を燃やす人物であったが、その彼にして、この世には知覚できることと知覚できないこととがあり、魚の心理状態などは人間の認識外の領域ではないか、と言うのである。恵施は自己の賢智に絶対の信頼を置き、万物の追究に揺ぎない自信を示すのであるが、彼が駆使するのは「大同にして小同と異なる」分類法であって、こうした認識手段が適用可能な範囲においてのみ、万物は究明されると考えるからである。すなわち彼は、対象世界の存在と自己の認識能力の絶対性を前提としながらも、認識にはそれを可能にする一定の方法が必要であるとして、知的分析を事とする自己の立場に固執するのである。

こうした恵施の立場からすれば、荘周が何らの認識方法をも示さぬまま、即座に魚の感情を対象として知覚できるなどと言うことは、到底容認しがたいことであった。その後恵施の論調に合わせてひとしきり議論の応酬を続けた荘周は、形勢不利と観て例の「明を以うる」認識方法を持ち出し、「請う、其の本に循《したが》わん。子曰いて、女安《なんじいずく》んぞ魚の楽しみを知らんやと云うは、既《すで》に已《すで》に吾れ之を知るを知りて我に問うなり。我は之を濠上《ごうじょう》に知れり」と答えて、恵施を啞然とさせる。恵施は、対象を認識する手段を自らの分類法に限定し、その方法の有効性を信じつつ、自己の主観認識で対象世界の実相を確定できるとする点で、もとより公孫龍とは認識論上の立場を基本的に異にする。しかし、対象の認識には、知覚せんとする内容に応じた、それなりの方法・形式が要求されるとする点では、両者は接近した性格をも共有しているのである。

2　堅白論——普遍は実在する

堅白論の解釈

前節では『公孫龍子《こうそんりゅうし》』指物論《しぶつろん》について論じ、そこに披瀝される認識論の特異性こそが、公孫龍の思想全体を最深部において規定する最大の要因であると述べた。指物論の中心主題は「物莫非指」と「指非指」との二大命題であったが、指物論自体は原論としての性格が強いだけに、前記の両命題が成立する具体的根拠に関しては、いまだ不明確な点を多く残していた。これに対して、つぎに取り扱う堅白論《けんぱくろん》においては、公孫龍は堅白石《けんぱくせき》なる具体的対象物を選択して、彼の認識論的立場をより明瞭な形で展開する。この堅白論の論理構造を追究することにより、公孫龍の認識論上の特色をさらに明確にするのが本節の目的である。

堅白論は、堅白石の認識をめぐって、公孫龍と論難者が議論を応酬する形式を取っている。ここではこの論争の筋道に沿って、そこに展開される公孫龍の認識論の構造を探って行くことにしたい。

(1)堅白石三可乎。曰、不可。

堅白石は三とは可ならんか。曰く、不可なり。

客は堅白石なる一個の対象物から堅・白・石の三構成要素を抽出することは可能か、との質問を発して論戦の口火を切る。これに対して公孫龍は、そうした思考は不可能であると返答している。

(2)曰、二可乎。曰、可。

曰く、二なれば可ならんか。曰く、可なり。

そこで客は、それでは堅白石から二要素を抽出するとすれば、それは可能か、と改めて質問を発する。今度の問いに対しては、公孫龍は可能であると肯定する。

(3)曰、何哉。曰、無堅得白。其擧也二。無白得堅。其擧也二。

曰く、何ぞや。曰く、堅無くして白を得る。其の挙ぐるや二なり。白無くして堅を得る。其の挙ぐるや二なり。

堅白石から抽出できる要素は二であると返答された客が、その理由を訊ねたのに応じて、公孫龍は以下のように解説する。堅が存在しない状態において白なる知覚を獲得する。この場合は、白と石との二要素を抽出して知覚したのである。また、白が存在しない状態において堅なる知覚を獲得する。この場合は、堅と石との二要素を抽出して知覚したのであると。

(4)曰、得其所白、不可謂無白。得其所堅、不可謂無堅。而之石也之於然也。非三也。

曰く、其の白とする所を得れば、白無しとは謂うべからず。其の堅とする所を得れば、堅無しとは謂うべからず。而して之《こ》の石や之れ然るに於いてするなり。三に非ざるや。

(3)において公孫龍は、「無堅得白」「無白得堅」と、白を知覚する場合は堅が存在せず、堅を知覚する場合には白が存在しない、との二者択一的場合分けを提示した。これに対して客は、いったんそこから白を知覚する対象物を獲得した以上、その白は場合の如何によらず常に存続するはずであり、堅を得る場合には「無白」であるなどとは主張できず、同様に堅を知覚する対象物を一度獲得した以上、すでにその存在を確認された堅が消滅するわけはなく、いつまでも対象物中に残留するはずであって、白を得る場合には「無堅」であるとも決して主張できないと反駁する。その上で客は、石はまさしくこの永続する堅と白とを並存させた状態で存在しているのであり、したがって堅・白・石の三要素により堅白石なる認識が成立しているのではないか、と冒頭で否定された「堅白石三」なる思考の是非を再度反問するのである。

(5)曰、視不得其所堅、而得其所白者、無堅也。拊不得其所白、而得其所堅。得其堅也、無白也。

曰く、視《み》れば其の堅とする所を得ずして、其の白とする所を得る者は、堅無きなり。拊《な》づれば其の白とする所を得ずして、其の堅とする所を得る。其の堅を得るや、白無きなり。

(3)においては、公孫龍は単に「堅」と「白」のみを挙げて、根拠を漠然とさせたままにその同時認識を否定していた。ところが(4)において客は、そこから「堅」と「白」とを知覚する対象物を各々「其所堅」「其所白」と規定した上で、それら「其所堅」と「其所白」との石中における合体を問題とすることにより、堅と白とを分離せんとする公孫龍の主張を打ち破ろうと意図してきている。そこで公孫龍はこの論難に対抗するため、新たに「視」と「拊」との認識手段を登場させるとともに、自らもまた「其所堅」「其所白」との術語を用いて、対象物と感覚器官と知覚との相互関係について詳説し始める。その論旨は以下のごとくである。

視覚に拠った場合は、堅を抽出するところの対象物は認識できずに、白を抽出するところの対象物のみを認識できる。この場合、そもそも対象物自体が獲得されないのであるから、当然堅なる知覚も存在しない。逆に触覚に依拠した場合には、白を抽出するところの対象物は認識できずに、堅を抽出するところの対象物のみを認識できる。この場合は、堅なる知覚は獲得できるが、白なる知覚は存在しないのである。

すなわちここに至って公孫龍は、従来白と堅とは二者択一的にしか獲得できないと主張してきた理由が、各々の知覚を管轄する感覚器官の相違にあったことを初めて明らかにしたわけである。

(6)曰、天下無白、不可以視石。天下無堅、不可以謂石。堅白石不相外。藏三可乎。

曰く、天下に白無ければ、以て石を視るべからず。天下に堅無ければ、以て石と謂うべからず。堅白石は相外《そと》にせず。三を蔵《ぞう》するは可ならんか。

先に公孫龍が、視覚に拠る場合には堅なる知覚が存在せず、触覚に拠る場合には白なる知覚が存在しないと述べたのに対して、客は(6)においてつぎのように反撃する。あなたは、触覚の場合は「無白」で堅石のみが知覚され、視覚の場合は「無堅」で白石のみが知覚されると言うが、もし実際に「天下無白」だとすれば堅石の石が視認されず、他方「天下無堅」なのであれば今度は白石の石が成立しないことになる。このようにあなたの理論では、いずれの場合にせよ、そもそも石なる認識自体が成立し得ず、したがって前記の場合分けは自己矛盾に陥るのではないかと。客はこうした反論を前提に据えた上で、堅と白と石の三者は決して相互に排除し合うことなく結合しており、故に堅白石なる一個の認識が堅・白・石の三構成要素を内在させているとの理解は可能ではないのかと、重ねて「堅白石三」を主張する。

(7)曰、有自藏也。非藏而藏也。

曰く、自ら蔵《かく》るること有るなり。蔵するに非ずして蔵るるなり。

「非藏而藏」との表現から、(7)において公孫龍が「藏」に二種類の区別を設定していることは明らかである。このうち「非藏」として否定されている最初の蔵は、(6)の最後で客が述べた「藏三可乎」の蔵を指すと考えられる。これに対して、二番目の蔵が「自藏」を意味することも確実であろう。つまり公孫龍は、他動詞としての「藏三」と対立するものとして、自動詞としての「自藏」を提出してきているのである。さらにこの両者の間には、他動詞と自動詞の区別の他に、「藏」の意味内容自体の相違も存在しているとしなければならない。もし、客が堅白石は堅と白と石とを内在させているとするのに対抗して、公孫龍が堅と白とは自ら石に内在していると主張したと解するならば、事実上公孫龍と論難者との争点はほとんど解消してしまうからである。のちに公孫龍が「離也者藏也」と定義していることから推して、「自蔵」の蔵とは表面に現われずに隠れるとの意であろう。すなわち公孫龍は、(7)において客が言うように、堅白石が三個の要素を内在させているのではなくして、堅や白自身が石に発現せずその性質を隠蔽することがある、と主張しているのである。

(8)曰、其白也、其堅也、而石必得以相盛盈。其自藏奈何。

曰く、其の白や、其の堅や、而ち石必ず以て相盛盈《せいえい》するを得る。其の自ら蔵るるとは奈何《いかん》。

(7)を承けて、客はつぎのように反論する。白なる属性や堅なる属性は一個の石中に必ず相ともに余すところなく充満しているはずである。[1] それなのに、堅や白自身がその性質を隠して石中に発現しないというのは、一体いかなるわけかと。こうした発言から、客は(7)において公孫龍が突如持ち出してきた「自蔵」の内容が、自己の用いた蔵の意味とは異なり、堅や白自身が性質を隠すとの意味であることを即座に察知した上で、その理由を提示せよと迫ったことが判明する。

(9)曰、得其白、得其堅。見與不見離。[2] 不見離、一一不相盈。故離。離也者藏也。

曰く、其の白を得、其の堅を得る。見と不見とは離る。不見は離るとは、一一相盈《み》たざればなり。故に離る。離なる者とは蔵るるなり。

視覚によって白なる知覚を獲得し、一方触覚によって堅なる知覚を獲得する。今視覚を基準に据えた場合、白は視認できるものであり、堅は視認できないものであって、経由する感覚器官を異にするこの異質な両者は乖離している。視覚を基準とした場合、見えざる堅の側が分離すると言うのは、視覚を通す際には、白なる性質と堅なる性質とが石中にともに充満していたりはしないからである。つまり両者は乖離するのである。この両者の乖離ということこそが、先に(7)で述べた「自蔵」、すなわち堅と白とのどちらか一方が必ず他方と分離してその性質を隠す、ということなのである。客から「自藏」の根拠を問われた公孫龍は、以上のように応答する。

この(9)の論理展開は、一見既出の(5)に類似しているが、両者の間には微妙な差異が存在している。(3)や(5)においては、公孫龍は堅と白の知覚状況を、相互に「無堅」「無白」である、と表現してきた。これが客からは、たとえ限定された場合内においてではあっても、堅や白の存在自体を否定するものと受け取られ、(4)や(6)の反論を引き起こす原因となっていたのである。そこで(9)に至ると、彼は上記の誤解を生じ易い「無堅」「無白」との表現を一切使用せずに、堅と白の存在を常に容認した上で、相互の乖離を示す「離」に論点を集中するようになり、この傾向は最後まで引き続いて維持される。

(10)曰、石之白、石之堅、見與不見、二與三、若廣脩而相盈也。其非擧乎。

曰く、石の白、石の堅は、見と不見なるも、二と三とは、広脩《こうしゅう》の若《ごと》くして相盈《み》つるなり。其れ挙ぐるに非ざるか。

(9)において公孫龍が、堅と白の存在を各々認めた上で、経由する感覚器官の相違を根拠に両者の乖離を主張し始めたのに対抗して、客はただちにつぎのように論駁する。

石の白なる属性と堅なる属性との間には、たしかに公孫龍が指摘するように、視覚を基準に取れば見と不見の質的相違が存在している。しかしながら、堅と石もしくは白と石といった二要素の組み合わせからなる堅石や白石と、堅と白と石との三要素からなる堅白石との関係は、あたかも面積中に縦・横の長さが同時に包含されるのと同じであって、堅白石の中には堅石なる性質と白石なる性質とが必ず同時に充満している。すなわち、長さと面積とが、その質的相違にもかかわらず同一平面上に並存することから明らかなように、堅と白との質的相違が、ただちに両者の同時存在を否定することに繋がりはしないのである。とすれば、堅白石から堅・白・石の三要素を同時に抽出する思考こそ、正しい抽出の仕方ではないのかと。

⑾曰、物白焉、不定其所白。物堅焉、不定其所堅。不定者兼。惡乎其石也(3)。

曰く、物の白きは、其の白とする所を定めず。物の堅《かた》きは、其の堅とする所を定めず。定めざる者は兼《か》ぬる。悪《いず》くんぞ其れ石ならんや。

従来公孫龍は、視覚を通す白と触覚を通す堅とは乖離すると主張し続けてきた。これに対する客の論難もまた、堅と白とがともに石に内在する属性である点を論拠に、両者の分離を否定せんとする姿勢で一貫してきている。ところがこの⑾に至ると、公孫龍は突如として全く新たな思考を登場させ、半ば膠着状態に陥りつつあったこれまでの論理展開を大きく転換させようとする。

その新たな思考とは、堅や白を客のように石に内在する属性と理解するのではなく、本来すべての対象物から独立した存在と規定するものである。公孫龍は語る。物の白さは、白さを発現する対象物を限定しない。物の堅さは、堅さを発現する対象物を限定しない。対象物を限定しないものは、万物すべてに対して普遍的に適用される。どうして石にのみ限定されようかと。

ここに展開される公孫龍の思考は、白や堅の働きが、本来その性質を発現する対象物を限定しない普遍性を持つことを指摘しており、堅はあくまで「石之堅」であり、白はあくまで「石之白」であるとして、堅・白の石中封鎖から両者の石中同時存在を論証せんとする客の立場とは、思考基盤が根柢から異なることが初めて示唆されたわけである。ただしこの⑾においては、堅や白の普遍的性格に重点が置かれ、対象物を特定しない場合の堅・白の存在形態が不鮮明のままに残されているため、両者の相違が決定的な形で露呈するまでには、なお数次にわたる論戦が必要とされる。

⑿曰、循石、非彼無石。非石無所取乎白。石不相離者、固乎然。其無已。

曰く、石を循《な》づるに、彼に非ざれば石無し。石に非ざれば白を取る所無し。石の相離れざるは、固《もと》より然り。其れ已《や》むこと無し。

公孫龍が堅と白とが乖離する論拠として、さらに堅・白と石との分離までをも唱え始めたことに対抗し、客は再び堅・白と石との結合を意図する。石を撫でる場合、堅さを媒介とするのでなければ、そもそも石の存在自体が認識されず、また堅によって存在を知覚したその石を具体的対象物とせずには、白さもその性質を発現すべき場を喪う。故に、もともと堅や白は石と不可分の状態にある、としなければならぬ。したがってこの三者の結合関係は、一瞬たりとも杜絶することはない。以上が⑪に対する客の反論である。

⒀曰、於石一也。堅白二也。而在於石。故有知焉、有不知焉。有見焉、有不見焉。(4) 故知與不知相與離、見與不見相與藏。藏故孰謂之不離。

曰く、石に於けるは一なり。堅白は二なり。而して石に在り。故に知る有り、知られざる有り。見ゆる有り、見えざる有り。故に知ると知られざるとは相与《とも》に離れ、見ゆると見えざるとは相与に蔵《かく》る。蔵るれば故ち孰《た》れか之を離れずと謂わん。

あくまで堅と白とは石中に封鎖されていると執拗に喰い下がる論難者に対して、公孫龍は以下のように自説を展開する。

たしかに堅・白が性質を発現する場としての石の存在は一である。ところが、堅と白とは前に⑼で指摘したように、本来は石とは遊離して別々に存在しているのである。その両者が一個の石中に宿るのであるから、当然触覚によって知られること(堅)と知られないこと(白)とがあり、また視覚を通して見えること(白)と見えないこと(堅)とがあるのである。このように本来異質かつ別個のものが、交互に一個の石中に宿ったというに過ぎないのであるから、たとえ両者の発現する場は同一であるとしても、やはり触覚により知られること(堅)と知られないこと(白)とは相互に分離し、視覚によって見えること(白)と見えないこと(堅)とは相互にその姿を隠すのである。かくして常に一方は性質を現わさないのであるから、どうしてこれを両者は離れないなどと言えようか。

堅・白の石中同時存在を唱えて止むことのない客に対して、公孫龍は堅・白が同一の場に発現することを承認する。それにもかかわらず、堅と白とが二者択一的にしか認識できないとする彼の態度は、依然として揺がない。公孫龍はすでに(11)で表明したように、堅や白を石に内在する石固有の属性とは考えずに、本来石から完全に独立した存在と理解する。故にそうした堅は、手なる感覚器官を通すことによってのみ、しかも手が石に触れている間だけ、石中にその性質を発現する。同様に、白は目が石を視認している期間に限って、石中に宿ることになる。したがって発現する場所が同一であっても、そこに堅と白とが並存する事態は起こり得ず、単に同一の場に交互にその姿を現わすというに過ぎない。公孫龍は以上の理由から、やはり堅白石なる認識は形成されないと主張するのである。

(14)曰、目不能堅、手不能白、不可謂無堅、不可謂無白。其異任也。其無以代也。堅白域於石。惡乎離。

　曰く、目は堅を能《よ》くせず、手は白を能くせざるも、堅無しとは謂うべからず、白無しとは謂うべからず。其の任を異にすればなり。其れ以て代ること無きなり。堅・白は石に域《かぎ》らる。悪《いずく》んぞ離れん。

(11)(13)における公孫龍の論旨は、堅と白とが本来別個に独立し、かつ石より遊離して存在していることと、感覚器官を異にする異質な両者は、決して石中に並存しないことの二点にあった。以下客は、この二点に対して最後の反論を試みる。

たしかに公孫龍の主張するように、目なる感覚器官は堅を知覚できず、手なる感覚器官は白を知覚できない。しかし、だからと言って、それはただちに視覚を通す間は石中に堅なる性質が存在せず、また触覚を通す際は石中に白なる性質が存在しないことを意味するものではない。それはただ単に感覚器官が各々任務を異にしているだけのことに過ぎず、手が視覚の任務を代行したり、目が触覚の任務を代行したりしないのは、指摘されるまでもなくもとより当然のことである。堅と白とはともにその存在が石中に限定されており、故に各々経由する感覚器官が異なるからといって、相互に分離したりはしないのである。

つまり客は、第一点に対しては「堅白域於石」と反駁し、第二点に関しては、「其異任也」と、経由する感覚器官の相違が堅・白の分離とは無関係であると反撃するのである。

(15)曰、堅未與石爲堅。而物兼。未與爲堅、而堅必堅。其不堅石物而堅。天下未有若堅、而堅藏。白固不能自白、惡能白石物乎。若白者必白、則不白物而白焉。黃黑與之然。石其無有。惡取堅白石乎。故離。離也者因是。力與知、果不若因是。

曰く、堅は未だ石に与《くみ》して堅為《た》らず。而して物兼ねらる。未だ与《とも》に堅為らざるも、而して堅は必ず堅なり。其の石や物を堅くせずして而も堅なり。天下に未だ若《こ》の堅有らざれば、而ち堅は蔵《かく》る。白固《もと》より自ら白たること能わざれば、悪《いずく》んぞ能く石や物を白くせんや。若の白なる者必ず白なれば、則ち物を白くせずして而も白なり。黄・黒も之と然り。石其れ有ること無し。悪んぞ堅白石に取らんや。故に離るるなり。離なる者は是《これ》に因る。力と知も、果たして是に因るに若かず。

客が(14)において「堅白域於石」「其異任也」と反論したのに対して、公孫龍は先に(11)(13)で提示した論旨をさらに詳細に解説せんとする。

堅は石に宿ることによって初めて堅となるのではない。そこで万物すべてがその適用を受けるのである。いまだ物に宿って物にその堅なる性質を発現しない段階においても、堅はそれ自身すでに堅である。それはたとえ石や物を堅くしないとしてもすでに堅なのである。触覚の働きによってその物に発現する以前の堅を捕捉しない間は、堅は石中にその性質を現わすことなく隠れるのである。

また、もし白が物と無関係に本来それ自身で白であり得ないとしたならば、そのような白は一体どうして石や物を白くしたりできようか。この物に発現する以前の白は、それ自身すでに白なのであって、物にその性質を顕す以前の段階においてすでに白なのである。黄色や黒色の場合もこれと全く同様である。このように堅や白が物から全く独立した存在である以上、石の存在は本来堅や白とは無関係であり、どうして堅や白を石に内在する石固有の属性として、堅白石の中にのみ限定して知覚しようか。このように堅や白が元来石とは無関係にかつ個々独立して存在し、目や手を経由したときのみ、各々交互に石中に発現するのであるから、もともと異質なこの両者が一個の石中に並存することはなく、堅と白とは必ず相互に分離するのである。私が説くところの「離」とは、以上の理由に基づくのである。あの力と知との関係も、結局この堅・白の関係と同様、本来両者が異質であることから生ずる相互分離を理由として説明すべきなのである。

この⒂では、最初に堅・白が物から独立した存在であることが強調されている。これは前の⑾に至って初めて登場してきた思考であるが、ここでは⑾で重点が置かれていた対象物を限定しない普遍的性格からさらに論旨を進めて、対象物から遊離した状態での堅・白の本来的存在形態が明確にされている。それによれば、公孫龍は堅や白を対象物に限定されない普遍性を持ち、かつ物に関わりなくそれ自身で存在する実体として把握していたことが判明する。[5] まずこの点において、堅と白を石中に密封された属性と理解する論難者との間には、根本的な見解の相違が存在していたのである。

⒂末尾に示される「力與知、果不若因是」との一文は難解で、従来さまざまの解釈が試みられてきているが、[6]『墨《ぼく》

子《し》』経説下篇に「挙《あ》げて重しとせざるも、箴《はり》に与《したし》まざるは、力の任には非ざればなり。握《あく》(幄)を為《つく》る者の結倍《けつはい》(頡背)するは、智の任には非ざればなり。耳目の異なるが若し」とある。重い物を軽々と持ち上げられても、針を使ってうまく裁縫ができないのは、それが筋力の仕事ではないからであり、カーテンを縫える者が押し比べで背中を向けて負けてしまうのは、それが智慧の仕事ではないからである、というのである。そこで先の一文も、筋力と知慧とが本来異質の働きであることを指す発言と考えられる。(7) 戦国期の論理学派の間では、力と知との関係が論題の一つとされていたのであろう。ただしこの力と知との相違を、墨弁《ぼくべん》のように単に「若耳目異」としたのでは、論難者の「其異任也」とする立場と同じになるから、公孫龍は力と知との間に、より深刻な断絶を設定していたと考えるべきである。すなわち公孫龍は、堅・白の場合と同様、力と知とを対象物を限定しない普遍性を持ち、各々それ自身で独立に存在する実体と捉え、両者が一個の身体中に並存することを否定したと思われる。

それにしても、そうした堅・白の本来的存在形態が、いかなる理由により堅と白との相互分離を主張する根拠となり得るのかが、つぎに問題となる。この点に関しては、これまで(5)(9)(13)などにくり返されてきた発言によって、公孫龍がその原因を経由する感覚器官の相違に求めていたことだけは、すでに明瞭となっている。ただし経由する感覚器官の相違が、なぜに堅・白の同時認識を妨げるほどの決定的要因となるのか、その論拠が今ひとつ判然としていなかったこともたしかであり、そうした曖昧さが「其異任也」との客の論駁を誘発してきたのであった。

特に公孫龍が、(13)において「於石一也。堅白二也。而在於石」と、堅と白とが発現する場を同じくすることを容認しているだけに、この点に関する疑念は一層強まらざるを得ない。もし一個の石を、目で見ると同時に手で触れた場合には、堅と白とがともに同一石中に宿り、そこに堅白石なる統合認識が形成される可能性が残ることは、当然予想される。公孫龍のこの点に関する説明は必ずしも充分ではないが、彼がそうした可能性をさえ承認しようとしない論拠は、彼の認識主体に対する思考の中にあろう。たとえ堅と白とが経由する感覚器官を異にするとしても、その異質な両者を同時に知覚し得る認識主体が存在する場合には、なお堅白石なる認識は形成可能なはずである。公孫龍がそうした統合的認識主体の存在をも否定していたことは、これまでの彼の再三にわたる主張から確認し得る。つまり「得其白、得其堅。見與不見離」(9)とか、「知與不知相與離、見與不見相與藏」(13)などの論理は、堅・白の石からの分離・独立のみならず、さらに視覚と触覚とを同時に統合する認識主体が存在しないとする思考を背景にしてこそ、初めて成立が可能となるからである。

後の(16)の記述に提示されるように、公孫龍は堅→手→神(認識主体)と白→目→神との二通りの経路を平行的に設定し、神に両者を統合する働きを認めていない。つまり公孫龍においては、認識主体は常に一方の認識経路としか接続せず、よしんば目で見ると同時に手で触れ、二通りの経路が白と堅との情報を一時にもたらしたとしても、人間の認識主体はそのどちらか一方の知覚しか受容しないのである。

したがって、神が統合能力を持たないことは、人間の側に属する問題であると同時に、結局それは、すでに認識以前の段階において堅と白とが一個の石中に並存できないとの、対象世界の側の問題ともなる。こうした対象世界とそれを認識する人間の側との複雑な相関関係を内容とする公孫龍の思考に対して、彼がそれを表面に出さなかったこともあって、客はひたすら、対象世界の側においてすでに堅・白が石中に並存しているとの論拠から、両者の同時認識が可能であると反論してきた。

ところが実は公孫龍の場合には、すでに全体性を確保して存在する対象世界の実相を、そのままの形で人間が受容し認識するのではなくして、人間の認識能力が異なる認識経路を統合できない、その固有の性格に応じて、対象世界から特定の対象を選択して認識することになる。故に人間の獲得した認識は、対象世界の実在そのものではなくして、いったん人間の認識能力の限界性を通すことにより、主観的に構成し直された限定的認識となる。公孫龍においては、堅と白は石とは無関係に独立しており、そもそも対象世界の側において堅白石なる対象物自体が存在しないのであるが、同時に対象世界の側において同一の石中に堅・白が並存できない原因もまた、人間の認識能力の側に存在するのである。

堅白石なる統合認識は成立しないとする公孫龍の思考は、この⒂に至ってついにその全貌を現わしてきた。彼の理論は、堅や白は石に内在する属性ではなくして、本来物とは無関係に独立して存在する実体であり、また経由する感覚器官を異にする知覚を統合して認識する主体は存在しない、との二段構えになっていたのである。これまでの論争過程では、公孫龍はかかる自己の前提を公開せず、論拠を小出しにしつつ客の論難に対応する姿勢を見せていたが、ここに及んで両者の立場の相違は決定的な形で露呈する。思考基盤をかくまで異にする以上、両者の間には最初から議論が平行線を辿るべき埋めがたい隔絶が存在していたと言わざるを得ない。

⒃且猶白以目以火見、而火不見。則火與目不見而神見。神不見、而見離。堅以手而手以捶。(8)是捶與手知而不知。而神與不知。神乎是之謂離焉。離也者、天下故獨而正。

且つ猶《な》お白は目と火を以て見るがごときも、而して火は見ず。則ち火と目と見ずして神《しん》見る。神も見ざれば、而ち見は離る。堅は手を以てし手は捶《ぶ》を以てす。是れ捶と手と知りて而も知らず。而して神も与《とも》に知らず。神の是に乎《お》けるは之を離と謂う。離なる者とは、天下は故《もと》より独にして正しければなり。

⒂において、堅白石なる統合認識は成立しないとする自己の論理の全容を示した公孫龍は、最後に人間の認識能力に対する懐疑を補足して、以下のように堅白論全体をしめ括る。

その上、白は目と光（火）とによって知覚するが、光自身は白を知覚しない。目は必ず光の補助を必要とし、また光自体が白を知覚しないとすれば、結局光も目もともにそれのみでは白を知覚しないことになり、最終的には精神が知覚する。しかし目や光の助けを失うならば、精神もそれ単独では白を知覚できない。この場合、白なる性質は石中に発現せず、対象物を限定しない本来の状態のままに、精神から、したがってまた石からも遊離することになる。

一方、堅は手によって知覚するが、その際手は対象物に触れる行為を必要とする。そこで堅は手と触れる行為とで知覚するが、触れる行為も手も、各々単独では堅を知覚できない。さらに精神も、手や触と同様、それのみでは堅を知覚できない。このように、精神が感覚器官や媒介者から分断されて認識が不可能となり、堅や白が対象物から独立した本然の姿のままに遊離することを「離」と言うのである。「離れる」と言うわけは、この世界においては、普遍者が個物から離れて独立している状態こそが、本来の正しい姿だからである。

この⒃では、対象(堅・白)↓媒介者(撫・光)↓感覚器官(手・目)↓認識主体(神)と対象認識の経路が示された上で、媒介者・感覚器官・認識主体のいずれもが、各々部分的役割しか果たし得ない限界性が説かれる。特に注目されるのは、公孫龍が認識主体たる神ですら、認識経路上の一部分としての制約を免れがたいことを強調している点である。

もちろん彼が「神不見」とか「神與不知」と言っても、それは神が常に堅・白を認識できないことを意味するのではない。従来公孫龍は、堅石と白石のどちらか一方を二者択一的に認識できることは認めてきており、⒃においても、対象↓媒介者↓感覚器官↓認識主体との連繫が成立する場合があることは、彼自身によりいったん肯定されているからである。故に「神不見」「神與不知」なる表現は、認識主体たるべき神も、ただ認識経路上の究極点に位置するというに過ぎず、媒介者や感覚器官と連合することなしに、単独で対象を認識できるような特別な認識能力を持つわけではない、との意味に解すべきであろう。

それでは、神の限界性を指摘することによって、公孫龍は一体何を訴えようとしたのであろうか。精神の働きと雖も、闇の中に色彩を捉えることはできず、天上に輝く星の堅さを知覚することはできない。このように神が他と分断されるとき、「其の堅とする所を定めず」「其の白とする所を定めぬ」まま本来独立して存在する堅や白は、対象物にその性質を発現せず、したがってまた神によって認識されることもない。公孫龍は、堅・白が「石や物を堅くせずして而も堅」であり、「物を白くせずして而も白」である本来の姿のままに一切の対象物から独立し、人の認識能力の届かぬところへ遊離する状態こそ、対象世界の実相であると告げんとしたのである。

この⒃の論理は、堅白論において初めて認識主体たる神が主題とされているところに、その最大の特色がある。しかしながら、上述のように、堅白石なる統合認識は成立可能であるとする客との論戦過程から観れば、彼が神に関して力説すべきは、むしろ神中において堅石と白石とが統合されないとする点であったろう。しかるに、公孫龍はその点には直接言及せず、それがすでに自明の理であるかのように、どこまでも堅と白を平行的に場合分けする体裁のまま神を論じている。結局彼は、堅白論の最後において、神の限界性と絡めた形で⑾⒂の論理を再度くり返したことになる。

このことは、堅白石なる統合認識は成立しないとする公孫龍の理論の中核が、何よりも堅・白を対象物から分離・独立させる点にあったことを示唆するとともに、彼が人間の認識能力に対して抱く懐疑の深さをも物語る。神は媒介者と感覚器官とを経由した情報のみを知覚できるのであって、それ自身単独では認識上何らの働きをもなし得ない。公孫龍にとって、神は単に認識経路の最後に位置する空洞に過ぎず、決してそれ以上のものではあり得ない。他の認識手段と分断されるとき、神はただその一切を捉えることのできない対象世界の中に、虚しく孤立するのみである。

概念は実在する

これまで堅白石《けんぱくせき》をめぐる両者の論争の跡を追いながら、そこに展開される公孫龍《こうそんりゅう》の論理構造を見てきた。続いて告《こく》子《し》と孟子との論戦に登場する白の性格と対比することにより、堅白論《けんぱくろん》に示された公孫龍の認識論の特異性を検討することとしたい。

「性は善無く不善無し」とする告子と、性善を唱える孟子とは、性の内容をめぐって種々の角度から論議を交える。これから検討を加えようとする二人の白に対する見解は、それとの関連において言及される。

> 告子曰く、生を之れ性と謂う。孟子曰く、生を之れ性と謂うは、猶《な》お白を之れ白と謂うがごときか。曰く、然り。白羽の白は、猶お白雪の白のごとく、白雪の白は、猶お白玉の白のごときか。曰く、然り。然らば則ち、犬の性は、猶お牛の性のごとく、牛の性は、猶お人の性のごときか。
> （『孟子』告子上篇）

「生之謂性」との告子の発言は、各生物から生命を維持する様相を共通点として抽出し、そうして得られた普遍的性格こそが性なる概念の内容である、と定義するものである。告子の趣旨を察知した孟子は、これに対し「生之謂性也、猶白之謂白與」と確認を取ろうとする。つまり、冒頭の性に対する定義の仕方は、たとえば白羽・白雪・白玉の各個物から白さを共通点として抽出し、そうして求めた普遍的性格こそが白なる概念の内容であるとするのと同一の論理か、と訊ねたわけである。

この孟子の理解は、まさしく告子の趣意と同一であり、当然告子はそれを承認する。ただし、孟子がここで白の比喩を持ち出してきたのは、それによって告子の性に関する思考を打破せんとする意図によるもので、はたして彼自身そのように信じていたかどうか若干疑問ではあるが、[9] ともかくこと白に関する限り両者の見解は一応の一致を見たわけである。

それでは、ここに孟子により提出され、告子により承認された白の性格は、一体いかなるものであったろうか。

「白い羽の白さ」「白い雪の白さ」「白い玉の白さ」と表現される場合、羽・雪・玉の白い状態は、そもそも羽・雪・玉の中に各々白さが内在していることから発生する、と考えられていたことを示している。したがって、「白羽之白」＝「白雪之白」＝「白玉之白」との関係において、同一であるとされている各二番目の白は、結局白羽・白雪・白玉の内部に個別に存在している属性としての白さを指していることになる。そこで、前記の等式の成立を裏づけとして導き出される「白之謂白」との定義においては、先頭の白は白い状態の個物が各々内在させる共通の白さを指し、二番目の白は前の共通要素から抽出された白の普遍性を表わす概念であると考えられる。すなわちそこには、同一の状態→共通要素→普遍的概念、と進む論理構造が示されているのである。

　さてここで特に検討を要するのは、「白羽(雪・玉)之白之謂白」と並べた場合の三番目の白の性格であろう。上述のようにこの白は、対象物の如何を問わず一般に何物かが白い、という普遍性を示す概念である。故にこの白なる概念は、ただ抽象概念としてのみ存在し、自己を構成する実体を保有しない。強いてその実体を求めようとすれば、二番目の白の内容である各個物に内在する共通の白さの集合をそれに該当させるしかないが、物の属性としてあくまで個物内に存在を限定されている白と、そこから普遍性のみを抽出され、物から切り離された形で抽象概念化された後の白との間には、やはり重大な質的断絶があると言わねばならない。孟子と告子が承認した最も高次の白の概念は、以上のような性格のものとして考えられていたのである。

　ひるがえって、堅白論で明らかにされた公孫龍の白の性格を想起するならば、両者の思考の差異は歴然とするであろう。公孫龍における白が、黄や黒など他の色彩を排除する役割を果たす以上、白なる色彩を限定する概念としての性格を帯びていることは言うまでもない。また「物の白きは、其の白とする所を定めず。……定めざる者は兼《か》ぬる」と述べられるように、白が対象物を限定しない普遍性を持つこともまた、公孫龍の力説するところであった。以上の二点に関する限りは、つまり白に普遍的概念としての性格を認めるところまでは、両者の間に格別の相違は存在していない。

両者の見解が大きく分かれ始めるのは、普遍的概念としての白が実体を有するか否か、との点からである。公孫龍によって、「白固《もと》より自ら白たること能わざれば、悪《いず》んぞ能く石や物を白くせんや。若《こ》の白なる者必ず白なれば、則ち物を白くせずして而も白なり」と性格づけられる白は、物を俟たずそれ自身で白としての独立的存在が可能な実体を備えている。ここに、実体を保有しない抽象概念として、人間の意識の中にのみ存在する孟子・告子の白との決定的な差異がある。

また白の存在形態と関連して、白と物との先後関係も、両者の間では全く異なっている。告子や孟子における白概念は、まず白い状態にある個物中に各々属性として共通の白さが内在していて、そこから普遍性としての白が抽出される、との経過を辿って形成される。単純化すれば、物→白との順序を取るのである。ところが公孫龍においては、逆にまず独立した実体としての白さそのものがあって、その白が視覚を通す間のみ対象物に宿るとされており、白は物に先行するのである。告子・孟子の白も、最終的には個物を超えた普遍性として物から切り離された概念となり、その限りでは公孫龍の白と類似した性格を帯びることになる。しかし等しく白と物とが分離すると言っても、両者の間においてはその分離の時期が前後逆になっているのである。

こうした白と物との先後関係における差異は、また必然的に白の普遍性が生ずる時期の違いともなって現われてくる。告子や孟子の場合は、各個物に内在する共通の白さから、帰納的に普遍性としての白が抽出される。これに反して公孫龍の場合は、「其の白とする所を定めず」「物を白くせずして而も白」なる状態の白が一時的に分散して各個物に宿るのであるから、白の普遍性はすでに物以前の段階において演繹的に確立していることになる。先に普遍性を持つ点においては、告子・孟子の白と公孫龍の白とは共通すると述べたが、それは表面的な類似に過ぎず、実は普遍性の成立の仕方が基本的に異なっていたのである。

以上列挙してきた両者の相違点も、その原因を辿れば、ことごとく前掲の堅白論の⑾⒂に展開された概念実在論的思考に由来する。これによって、先の⑾⒂の理論こそが、公孫龍の認識論上の最大の特色の一つであり、さらにまた、彼が古代中国の論理学的分野において一際異彩を放つに至った要因の一つでもあったことが理解されるであろう。

3　白馬論——白馬と馬の間

白馬論の解釈

「兒説《げいえつ》は宋人《そうひと》の善く弁ずる者なり。白馬非馬を持するや、斉《せい》の稷下《しょっか》の弁者《べんじゃ》を服せり。白馬に乗りて関を過ぎるに、則ち馬の賦《ふ》を顧《こ》せらる(1)。故に之を虚辞に藉《か》れば、則ち能く一国に勝つも、実を考え形を按ずれば、一人をも謾《あざむ》く能わず」とは、『韓非子』外儲説左上篇《がいちょぜいさじょう》の評である。ここでは「白馬非馬」論を唱えて活動した人物として、兒説の名が挙げられており(2)、故に「白馬非馬」論自体は必ずしも公孫龍独自の創作ではなく、広く弁者の間に流布されていた命題であったと考えられる(3)。

しかしまた、公孫龍《こうそんりゅう》と「白馬非馬」論とを結びつける資料もたしかに存在する。『史記集解』が平原君虞《へいげんくんぐ》卿《けい》列伝の箇所で引用する劉向《りゅうきょう》「別録」は、「斉の使い鄒衍《すうえん》は趙《ちょう》を過《よぎ》る。平原君は公孫龍及び其の徒綦毋子《きぼし》の属《ぞく》に見《まみ》えしめ、白馬非馬の弁を論ぜしめて、以て鄒子《すうし》に問う」と、「白馬非馬」論が公孫龍学派の主要な理論であったことを明示する。さらに『列子』仲尼篇《ちゅうじ》において、楽正子《がくせいし》輿《よ》が魏の公子《こうし》牟《ぼう》に対し、公孫龍が魏王を欺く際に用いた命題として掲げる七箇条の中に、やはり「白馬非馬」が含まれている。

故に兒説の「白馬非馬」論と公孫龍のそれとが果たして同一内容であったか否か、あるいは両者の間の伝承関係の有無などはもはや不明であるとしても、公孫龍の思想体系の中に彼自身の手に成る「白馬非馬」論が存在したことは、疑えないところである。現行本『公孫龍子』中に白馬論一篇が残されている事実が、何にも増してそれを裏づけている(4)。現在我々が「白馬非馬」論の詳細を窺い得る資料としては、この『公孫龍子』白馬論が唯一のものとなっている。

「白馬非馬」論とは、「白馬は馬に非ざる」ことを論証せんとする理論であり、そこでは白馬概念と馬概念との関係が主題とされる。しかし概念（名）が対象（実）を表示する手段である以上、言うまでもなく、概念と対象の間には絶えず相互転化が引き起こされる。すなわち、白馬概念とは何かとの問いかけは、必然的に白馬なる対象認識はいかなる形で成立するのか、との問題と深く関わらざるを得ないのである。かくして概念の性格をめぐる論争もまた、不断に認識論の領域における見解の対立との間を反覆することになる。したがって、概念間の関係を扱う白馬論と、対象認識を主題とする堅白論とは、当然内容上密接な連繫を保っており、白馬論の検討は堅白論との関係を考慮しつつ進められなければならない。本節では以上の視点に立ちながら、『公孫龍子』白馬論の意味するところを探って行くことにしたい。

白馬論は、難解極まる『公孫龍子』諸篇の中にあっては、比較的理解が進んでいる篇である。しかし解釈はなお一定するに至っておらず、そうした本文に対する理解の差異が、そのまま公孫龍の思想的性格に対する位置づけの相違となって現われてきている。そこで本節では、白馬論が記録する公孫龍と論難者との論戦過程を辿ることによって、そこに示される公孫龍の論理学的特色を明確にして行く方法を取りたい。

(1)白馬非馬、可乎。曰、可。

白馬は馬に非ずとは、可ならんか。曰く、可なり。

白馬は馬ではないとする主張は、一体成立し得るのであろうかとの疑問を発して、客は論戦を開始する。もとより公孫龍は成立可能であると応答する。

(2)曰、何哉。曰、馬者所以命形也。白者所以命色也。命色者非命形也。故曰、白馬非馬。

曰く、何ぞや。曰く、馬なる者は形に命《なづ》くる所以なり。白なる者は色に命くる所以なり。色に命くる者は形に命くるには非ざるなり。故に曰く、白馬は馬に非ず。

「白馬非馬」論成立の根拠を問われた公孫龍は、以下のようにその論拠を提示する。

馬なる概念は形状を区別せんとするための名称であり、これに対して白なる概念は色彩を区別せんとするための名称である。色彩に命名した白と、形状に命名した馬とは、同一ではない。そこで、白馬は馬ではない、と主張するのである。

この説明においては、「所以命形」―「馬」と、「所以命色」―「白」との相違が、「白馬非馬」なる結論に直結されている。公孫龍の意図は、白と馬とが相互に全く認識の位相を異にする独立した概念であり、したがって馬概念の中には白概念が含まれていないことを指摘せんとする点にある。とすれば、白馬概念とは馬概念と白概念とによる複合概念であり、他方馬概念は色彩概念を含まない形状のみによる単一概念であるから、必然的に、白馬概念と馬概念とは異なる、との結論が導き出されてくるのである。

(3)曰、有白馬、不可謂無馬也。不可謂無馬者、非馬也[5]。有白馬爲有馬。白之非馬、何也。

曰く、白馬有れば、馬無しとは謂うべからざるなり。馬無しと謂うべからざる者は、馬に非ずや。白馬有れば馬有りと為す。白の馬に非ざるとは、何ぞや。

前に公孫龍が「白馬非馬」の論拠として、馬概念と白概念との認識上の相違を挙げたことに対し、客はつぎのように反論する。

今ここに白馬が存在するとすれば、それを馬が存在しないとは称せない。馬が存在しないと言えない以上、それが馬ではないと主張することもできないはずではないか。このように、白馬の存在は同時に馬の存在を意味するのである。それにもかかわらず、(2)において、あなたが白は馬ではないとした根拠は一体何か。

論難者は、白馬を白い属性を内在させる馬として捉える。そのため彼においては、白なる色彩概念は潜在的に馬概念の中に包括されており、白概念と馬概念との間に公孫龍のような断絶は生じない。この点を客は、具体的個物としての白馬の存在を設定する手法により論証せんとする。一頭の白馬の身体中には、白なる色彩と馬なる形状とが相互に排除し合うことなく共存している。このように、個物としての白馬が同時にそのまま個物としての馬である以上、白馬の白は白馬が馬であることを何ら妨げていない。すなわち「色に命くる者」としての白が、馬とは全く別個の存在として、白馬と馬とを分断するがごとき独自の作用を発揮したりはしないのである。とすれば白は本来馬概念の中に潜在していると考えるべきで、白は馬の中には包括されていないから白馬は馬ではないとする(2)の議論は成立しないのではないか。以上が(3)における客の論理展開である。

ここの「白の馬に非ざるとは、何ぞや」との原文に対しては、これまで多くの研究者が、「白之非馬」では意味が通じがたいとし、白の下に「馬」字を補い、「白馬之非馬、何也」と校訂する方針を取ってきている。[6] しかしこの客の発言は、(2)における公孫龍の「命色者(白)非命形(馬)也」との主張を踏まえた上での反問であり、またこの直後の(4)には、ここでの「白之非馬、何也」を承けた公孫龍の返答として、「求むる所一なれば、白なる者は馬に異ならざるなり」との表現が登場する。さらに後の(6)にも、やはり「故に白なる者は馬に非ざるなり」とする公孫龍の言が存在しており、これら三箇所から揃って「馬」字が欠落したとは到底考えがたい。

こうした資料上の理由から、また前後の論理展開の上からも、すでに加地伸行氏が指摘するように、[7] これらの箇所に「馬」字を付加するような校訂を施すべきではない。たしかに「白之非馬」を「白馬之非馬」と改変するならば、一見理解は容易となるかのようである。しかし、そうした資料的根拠を持たない安易な校訂は、かえって白馬論の真意を見落す結果に陥るであろう。

(4)曰、求馬、黃黑馬皆可致。求白馬、黃黑馬不可致。使白馬乃馬也、是所求一也。所求一者、白者不異馬也。所求不異、如黃黑馬有可有不可、何也。可與不可、其相非明。故黃黑馬一也。而可以應有馬、而不可以應有白馬。是白馬之非馬審也。

曰く、馬を求むれば、黄・黒馬も皆致《いた》すべし。白馬を求むれば、黄・黒馬は致すべからず。白馬をして乃ち馬たらしめば、是れ求むる所は一なり。求むる所一なれば、白なる者は馬に異ならざるなり。求むる所異ならざるに、黄・黒馬の如き可有り不可有るは、何ぞや。可と不可とは、其の相《たが》いに非なること明らかなり。故に黄・黒馬は一なり。而るに以て馬有るに応ずべくして、以て白馬有るに応ずべからず。是れ白馬の馬に非ざること審《つまび》らかなり。

具体的個物としての白馬の中に、白概念と馬概念とが重複・共存する論拠を見出だそうとした客に対抗すべく、公孫龍は白概念が馬概念の中に含まれず、したがって白馬が馬と同一でないことを、今度は集合論的に論証せんと試みる。

馬を求めた場合には、黄馬も黒馬も皆連れて来ることができる。ところが白馬を求めた場合には、黄馬や黒馬は連れて来ることができない。仮に白馬を馬と全く同一であると規定したならば、馬の場合も白馬の場合も、求める対象は完全に重なり合うはずである。このように、求める対象が全く重複するのであれば、白概念は何ら独自の意味を持てずに、馬概念の中に解消させられる結果となる。ところが、求める対象が全く同一であるはずにもかかわらず、黄馬や黒馬の例のように、馬を求めた場合には対象として適合し、白馬を求めた場合には対象として適合しなかったりするのは一体なぜか。もとより黄馬や黒馬自体には何らの変化も生じてはいない。それにもかかわらず、馬が存在するとの場合には適合し、白馬が存在するとの場合には適合しない。とすれば、やはり白概念は馬概念の中に包括されていないのであって、以上の事柄から白馬が馬ではないことはすでに明瞭である。

(3)において論難者は、「白馬有れば、馬無しとは謂うべからず」と、白馬や馬の有無、すなわち具体的個物としての白馬や馬の存在を問題にしてきた。そこで公孫龍もこれに対抗すべく、「以て馬有るに応ずべくして、以て白馬有るに応ずべからず」と、やはり個物としての馬や白馬の存在を論題に据える。ところが、公孫龍の意図は白馬と馬との差異を明らかにせんとするところにあるため、等しく馬の存在を論じながらも、客のように一頭の白馬に対象を限定することを避け、新たに黄馬や黒馬をも加えつつ集合論的な論証形態を取っている。

この集合論的論証手段は、『公孫龍子』通変論《つうへんろん》に見られるような所謂「同異之辯《どういのべん》」、すなわち万物に対する分類法を応用した思考である。馬概念は、白なる色彩限定を含まない分だけ、白馬概念よりも内包が減少している。そのため馬概念(この場合は類概念に該当する)の外延は、白馬概念(この場合は種概念に該当する)の外延よりも拡大され、この両概念の間には当然黄馬や黒馬の例のような外延の差(種差)が生じてくる。公孫龍はこうした操作により、前記の外延の差をもたらす唯一の原因こそ白馬の白にほかならず、それ故に「色に命くる者」としての白が、「形に命くる者」としての馬とは完全に別個の概念であることを立証せんと図ったのである。

(5)曰、以馬之有色爲非馬、天下非有無色之馬也。天下無馬、可乎。

曰く、馬の色有るを以て馬に非ずと為《な》さば、天下に無色の馬有るには非ざるなり。天下に馬無しとして、可ならんか。

白概念は馬概念の中には包括されないとする公孫龍に対し、論難者は、色彩概念による色彩の限定が本来的に馬概念の中に含まれることを、以下のように反駁する。

先程からあなたは、白馬は白なる色彩を限定しているから馬ではないとくり返す。しかしながら、もし色彩を限定することによってそれが馬ではなくなると言うのであれば、実際に存在する馬はすべて有色であるから、それらはことごとく馬ではないことになる。その一方、この世に無色透明な馬などは実在しないのであるから、結局世界には一切馬が存在しないと結論してよろしいのか。

(5)の発言は、客の使用する白馬概念や馬概念が、常に具体的個物としての白馬や馬を念頭に置くことを、最も鮮明に物語る。こうした前提に立つからこそ、実際に馬がすべて「有色」であって「無色之馬」が実在しない以上、馬概念はすでにその内部に色彩限定を包括している、との論理展開が導き出されてくる。そこで客においては、たとえ馬が「馬」とのみ表示されていても、それは決して馬が「無色」であることを意味せず、その中に色彩概念が潜在的に内属していることが確信される。したがって「白馬」と「馬」との差異は、ただ単に色彩限定が顕在的に表示されているか、それとも潜在的に包括されているか、との相違にしか過ぎないわけで、白なる色彩限定が白馬と馬とを決定的に分断するとは思考されないのである。

(6)曰、馬固有色。故有白馬。使馬無色、有馬如已耳。(8) 安取白馬。故白者非馬也。白馬者馬與白也。馬與白馬也。故曰、白馬非馬也。

曰く、馬には固《もと》より色有り。故に白馬有り。馬をして色無からしめば、馬有るのみ。安《いず》くんぞ白馬を取らん。故に白なる者は馬に非ざるなり。白馬なる者は馬と白となり。馬と白馬となり。故に曰く、白馬は馬に非ざるなり。

(5)において客は、「無色之馬」を媒介に、色彩限定が馬概念の中に包括されることを確認せんとした。これに対して公孫龍は、馬には色彩が存在するとの客の論旨を逆手に取って、以下のように白概念を馬概念から分離せんと試みる。

馬には必ず色彩が付着する。だからこそ白馬も存在するのである。もし馬に一切色彩が付着しないとすれば、ただ単に形状としての馬が存在するに過ぎず、どうしてそもそも白馬を議論の対象に取り上げられようか。だからこそ、後から付着するところの白と色彩を宿す場としての馬とは本来別個の存在であり、白概念は馬概念の中に含まれていないのである。白馬なる概念は、形状を限定する馬概念と、色彩を限定する白概念とが結合して成立するのである。要するに私は、単一概念である馬と、複合概念である白馬との関係について論じているのであり、両者は当然内包を異にしている。そこで私は、白馬は馬ではないと主張するのである。

冒頭の「馬には固より色有り」なる表現は、一見公孫龍が、馬には本来的に色彩が内在していることを容認したかの印象を与える。しかしそのように理解したのでは、個物としての馬が「有色」であるが故に馬概念の中には色彩概念が包括されている、とする論難者の持論に、公孫龍自らが同調したことになり、この時点で「白馬非馬」論成立の根拠は消滅してしまう。故に「馬固有色」とは、現実に存在する個物としての馬を問題にした「天下に無色の馬有るには非ざるなり」との(5)の批判に応じて、たしかに具体的個物としての馬は必ず色彩を帯びた状態で存在する、と具体的個物としての段階に範囲を限定した上での発言と解すべきであろう。

この(6)における公孫龍の思考を理解するためには、どうしても白なる色彩の性格に関して、堅白論《けんぱくろん》に展開される彼の理論に触れなくてはならない。前節で見たように堅白論は、堅白石なる統合認識は成立せず、常に堅石か白石かのどちらか一方の認識しか獲得されない、と主張する理論である。その論拠の第一は、公孫龍が堅と白をともに一個の石中に内在する石固有の属性とは見なさず、堅・白を各々一切の個物を超えて独立に存在する普遍的実体として捉えた点にある。

第二の論拠は、公孫龍が認識主体たる神に対し、五官を経由した各種の知覚を統合し得る能力の存在を認めなかった点にある。先に第一の論拠として示されたように、本来堅や白は一切の対象物から遊離・独立して存在し、手や目などの感覚器官と「撫」や「火」などの媒介を経由して神に知覚されたときのみ、各々石中にその性質を発現してくる。ところが公孫龍は、経由する感覚器官を異にする知覚を統括できる認識能力の存在を否定するため、神により堅と白とが同時に認識されることはなく、必然的に堅白石なる統合認識は形成されないのである。

さて白馬論で取り扱われているのは、「形に命くる者」としての馬と「色に命くる者」としての白の関係である。この場合は、形状・色彩ともに経由する感覚器官は同一であるから、前記の二点のうち、神の限界性を論ずる後者の思考は、当面白馬論の内容とは直接に関わってこない。今ここで問題とすべきは、前者の側に提示された堅・白の性格に対する公孫龍の特異な見解である。

この白に関する彼の論理を白馬の認識に適用するとき、公孫龍においては、まず場として存在していた形状としての馬(これはいまだ視認されない)に、光と目の働きによって後から普遍的実体としての白が宿り(この瞬間に初めて形状も白とともに視認の対象となる)、この両者が色彩を宿した形状として神に知覚される、との過程を経て白馬なる対象認識が形成されることになる。(9) 故に最終的に白馬なる認識が成立する以前の段階においては、すなわち「物を白くせずして而も白」なる白がいまだ「其の白とする所を定めざる」段階においては、単に形状としてのみの馬が、視認されない状態のままに存在しているはずである。それはあたかも「拊《な》づれば其の白とする所を得ずして、其の堅とする所を得る。其の堅を得るや、白無きなり」と称される場合の石が、「白無き」無色の状態下に存在するがごとくであり、この時点では、白馬は「無色之馬」として人間の認識の領域外に潜在していると言えるのである。先に筆者が、「馬には固より色有り」とは馬が具体的個物として存在する段階に範囲を限定した発言であると述べたのは、こうした理由からである。

以上解説してきた堅白論の論理を視点に導入するならば、(6)における公孫龍の発言の意味も明確に把握することが可能となる。[10] 形状としての馬に後から普遍的実体としての白が付着する形態によって白馬なる対象認識が形成されるからこそ、馬に必ず色彩が存在することは、実は何ら白概念が本来的に馬概念中に含まれるとの客の主張の根拠とはなり得ないのである。

それは全く逆に、認識対象としての白と馬とが本来完全に別個の存在であること、したがって馬概念の中には決して白概念が包括されていないことを指し示すものにほかならない。すでに対象世界の側において、馬と白とは互いに全く独立した存在であり、両者は人間の認識作用を俟って初めて白馬として結合されるに過ぎない。故にそうした対象世界と人間の認識とにわたる出来事を表示すべき手段としての白馬概念もまた、必然的に、相互に独立した馬概念と白概念との結合と考えざるを得ないのではないか。そうであれば、形状のみを表わす単一概念としての馬と、形状と色彩との複合概念である白馬との間には、到底両者を同一視できない決定的な差異があることも、もはや動かしがたい事実ではないのか。故に白馬は馬ではないのである。以上が(6)における公孫龍の論理展開である。

(7)曰、馬未與白爲馬。白未與馬爲白。合馬與白、復名白馬、是相與以不相與爲名。未可。故曰、白馬非馬、未可。

曰く、馬は未だ白に与《くみ》して馬為らず。白は未だ馬に与して白為らず。馬と白とを合して、復《ま》た白馬と名づくるは、是れ相与《くみ》するに相与せざるを以て名と為す。未だ可ならず。故に曰く、白馬は馬に非ずとは、未だ可ならず。

白馬概念とは相互に独立した馬概念と白概念との後次的結合である、との公孫龍の定義に対して、客はただちにつぎのように反撃する。

先程からあなたは、白を「色に命《なづ》くる所以」、馬を「形に命くる所以」と規定し、「色に命くる者は形に命くるには非ざるなり」とか「白なる者は馬に非ざるなり」などと、両者は完全に異質でかつ各々独立した概念であると主張する。その上さらに(6)においては、「白馬なる者は馬と白となり」と、白馬概念は個々に独立した馬概念と白概念との結合であるとさえ定義する。

しかしあなたが規定するような、形状のみで独立している馬とか、色彩のみで独立している白などは、最初から存在してはいない。そもそもすべての馬は、その身体中に名々固有の色彩を属性として包括しているのであり、外部の白と結合しなければ白馬となれないような、色彩を内在させない「無色之馬」がそれのみで独立に存在したりすることはない。一方すべての白さもまた、白い状態の各個物の中にそれぞれ固有の属性として密封されているのであって、外部の馬と結合しなければ白さを発現できないような、「其の白とする所を定めざる」(堅白論)白そのものが独立に存在したりすることはない。このように、馬はすでに色彩と、そして白はすでに形状と、各々不可分に融合した上で、その総体の中に自己完結した状態でしか存在せず、そうした他者と融合済みの馬と白とは、今さら外部の色彩や形状と結合すべき必然性を何ら持ってはいない。

故に、あなたは馬と白とを結合させて白馬を形成すると言うが、それでは互いに結合すべき必然性を全く持たない乖離した両者を、むりやり結合させて一つの名辞を作り上げることになり、それは、到底成立不可能な論理である。白と馬とが結合する必然性は、ただ白さを属性としてすでに包括している馬、すなわち具体的個物としての白馬の中にのみ存在する。故に白馬概念は、いかなる意味においても、個別に存在する馬概念と白概念とが後から組み合わされて改めて成立する名称ではあり得ない。それは、もとから白なる属性を別《わか》ちがたく内在させている馬を表示する名称にほかならない。このように、白馬を馬と白との結合とする思考自体が成立しない以上、一要素よりなる馬と二要素よりなる白馬とは異なるから白馬は馬ではないとする(6)の結論も、結局成立しないのである。

「馬は未だ白に与して馬為らず。白は未だ馬に与して白為らず」なる冒頭の二句は、堅白論における「堅は未だ石に与して堅為《た》らず」との公孫龍の発言と、表現様式が全く同一である。そこで表現上の類似性にのみ注目するとき、あたかもここで客と公孫龍との立場が入れ替ったかの感を受ける。しかし同様の表現を取りながらも、客と公孫龍とはその思考基盤を根柢から異にしている。公孫龍は、堅や白を一切の個物を超えて独立する普遍的実体と捉えるため、堅と白とは石なる具体的対象物を必要とせずに、それ自身すでに堅や白であり得た。公孫龍において、「堅未與石爲堅」とはこうした思考の表現として登場したのである。一方論難者の側は、色彩をすでに何らかの具体的個物の中に密封された存在として捉える。故に白は、固有の属性として自己を内在させている個物の他に外部の馬を必要とせず、馬もまた、本来的に己が内属させている色彩の他に外部の白を必要としない。客においては、「馬は未だ白に与して馬為らず。白は未だ馬に与して白為らず」との二句は、そうした思考の表現として使用されたのである。

こうした客の立場からすれば、白馬概念とは形状としての馬概念と色彩としての白概念との結合である、とする公孫龍の論理は、二重の意味で成立が不可能となる。

その第一の理由は、馬がすでに固有の色彩を包括する存在である以上、最初から形状のみで独立する馬概念は成立せず、また白が必ず個物内に密封されている以上、最初から色彩のみで独立する白概念も成立しないとする点にある。つまりこの場合は、そもそも組み合わせるべき素材自体が存在しないことになる。

つぎに第二の理由は、実在する馬と白とを結合させると仮定した場合も、馬はすでにそれぞれ固有の色彩を内属させており、白はすでに自己を包括する各個物中に密封されているため、もはや馬と白の双方に他者と結合すべき必然性が全く存在しないとする点にある。この場合には、素材の間に結合すべき必然性がなく、結合するとの思考方法自体が無意味となる。

客は上述の論理を根拠に据えて、「白馬なる者は馬と白となり」との定義から「白馬非馬」を導く公孫龍の論理は、いずれにしても成立しないと反駁したのである。

(8)曰、以有白馬爲有馬[11]、謂有白馬爲有黃馬、可乎。曰、未可。曰、以有[12]白馬爲異有黃馬、是異黃馬於馬也。異黃馬於馬、是以黃馬爲非馬。以黃馬爲非馬、而以白馬爲有馬、此飛者入池、而棺槨異處。此天下之悖言亂辭也。

曰く、白馬有るを以て馬有りと為《な》さば、白馬有るを謂いて黄馬有りと為すも、可ならんか。曰く、未だ可ならず。曰く、白馬有るを以て黄馬有るに異なれりと為すは、是れ黄馬を馬に異なれりとするなり。黄馬を馬に異なれりとするは、是れ黄馬を以て馬に非ずと為すなり。黄馬を以て馬に非ずと為して、而して白馬を以て馬有りと為すは、此れ飛ぶ者池に入りて、棺槨処《かんかくところ》を異にするなり。此れ天下の悖言乱辞《はいげんらんじ》なり。

客から(7)のような批判を浴びた公孫龍は、白馬を馬と白との結合であるとする論点から、相手を攻撃する上で最も有効な論法である、白馬と馬の両概念がそれぞれ包摂範囲を異にしているとの点に、再び主題を転換する。

あなたのように、白馬の存在がただちに馬の存在と同一であるとするならば、同様に黄馬の存在もただちに馬の存在と同一であるとしなければならぬ。とすれば論理の必然として、白馬と馬と黄馬とは完全に同一となり、相互に置き換えが可能となる。そこで、白馬の存在を指摘してそれを黄馬が存在すると称することも当然可能なはずだが、はたしてそれでよろしいのか。

こうした公孫龍の設問に対し、論難者としては、白馬の存在と黄馬の存在とを同一視することは不可能である、と応答せざるを得ない。この客の返答を待ち構えていた公孫龍は、早速その言質を楯に取って追及を開始する。

今のあなたの返答のように、白馬の存在が黄馬の存在と異なるのであれば、白馬と馬とは同一だとする従来のあなたの主張から推して、結局は黄馬を馬から区別していることになる。黄馬を馬から区別することは、黄馬を馬と同一ではないとしたことを意味する。そもそも一方で黄馬を馬と同一ではないとして置きながら、他方で白馬の存在を馬の存在と同一であると主張するのは、まるで飛鳥が池の中で泳ぎまわり、ともに遺骸を覆うべき内棺と外槨《がいかく》とが所在を異にするがごとき錯乱であって、これこそでたらめな言辞の最たるものである。

結局公孫龍は、黄馬を媒介とする手段により、客の論理を白馬＝馬→黄馬＝馬→白馬＝黄馬との方向に誘導した上で、巧みに白馬≠黄馬とする客の返答を引き出し、今度はそれを足がかりに、白馬≠黄馬→黄馬≠馬→白馬≠馬と論理を展開させたわけである。

(9)曰、有白馬、不可謂無馬者、離白之謂也。不離者、有白馬、不可謂有馬也。故所以爲有馬者、獨以馬爲有馬耳。非有白馬爲有馬。故其爲有馬也、不可以謂馬馬也。

曰く、白馬有れば、馬無しとは謂うべからずとは、白を離すの謂なり。離さざれば、白馬有るも、馬有りとは謂うべからざるなり。故に馬有りと為す所以の者は、独《た》だ馬を以て馬有りと為すのみ。白馬有れば馬有りと為すには非ず。故に其の馬有りと為すや、以て馬馬とは謂うべからざればなり。

白馬概念と馬概念との包摂関係、すなわち両概念の外延の差は、当初から論難者が抱える最大の弱点であり、この点を鋭く衝かれた客はたちまち窮地に陥る。そこで客は、「白馬有れば馬有りと為す」とする(3)以来の自己の主張も、実は決して個物としての白馬と馬とを同一視したり、白馬概念の外延と馬概念の外延とを同一視したりするような内容ではなかったと、苦心の釈明を陳述する。

従来私は、白馬が存在する以上は馬が存在しないとは言えないとくり返してきたが、その場合の馬とは、白馬から白なる色彩限定を一時分離した思考の表現として使用していたのである。もし白なる色彩限定を思考から分離させなければ、白馬はいつまでも白馬であるから、白馬が存在するからと言って、それを馬が存在すると称することは、もちろん不可能である。だからこれまで私が、白馬の存在を以て馬が存在するとしてきた真意は、当面白馬の色彩を考慮から除外して、ただ単に形状としての馬概念を設定し、白馬もやはりそうした形状としての馬概念の対象に該当する、ということだったのである。

故に白馬が存在すれば馬が存在すると述べたからと言って、それは決して、白馬の存在がただちに馬の存在と同一であり、引いては白馬の全体集合がそのまま馬の全体集合と一致する、などと主張していたわけではない。それを私が、白馬の存在は単に形状としての馬との意味における馬が存在することを示している、と厳密な言いまわしをせずに、白馬が存在すれば馬が存在すると、敢えて誤解を招きやすい簡略な言い方をしてきたのは、馬の内容にそうした限定が課されていることを示さんとして、白馬の存在は馬馬の存在である、とするような奇妙な表現形式を憚ったからなのである。

「離白」は堅白論において公孫龍が力説する思考であって、客の側が「離白」を持ち出すのは、一見両者の立場が入れ替ったかの感を与える。しかし、従来より客は白馬の白を馬に内在する属性と捉えてきているから、ここで「離白」と言っても、それは対象世界において白が馬から分離するとの意味ではなく、単に思考上における分離を指していると解すべきである。

さて、「白馬有れば馬有りと為す」との自己の主張が、本来白馬概念と馬概念との重複関係のみを指摘せんとする発言であったとの客の釈明は、公孫龍に追い詰められた結果、この(9)に至って突如自説のすり替えを図った感を免れない。もとより概念は、一般概念としての作用と、その概念に該当する具体的個物を指示する作用とを、二重に併せ持つ。そこで当然白馬概念と馬概念も、一般概念と具体的個物との間で、常に相互転化が可能である。故に、客が具体的個物としての白馬と馬とを想定しつつ議論を展開させた際にも、個物としての白馬と馬との背後には、両者に象徴される白馬と馬との一般概念としての性格も、漠然と意識されていたであろうことは推測される。客の釈明は、この側面を特に馬概念について拡大・強調したものである。しかしながら、たとえかかる事情を斟酌したとしても、問題は、そもそも客の使用してきた馬概念自体が、最初から(9)のようには規定されていなかったところにある。したがって、客がここでにわかに馬概念の性格を変更した事実は、やはり蔽いがたいと言わざるを得ない。それでは、客はなぜにこのような論理の転換を迫られたのであろうか。

従来公孫龍は、客の主張を白馬概念と馬概念との内包・外延を完全に一致させるものと見なし、逆に両概念の内包・外延の差異を衝くことにより、客を論破せんとし続けてきた。しかもそれは、単なる誤解とは言い切れない面を持つ。なぜなら、そうした批判を蒙るべき原因がたしかに客の論理の中にも潜んでいたからである。

その原因の第一は、客の使用する馬概念の不徹底さである。客は色彩をもとから馬に内在する属性と捉え、そうした認識上の立場を反映させつつ、個物と密着させて概念を使用しがちなため、色彩限定も馬概念の中に潜在的に包括されることとなる。そのとき馬概念は、本来形状のみで成立すべき一般概念としての純粋性を保持しがたくなる。したがって彼においては、公孫龍のように、色彩の有無を決定的要因として白馬概念と馬概念との差異が尖鋭に自覚される事態は起こり得ず、白馬が容易に馬へと移行する結果がもたらされる。この白馬概念と馬概念との間に客が設定した融通性は、さらに個物としての白馬と馬との区別をも曖昧にする現象を引き起こし、公孫龍の反撃を誘う第二の原因となる。

これまで客には、具体的個物としての白馬の身体中に、白なる色彩と馬なる形状とが共存する事実を以て、白馬概念と馬概念との重複関係を示す端的な例証とする傾向が強く存在した。このことは、公孫龍が「馬なる者は形に命《なづ》くる所以なり」と、馬概念を最初から形状のみを区別する概念として白馬とは切り離して設定するのに比して、客は(9)

において馬概念の修正を迫られた際ですら、いったん白馬を想定して置いた上で、のちにその白馬から「白を離す」方式でしか形状としての馬概念を設定できなかった点からも確認される。こうした説明においては、同一個体がある場合には白馬と呼ばれ、またある場合には馬と呼ばれる。すなわち白馬概念も馬概念も、ともに同一の個物をその指示する対象物として設定することになる。

このように、概念を常に具体的対象物と密着させるとき、白馬や馬は一般概念としての性格を後退させられ、各々個物としての白馬と馬とを具体的に指示する性格のみが強く前面に押し出されてくる。その上で白馬は馬であると称するならば、そこには当然、具体的個物としての白馬と馬とを全く混同する思考と受け取られる余地が生ぜざるを得ない。このうち白馬概念の側は、元来客が最初に個物としての「白い馬」を設定する役割に重点を置いて使用してきたので、たとえ一般概念としての性格が稀薄化してもあまり支障は起きないが、その白馬概念により指示された具体的個物としての白馬に対し、さらに馬概念によって具体的個物としての馬が重ね合わされたところに、公孫龍の批判を招く第二の原因が存在したのである。

そこで客は、「白馬有れば馬有りと為す」の中の馬が、白馬と同等に総体としての個物を指示するものではなく、単に形状にのみ範囲を限定した馬概念を指すに過ぎないことを弁明して、改めて馬が持つ一般概念としての性格を復活させんとしたのである。以前客は、常に具体的個物としての白馬や馬を想定して議論を展開していたため、色彩限定は本来的に馬概念の中に含まれるとして、具体的個物としての「無色之馬」の存在はもとより、馬概念を形状のみで成立する概念であると規定する公孫龍の見解に対しても、終始否定的態度を取り続けてきた。しかるに馬が持つ一般概念としての性格を表明するに際しては、たとえ意識の領域内にではあるにせよ、白馬から「白を離す」操作によって、自ら「無色之馬」を形成する事態を余儀なくされたのである。それは客が、色彩限定は本来的に馬概念の中に包括されているとの従来の立場を放棄して、「馬なる者は形に命くる所以なり」とする公孫龍の持論に歩み寄らざるを得なくなったことを意味する。

かかる苦渋に満ちた譲歩を行いつつ、客は今まで「白馬非馬」論に反対してきた自己の論理が、白馬と馬とを、概念上、あるいは個物として同一視するものでなく、実は白馬もやはり形状としては馬であるとの意であったことを釈明した。しかもその弁明の裏には、自ら承認した限定条件の下においては、依然として「白馬有れば馬有りと為す」との従来の立場は有効であると、なお自説を固持せんと図る姿勢をも読み取ることができる。

(9)の末尾に出現する「馬馬」の語に対しては、これまでつぎのような解釈が一般に行われてきた。それは、あくまで色彩と形状とを分離せんとする公孫龍の立場では、一頭の白馬が色彩を区別せんとする白馬と形状を区別せんとする馬とに分裂することになり、それでは一頭の白馬を馬馬と二頭のごとく表現せねばならぬと、客が反論したとする理解である。(13) しかしこの解釈には重大な欠陥が伴う。それは、白馬を色彩に命名した白馬と形状に命名した馬とに分離すべきであるなどとは、当の公孫龍が一言も語ってはいない点である。「馬なる者は形に命くる所以なり。白なる者は色に命くる所以なり。色に命くる者は形に命くるには非ざるなり」(2)との発言にしても、あるいは「白なる者は馬に非ざるなり」(6)との発言にしても、彼が白馬を構成要素に分解せんとする際には、常に白と馬とが分離されている。この点は、「白馬なる者は馬と白となり」との(6)の定義が何よりも明瞭に示すところである。

そもそも公孫龍の意図は、白馬と馬とを全く別個の概念として峻別することにより、「白馬非馬」を論証せんとするところにある。その公孫龍が一頭の白馬を色彩上の白馬と形態上の馬とに分解せよと主張することは、逆に言えば、彼が一頭の白馬を白馬概念と馬概念とが析出してくる共通の母胎として認めたことを意味する。これでは、一頭の白馬の中に白馬概念と馬概念との並存を見出だそうとする客の立場との区別が曖昧になる。そうした思考こそ公孫龍の断じて排撃するところであり、したがって彼自身が白馬を白馬と馬とに分離するなどということはあり得ない。しかも公孫龍が白馬の内訳を「馬と白」に分解することは、その不当性を(7)において激しく非難した客自身が明確に承知しているはずであって、その客が相手の論理を上記のように誤解した上で反論に出るとは考えがたい。

さらに上述の解釈では、「以て馬馬とは謂うべからざればなり」の句を公孫龍に対する客のあからさまな反駁の辞と受け取ることになる。しかし前後の繋がりから、(9)はその全体を客が弁明に終始した部分と見るべきであり、末尾の「故に其の馬有りと為すや、以て馬馬とは謂うべからざればなり」との一文が、その前の「故に馬有りと為す所以の者は、独だ馬を以て馬有りと為すのみ」と対応していることは明瞭である。故に問題の文章も、「有馬」と表現した「所以」—真意は、「独だ馬を以て馬有りと為すのみ」であったが、それが結果的には単なる「有馬」との表現にとどまったのは、その真意を伝えんがために「獨以馬爲有馬耳」を短縮して、新たに「馬馬」なる奇妙な術語を創作するわけには行かなかったからである、との客の釈明として理解すべきであろう。

(10)曰、白者不定所白、忘之而可也。白馬者、言白定所白也。定所白者、非白也。馬者無去取於色。故黄黒馬[14]皆所以應。白馬者、有去取於色。黄黒馬皆所以色去。故唯白馬獨可以應耳。無去者非有去也。故曰、白馬非馬。

曰く、白なる者白とする所を定めざれば、之を忘るも可なり。白馬なる者は、白の白とする所を定むるを言うなり。白とする所を定むる者は、白には非ざるなり。馬なる者は色に去取《きょしゅ》すること無し。故に黄・黒馬も皆応ずる所以なり。白馬なる者は、色に去取すること有り。黄・黒馬皆色もて去る所以なり。故に唯《た》だ白馬独り以て応ずべきのみ。去ること無き者は去ること有るには非ざるなり。故に曰く、白馬は馬に非ず。

(9)において客は、色彩限定が本来的に馬概念の中に包括されているとの従前の立場を放棄し、公孫龍と同様馬を単なる形状概念とする線にまで、大幅な譲歩を行った。しかるに公孫龍は、なお客の釈明を許諾せず、白馬の白を一時的に思考から分離するとの論理を厳しく糾弾する。彼はその後黄・黒馬を媒介に、白馬と馬の両概念が内包・外延を異にする点を執拗に衝いて「白馬非馬」を論証し、この論証を最後に白馬論はその終結を迎える。

白が具体的対象物を限定する以前であれば、たしかに白を思考の枠外に置くことも可能であろう。しかし白馬なる概念は、白がすでに具体的対象物を限定してしまった後の状態を表示しているのである。すでに具体的対象物を限定した後の白馬の白は、もはや個物に限定される以前の独立した白と同一ではない。故にいったん白馬と称した以上は、その白馬から白を分離して思考することはできず、したがって白馬から白を分離すれば白馬もやはり馬である、とのあなたの論理は成立し得ないのである。

そもそも馬概念には、色彩を基準に取捨選択する条件は何ら含まれていない。そこで黄馬であろうと黒馬であろうと、およそ馬でありさえすれば、皆対象として適合し得るわけである。これに対して白馬概念には、色彩を基準に取捨選択する条件が含まれている。黄馬や黒馬が白なる色彩基準に適合しないとの理由で対象から除去されるのはそのためであり、ただ白馬のみが対象として適合するのである。色彩を基準に除去する条件を含まない馬概念は、色彩を基準に除去する条件を含む白馬概念とは異なっている。だからこそ私は、白馬は馬と同一ではないと主張するのである。

⑽の後半部分では、白馬の内包が馬の内包より拡大されているため、白馬の外延は馬の外延より減少している、との⑷⑻に既出の論証手段がくり返されている。客の「離白」を否定するとき、白馬と馬との間には、依然として白なる内包の差が維持される。公孫龍はこの前提を確保することにより、白馬と馬の両概念を重複関係に置こうとする客の論理を排し、あくまで両概念の外延の差の側を強調せんとしたのである。その上で公孫龍は、重ねて「白馬非馬」論の正当性を宣言し、白馬論全体をしめ括る。

この後半部分の論理は、すでに彼が再三にわたって披瀝してきたところであり、格別新たな思考が展開されているわけではないから、その内容は極めて明快に理解し得る。むしろ⑽において注目すべきは、客の提出した「離白」に対する公孫龍の反論の仕方である。公孫龍は、「白なる者白とする所を定めざれば、之を忘るも可なり」と、まず白と馬とが分離する状態の存在を認め、さらにその段階においては白を考慮から除外し得ることをも承認する。すなわち公孫龍は、ある限定条件の下に、「白馬有れば、馬無しとは謂うべからずとは、白を離すの謂なり」との客の主張をいったん許容したかに見える。それにもかかわらず、結局公孫龍は、客の唱えた「白を離す」思考を全面的に否定するに至る。その原因は一体何であろうか。

冒頭の「白者不定所白」から「定所白者、非白也」までの部分においては、最初に「白とする所を定めざる」白が存在し、それがのちに馬と結合して「白とする所を定む」、との時期的先後関係が述べられている。しかし⑼で客が提示したのは、白馬としてすでに馬と結合していた白を、のちに思考上分離することであった。単純化すれば、客は合→離なる順序を設定したのであって、⑽のごとき離→合との順序は、そもそも客の発言中には全く含まれていなかった公孫龍独自の思考であることに留意しなければならない。等しく馬と白の分離・結合を説きながらも、両者の間ではその順序が全く逆転しており、そこに「忘之而可也」との限定付き容認が、最終的に「離白」の全面的否定へと転換する原因が存在していたのである。

それでは、両者が全く相反する前後関係を設定するに至ったのはなぜか。その理由は、両者が認識論上の立場を全く異にしていた点に存在する。客は白馬の白を白馬に内在する固有の属性とするため、白と馬とはすでに対象世界の側において不可分に結合しており、白が分離し得る可能性は、ただ白馬を視認した後の人間の意識の領域内にのみ残される。故にこうした客の認識論的立場からは、合→離との順序しか導き出されてこないのは当然である。

これに対して公孫龍の認識論的立場は、(6)の解説において触れたように、普遍者として一切の対象から分離・独立して存在する白そのものが、のちに対象を視認せんとする人間の知覚作用によって馬に発現する、との特異な形態を取る。白馬論において「白なる者白とする所を定めず」とされる白は、まさしく堅白論が「物の白きは、其の白とする所を定めず」と表現する普遍的実体としての白にほかならないのである。この立場からすれば、必然的に離↓合との順序以外は生じてこない。しかも公孫龍においては、「白とする所を定むる者は、白には非ざるなり」と、一切の個物を超越して独立に存在する実体としての白と、一時的に個物に場を借りて発現した後の白との間には、当然重大な質的断絶が自覚される。いったん個物としての馬にその存在を限定された後の白を、あたかもすべての対象物から独立した状態の白のように白馬から分離させることはできない、との公孫龍の主張は、こうした認識論上の立場を背景に発せられたのである。

さらにこの対象世界の側における二種類の白の質的相違は、概念が対象認識の所産である以上、そのまま二種の白概念の質的相違として現われる。白馬概念における白は、もはや普遍的実体としての白さそのものを表示する概念としてではなく、馬の色彩限定を示す概念として馬概念と結合された状態下にあるとしなければならない。したがって、この二通りの白概念を同一視することも、やはり不可能としなければならない。

無論客の言う「離白」とは思考上の分離を意味していた。それでは白の存在形態とは直接関わりなく、単に思考上の方法として白馬から白を分離するとすれば、それは可能であろうか。言うまでもなく白馬概念とは、白い状態の馬を表示せんと欲した人間が、その目的のために思考の中に形成した名称にほかならない。とすれば、そもそも馬と白をともに表示せんと意欲する思考の所産である白馬概念から、今度は思考上白を分離せよと主張することは、ただちに白馬概念の定義自体に対する全面的否定に陥らざるを得ない。結局、いったん形成された白馬概念から白を分離することは、たとえそれが思考の内部に範囲を限定されていたとしても、白馬概念が概念として持つ本来的性格の故に、全く不可能となる。

以上、客が釈明の中で持ち出した「離白」に対し、その可能性を否定せんとする公孫龍の論拠を、種々の角度から解説してきた。この部分を、白が白さ一般を表示する名詞として単独に存在している間であれば、「離白」も可能であろうが、すでに白が形容詞として馬なる特定の名詞を修飾した後の段階では、「離白」は不可能である、と言語上の問題として説明することもできるであろう。公孫龍の発言には多角的な論拠が累層的に込められており、たしかにそうした側面が付随していることは認められる。

しかし、二人は単に白馬なる名辞の語法的解釈について、激しい議論を闘わせてきたのではない。「白馬非馬」をめぐる彼等の論戦は、互いに己の認識論的立場を、概念規定に対する立場を、すなわち人間の全思索の根柢に関わる立場を賭けて、その是非が争われたのである。対象世界と人間の認識、そして概念・言語との間には、複雑かつ果てしない連関が潜んでいる。公孫龍とその論難者とは、「白馬非馬」論を糸口に、この三つの領域の奥底深く横たわる、対鏡の間に身を置くがごとき錯綜した連鎖の世界へと、その足を踏み入れたのである。

これまで白馬論における論戦過程に沿いつつ、そこに示された公孫龍の論理学的立場を解説してきた。「白馬は馬に非ず」とする命題は、たしかに世俗の常識を覆す主張である。当然「白馬非馬」論は、特異な論理の上に立ってこそ、初めてその構築が可能となる。公孫龍は堅白論において、白なる色彩を本来一切の個物を超えて独立する普遍的実体と捉えた。この思考は白馬論においても重要な役割を果たしている。すなわち、認識以前の世界では、馬と白とは相互に乖離した存在として分断されたのである。こうした背後世界における潜在的存在者を想定する様式により、公孫龍は具体的個物と切り離した形で、色彩そのものを指示する抽象的「白」概念と、純粋に形状のみで成立する抽象的「馬」概念を設定した。したがって白馬なる対象物は、馬と白とが知覚作用により結合された後に初めて成立するわけで、必然的に白馬概念も、馬概念と白概念との後次的結合と規定される。故に公孫龍は、白馬概念と馬概念との間には、白の有無を境にして、成立時期と内包・外延についての決定的な断絶が存在すると主張する。「白馬は馬に非ず」とする反常識的命題は、以上要約した特異な認識論的立場を背景に提出されたのである。

白馬論をめぐる研究史

つぎに白馬論解釈の結果を基礎に、白馬論が公孫龍の全体的性格を判断する上でいかなる位置を占めるのかを検討してみよう。その際、これまで白馬論がどのように解釈され、またそれが公孫龍の論理学的立場を判断する上でいかなる影響を与えてきたのか、その概要を紹介し、そこに見られる問題点を指摘しつつ論を進める体裁を取りたい。こうした過去の研究状況を辿る作業は、前記の目的の他に、さらに白馬論が古代中国の論理学的展開に対して持つ意味を探る上でも、自ずと重要な示唆をもたらすであろう。

これまで「白馬非馬」論は、公孫龍の論理学的立場を最も顕著に示す理論と目され、公孫龍の思想を語る際には、常に主要な題材として取り扱われてきた。その結果、白馬論の内容をどのように理解するかが、公孫龍の思想全体を判断する上で、極めて重要な位置を占め続けてきたのである。それにもかかわらず、筆者には、肝心の白馬論に対する理解自体に、いまだ再考を要する多くの問題点が残されていたように思われる。と言うのは、従来の白馬論解釈のほとんどが、類・種概念の包摂関係を中心に説明せんとする傾向にのみ偏りがちであった点に、強い疑念を抱かざるを得ないからである。たしかに白馬論中には、概念間の包摂関係で説明できる部分もかなり含まれてはいるが、「白馬非馬」を唱える公孫龍の立場には、それのみでは到底律し切れない側面が存在している。ところが従前の研究方法においては、そうした側面は類・種概念による解説の陰に押しやられ、その重大な意義が見過ごされてきてしまっている。つぎにそうした傾向を示す一例として、馮友蘭《ふゆうらん》『中国哲学史新編』の記述を取り挙げ、その概略を紹介してみる。

馮友蘭は前掲書第十一章において、「白馬非馬」論の要旨を以下の三点にまとめている。その第一は、馬・白・白馬の各名称が個々内包を異にしているとする点である。第二は、馬概念と白馬概念との間に外延の差が存在しているとする点である。第三は、一般概念としての馬と白馬とが各々内包を異にしているとする点である。このうち、第一点と第三点との相違は必ずしも判然としない感を受けるが、要するに馮友蘭は概念間に存在する内包・外延の差異で以て白馬論を解釈しているのである。

こうした彼の観点からすれば、「白馬非馬」論が白馬概念は馬概念と同一ではないとの意である場合は成立可能であるが、反面それが白馬概念は馬概念の中に包摂されないとの意であれば成立不可能である、との評価に辿り着くのは当然の帰結である。そこで、馮友蘭は、『孔叢子《くぞうし》』公孫龍篇に見える孔穿《こうせん》の言を援用して(15)、両概念間の内包・外延の差異を主張する公孫龍と、両概念間の重複関係を説く孔穿とが、互いに一面の真理を分有していると指摘する。

さらに馮友蘭は、上記の白馬論に対する評価を、つぎのように哲学史上に位置づけようとする。白馬は個別であり、馬は一般である。公孫龍が「白馬非馬」を説いて、一般と個別の間に存在する対立関係を明確にした点は、哲学上主要な貢献である。しかし公孫龍は両者の統一・相互連繋の側面を否定し、一般を個別とは無関係に超越する独立自存の実体と見なすに至ったため、ついには客観的唯心論に陥ったと。

さてこうした理解には、前述のように多くの問題が残されている。まず最初に指摘して置きたいのは、白馬論における論難者側の立場に全く考慮が払われていない点である。白馬論に対する考察がそもそも公孫龍の論理究明を目的にしているため、とかく論難者側が軽視される事態にも、ある程度無理からぬ事情はある。それにしても、客は当然客としての一定の論理学的立場を保持した上で、公孫龍と対決しているのである。しかるに一方の当事者である論難者側の立場を視野から欠落させるならば、両者が何を争点に論争しているのかが曖昧なままに終わり、それでは結局、本来探究の目的としていた公孫龍の論理自体をも見失う結果に陥らざるを得ない。

そうした欠陥は、とりわけつぎに挙げる現象に関して露呈してくる。すでに解説を加えたように、客の側には常に具体的個物を想定する姿勢が強く、馬・白・白馬などを最初から純粋な一般概念として設定する思考そのものが存在していない。したがって、類・種概念間の包摂関係や内包・外延・種差などに対する自覚も必然的に欠落している。これらの論理は公孫龍が一方的に駆使するのみで、論難者の側からそれに言及したことは一度もない。すなわち客は、内包・外延の重複・包摂関係とは全く無縁の立場から公孫龍に対決を挑んだのである。もしこの点が明確に押さえられていたならば、「白馬非馬」を説く公孫龍の理論的根拠を、馮友蘭のように単に白馬と馬との内包・外延の差異のみと捉える事態は、未然に回避されたであろう。

事実公孫龍の側にしても、白馬と馬との内包・外延の差異だけで「白馬非馬」を論証しているわけでは決してない。白馬論において両者が真向から衝突すべき争点は、実は種差の問題ではなくして別のところに存在している。それは、馬概念の中に色彩限定が包括されているか否かとの一点で、馬なる対象認識をめぐる両者の基本的立場の相違に起因する対立点である。そしてこれこそが、両者の論争の基調を形成しているのである。このように考えて初めて、「白の馬に非ざるとは、何ぞや」「求むる所一なれば、白なる者は馬に異ならざるなり」「故に白なる者は馬に非ざるなり」などの二人の発言の真意が理解できるのであって、種差の視点からのみでは、これらの持つ意味は宙に浮いてしまう。そこで馮友蘭は、これらに明快な説明を加えぬまま、単に一般概念の次元の問題として片付けている。こうした傾向を生ずる原因は、白馬論が論争形式で記録されているにもかかわらず、論難者側の立場を軽視もしくは無視してきたところに存在している。

　これと関連して、さらに問題点として指摘したいのは、堅白論《けんぱくろん》との繋がりを考慮する姿勢が不充分なことである。白馬論が白馬と馬との関係を主題とする以上、その解釈に当たって、白の性格に対する考察が重要な地位を占めることは言うまでもない。とすれば、堅白石の認識をめぐり、公孫龍の白の性格に対する思考が詳細に提示される堅白論との関連づけは、白馬論の理解に際しても欠くことのできない視点のはずである。しかるに馮友蘭は、堅白論の解説において、せっかく公孫龍が白を石から遊離・独立した実体と見なしたとの正当な理解を示しながら、白馬論の解説においては、それとの関連を明確に指摘していない。そこで「白者不定所白、忘之而可也。白馬者、言白定所白也。定所白者、非白也」(10)との部分に対しても、物に固定されない白は一般的・抽象的白であるから忘れても日常生活に支障はないなどといった、認識論上の問題とも言語上の問題ともつかない曖昧な処理にとどまっている。

　もし彼が堅白論における白との連続性に配慮したならば、前掲資料中に出現する白に対し、一切の個物を超えて独立する普遍的実体としての白であると、明確に規定できたであろう。そしてまた、白馬概念と馬概念との間に決定的な断絶を設定し、両概念の重複関係を承認しようとしない公孫龍の態度の背後に、対象世界の側においては本来白と馬とが分離しており、人間の認識作用を経過した後に初めて白馬なる認識対象が形成される、との特異な認識論的立場が影響していることを指摘できたであろう。ところがこうした背景が看過されたため、ただ単に公孫龍は個物と一般の対立面のみを取り挙げて両者の統一面を否定したとの評価だけが、なぜにそうした結果を生じたのか、その原因の説明が一切なされないままに投げ出されることになったのである。

　しかも彼はそこからさらに、公孫龍が馬概念をそれのみで独立する実体と考えたとの、飛躍した結論を導き出すに至った。すなわち、公孫龍が白を普遍的実体と把握していたために白馬概念と馬概念との断絶を主張した、との前後関係を充分理解しなかったがために、逆に公孫龍が馬概念を普遍的実体と捉えたために両概念の統一面を否定した、との転倒した推論に陥ったのである。

これまで『中国哲学史新編』を中心に論述してきたが、こうした傾向は、細部においてはさまざまな差異を含みつつも、広く従来の公孫龍研究全般に共通したものとなっている。たとえば胡適《こせき》の『中国哲学史大綱・上』においては、もっぱら種差の観点から「白馬非馬」論を図解せんと試みている。また馮友蘭の旧著『中国哲学史』は、『新編』よりも白馬論に関する記述がはなはだ簡略で、論難者の側はもとより公孫龍の論理に対してすら、ほとんど踏み込んだ分析がされておらず、堅白論との関連もやはり等閑に付されている。もっとも、公孫龍の使用する白や馬を一般概念と理解しながら、彼が馬概念を実体化したと極論するには至っておらず、堅白論の内容を以て公孫龍を概念実在論と規定するにとどめている点などは、むしろ新著よりも穏当であるとは言える。

さらに侯外盧《こうがいろ》・趙紀彬《ちょうきりん》・杜国庠《とこくしょう》等編『中国思想通史』第一巻の白馬論に関する記述も、類・種概念の包摂関係による説明や、公孫龍が特殊と普遍の統一面を理解しなかったとする評価、認識論的視点を持たない点など、ほぼ『中国哲学史新編』と類似の傾向を示している。こうした中にあって、杜国庠『先秦諸子的若干研究』論「公孫龍子」は、各篇を総合的に理解せんとする方向が顕著で、白馬論に対しても、常に指物論や堅白論との連繋を配慮しつつ、むしろ認識論的視点を主体とした解釈方法を取っている。そのため彼の記述中には、「白之非馬、何也」「所求一者、白者不異馬也」「白者非馬也」などの部分を始めとして、随所にわたって鋭い指摘が見られる。個物に顕現した性質を「物指」、認識されない状態の性質を「指」と規定した上で導入される指物論との関連づけなど、個々の解釈についてては筆者として首肯しかねる部分がかなり存在するが、その体系的な思索には啓発される点が多い。ただ惜しむらくは、白馬論後半において、客と公孫龍との立場が入れ替ったかのごとき紛らわしい表現に眩惑され、客の発言を公孫龍の発言と取り違えている箇所が見受けられる。

以上紹介してきたのは思想史的把握を目的とした研究例であるが、一方本文校訂や注釈を主とした著作も、王琯《おうわん》『公孫龍子懸解』、兪樾《ゆえつ》『兪楼雑纂』、譚戒甫《たんかいほ》『公孫龍子形名発微』、金受申《きんじゅしん》『公孫龍子釈』、王啓湘《おうけいしょう》『周秦名家三子校詮』、徐復観《じょふくかん》『公孫龍子講疏』など、多数に上る。それらは互いに重複した内容を共有すると同時に、当然多少の相違点をも保持しており、その各々について詳説することは繁雑を極めるので省略する。ただ全般的傾向のみを概述して置くならば、やはり類・種概念の包摂関係による説明を基本に据えつつ、それ以外の部分に対しては言語上の問題として取り扱い、しかもそれを単に原文との同義反復に終始するかのような不徹底さのままに補足する、といった色彩が濃いと言える。また注釈書としての性格上止むを得ない面もあるが、公孫龍と論難者との立場を一貫させることなく、恣意的に字句を改変したり、場当り的な解釈を羅列したかの印象を免れない箇所も見受けられる。

全般的にこれまでの白馬論解釈においては、堅白論との関連が充分に考慮されておらず、そのため白馬概念と馬概念とがすでに形成された後の差異、すなわち内包・外延の差異のみを白馬論の主題と見なしがちな傾向が存在した。たしかに公孫龍が両概念の内包・外延の差異を説く部分は、比較的文意が明快であり、それだけに「白馬非馬」の論証としては最も迫力を感じさせる。しかしそれは、前述のように、白馬概念と馬概念がすでに形成されたことを前提にして初めて可能になる議論であって、どちらかと言えば外部に向けての論証手段といった性格が強い。故にそれのみでは、そもそも「白馬非馬」論が形成されるに至った過程や内部的要因は説明し切れず、白馬論が持つ重要な側面が見過ごされる恐れがあるであろう。

堅白論では、触覚に応じて堅が、視覚に応じて白が、交互に石に発現するとされた。これを裏返せば、人が触れず、また視認もしない間は、堅をも白をも宿さぬ石のみが存在することを意味する。堅白論では、経由する感覚器官の相違に応じて、堅や白といった複数の普遍者が、交互に個物に発現する点に議論が集中していたため、何も宿さぬ単なる場としての石の性格については、あまり詳しく言及されることがなかった。

これに対して白馬論は、視覚と白の対応関係一つに論点を絞り、視覚に応じて白が発現した状態の白馬と、白を宿さない状態の馬の関係が主題とされたため、何も宿さない場としての馬の性格が、堅白論よりも鮮明に浮かび上がってきている。これによって、公孫龍の概念実在論的立場が改めて確認できるわけで、我々はこの点にこそ白馬論の最大の意義を見出だすべきであろう。

4　通変論――普遍と特殊

通変論の解釈

通変論《つうへんろん》は、条件の変化にかかわらず、常に一定不変の独立性を維持する普遍概念(通)と、与えられた条件の変化につれて、自らも性質を変化させて行く特殊概念(変)との関係を主題とする。しかしその内容は、古来難解をもって聞こえる『公孫龍子《こうそんりゅうし》』の中にあっても、指物論《しぶつろん》と並んで、とりわけ難解である。もとより、すでにさまざまな解釈が試みられてきてはいるが、そのいずれもが、筆者には納得しがたい部分を多く残している。そこで本節においては、まず通変論に対する筆者の理解を提示し、ついでその思想的特色を指摘することにしたい。

⑴曰、二有一乎。曰、二無一。

曰く、二に一有るか。曰く、二に一無し。

客は公孫龍に対し、二の中には一が存在するかと訊ねる。客は自然数を計量数としてのみ捉え、二は当然に一を含むとの集合論的立場を取っている。

ところが客の期待に反し、公孫龍は二の中に一は存在しないと応答する。公孫龍は、自然数の本質が計量数よりも順序数の性格の側にあると捉え、二番目の数を意味する二の中には、一番目の数なる意味は全く含まれない、との立場を取るからである。

これによって公孫龍は、自然数の本質たる順序数は、与件の如何にかかわらず、決して他の数を不純物として己の内部に混在させたり、逆に他の数に包摂・吸収されたりはせぬ、独立性と普遍性(通)を保持する、と宣言したのである。

(2)曰、二有右乎。曰、二無右。

曰く、二に右有るか。曰く、二に右無し。

つぎに客は、要素二個に対応する数二の中には、右が存在するかと質問する。客の意図は、二が存在するならば、当然そのいずれか一方は右側に位置するから、二なる数概念は、その内部に右概念を包摂しているのではないか、とするところにある。しかるに公孫龍は、二の中に右は存在しないと答えて、それを否定する。

ここでも公孫龍は、二なる自然数の本質を、順序数として思考している。数の本質たる順序数の性質に即して考えるならば、もとより二番目の数は、己の中に右なる概念を包摂したりはしない。したがって、単に与件が数二の存在のみであれば、二がその中に右を含むとの命題は、何ら成立し得ないのである。

(3)曰、二有左乎。曰、二無左。

曰く、二に左有るか。曰く、二に左無し。

ここでの問答は、前の(2)と全く同じ構造である。公孫龍によれば、数二の存在のみが与件である以上、二は決して左概念を含有したりはせぬのである。

(4)曰、右可謂二乎。曰、不可。

曰く、右は二と謂うべきか。曰く、不可なり。

客は、右が存在するならば、それを二と称せるかと訊ねる。客の意図は、右が左の存在を必須の前提条件とする相対概念である以上、右の存在は、そのまま個数二の存在を指示するのではないか、とするところにある。

だが公孫龍はそれを否定し、すでに右が存在するとの与件は、あくまでも個数一の存在、すなわち一番目の数の存在しか意味せず、したがって右の存在を根拠に、そこに二番目の数があると称することはできない、と答える。

⑸曰、左可謂二乎。曰、不可。

曰く、左は二と謂うべきか。曰く、不可なり。

これも前の⑷と全く同じ構造で、公孫龍は、左なる個の存在形態から、個数二の存在を導き出す論理は成立しないと、重ねて主張する。

⑹曰、左與右可謂二乎。曰、可。

曰く、左と右とは二と謂うべきか。曰く、可なり。

客は、左と右がともに存在するならば、それを個数二が存在すると称してよいかと訊ね、今度は公孫龍もそれを是認する。すでに左と右なる要素二つが抽出された以上、そこには必ず二番目の数が存在するからである。

⑺曰、謂變非不變、可乎。曰、可。

曰く、変ずるは変ぜざるに非ずと謂うは、可ならんか。曰く、可なり。

客は、与件の如何に応じて変化する概念(変)とは、与件の如何によらず決して変化しない概念(不変)ではない概念である、と定義することは可能かと問う。そして公孫龍もそれを承認する。

⑻曰、右有與。可謂變乎。曰、可。

曰く、右は与《くみ》するもの有り。変ずと謂うべきか。曰く、可なり。

そもそも客は、左右を相対的位置概念としてのみ理解している。そのため客にとっては、右側に位置するもの、すなわち右概念の成立は、対応者(与)としての左側に位置するもの、すなわち左概念の存在を、必須の前提条件とする。そこで客は、左の位置変化につれて、かっての右が左へと移行し変化する事態を含意しつつ、右は可変概念と見なしてよいか、との質問を発したのである。これに対して公孫龍は、表面上はそれを肯定する。

(9)曰、變隻。曰、右。

曰く、隻《せき》を変ぜん。曰く、右なり。

公孫龍から右が可変概念であるとの言質を取った客は、相対の片方(隻)、すなわちこの場合は左側に位置するものを、右の向こう側へ位置変化させるとの条件を提起する。当然ながら客は、この条件変更によって、かつての右が左に変化するとの答を予想している。

しかるに公孫龍は客の期待を裏切り、それでも右は依然として右のままである、と返答する。それは、公孫龍が左右の本質を位置概念としてではなく、方向概念と捉えているからである。右が右側ではなく、右向きを意味するならば、右は相手、すなわち左向きの位置変化に何ら影響されることなく、常に右方向のみを指し続ける。

ここに至って、公孫龍が「右は与するもの有り。変ずと謂うべきか」(8)との客の問いを容認したのも、決して客と同一の思考に立ってのものではなかったことが判明する。公孫龍は、右向きが観念上左向きと対置される相対概念であるとの意味で、右に「与するもの有る」性格を認めたに過ぎず、右と左が常に相手の存在を自己存立の必要条件とするとの意味で、それを肯定したのではない。同様に、右が自ら左に向きを変更する場合を想定して[1]、右が可変であることを容認したまでであって、決して右が左の位置変化に影響されて、右から左への変化を余儀なくされるとの意味で、それを肯定したのでもない。

また(4)や(5)で、公孫龍が「右は二と謂うべきか」とか、「左は二と謂うべきか」との客の提起を否定した行為も、彼が左右の本質を向きと捉えていたと考えるならば、その真意を諒解し得る。空間に単一の個物が存在するのみでは、それを右側に位置するとも、左側に位置するとも決定することはできない。個物二が左右に占位してこそ、初めて両者を右側と左側とに区分できる。そこで客のように、左右を位置概念としてのみ理解するならば、右や左がそれ単独で存在することは不可能となり、必ず個数二の存在を想定しなければならなくなる。

ところが公孫龍のように、左右を方向と理解するならば、空間に右向きのもの一個、あるいは左向きのもの一個だけが、独自に存立し得る。右向きは、概念上左向きと対置されるとしても、左向きの存在を何ら恃まずに、己のみで右向きなる性格を完全に保持できる。したがって公孫龍においては、右が存在する、あるいは左が存在するとの与件は、あくまでも独立の個数一が存在することしか意味せぬのである。

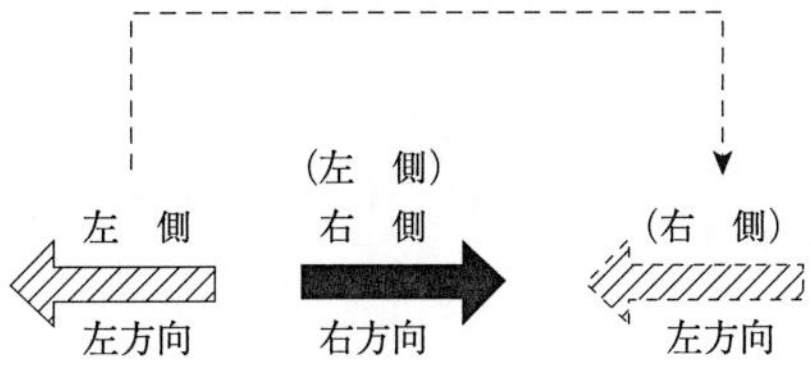

⑽曰、右苟變、安可謂右。苟不變、安可謂變。二苟無左、又無右、二者左與右奈何。

曰く、右苟《いやし》くも変ずれば、安《いず》くんぞ右と謂うべけんや。苟くも変ぜざれば、安んぞ変ずと謂うべけんや。二に苟くも左無く、又《ま》た右無ければ、二なる者の左と右とは奈何《いかん》。

公孫龍の返答に激怒した客は、つぎのように反駁する。左が右に位置を変化させたと仮定する以上、かつての右は、今度は左に変化したはずである。それをどうして、依然として右のままだなどと言い張るのか。そもそもあなたは⑺において、変化するとは不変なのではない、との私の見解を肯定していたではないか。もし右概念が、片側の位置変化にかかわらず常に不変なのであれば、どうして⑻で右が可変であると認めたのか。

しかもあなたは、⑵と⑶で、「二に右無し」とか「二に左無し」などと断定したが、すでに個数二が存在していながら、そこに左も右もないと言うのであれば、個数二が存在する場合の左右の位置関係は、一体どのように考えたらよいのか。

こうした議論の行き違いは、上述のように、客が数の性格を計量数としてのみ理解し、また左右の性格を位置関係としてのみ理解するのに反し、公孫龍が数の本質を順序数として把握し、左右の本質を方向と捉えるといった、両者の思考の根本的差異に由来している。だが公孫龍は、客との基本的立場の違いを明示して、客の反駁に直接応酬することなく、解答を先送りしたまま、新たな主題へと議論を転換して行く。

⑾曰、(2)羊合牛非馬。牛合羊非鶏。曰、何哉。

曰く、羊は牛に合して馬に非ず。牛は羊に合して鶏に非ず。曰く、何ぞや。

公孫龍は、羊は牛と同類を形成して、馬は異類として対象から排除され、また牛は羊と同類を形成して、鶏は異類として対象から除外される、との分類法を提示する。これに対して客は、その理由を訊ねる。

⑿曰、羊與牛唯異、羊有齒、牛無齒、而牛之非羊也、羊之非牛也、未可。是不俱有、而或類焉。

曰く、羊と牛とは異なると唯《いえど》も、(3)羊に歯有りて、牛に歯無ければ、而ち牛の羊に非ず、羊の牛に非ずとするは、未だ可ならず。是れ俱《とも》には有らざるも、而して或《つね》に(4)類するなり。

客の問いに応じ、公孫龍はつぎのように、上記の分類法の論拠を解説し始める。羊と牛とは、もともとは異種である。だが羊には歯があり、牛には歯がないとの、ただ一つの差異のみを基準に、牛と羊とを互いに異類に分類するのは、不充分な思考である。これは、たとえ両者の間に共通しない要素が存在しても、分類上は両者が常に同類を形成する事例である。

すなわちここで公孫龍は、歯の有無なる相違点一つは、決して牛と羊が同類であることを妨げず、牛と羊は恒常的に同類を形成する、と主張しているのである。

⒀羊有角、牛有角、牛之而羊也、羊之而牛也、未可。是俱有、而類之不同也。

羊に角有りて、牛にも角有れば、牛の而ち羊なり、羊の而ち牛なりとするは、未だ可ならず。是れ俱《とも》には有れども、而して類の同じからざるなり。

さらに公孫龍は、⑿とは逆の場合をも設定して解説を加える。羊も牛も有角であるとの共通性一つのみを基準に、牛と羊とをただちに同類に分類するのは、やはり不充分な思考である。これは、たとえ両者に共通する要素が存在していても、だからと言ってそのまま同類とはならない事例である。

前の⑿と同様に、ここでも公孫龍は、有角なる共通点一つのみでは、牛と羊を同類とするには論拠不足だと主張する。

⒁羊牛有角、馬無角。馬有尾、羊牛無尾。故曰、羊合牛非馬也。非馬者無馬也。無馬者、羊不二、牛不二、而羊牛二。是而羊而牛非馬、可也。若擧而以是、猶類之不同。若左右猶是擧。

牛と羊には角有るも、馬には角無し。馬には尾有るも、羊と牛には尾無し。故に曰く、羊は牛に合して馬に非ざるなり。馬に非ざるとは馬無きなり。馬無ければ、羊は二たらず、牛は二たらずして、羊と牛と二たり。是を而《もっ》て羊と牛とは馬に非ずとするは、可なり。若《こ》の挙は而《すなわ》ち是を以てせば、猶《な》お類の同じからざるなり。左右の若《ごと》きも猶お是の挙のごとし。

単に共通点一つのみ、あるいは相違点一つのみを理由に、二種の対象を同類や異類に分類すべきではない、との前置き⑿⒀を踏まえて、いよいよ公孫龍は、⑾の前半、「羊は牛に合して馬に非ず」とする分類法の論拠を開示する。羊・牛・馬三者に対象を限定した上、それらの同異を分類する場合、羊も牛も、有角・無尾なる二個の共通要素を備えている。そこで羊と牛とは、これら二つの共通点によって、合同して同類を形成する。これに反し、馬は無角・有尾であり、羊・牛に対するこれら二個の相違点によって、羊・牛とは異類に分類される。だからこそ私は、⑾で「羊は牛に合して馬に非ず」と述べたのである。

このように、二個の共通点と二個の相違点とを基準にして、羊・牛が馬とは内包を異にする(非馬)とすれば、羊・牛を包摂する類の外延中に、馬は同類を組むべき選択対象として存在せず(無馬)、したがって羊と牛とは、馬を相手に同類(二)を形成することはない。そこで、羊と牛とが組んで同類(二)を形成するのである。

以上の思考形式を経由した上で、羊と牛とが同類であり、馬は異類であるとする分類法は、(12)や(13)とは違って、充分な正当性を保持している。こうした対象の選別法が、二個の共通点と相違点を内包にするとの判断形式に基づく以上、この場合に限っては、馬は羊・牛とは同類を形成しないと見なされるのである。あなたは(10)で、「二なる者の左と右とは奈何」と訊ねていたが、私が(2)から(9)にかけて述べた二と左右との関係も、実はここに示した対象の抽出法と同様の判断形式に依拠していたのである。

最後に公孫龍は、再び二と左右との関係を持ち出し、返答を保留してきた(2)での客の質問に、初めて解答する。ただし公孫龍の発言は簡略に過ぎ、その意図を理解しがたいと思われるので、つぎに図を示して説明を加えてみる。

まず、「数二があれば(A)、数一がある(B)」との命題を扱う(1)では、客のように一と二を表層、すなわち計量数の領域において捉えるならば、AはBの十分条件となり、またBはAの必要条件となって、この命題は成立する。ところが公孫龍のように、一と二を基層、すなわち順序数の領域で捉えるならば、AはBの十分条件とならず、またBはAの必要条件とならずに、この命題は不成立に終わる。なぜなら、この場合は数は時間的継起において把握され、今二番目の数が存在することは、同時に一番目の数が存在することを意味せず、逆に今も一番目の数が存在し続けることは、今二番目の数が存在するために必須ではないからである。二番目の数が先行する一番目の数を自己存在の根拠として前提することと、二番目の位置に同時に一番目の位置が存在することとは、全く別問題である。もし時間的継起を抹消して、二と一との存在の同時性を主張しようとするのなら、やはり客のように数を計量数の領域での

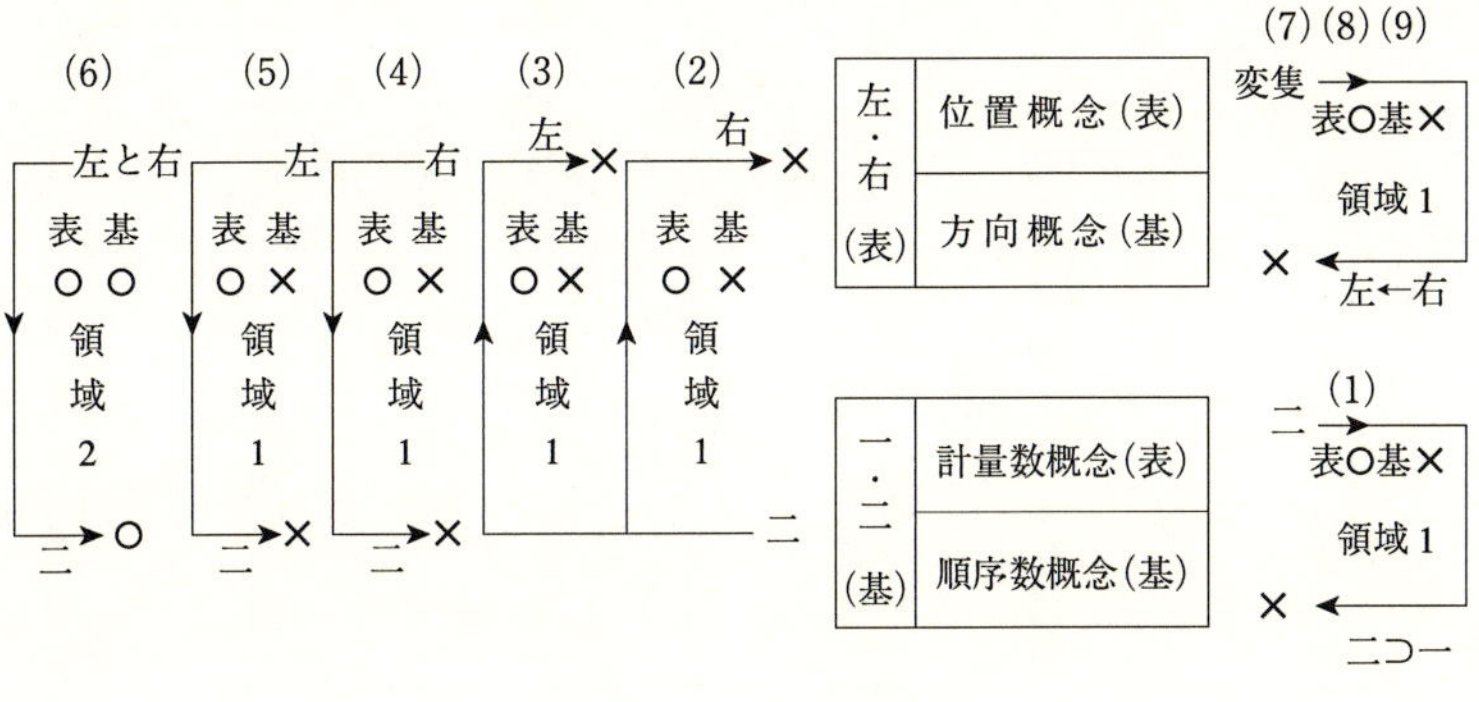

み扱い、数を集合と対応させなければならない。(5)

そこで(1)の命題は、表層でのみ成立して、基層では成立せず、異なる二つの領域のうち、この命題が正当性を保持できる領域は、一個だけとなる。

つぎに、「数二があれば(A)、右がある(B)」との命題を扱う(2)では、どうであろうか。もとよりこの場合に客は、位置概念を左右の関係に限定し、前後・上下の位置関係を除外した上で、数二と左右との関係を問題にしている。そして客のごとく、一と二を表層たる計量数の領域で、また左と右とをやはり表層たる位置概念の領域で捉えるならば、AはBの十分条件、BはAの必要条件となって、この命題は成立する。

しかるに公孫龍のように、一と二を基層たる順序数の領域で、また左と右をも基層たる方向概念で捉えるときは、AはBの十分条件とならず、BはAの必要条件とならずに、この命題は不成立に終わる。なぜなら、左向きのもの二個が存在すると仮定すれば、二番目の数が存在することは、右向きのものの存在を何ら意味せず、また右向きのものが存在しなければ、二番目の数は存在しないとも言えないからである。

そこで(2)の命題は、表層同士の間でのみ成立して、基層同士の間では成立せず、結局この命題が正当性を保持するのは、表層同士を組み合わせた領域一つに限られるのである。そして「数二があれば(A)、左がある(B)」との命題を扱う(3)も、これと全く同じ性質を示す。

続いて、「右があれば（A）、数二がある（B）」との命題を扱う(4)に移ろう。客のように、左右を表層、一と二をも表層で捉えるならば、AはBの十分条件、BはAの必要条件となって、この命題は成立する。

これに反して公孫龍のように、両者をともに基層の領域で捉えるときは、AはBの十分条件とならず、BもAの必要条件とならずに、この命題は不成立となる。なぜなら、右向きのもの一個のみが存在すると仮定すれば、右向きのものの存在は、そこに二番目の数があることを何ら意味せず、また二番目の数がなくても、そこに右向きのものが存在し得るからである。

そこで(4)の命題も、表層同士を組み合わせた領域でのみ成立し、基層同士を組み合わせた領域では成立しないから、この命題が正当性を保持する領域は、やはり一つだけということになる。そして「左があれば（A）、数二がある（B）」との命題を扱う(5)も、これと全く同じ性質を持つ。

それでは、「左と右とがあれば（A）、数二がある（B）」との命題を扱う(6)は、どうであろうか。客のように、左右を表層、二をも表層において捉えるとき、AはBの十分条件、BはAの必要条件となって、この命題は成立する。

また公孫龍のように、左右と二の両者をともに基層の領域で捉えた場合でも、AはBの十分条件、BはAの必要条件となって、やはりこの命題は成立する。なぜなら、左向きのものと右向きのものとが存在する以上、そのどちらから数え始めても、そこには二番目の数が存在することになり、また二番目の数が存在しないとすれば、左向きのものか、右向きのものか、いずれか一方はそこに存在し得なくなるからである。

したがって(6)の命題は、表層同士を組み合わせた領域でも、基層同士を組み合わせた領域でも、ともに成立し、異質な二つの領域にわたって正当性を確保する。留意すべきは、公孫龍がこの(6)の命題に対してのみ、その正当性を肯定する点である。

最後に、「左右の左が位置を変化させれば（A）、かつての右は左になる（B）」との命題を扱う、⑺⑻⑼を考えてみよう。客のように、左右を表層で捉えるならば、AはBの十分条件、BはAの必要条件となって、この命題は成立する。

ところが公孫龍のように、左右を基層で捉えるときは、AはBの十分条件とならず、BはAの必要条件とならずに、この命題は不成立に終わる。なぜなら、左向きのものの位置を右向きのものの向こう側に変化させても、右向きのものが示す方向は依然として右のままであり、また右向きのものが左に向きを変えなくても、左向きのものがその位置を変化させることは、いくらでも可能だからである。

とすれば⑺⑻⑼の命題は、表層でのみ成立して、基層では成立せず、この命題が正当性を保持する領域は一個だけとなる。

以上解説してきたように、⑴から⑼までの七種の命題に対し、公孫龍は異なる二つの領域にわたる正当性を要求し、これが満たされたときに限り、その命題の成立を是認する。公孫龍は、羊・牛・馬三者の同異を区分するにあたり、共通点一つや相違点一つのみによる分類を否定して、必ず共通点二つと相違点二つを揃えた上で分類するよう要求するが、二と左右との関係をめぐる諸命題に対しても、これと同様の判断形式を踏むべきだと言うのである。

⒂牛羊有毛、鷄有羽。謂鷄足一、數足二、二而一、故三。謂牛羊足一、數足四、四而一、故五。牛羊足五、鷄足三。故曰、牛合羊非鷄。非有以非鷄也、與馬以鷄、寧馬。材不材、其無以類審矣。擧是謂亂名。是狂擧。

牛と羊には毛有りて、鶏には羽有り。鶏の足と謂えば一、足を数うれば二、二と一、故に三。牛と羊の足と謂えば一、足を数うれば四、四と一、故に五。牛と羊の足は五にして、鶏の足は三。故に曰く、牛は羊に合して鶏に非ずと。以て鶏に非ざること有るには非ざるも、馬と鶏とを以てせば、寧ろ馬ならん。材と不材とは、其の以て類する無きこと審《つまび》らかなればなり。是を挙ぐるは名を乱すと謂う。是れ狂挙《きょうきょ》なり。

前の⒁では、牛・羊・馬三者間の同異が説かれ、公孫龍は牛と羊を同類として、馬を異類とする結論を導き出した。それに対し今度の⒂では、公孫龍は新たに鶏を加え、以下のように牛・羊・馬・鶏四者間の同異を論ずる。

牛と羊の両者が有毛であるのに対し、鶏のみは有羽である。また鶏の足とだけ称すれば、その数は一であり、具体的に足を勘定すれば、その数は二である。そこで、足概念一と具体数二とを合計すれば、鶏の足は結局三足となる。(6) 牛や羊の足とだけ称すれば、その数はやはり一であるが、具体的に足を勘定すれば、その数は四である。そこで、足概念一と具体数四とを合算すれば、牛や羊の足は結局五足となる。このように、牛と羊の足の数がともに五であるのに反し、鶏の足の数だけは三である。これに、最初に挙げた有毛・有羽なる共通点と相違点とを加えれば、牛と羊との間には二種の共通点がある反面、牛・羊と鶏との間には二種の相違点が存在することになる。以上の論拠から、私は⑾の後半で、牛は羊と同類を形成して、鶏は異類として対象より除外される、と述べたのである。

牛と羊とが、いかなる場合でも絶対に鶏と同類を組まないと言うのではないが、牛・羊が馬と鶏のいずれか一方を相手に選んで、新たな同類を形成する場合には、鶏よりは馬の側が対象として適合する。鶏と対比した場合の牛・羊間の共通点である、有毛・五足を内包とすれば、やはり馬をもこの類の外延中に収容し得る。たとえ等しく二つの相違点を持つとしても、羊・牛と馬との相違点である角と尾の有無よりは、羊・牛と鶏との相違点である、有毛と有羽、五足と三足の相違の側が、より本質的な差異(材と不材)だとしなければならない。とすれば、馬と鶏のいずれかを選択する場合、牛・羊が鶏の側を選んで同類を形成したりしないことは、もはや明瞭である。それにもかかわらず、馬を選択せずに、鶏を対象として抽出するやり方は、これこそ名分を錯乱させる所業と称すべきものであり、狂った抽出法なのである。

かくして、⑾から開始された分類法に関する論理展開は、一応ここで終結する。ただし公孫龍は、最後の㉑で再びこの問題に言及しており、この分類法の性格に対する最終的な理解は、㉑を検討する段階まで待たねばならない。

⒃曰、他辯。曰、青以白非黃、白以青非碧。

曰く、他に弁ぜよ。曰く、青は白に以《くみ》して黄に非ず、白は青に以して碧に非ず。

公孫龍の論理に承服したせいか否かはともかく、すでに論争の姿勢を喪失した客は、さらに別の主題で議論を展開するよう求める。これに応じて公孫龍は、つぎのように論題を転換する。

青は白を相手に選択して一対の関係を形成し、黄は組むべき対象とはならない。白は青と組んで一対を成し、碧(石英の白と不純物の青が入り交じった碧玉の淡青色)は選択すべき対象からはずれる。これによれば、青と黄、白と碧との組み合わせは排除され、白と青との組み合わせだけが、唯一の正常な形態と規定されている。

⒄曰、何哉。曰、青白不相與而相與。反對也。不相鄰而相鄰。不害其方也。不害其方者、反而對、各當其所。若左右不驪。(7)

曰く、何ぞや。曰く、青と白とは相与《くみ》せずして而も相与す。反対なり。相鄰《とな》りせずして而も相鄰りす。其の方を害せざるなり。其の方を害せざるは、反にして対し、各《おの》おの其の所に当たればなり。左右の驪《つ》かざるが若《ごと》し。

客は、ただ白と青のみが正常な組み合わせであるのはなぜか、と問う。これに対して公孫龍は、以下のように青と白との関係を説明する。

青と白とは、互いに相手の領域に参与・介入せずに、しかも相互に一対を成す意味では、協力・関与し合っている。すなわちこの両者は、領域を全く異にし(反)ながらも、一方で相互に向き合う(対)関係にある。(8)さらにこの両者は、境界線を共有する形で全面的には隣り合わないが、接点を共有する形では隣接する。したがって青と白とは、互いの方面・領域を侵害し合うことがない。その理由は、この両者が方面を異にしながら向き合っていて、明確に区分された上で、それぞれの領域に配当されているからである。これはちょうど、(7)(8)(9)に述べた左右の関係と同様である。左と右とが、片側の位置変化に影響されて、右が左にくら替えしたりして、互いに紛らわしく入り交じったりしないのと同じく、青と白との関係も一定不変の恒常性を保つのである。

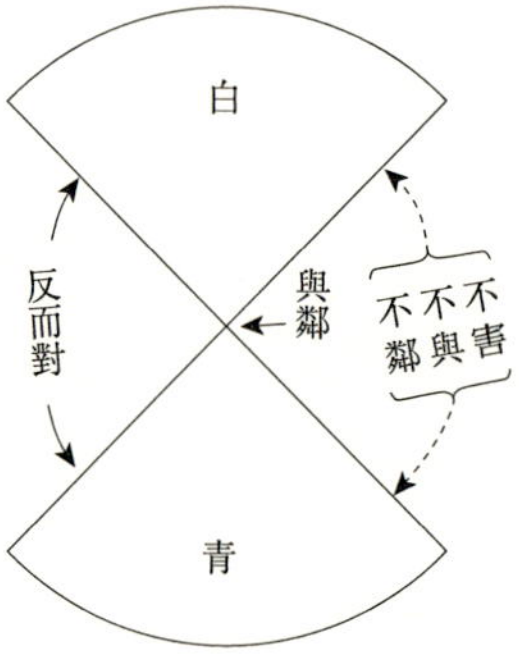

ここでの公孫龍の発言は、矛盾する論理ばかりを並べているかのようで、一見奇異な印象を与えるが、右に示す図を参照するならば、その意味がよく諒解されるであろう。

(18)故一於青不可、一於白不可。惡乎有有黄矣哉。黄其正矣。是正擧也。其有君臣之於國焉。故强壽矣。

故に青に一なるは可ならず、白に一なるも可ならず。悪《いずく》んぞ其れ黄有らんや。黄は其れ正なり。是れ正挙《せいきょ》なり。其れ君臣の国に有るなり。故に強にして寿《じゅ》なり。

公孫龍はさらに黄を持ち出し、青・白・黄三色の関係を解説する。青が白を圧迫して、青に専一になるのも、逆に白が青を迫害して、白に専一になるのも、どちらも正常な形態ではない。それでは、どうして選択対象としての黄が存在し得ようか。黄の出る幕はなくなってしまうであろう。そもそも黄は、青と白の一対が同類として選択し得る正色である。青と白との一対が、同類を形成すべき第三の対象として、黄と組むのは、正当な対象の抽出法である。こうした選択こそ、国家内部に君主と臣下とが正常に存在する形態をもたらす。だからこそ、国家の体制は強力であって、かつ永続するのである。

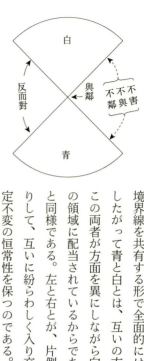

この⒅に至り、ようやく公孫龍は、白・青が君・臣に相応することを明かす。もっともこの段階では、青と白のいずれが君主を指すのか、その配当はいまだ判然としない。しかし、つぎの⒆以下の内容を参酌すると、白が君主に、青が臣下に配当されていることが判明する。とすれば公孫龍は、臣下が君主権を侵奪して、君位を全くの形骸と化する事態と、君主が群臣を弾圧して、君主専制を強行する事態とを、ともに否定しているとしなければならない。

それでは、第三の色として登場する黄は、一体何を指すのであろうか。もし、臣下による実権奪取や、君主独裁の状況が出現してしまえば、もはや黄の出番はないと語られる点より判断すると、黄は正常な君臣関係の均衡が崩れかけたとき、国家体制再建のために選択すべき次善の方策であるに違いない。

そして、より具体的には、この黄は公子が君主を補佐して国政に当たる体制を指すと思われる。公孫龍は趙《ちょう》の平原《へいげん》君《くん》に客として仕えたが、平原君は武霊王《ぶれいおう》の公子、恵文王の弟で、前二五七年に国都邯鄲《かんたん》が秦の大軍に攻囲されたとき、魏《ぎ》の信陵君《しんりょうくん》に援兵を依頼して、趙を窮地より救うなど、宰相として君主を補佐しつつ、国政に参画していた。この当時、秦の強大な軍事力に圧迫されて、東方諸国では国内体制が動揺し、君主権の地位低下をきたしていた。その投影として、平原君以外にも、魏の信陵君、楚《そ》の春申君《しゅんしんくん》、斉《せい》の孟嘗君《もうしょうくん》など、公子が君主を補佐して国政を運営する政治形態が出現し、彼等は四君子と称せられた。公孫龍は、こうした政治体制により、傾きかけた君臣間の均衡を回復し、国家の安定的存続を図ることこそ、選択すべき次善の策だと考えたのであろう。以上述べてきた⒅の内容を図に示すと、次頁のようになる。

⒆而且青驪乎白而白不勝也。白足之勝矣而不勝。是木賊金也。木賊金者碧。碧則非正擧。

而るに且《まさ》に青は白に驪《つ》きて白勝たざらんとす。白は勝つに足るも而して勝たず。是れ木の金を賊《ぞく》するなり。木金を賊すれば碧なり。碧なれば則ち正挙に非ざるなり。

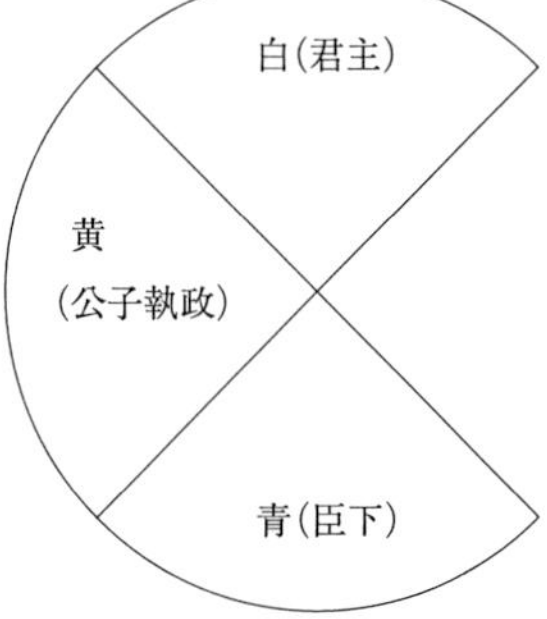

続いて公孫龍は、第四の色である碧の説明を始める。青と白の一対は黄を次善の選択とすべきなのだが、それにもかかわらず、まさに青(臣下)が白(君主)の地位を侵蝕して、君主はそれを制止できない状況になろうとしている。本来の地位からすれば、君主は臣下の越権行為を禁圧するに充分な権力を保持するはずなのだが、実際には臣下による君主権の侵奪を阻止できずにいる。かかる状態は、木(青・臣下)が金(白・君主)を賊害しているのにほかならない。臣下が君主の領域を侵犯して、両者が紛らわしく入り交じるならば、その領域の色は碧となる。君主と臣下の一対が、さらに同類を組むべき相手を選ぶ場合、黄(公子)ではなく、碧(君臣混淆)を選択の対象とするのは、正当な対象の抽出法ではない。

ここでは、青(木)が白(金)の領域を侵害するとの表現によって、青が臣下に、白が君主に配当されていることが鮮明になる。そして碧は、臣下が君主権を脅かし、君主がそれを抑止できぬ混迷した領域の色と規定される。公孫龍は前の⒅で、「黄は其れ正なり」と述べていたが、それは黄が、青・赤・白・黒と並ぶ五正色の一つだからである。これに反して碧は、白と青とが混合した中間色と見なされ、正色ではないとして選択の対象から排除されている。

また公孫龍は、白―金、青―木との配当にも触れるが、これは、青―木、赤―火、黄―土、白―金、黒―水、といった五行説に部分的に一致している。だが公孫龍は、黄を持ち出して置きながら、それを土に配当する思考には全く言及しておらず、彼の議論全体を通常の五行説にそのまま当てはめることには、少しく無理があろう[9]。なおここでの内容を図示すると、次頁のようになる。

⒇青白不相與而相與、不相勝、則兩明也。爭而明、其色碧也。

青と白は相与《くみ》せずして而も相与し、相勝たざれば、則ち両つながら明らかにせんとす。争いて明らかにせんとすれば、其の色は碧なり。

青・白・碧三者の関係について、公孫龍はさらに説明を加える。青(臣下)と白(君主)とが互いに協力し合わずに、相手の領域に介入し合い、どちらも相手を制圧できぬ状態になれば、臣下と君主はともに自己の存在を顕示しようとする。両者が競争して自己の色彩を鮮明にしようとし、互いに譲らなければ、その領域の色彩は、双方が混合した碧色となる。

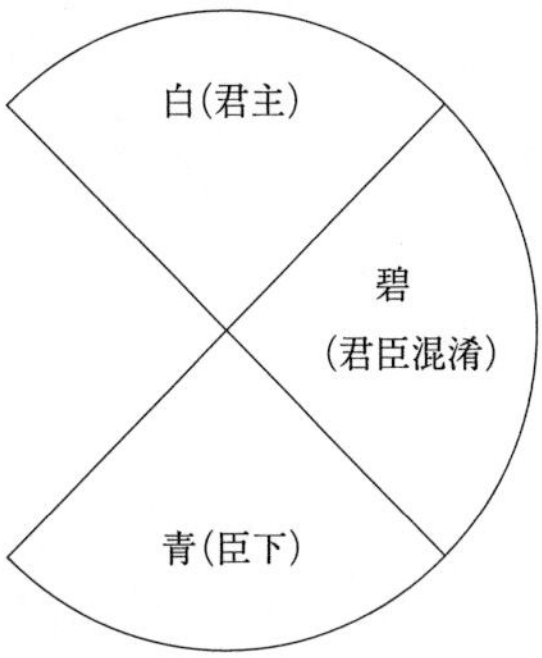

馬王堆漢墓より出土した古佚書『伊尹《いいん》九主』は、君臣論を中心とした政治思想を説き、君臣双方の失政を各種の型に分類してみせる。[10] その中には、公孫龍が説く碧の状況によく似たものがあるので、参考までに以下に掲げてみる。

＊労君とは、専授《せんじゅ》の能く悟る者なり。能く専授の主に悟る者なり。能く悟るも、道に反ること能わず。自ら其の邦を為《おさ》むる者は、主は労して臣は佚す。人を為むるの君は、臣の能くする所に任す。因りて主は知と為る。事を君に倚《よ》するは、道に逆うなり。凶の主に帰するは、君ならず。臣主相侵《おか》し、君は未だ失道より免れず。

＊半君は専授にして悟る能わざる者なり。是の故に、主を擅《ほしいまま》にするの臣は、主の悟らざるを見る。故に其の主の厳を用いて殺戮すれば、群臣恐懼す。然る後に主の利を奪いて主の臣に与うれば、党を下に成し、主と権を分かつ。是の故に臣は邦の半ばを獲る。夫れ其の半ばを獲れば、則ち臣は横為《おうた》りて、主は則ち危《き》為り。臣主の横危《おうき》するは、危の至りなり。

労君とは、率先して自ら事業をしたがる君主で、その国家は、君主は臣下と功績を競い、臣下は失敗の責任を君主に押しつける、といった様相を呈する。また半君とは、君主の権力を奪った重臣が、それを利用して群臣を操るのを阻止できない君主で、「主と権を分かち」「邦の半ばを獲る」臣下に牛耳られた国家は、まるで君主と臣下が折半するかの様相を呈する。まさしく碧とは、こうした「臣主相侵し」「臣は横為りて、主は則ち危為る」状況を指すのであろう。

(21)與其碧寧黃。黃其馬也。其與類乎。碧其鷄也。其與暴乎。暴則君臣爭而兩明也。兩明者、昏不明。非正擧也。非正擧者、名實無當、驪色章焉。故曰、兩明也。兩明而道喪。其無有以正焉。

其の碧に与《くみ》するよりは寧ろ黄なれ。黄は其れ馬なり。其れ与《とも》に類せんか。碧は其れ鶏なり。其れ与に暴《ぼう》せんか。暴すれば則ち君臣争いて両つながら明らかにせんとす。両つながら明らかにせんとすれば、昏《くら》くして明らかならず。正挙に非ざるなり。正挙に非ざれば、名実は当たること無く、色章《しきしょう》を驪《つ》く。故に曰く、両つながら明らかにせんとすと。両つながら明らかにせんとして道喪《ほろ》ぶ。其れ以て正しきこと有る無し。

この(21)で、いよいよ公孫龍は通変論全体をしめ括る。君主と臣下のみで正常な国家運営を継続しがたい場合、次善の策として、碧(君臣混淆)と黄(公子執政)のいずれを選択し、新たに君臣関係の中に組み込むべきか、との判断を生ずる。そのときは、碧よりもむしろ黄の側を選択すべきである。黄は牛・羊の場合の馬に相当し、牛・羊と馬とが新たな同類を形成できたように、黄もそれまでの君臣関係の枠組みに加わって、新たな同類を形成し得るであろう。

これに反して碧は、牛・羊の場合の鶏に相当し、牛・羊と鶏が異類のままに終わったように、相容れぬ青・白と碧とを無理に組み合わせるならば、碧は従来の君臣関係の枠組みと衝突して、その秩序を破壊するであろう。碧が君臣関係の秩序を破壊すれば、君主と臣下は自己の存在を顕示しようとして争う。このように、君臣双方が競って自己顕示に走り、相譲《ゆず》らなければ、結局は打ち消し合って、いずれの色彩も鮮明にはならず、全体が昏冥に陥る。

だからこれは、正当な対象の抽出法ではない。正当な抽出法を採用しなければ、名と実とは合致せず、他者の領域を侵犯してでも己を輝かせんとして、色彩は入り乱れて混濁する。そこで私は、両者ともに自己を顕示しようとする、と指摘したのである。このように、互いに相手を打ち消す形で、自己の存在を誇示しようとすれば、それぞれが己の名分を守るとの正常な在り方は喪われて行き、名と実との正しい対応関係も消滅するのである。

ここでは、⑾から⒂までに説かれた牛・羊・馬・鶏四者間の同異と、⒃以降の青・白・黄・碧四者間の同異とが対応させられている。「青は白に以して黄に非ず」⒃との発言から明らかなように、本来在るべき正常な政治形態は、白と青との組み合わせだけであって、そこに黄が加わるのは、もとより理想の姿ではない。新たに黄が参加する変則的形態は、白と青のみではもはや国家が運営しがたく、黄か碧かの二者択一を迫られた際に取るべき、あくまでも次善の便法に過ぎない。

それはちょうど、「羊は牛に合して馬に非ず」⑾と、最初は牛・羊のみが本来の同類で、馬は異類であるとされながら、新たに同類に加えるべき対象として、馬か鶏かの二者択一を迫られたときに、鶏を排除して、馬を選択していたのと同じ構図である。条件の如何によらぬ恒常不変の同類関係は、牛と羊の間にだけ成立するのである。この両者の類似関係を図で示せば、次頁の図のようになる。

さて、⑾から⒂までの分類法においては、対象を同類か異類か判定する際、共通点・相違点ともに、二個ずつを揃えることが要求されていた。しからば⒃以降の君臣論では、この基準がどのように満たされているであろうか。

まず基本型となる青・白の一対には、君主は君主としての本分を守り、臣下は臣下としての本分を守る、との性格が与えられていた。さらに公孫龍は、君臣は均衡を保ちながら協力し合う、との第二の性格をも付与している。

とすれば、鶏に相応する碧は、これら二つの性格をともに所有していないはずである。第一の性格について見ると、碧では「青は白に驪きて白勝たざらんとす」⒆る以上、すでに君は君たらず、臣は臣たらざるわけで、君主でもなく

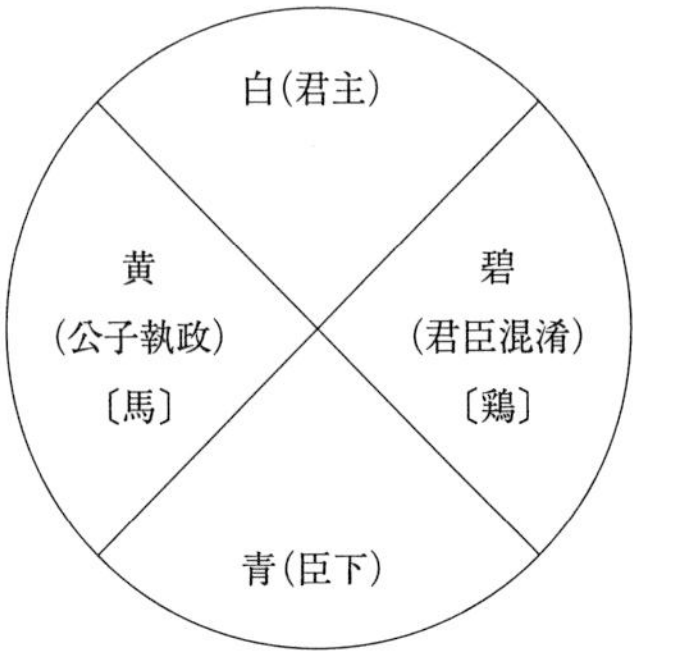

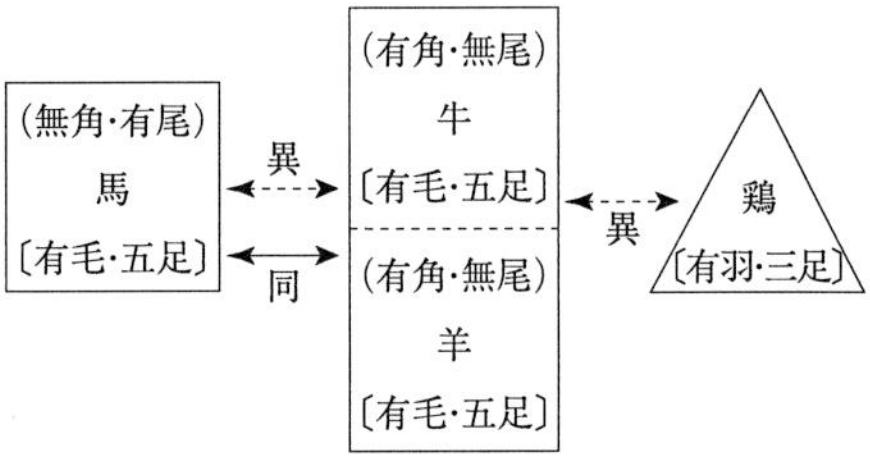

臣下でもない碧の領域は、たしかに第一の性格を喪失している。つぎに第二の性格を考えると、碧では「青と白は相与せず」[20]、「与に暴し」て「君臣争う」[21]のであるから、碧はこの点でも全く失格である。

これに対し、一方の黄はどうであろうか。第一の性格に関しては、公子は君主の血族であって、群臣に対しては君主の代役としての立場を保持するが、同時に君主に対しては、あくまでも臣下の立場を守らねばならない。したがって公子は、言わば君でもあり臣でもあるとの二面性を持っており、君主と臣下の双方に対して共通点を確保する。つぎに第二の性格を考えてみると、公子はもともと公族であるから、たとえ君主権を代行しても、臣下が君位を侵害したのではなく、また一方で臣下でもあるから、よしんば宰相として政務を遂行しても、君主が臣下の職分に介入したことにはならない。かくして公子は、君主と臣下との間を仲介・調停して、君を君たらしめ、臣を臣たらしめながら、両者の協力関係を回復させるわけで、第二の性格をも充分に備えていると言える。

以上述べたように、碧は正常な君臣関係に対し、二重の相違点を含むために、選択すべき対象から除外されるのであり、これに反して黄は、正常な君臣関係に対して、二重の共通点を兼備するために、次善の選択の対象として肯定されるのである。

通変論の思想

ここでは、先の通変論解釈を踏まえながら、公孫龍は通変論によって一体何を訴えようとしたのか、その思想的立場を考えてみることにしたい。

通変論に登場する論題は、以下の三分野に大別できる。その第一は(1)から(10)に至る数理哲学論(A)であり、第二は(11)から(15)に至る同異論(B)であり、第三は(16)から(21)に至る君臣論(C)である。元来これら三者は、相互に独立した異質な分野としなければならない。しかるに公孫龍は、「左右の若《ごと》きも猶《な》お是の挙のごとし」(14)と、(A)と(B)を関連づけたり、「左右の驪《つ》かざるが若し」(17)と、(A)と(C)を関連づけたり、「黄は其れ馬なり」「碧は其れ鶏なり」(21)と、(B)と(C)を関連させたりする。つまり公孫龍の意識においては、(A)(B)(C)三者は全く別個の論題としてではなく、相互に重なり合うものとして、連続的に理解されているのである。

それでは、公孫龍は(A)(B)(C)三者の間に、いかなる形での共通性や連続性を認めているのであろうか。その第一は、命題に是非の判断を下す際の判定基準、言い換えれば論証形式に関わる共通性である。(A)では命題肯定の要件として、基層と表層の二領域にわたる妥当性が求められていた。そして(B)では、(A)の形式を承けて、二個ずつの共通点と相違点とが、同類か異類かを判定するための要件とされていた。さらに(C)では、(B)の形式を転用する形で、黄と碧のいずれを選択すべきかに関し、二種の判定基準が立てられていた。

もとより(A)(B)(C)の三分野は、互いに性格を異にしているから、必ず二個の論拠を用意する論証形式では共通していても、この論証法が三領域にわたって全く同質に機能することはあり得ない。この論証法が最も強力に作用するのは(A)の分野で、公孫龍は(A)で確立した形式を適用する手段によって、(B)における自説の正当性をも保証させ、さらに(B)

と(C)とを同一視する論法によって、最も形式論理による論証が困難な(C)の分野での自説の正当性を、(A)や(B)の庇護の下に補強せんとしている。ともかく公孫龍は、こうした操作によって、(A)(B)(C)三者間に論証形式の共通性と連続性とを設定したのである。

公孫龍が三者の間に設定した第二の共通性と連続性は、この篇全体を貫く主題、すなわち通と変とを対比する構図である。最初にその構図を図で示して置くと、次頁のようになる。

(A)－Ⅰは、条件の変化によって自らの性格を変更されることのない、永遠性・独立性(通)を保持する。これに対して(A)－Ⅱは、「二に一有り」(1)と、二が一と一とに解体され、他者に置き換えられ(変)て、自己の独立性を確保できなかったり、あるいはかつての右が左に移行(変)して、永遠性を維持できなかったりする。

また(B)－Ⅰは、分類に際し、他の対象の存在如何にかかわらず、常に同類を形成すべき、恒常不変性(通)を備える。ところが(B)－Ⅱの側になると、馬は比較の対象が鶏であるときは、牛・羊と同類を形成できるが、己単独の場合は異類として排除されるといった、状況による変化(変)を免れない。もとより鶏もこれと同じく、同類と異類の間を移動(変)する性質を持つ。

さらに(C)－Ⅰは、いついかなる状況の下でも、理念としては常にそう在るべき、唯一の正常(通)な秩序である。これに反して、(C)－Ⅱの側は、(C)－Ⅰの正常な枠組みが均衡を失って、危機に陥ったときに発生する、変則的(変)な形態でしかない。黄が青・白と同類を組むことが是認されるとは言っても、それは碧との相対的比較においてのみ選択される次善の策にとどまり、所詮は恒常不変の秩序に復帰するための一時的便法(変)に過ぎない。

以上のように公孫龍は、通と変とを対比する構図を、(A)(B)(C)三分野に一貫する共通性として設定している。そしてこの場合も、論証形式の上で最も論拠の強力な(A)が、次いで論証力の強い(B)の正当性を支え、最も理念的性格が濃厚な分だけ、形式論理による説得力が薄弱な(C)を、(A)と(B)が援護するといった形で、三者の間には意図的な連続性が設定されている。

通変論全体はこうした構造を持つのであるが、公孫龍はこれによって、概念間の関係を規定する際、それぞれの概念が通の位相に属するのか、それとも変の位相に属するのかを厳密に区分せよ、と主張している。

もし数概念を変の位相でのみ把握し、数と数との関係を「二に一有り」(1)と思考するならば、本来他者を含まずに独立していた普遍者は、他者によって分解され、置き換えられて、自己の独立性を喪失する。そしてこれが逆に作用すれば、概念は他者をも本来的に自己に内含すると詐称して併合し、膨張し続けることにもなろう。

しかも、変の位相が通の位相を隠蔽して、あたかも己こそが概念の本質であるかのように偽装し、「二に右有り」(2)とか「左は二と謂うべし」(5)と主張し始めるならば、その併呑は、未来を先取りする形で進行し、一層果てしのないものとなる。同様に、左右の本質たる方向概念を位置概念が遮蔽して、左の位置変化につれて、かつての右が左に移行すると思考するならば、それは永遠に不変なるものの地位を、一時的変化形が簒奪する事態を招く。

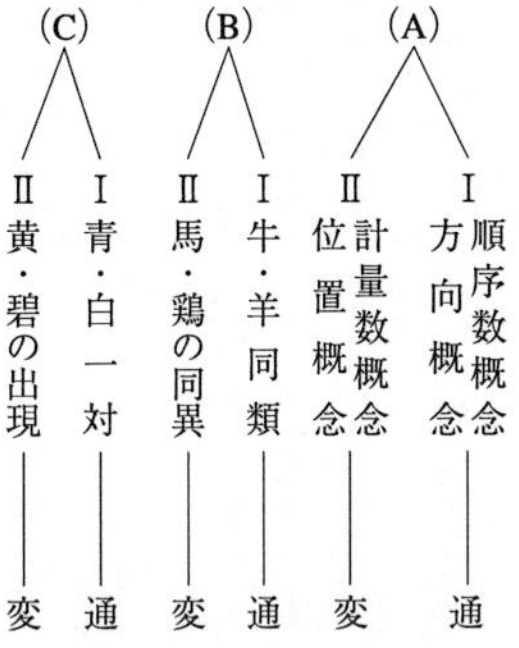

また、もし馬が、もともと牛や羊とは完全に同類なのだと自称して、平然と仲間に加わったり、あるいは鶏が馬を押しのけて、牛・羊と同類を形成したりすれば、同類としての共通性を持たぬ異端者たちが、恒常不変の枠組みに大手を振って参入し、普遍的枠組みを破壊して行くであろう。

さらに、もし国内秩序の混乱と君主権の地位低下につけ込んで、誰が君主で誰が臣下か判然とせぬ君臣混淆状態がまかり通るならば、これは一時の変則的現象が、永遠に不変であるべき秩序を乗っ取り、己こそが正常な体制であると宣言したに等しい。

このように、通と変との位相差を曖昧にせんとする企ては、広汎な名実の錯乱を引き起こし、ついには国家体制までをも深い混迷に陥れる。公孫龍はかかる事態を憂慮し、各概念が「各《おの》おの其の方に当たり」て「其の方を害せず」⒄に、自己の帰属する位相を厳守し、互いに他者の領分や位相に侵入しては「両つながら明らかにせん」⒇とする行為を中止せよと、警告を発したのである。

したがって、通変論における公孫龍の思想的立場は、単に概念の位相を通と変とに区分して探究するといった、論理学的側面にとどまらず、最終的にはそれによって、天下・国家の安定的秩序を回復せんと願う、政治思想の色彩をも強く帯びたものになっている。

その背景には、趙における平原君《へいげんくん》の政治的立場を擁護し、正当化しようとする意図が介在していたと思われ、そこに、彼が平原君の厚遇を受けた理由の一端を窺うことも可能であろう。だが上述のように、通変論の理論は、公子が君主を補佐するとの政治体制を、無条件で容認するものとはなっておらず、公孫龍が客としての己の立場から、主君たる平原君に追従した所産とだけは見なしがたい。この間の事情を考察するために、つぎに関係資料を掲げてみる。

虞卿《ぐけい》は信陵君《しんりょうくん》の邯鄲《かんたん》を存するを以て、平原君の為に封を請わんと欲す。公孫龍は之を聞き、夜に駕《が》して平原君に見《まみ》えて曰く、龍聞く、虞卿は信陵君の邯鄲を存するを以て封を請うを為さんと欲すと、之有るかと。平原君曰く、然りと。龍曰く、此れ甚だ不可なり。且《そも》そも王の君を挙げて趙に相たらしむるは、君の智能を以て趙国に有ること無しと為すには非ず。東武城を割きて君を封ずるは、君を以て功有りと為すには非ず。而るに国人を以て勲《いさおし》無しとするは、乃ち君を以て親戚と為すが故なり。君は相印を受くるに無能を辞せず、地を割くに無功と言わざるは、亦《ま》た自ら以て親戚と為すが故なり。今、信陵君邯鄲を存して封を請うは、是れ親戚城を受けて、国人功を計るなり。此れ甚だ不可なり。且つ虞卿は其の両権を操り、事成れば、右券を操りて以て責《もと》め、事成らざれば、虚名を以て君に徳とせん。君必ず聴くこと勿れと。平原君は遂に虞卿に聴かず。（『史記』平原君列伝）

平原君は魏《ぎ》の信陵君に援兵を依頼し、秦の攻囲軍の前に陥落寸前の邯鄲を救った。そこで虞卿は孝成王に対し、平原君の増封を申請する。これを伝え聞いた公孫龍は、夜中に馬車を走らせ、平原君に面会して強硬に辞退を迫る。

そもそも、平原君が宰相に任命されて国政を担当し、また東武城に封建されて領主の身分にあるのは、平原君個人の才能や功績によってではなく、偏に君主の親戚であるからにほかならない。しかるに、もし今回の戦役に自ら功有りとして、新たな采邑を受けるならば、それは才能や功績によって地位や俸禄を受ける臣下と、全く同等の立場に立つことを意味する。血縁の故に現在の地位を得て置きながら、臣下と同じ資格で恩賞を受けるというのでは、平原君は異質な立場を二重に混在させることになる。したがって増封を固辞し、あくまでも公族の一員として君主を補佐するとの自己の本分を厳守すべきである。

その上、虞卿が臣下の分にありながら、宰相たる平原君の論功行賞を計るのは、賞罰の権を握る君主への越権行為も甚だしい。臣下はどこまでも臣下の職分を守り、決して君主権を侵害すべきではない。それに虞卿は、平原君が増封されれば、自分が申請したからだと褒美を求め、増封されなくても、平原君のために尽力したと恩を売るつもりで、どっちに転んでも損はないと踏んでいる。決してこの話に乗ってはならない。

以上が公孫龍の展開する論理である。ここには通変論と同じく、一方で平原君が宰相として君主を補佐する政治体制を容認しながらも、他方でその立場に厳しい制約を課し、血族として君主を補佐しているのであって、利禄目当てに臣従しているのではないとの、己の名分を逸脱せぬよう、強く自制を求める姿勢が読み取れる。平原君を「無能」「無功」と断言して憚らぬ公孫龍の態度からも、通変論の理論を形成した公孫龍の意図を、平原君に対する阿諛追従と解すべきではなかろう。公子執政なる一時的便法によって急場をしのぎ、やがて君臣がそれぞれの本分を守りつつ、協力し合って国家の運営に当たる、唯一正常な国家体制への復帰を希求する点にこそ、通変論の真意があったと見るべきである。

公孫龍は通変論において、さまざまな普遍者たちの永遠性や独立性を守護せんと試みた。それは、「未だ与《とも》に堅為《た》らざるも、而して堅は必ず堅なり。其の石や物を堅くせずして而も堅なり」とか、「若《こ》の白なる者必ず白なれば、則ち物を白くせずして而も白なり」と、堅や白を個物に従属させる思考を否定して、その独立性を守ろうとする堅白論の立場や、「白なる者白とする所を定めざれば、之を忘るも可なり。白馬なる者は、白の白とする所を定むるを言うなり。白とする所を定むる者は、白には非ざるなり」と、白の普遍性を守ろうとする白馬論の立場と共通する。そしてまた、概念の位相を通と変とに厳密に区分し概念間の不当な併合や移行を否定せんとする点では、「白馬は馬に非ず」とする白馬論や、「其の位する所を出ずるは、位に非ず」とする名実論《めいじつろん》の立場とも合致している。

各個物が、自らすべての実体を具備していると思い上がり、自らが不変であり永遠であると詐称して、本来的に絶対他者であるものを、あたかも自己に固有の属性であるかのように、己の中に併合したり、各概念が他の概念との重複や移行関係を契機に、つぎつぎと位相の異なる概念を包摂し続け、互いに肥大化する事態を放置するならば、そこに待ち受けるのは、「名実の当たること無き」(通変論)錯乱でしかない。ふり返れば、実をはみだして膨張せんとする名と名の衝突こそが、「暴すれば則ち君臣争いて、両つながら明らかにせんとす」(同)と、臣下は君主を凌がんとし、君主は臣下を弾圧せんとして、互いに相手の領域を侵犯し合う、社会秩序の破壊をもたらしてきた。永遠なるもの、不変なるもの、独立せるもの、日々に「道喪ぶ」世界の混乱は、普遍者たちを守る行為によってのみ救済される。

5　名実論——名は実の従者

名実論の解釈

名実論《めいじつろん》は『公孫龍子《こうそんりゅうし》』六篇の最後に位置するが、内容もそれにふさわしく、公孫龍独自の正名《せいめい》の論理を展開して、それ以前の各論を総括する、言わば総論としての位置を占めている。そこで本節では、まず名実論に対する筆者の解釈を示したのち、すでに検討を加えた指物《しぶつ》・堅白《けんぱく》・白馬《はくば》・通変《つうへん》各論の内容と名実論との関係を考察して、公孫龍における正名の論理構造を解明することとしたい。

(1)天地與其所產焉物也。物以物其所物、而不過焉實也。實以實其所實、不曠焉位也。

天地と其の産する所とは物なり。物は以て其の物とする所を物として、過ぎざるは実なり。実は以て其の実とする所を実として、曠《むな》しからざるは位なり。

天地と天地が産出する対象とが、物(存在)である。物については、実際に物が所有する範囲のみを、厳密にその物の包摂範囲として限定し、いささかも超過しない場合に限り、それを物の実質と規定する。実については、現に物が自己の実質として具備する範囲のみを、厳密にその物の実質として限定し、いささかも名称に対応すべき実質を欠いていない場合に限り、それを実の位相と規定する。

ここで公孫龍が言う「物」とは、必ずしも物質的存在にのみ限定されるものではなく、「誠なる者は物の終始なり。誠ならざれば物無し」との『中庸』の本文に対し、鄭玄《じょうげん》が「物とは万物なり、亦《ま》た事なり」と注解を加えるように、物と物との関係より生起する事象をも広く含む概念である。

(2)出其所位非位。位其所位焉正也。以其所正、正其所不正。不以其所不正(1)、疑其所正。

其の位する所を出ずるは位に非ず。其の位する所に位するは正なり。其の正なる所を以て、其の不正なる所を正す。其の不正なる所を以て、其の正なる所を疑わず。

名称が実質の位相を逸脱しているのは、正当な位相の表示ではない。名が実の位相に適合しているのは、正当な位相の表示である。名と実の位相との正確な対応関係を基準にして、名が実の位相を逸脱する不正確な対応関係の誤りを是正する。名と実の位相との不正確な対応関係を基準にして、名と実の位相との正確な対応関係を疑ったりはしない。

(3)其正者、正其所實也。正其所實者、正其名也。

其の正すとは、其の実とする所を正すなり。其の実とする所を正すとは、其の名を正すなり。

名と実の位相との対応関係を是正する行為は、物が包摂する実の範囲がどこまでかを再検討し、その認識を是正する行為へと繋がる。そしてまた、物が包摂する実の範囲がどこまでかを正す行為は、実を表示する名称が、実の範囲を厳密に表示し得ているか否か、その妥当性を反省し、是正する行為に帰する。

公孫龍にとっての正名とは、名称と実の位相とを正確に対応させて行く行為にほかならない。とすれば、そうした形態を取る正名は、結局は物の実をどのように把握するか、との認識の問題へ、さらには認識した実にいかなる名称を対応させて行くか、との命名(言語)の問題へと、密接に連繫して行くのである。

(4)其名正、則唯乎其彼此焉。謂彼而彼不唯乎彼、則彼謂不行。謂此而此不唯乎此(2)、則此謂不行。其以當不當也。不當而亂也。

其の名正しければ、則ち其の彼と此とに唯《い》す。彼と謂《い》うも彼彼に唯せざれば、則ち彼の謂《いい》は行われず。此と謂うも此此に唯せざれば、則ち此の謂は行われず。其の当つるを以《もち》うること当たらざれば而ち乱るるなり。

実を表示する名称が、実の範囲を正確に表示し得ているならば、その彼とか此とかの名称には、それぞれの実が対応する。もし彼なる名称を唱えたにもかかわらず、その彼なる名称に彼なる実が対応しなければ、彼なる名称は社会に通行しない。同様に、もし此なる名称を唱えたにもかかわらず、その此なる名称に此なる実が対応しなければ、此なる名称は社会に通行しない。なぜそうなるかと言えば、その実に対する名称の配当が適合していなかったからである。実への名称の配当が適合しなければ、そこで名実の正確な対応関係が錯乱に陥るのである。

ここで動詞として使用される「謂」は、音声を発して相手に呼びかける意を、「唯」は呼びかけに音声で応諾する意を、それぞれに秘めている。また「名」は、物に符号として命《なづ》けられた名称を、名詞として使用される「謂」は、人間の実際の言語行為において使用される呼称を、それぞれに指している。したがって、ここに公孫龍が展開する抽象的論理は、すでに定められた実と名との対応関係を基準に、実際に人が符号たる名を呼称として運用して、対象に呼びかけ、その呼び出しに対して相手が応答するとの、具体的な言語行為をその下敷にしているのである。

(5)故彼彼當乎彼、則唯乎彼、其謂行彼。此此當乎此、則唯乎此、其謂行此。其以當而當也。以當而當正也。

故に彼を彼として彼に当たらば、則ち彼に唯《い》し、其の謂《いい》は彼に行わる。此を此として此に当たらば、則ち此に唯し、其の謂は此に行わる。其の当つるを以《もち》うること而ち当たればなり。当つるを以いて当たるは正なり。

そこで彼なる対象を彼なる名称で表示して、その名称が彼の実に適合しているならば、彼の実は彼なる名称に対応してその正当性を裏づけ、その名称は彼の実を表示する名称として社会に通行する。同様に、此なる対象を此なる名称で表示して、その名称が此の実に適合しているならば、此の実は此なる名称に対応してその正当性を裏づけ、その名称は此の実を表示する名称として社会に通行する。なぜそうなるかと言えば、その実に対する名称の配当が適合していたからである。実への名称の配当を実施して、それが適合していれば、名と実との正確な対応関係が保持される。

⑹故彼彼止于彼、此此止于此、可。彼此而彼且此、此彼而此且彼、不可。

故に彼を彼として彼に止まり、此を此として此に止まるは、可なり。此を彼として彼は且《まさ》に此ならんとし、彼を此として此は且に彼ならんとするは、可ならず。

そこで彼なる対象を彼なる名称で表示して、その名称が彼の実の範囲内にとどまり、此なる対象を此なる名称で表示して、その名称が此の実の範囲内にとどまるのは、実に対する正確な名称の配当の仕方である。これとは逆に、此なる対象を彼なる名称で表示し、それによって今度は、彼なる対象が自己の実の範囲を逸脱して、まさに此なる名称を名乗らんとしたり、彼なる対象を此なる名称で表示し、それによって今度は、此なる対象が自己の実の範囲を逸脱して、まさに彼なる名称を名乗らんとしたりするのは、実に対する正確な名称の配当の仕方ではない。

⑺夫名實謂也。知此之非此也、知此之不在此也、則不謂也。知彼之非彼也、知彼之不在彼也、則不謂也。

夫れ名とは実の謂《いい》なり。此の此に非ざるを知り、此の此に在らざるを知らば、則ち謂とせざるなり。彼の彼に非ざるを知り、彼の彼に在らざるを知らば、則ち謂とせざるなり。

そもそも名とは、実に対する社会的呼称である。したがって、もし此なる名に対応すべき実が、実際には此なる実とは異なることが認識でき、此なる名に対応すべき実が、此なる実の位相内に存在の場を持たないことが認識できたならば、もはや此なる名を、此なる実を表示する社会的呼称として通用させたりはしないのである。同様に、もし彼なる名に対応すべき実が、彼なる実とは相違することが判明し、彼なる名に対応すべき実が、彼なる実の位相内に存在の場を持たないことが判明したならば、もはや彼なる名を、彼なる実を表示する社会的呼称として通用させたりはしないのである。
ここで公孫龍は、此なる名が此なる実に対応しない状態を説明するに際し、「此の此に非ず」と「此の此に在らず」との二種の論理を併用している。これは白馬論において、「故に黄・黒馬は一なり。而るに以て馬有るに応ずべくして、以て白馬有るに応ずべからず。是れ白馬の馬に非ざること審《つまび》らかなり」と、黄・黒馬が馬の集合概念中には存在の場を持つ一方、白馬の集合概念中には存在の場を持てないことを論拠に、白馬概念の指す実と馬概念の指す実とが相違するとの結論を導き出す思考や、通変論において、「羊は牛に合して馬に非ざるなり。馬に非ざるとは馬無きなり」と、羊・牛が馬とは内包を異にする(非馬)とすれば、羊・牛を包摂する類の外延中に、馬は同類を組むべき選択対象として存在しない(無馬)とする思考と、同一の発想に基づく論理である。

(8)至矣哉、古之明王。審其名實、愼其所謂。至矣哉、古之明王。

至れるかな、古《いにしえ》の明王。其の名実を審らかにし、其の謂とする所を慎しむ。至れるかな、古の明王。

古代の明王は、物と名との対応関係を精密に適合させ、社会的呼称として実用に供する名称の制定を慎重にした。古代の明王は何と偉大ではないか。

ここで公孫龍は、正名——社会的言語の制定——は王者の事業、すなわち政治権力の統治行為であると述べるが、その限りでは、「期命弁説なる者は、用の大文にして、王業の始めなり」「王者の名を制するや、名定まりて実弁《わか》たれ、道行われて志通ずれば、則ち慎しみて民を率いて一にす」(『荀子』正名篇)とする荀子の立場とも、軌を一にしている。また名実一致の理想状態が、古代明王の時代にすでに達成されていたとする点で、公孫龍の正名思想が尚古主義的色彩を帯びていることも、やはり注目に値する。

公孫龍の論理学の全体像

ここでは、先に解釈を加えた名実論《めいじつろん》と、指物《しぶつ》・堅白《けんぱく》・白馬《はくば》・通変《つうへん》各論との関係を考察する作業により、公孫龍《こうそんりゅう》の論理学の全体的構造を明らかにしたい。

公孫龍の論理学の第一の特色は、彼が各種の普遍概念を実体化した点にある。公孫龍は堅白論において、「堅は未だ石に与《くみ》して堅為《た》らず。而して物兼ねらる。未だ与《とも》に堅為らざるも、而して堅は必ず堅なり。其の石や物を堅くせずして而も堅なり」とか、「白固《もと》より自ら白たること能わざれば、悪《いずく》んぞ能く石や物を白くせんや。若《こ》の白なる者必ず白なれば、則ち物を白くせずして而も白なり」と、塡充性や色彩を、一切の個物を超越して、それ自身で独立に存在する普遍者であると宣言する。

通変論においても公孫龍は、「二に一無し」と断言して、自然数の本質を計量数ではなく順序数の側に求める思考により、数概念に対し、与件の如何にかかわらず、決して他の数を自己の内部に混在させたり、逆に他の数に包摂・吸収されたりはせぬ、独立性と普遍性を保持させんとする。同様に公孫龍は左右の概念に対しても、「二に右無し」「二に左無し」と断定して、左右の本質を位置概念ではなく方向概念と捉える思考により、位置変化に全く影響されぬ独立性と普遍性を保障している。

そしてこうした概念の普遍化と実体化は、「力と知も、果たして是に因るに若《し》かず」(堅白論)とか、「羊は牛に合して馬に非ず。牛は羊に合して鶏に非ず」「材と不材とは、其の以て類する無きこと審《つまび》らかなればなり」「鶏の足と謂えば一、足を数うれば二、二と一、故に三」(通変論)といった具合に、力や知恵、類概念や機能など、広範な領域に及んだ。

それでは、これら普遍者たちは、どこにその本来的な存在の場を持つのであろうか。「天下に未だ若《こ》の堅有らざれば、而ち堅は蔵《かく》る」(堅白論)との公孫龍の発言から、それが「天下」(現象界)でないことがすでに明白である以上、それは「天上」(背面世界)に設定されていたと思われる。

あらゆる個物を超越して、天上界に独立自存するこれら普遍者たちは、時としてさまざまな個物に乗り移り、一時的に現象界にその性質を発現する。「物の白きは、其の白とする所を定めず。物の堅《かた》きは、其の堅とする所を定めず。定めざる者は兼《か》ぬる」「堅は未だ石に与して堅為らず。而して物兼ねらる」(堅白論)とあるように、公孫龍はそうした普遍者たちの発現形態を、「兼」(あまねく包摂する)と表示する。したがって、個物間の共通性と理解されるものの実体は、実は普遍者たちの「兼」の作用にほかならぬこととなり、「堅・白は石に域《かぎ》る」(堅白論)と、これらの普遍的性質を、特定の個物に密封された固有の属性とする見解は、「石其れ有ること無し」「堅は未だ石に与して堅為らず」(同)と、公孫龍によって厳しく否定される。

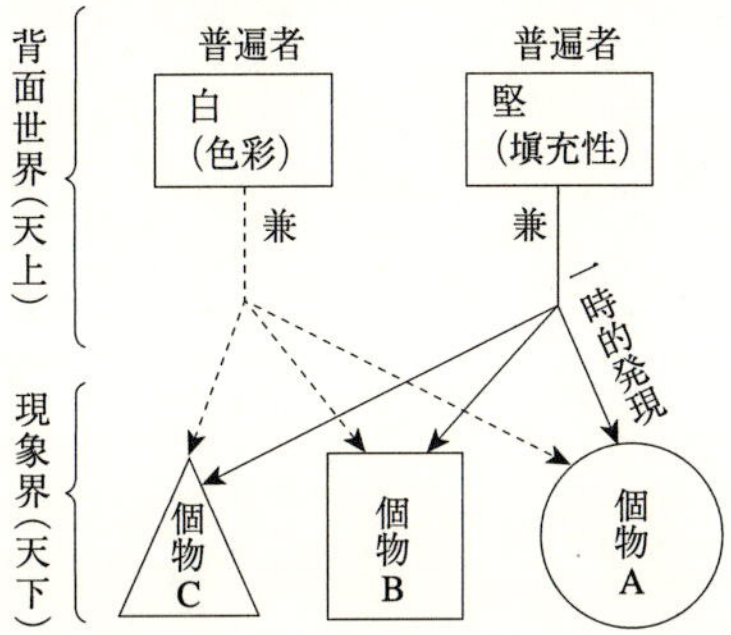

ここで留意すべきは、客観的には公孫龍が普遍概念を実体化したのだが、彼自身の理解はもとよりそうではなく、普遍者はもともと実体を備えてそれ自身で実在すると意識されていた点である。「石や物を堅くせずして而も堅なり」とか、「物を白くせずして而も白なり」(堅白論)との発言から判断して、彼が普遍者を物と区別していたことはすでに明瞭である。故に公孫龍にとって普遍者は、「天地と其の産する所とは物なり」(名実論)と規定される、天下(現象界)にその本来的な存在の場を持つ「物」ではないが、しかし一方では紛れもない実として、「天地と其の産する所」の領域を超えた天上界(背面世界)に実在すると思考されていたのである。

さてそれではつぎに、上述した普遍者と個物、背面世界と現象界との関係が、さらに人間の認識行為とどのように接続するかを見てみよう。公孫龍は、「其の白を得、其の堅を得る。見と不見とは離る。不見は離るとは、一一相盈《み》たざればなり。故に離る。離なる者とは蔵《かく》るるなり」(堅白論)と、視認している間だけ対象物に白なる色彩が宿り、手で触れている間だけ対象物に堅なる塡充性が宿ると言う。人が目視や接触といった認識行為を中止すれば、堅や白といった普遍者たちは、たちまち対象物から抜け出して背面世界へと飛び去り、再びその姿を隠してしまう。このような形で、背面世界と現象界と認識界の三界連動を説くところに、公孫龍の論理学の第二の特色が存在する。

しかも公孫龍は、同一の石の中に、時を同じくして堅と白が共存することはないとも主張する。すなわち人が石なる対象を認識する場合には、視覚を通した白石の知覚と、触覚を通した堅石の知覚との、いずれか一方しか選択できないと言うのである。であればこそ人は、自分が白石の位相を認識したのか、それとも堅石の位相を認識したのかを、常に峻別しなければならない。「実の以て其の実とする所を実として、曠《むなし》からざるは位なり。其の位する所を出ずるは位に非ず」とする名実論の主張や、「白なる者は馬に非ざるなり。白馬なる者は馬と白となり。馬と白馬となり。故に曰く、白馬は馬に非ざるなり」と、普遍者としての白なる色彩を一時的に分有する白馬と、色彩を宿さず形状としてのみ存在する馬との位相差を峻別せよとする白馬論の主張は、こうした特異な世界解釈を背景に発せられていたのである。

とすれば、人が五官の働きによって獲得した対象認識(指)も、一連の時間的継起における、ある特定の位相のみを限定的に認識したに過ぎず、決して対象(物)の全体を包括的に認識したのではなくなる。「物は指《し》に非ざるは莫《な》く、而して指は指に非ず」とか、「指なる者は、天下の無とする所なり。物なる者は、天下の有とする所なり。天下の有とする所を以て、天下の無とする所と為すは、未だ可ならず」と、主観認識により得た知覚が対象の実在と同一ではない点を強調する指物論の論理は、具体的には前記のような事例を想定していたわけである。

それにしても、なぜ堅と白とは一個の石中に共存できないのか、たとえ堅や白が普遍者であるとする公孫龍の思考を容認した場合でも、目視と接触を同時に行うならば、堅と白とが同時に一個の石中に寄宿して共存し得るのではないか、との疑念が当然生ずるであろう。「堅無くして白を得る」「白無くして堅を得る」「一一相盈たず」(堅白論)などの発言から、公孫龍が堅と白のいずれか一方を二者択一的にしか知覚できない、と思考していたこと自体はすでに動かしがたい。そして公孫龍も人が目視と接触の二種の知覚行為を同時に行い得る可能性を否定はできない。

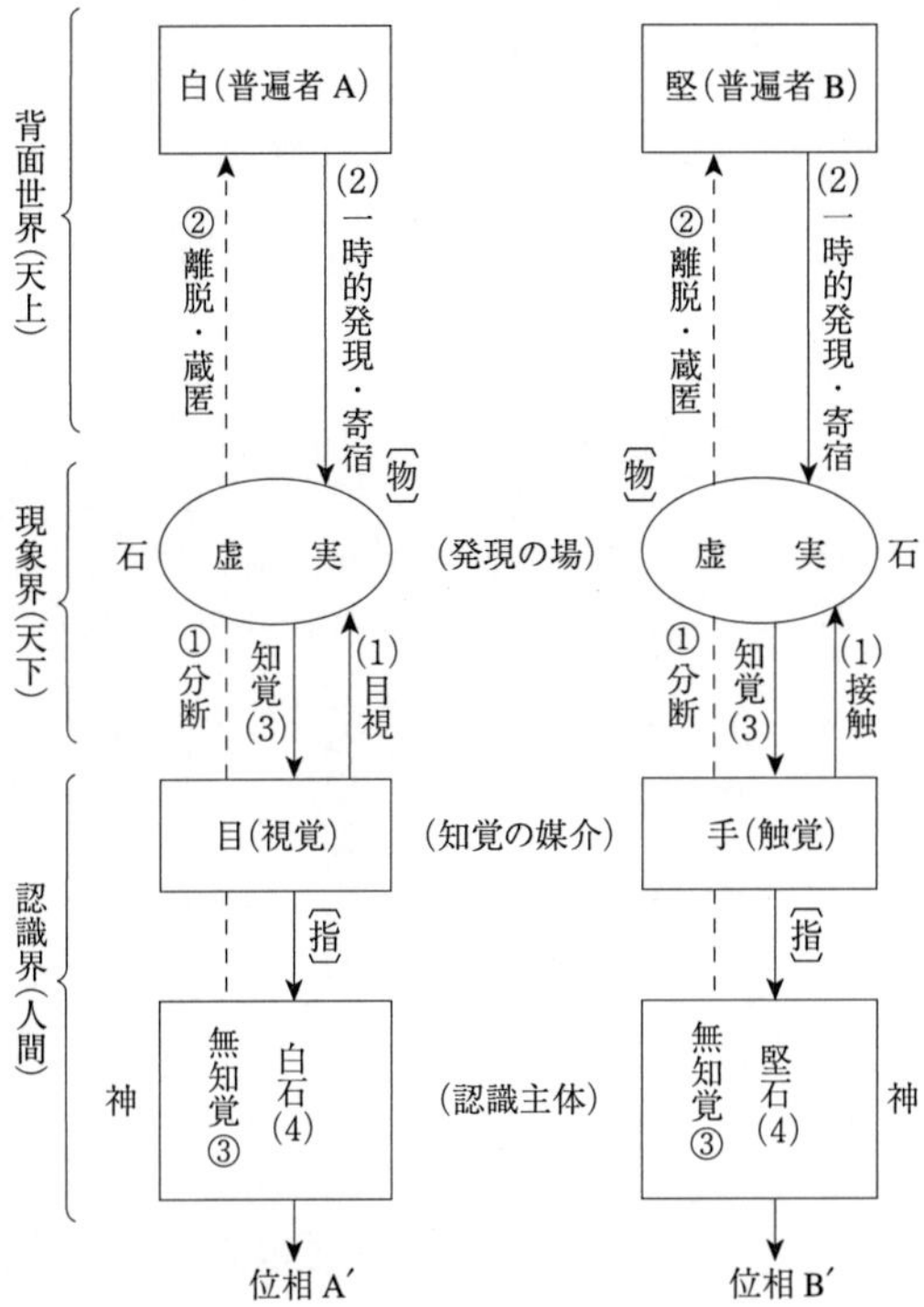

とすれば、堅と白の共存と、それらの同時認識の可能性とがともに否定されるそもそもの原因は、認識対象の領域つまり普遍者の側にあるとしなければならない。そこで注目すべきは、「見と不見とは離る。不見は離るとは、一一相盈たざればなり。故に離る。離なる者とは蔵るるなり」(堅白論)とか、「知ると知られざるとは相与《とも》に離れ、見ゆると見えざるとは相与に蔵《かく》る。蔵るれば故ち孰《た》れか之を離れずと謂わん」などといった彼の発言内容

である。ここでは、堅(知・不見・二)と白(不知・見・二)それ自身を、「相与に離る」「相盈たず」「相与に蔵る」といった行為の主体に据える文章構造が用いられており、それによって公孫龍が、普遍者たる堅と白自体が一個の石中への共存・同居を嫌い、どちらか一方が先にその場を占有していれば、もう一方は相手から離反して背面世界に姿を隠す、と思考していたことが判明する。したがって、まず対象世界において、堅と白とは一個の石中に交互にしか発現しないとの事実が先行的に生起し、ついでその反映として、人は堅石と白石を堅白石として包括的には認識できない、との結果が招来されるわけである。

だがたとえそうであるとしても、視覚によって獲得した白石なる知覚と、触覚によって獲得した堅石なる知覚とを、のちに認識主体(神)が統合するならば、そこに堅白石なる統合認識を形成することは、なお可能ではないのか、との疑問がつぎに生じてくる。そこで公孫龍が、人間の認識主体たる精神の機能をどのように理解していたのかが問題となる。

　且つ猶《な》お白は目と火を以て見るがごときも、而して火は見ず。則ち火と目と見ずして神見る。神も見ざれば、而ち見は離る。堅は手を以てし手は撫《ぶ》を以てす。是れ撫と手と知りて而も知らず。而して神も与《とも》に知らず。神の是に乎《お》けるは之を離と謂う。離なる者とは、天下は故《もと》より独にして正しければなり。

これは堅白論の最後で公孫龍が認識経路の仕組みを解説する部分であるが、そこでは、感覚器官(目・手)や媒介者(火・撫)から分断されてしまえば、認識主体たる精神も、それ単独では対象認識が不可能となり、必然的に堅や白も対象物たる石から離脱して、背面世界へとその姿を隠すことが語られる。つまり認識経路から分断されてしまったのちの精神は、もはや独力では何ひとつ対象を知覚できぬ、実の認識に関しては全く無力な存在として位置づけられているのである。

したがって、すでに二通りの認識行為が各々終了したのち、単に記憶としてのみ残された堅なる知覚と白なる知覚とを組み合わせて、堅白石なる統合認識を形成する行為は、一個の対象物中には決して共存せぬ両者の残像を合成して、精神内に架空の対象認識を捏造すること、同時には知覚できないはずの堅の位相と白の位相を、対象物の実を無視して観念的に合成し、対象世界には実在しない堅白石の虚像・幻影を生み出すまやかしにほかならず、対象物が包摂する実を、知覚した実の位相内で限定的に認識する、との原則を逸脱するものである。「天下の有とする所(物)を以て、天下の無とする所(指)と為すは、未だ可ならず」(指物論)と説く公孫龍の発言には、そうした観念的操作を禁止せんとする意図も含まれていたのである。

そして、異なる普遍者が同一の対象物(場)に同時には共存しない以上、人は異質な位相を包括的に認識することができず、故に記憶としてのみ残された無形の知覚を精神内で合成し、対象世界には実在しない架空の統合認識を形成してはならないとする点に、公孫龍の第三の特色が存在する。

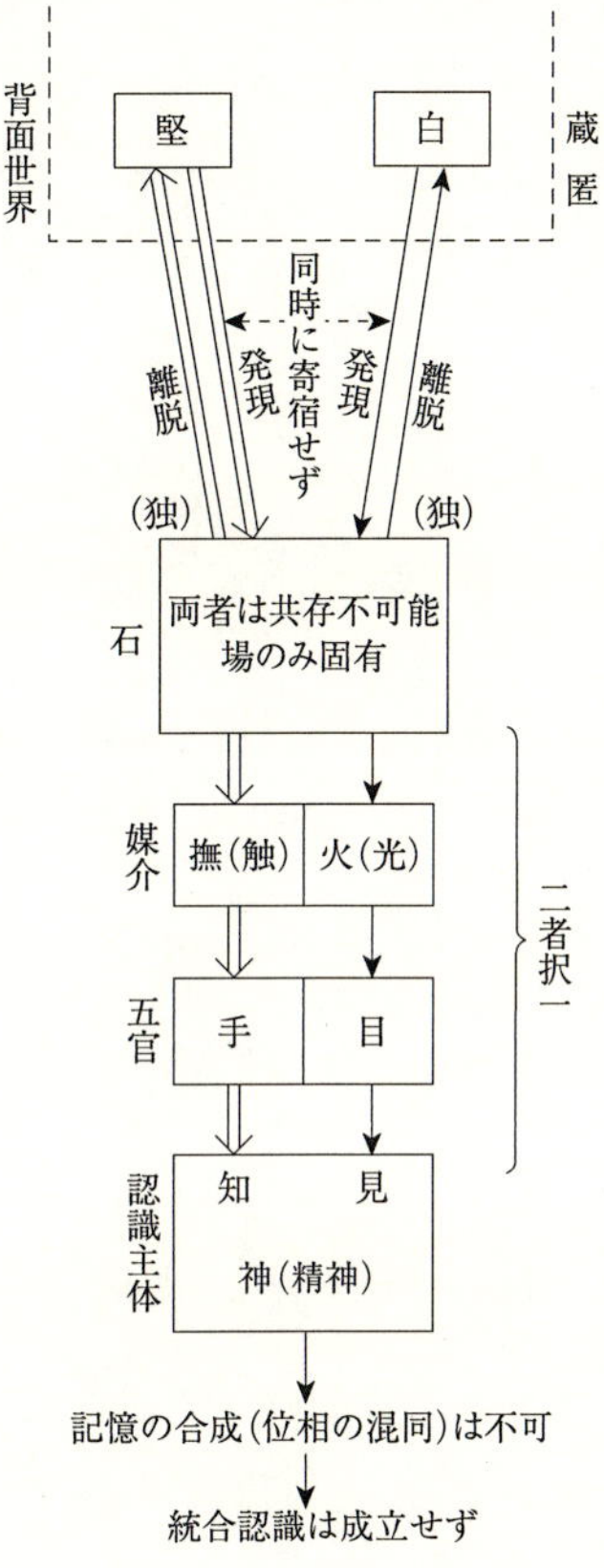

このように、人間の認識能力の限界性を絶えず自覚しつつ、位相差を厳密に区分して名実を対応させよと唱える立場は、同類と異類の分類に際しても、普遍(通)と特殊(変)の位相差を峻別せよとする立場へと接続して行く。通変論において公孫龍は、自然数の本質を計量数としてではな

く、順序数と把握した上で、「二に一有り」とする思考を否定して、「二に一無し」と説く。二番目の数を表示する二の中には、もとより一番目の数といった意味は全く含まれないからである。もし「二に一有り」とする思考を容認するならば、あらゆる自然数は、自己の中に他の数を包摂したり、逆に他の数の中に包含・吸収されたりして、ことごとく独立性と普遍性を失う事態を招く。それでは普遍者たるべき自然数の本質を見失い、通の位相と変の位相を錯乱させると、公孫龍は危惧したのである。

同様に彼は、「曰く、右は与《くみ》するもの有り。変ずと謂うべきか。曰く、可なり。曰く、隻《せき》を変ぜん。曰く、右なり」と、右と左とは相互の位置関係の変化に全く影響されぬ普遍性を維持すると主張した。それは公孫龍が、左右の本質を位置概念としてではなく、方向概念として捉えているからで、右が右側の意味ではなく、右向きを意味するならば、右は相手、すなわち左向きの位置変化に何ら影響されることなく、常に右方向のみを指し続ける、普遍性と独立性を維持する。

公孫龍はこうした通と変の位相差を峻別する論理を、同類と異類を区分する分類法にも適用し、牛・羊・馬・鶏の四者を分類する場合には、牛と羊とが常に一定不変の同類を形成し、さらにもう一者を同類関係に加入させる場合には、鶏ではなく必ず馬の側を選択すべきであると語る。同様に公孫龍は、青・白・黄・碧の四者を分類する場合には、青と白とが常に一定不変の正常な一対を形成し、もし別の一者を参加させる場合には、碧ではなく必ず黄の側を選択すべきであると述べる。

これらの論理によって公孫龍は、同類と異類との間には、条件の如何によらず決して移行することのない、普遍的な枠組みが存在することを主張したのである。しかもその最終的な狙いは、以上の論理をさらに君臣関係に対して適用し、「其の碧に与《くみ》するよりは寧ろ黄なれ。黄は其れ馬なり。其れ与《とも》に類せんか。碧は其れ鶏なり。其れ与に暴《ぼう》せんか。暴すれば則ち君臣争いて両つながら明らかにせんとす。（中略）両つながら明らかにせんとして道喪《ほろ》ぶ」と、君主と臣下が相手の領域を侵犯して、臣下が君主権を侵奪したり、君主が群臣を弾圧して専制支配を行う混乱を回避し、相互に相手の領域を保全し合って、国家体制の在るべき普遍的枠組みを維持するよう要請するところにあった。

　このように、実の位相差を逸脱した概念の肥大化や概念間の移行・転換などに極度の警戒感を示すとともに、そうした正名理論と、個を保全する形で伝統的秩序の枠組みを維持せんとする政治理念とを結合する点に、公孫龍の論理学の第四の特色がある。

　それでは続いて、正名の最終段階、すなわち統治者による名称の制定に関する思考を検討してみよう。名実論において公孫龍は、「彼と謂《い》うも彼彼に唯《い》せざれば、則ち彼の謂《いい》は行われず」「彼を彼として彼に当たらば、則ち彼に唯し、其の謂は彼に行わる」とか、「此の此に非ざるを知り、此の此に在らざるを知らば、則ち謂とせざるなり」などと、政治権力が統治行為として名称を制定し、それを社会に通行させて実用に供する際には、名称が対象の実の位相を厳密に表示し得ているか否かを唯一の基準に据えるよう、執拗に要求する。彼が名と実の先後関係を「夫れ名とは実の謂なり」と規定する以上、名称制定の唯一の基準を実の側に求めるのは、当然の現象だとも言える。しかしながら、これを荀子の正名思想と比較するならば、やはりそれが公孫龍の論理学の一つの特色であることが判明するであろう。

　荀子は「彼の名辞なる者は、志義の使いなり。以て相通ずるに足らば則ち之を舍く。之を苟《みだり》にするは姦《かん》なり。故に名は以て実を指すに足り、辞は以て極《さだめ》を見《あら》わすに足らば、則ち之を舍く」（『荀子』正名篇）と述べて、名称・言語を制定する際は、相互に意志が伝達できれば充分であって、名実の対応関係に対し、強いてそれ以上の精緻さを追究すべきではないとの立場を表明する。もとより荀子も、「実を異にする者をして名を異にせざること莫《な》からしむ」「実を同じくする者をして名を同じくせざること莫からしむ」（同）と、名称は実の側の同異に依拠して制定されるべきだと考えており、この点では公孫龍と一致する。

しかし一方で荀子には、「名には固宜《こぎ》無く、之を約して以て命《なづ》け、約定まりて俗成れば之を宜《ぎ》と謂い、約に異なれば之を不宜と謂う。名には固実《こじつ》無く、之を約して以て命け、約定まりて俗成れば之を実名と謂う」(同)と、名称とは人間社会が取り決める約束事だとする独自の言語観が存在するため、「名には固善有り。経易《けいい》にして払《もと》らざれば之を善名と謂う」「散名《さんめい》の万物に加うる者は、則ち諸夏《しょか》の成俗に従いて、遠方異俗の郷にも曲《つぶ》さに期《あわ》せ、則ち之に因りて通ぜ為《し》む」(同)と、既成の習俗や社会通念に照らして、万人の合意を取りつけられる平易性・便宜性の側をより重視することとなる。

そのために、「夫《か》の堅白同異・有厚無厚の察《さつ》は、察ならざるには非ざるなり」(『荀子』修身篇)と、公孫龍を始めとする弁者《べんじゃ》の考察が精緻を極めることは承認しながらも、「礼の理は誠に深し。堅白同異の察も、焉《ここ》に入れば而ち溺る」(『荀子』礼論篇)、「堅白同異の分隔《ぶんかく》は、是れ聡耳《そうじ》も聴く能わざる所、明目《めいもく》も見る能わざる所、弁士も言う能わざる所なり」(『荀子』儒效篇)と彼等を非難して、対象認識の精密さを徹底的に追究し、世俗の一般常識から遠くかけ離れた論理を導き出して、それに依拠して名称を制定せんとする思考を激しく忌避するのである。

これに反して公孫龍は、社会通念との調和や実用上の便宜性といった要素を一顧だにせず、ひたすら自己が解明した実の位相差のみを唯一の基準とするよう主張した。その原因は上述のように、名称を実の位相の精密な反映たらしめる形態での正名こそが、伝統的社会体制の崩壊を阻止し得ると彼が確信していたところにある。そしてこの点に、公孫龍の論理学が示す第五の特色が存在する。

名実錯乱への批判

それでは今度は少しく視点を変え、これまで解説してきた公孫龍《こうそんりゅう》の論理学が、いかなる事態への反対運動として形成されたのかを、改めて考えてみよう。公孫龍が想定していた言わば仮想敵の姿と対比させることによって、彼の論理学的構造はより一層鮮明になるはずである。

もし上述した彼の立場とは反対に、対象物が示す各種の性質を、普遍者の一時的発現としてではなく、対象物に固有の属性とする理解を容認したり、人の認識は五官の各経路毎にある特定の位相を限定的に認識するに過ぎないとの見方を否定して、人に五官を経由しない全智・全能の超越的認識能力の存在を認めたり、人の精神に位相の異なる知覚を合成して統合認識を形成する操作を容認したりすれば、そこにはどのような状況が出現するであろうか。

そうした世界では、すでにあらゆる対象物は、「堅と白とは相外《そと》にせず」（『墨子』経上篇）、「堅無くして白を得るも、必ず相盈《み》つるなり」（同・経説下篇）と、自己が示すすべての性質を己の本来的所有として、自己完結的・自己充足的に存在する。なおかつ人間の認識能力は、「心に徴知《ちょうち》有り。徴知は則ち耳に縁《よ》りて声を知れば可、目に縁りて形を知れば可なり。然らば而ち徴知は必ず将《そ》れ天官の其の類を当簿《とうぼ》するを待ちて然る後に可なり」（『荀子』正名篇）と、背面世界と現象界を飛びまわる普遍者の妨害や、認識経路からの分断をもはや恐れる必要なしに、自己充足的に存在する対象物を包括的・全体的に把握できる。もとより「心、中虚《ちゅうきょ》に居りて以て五官を治む」（『荀子』天論篇）と、あらゆる位相差を乗り越えて、異なる実さえも自在に組み合わせ、無制限に統合認識を合成する行為も、そこでは可能となる。

もし世界と認識との関係をこのように理解するならば、そこにはとどまるところを知らぬ名実の錯乱が待ち受けると、公孫龍は訴える。各個物は、自らが多くの普遍性を固有の属性として具備していると思いあがり、引いては自らが普遍であり永遠であると詐称して、他者との共通性を手づるに、本来的に絶対他者であるものまでをも手繰り寄せ、あたかも自己の一部であるかのように併呑し統合し始めるであろう。各個物がこうした形で、際限のない肥大化を志向して膨張運動を続ければ、互いに相手を呑み込まんとする争乱の果てに、ついには個が全体を呑みつくさんとする転倒した世界さえ出現しかねないであろう。

「青と白とは相与《くみ》せずして而も相与す。反対なり。相鄰《とな》りせずして而も相鄰りす。其の方を害せざるなり。其の方を害せざるは、反にして対し、各《おの》おの其の所に当たればなり。左右の驪《つ》かざるが若《ごと》し」（通変論《つうへんろん》）と、それぞれの方面・領域を厳守して、他者の領分を侵害せぬことを求め、「青に一なるは可ならず、白に一なるも可ならず」「暴《ぼう》すれば則ち君臣争いて両つながら明らかにせんとす。（中略）両つながら明らかにせんとして道喪《ほろ》ぶ」（同）と、他者を圧迫・併合する行為を禁止せんとする発言も、上述した事態への公孫龍の危機感の表明である。

またそうした世界では、各概念が他の概念との間の重複関係や包摂関係を糸口に、自己の本分を逸脱して他者にくら換えし、そのために今度は、相手がかつての自己に転換して、両者が完全にすり替わる状況も生じてくる。「白馬有るを以て馬有りと為《な》さば、白馬有るを謂いて黄馬有りと為すも、可ならんか」（白馬論）と、白馬は馬と同一であり、黄馬も馬と同一だと言い張るならば、ついには白馬が黄馬となり、黄馬が白馬となる事態さえ起こり得るのである。「彼を彼として彼に止まり、此を此として此に止まるは、可なり。此を彼として彼は且《まさ》に此ならんとし、彼を此として此は且に彼ならんとするは、可ならず」（名実論《めいじつろん》）との発言には、重複関係や包摂関係を口実にした概念の肥大化や移行・転換に対する、公孫龍の強い警戒心が読み取れる。

さらに人間の認識能力に対し不可知の領域を認めず、「指を以て指の指に非ざるを喩すは、指に非ざるを以て指の指に非ざるを喩すには若《し》かざるなり」（『荘子』斉物論篇《せいぶつろんへん》）「智なる者は知る所以なり。而して必ず知ること明の若《ごと》し」（『墨子』経説上篇）とか、「道とは万物の始め、是非の紀なり。是を以て明君は、始めを守りて以て万物の源を知り、紀を治めて以て善敗の端を知る」（『韓非子』主道篇）「見知の道は、唯だ虚にして有ること无《な》し。虚にして有ること无ければ、秋毫之《しゅうごう》を成すも、必ず形名有り」(『経法』道法篇)などと、一切の障壁なしに完全無欠な認識が可能だとされる世界では、実の位相差を峻別し、名と実を同一の位相内でのみ対応させんとする思考などは、根柢より吹き飛んでしまう。自己には神のごとき絶対的認識能力が備わっており、それを用いて自分は宇宙の果てまでをも隈なく認識し、世界の真理・実相を悟ったと詐称する者たちによって、位相を異にする各種の実が自由自在に合成され、「天地と其の産する所」にあらざる虚構の名称が、実を無視して一人歩きし始める。名実の対応関係は徹底的に破壊され、ついには虚構の名称の実在を証明すべく、逆に実の側が名の虚構に合致する形に破壊されて行くであろう。(3)

公孫龍はこうした潮流に抵抗すべく、「天下に指無ければ、而ち物は指と謂うべからずとは、指に非ざること有るには非ざるなり。指に非ざること有るには非ずとは、物は指に非ざること莫《な》ければなり」(指物論《しぶつろん》)と、たとえ人の主観認識には大きな限界があるとしても、だからと言って主観認識の限界性を一挙に突破して、対象の全体を客観的・包括的に認識し得る超越的認識方法などは存在しないと訴える。人は背面世界に実在する普遍者たちを直接に認識することはできず、また時間的継起を超えて異なる位相を統合的に認識することもできないが、人間は所詮そうした限界を自覚しつつ、己に許された限定的認識に甘んずるしかない存在だからである。

これまで述べてきた公孫龍の論理学的立場を図式的に要約すると、およそつぎのようになろう。公孫龍の論理学の構造は、A普遍概念の実体化↓B三界連動理論↓C個物の自己充足性解体↓D異なる普遍者の同時共存否定↓E位相差に制約された認識能力の限界性設定↓F精神による知覚合成の否定↓G限定的認識能力への自覚↓H位相差峻別の要求↓I概念の肥大化・概念間の移行やすり替え・分類の普遍的枠組みの改変等の禁止↓J実の位相差にのみ準拠した名称の制定↓K名実一致による個の保全と伝統的秩序の維持・回復、と展開する一連の系統として理解することができる。

そしてこのような形で理解するとき、公孫龍の論理学が単に「白馬は馬に非ず」といった命題を羅列するだけのものではなく、世界と人間の認識に対する特異な解釈と、「其の物とする所を物として、過ぎず」「其の実とする所を実として、曠《むな》しからず」「其の位する所に位する」(名実論)形での正名により、「其の方を害せず」「各《おの》おの其の所に当たる」(通変論)形で既存の社会体制を維持せんとする政治理念とを複雑に連繫させる、緊密な体系を備えていたことに気づくであろう。

6　公孫龍の全体像——その政治活動と言語哲学

政治思想家としての公孫龍

公孫龍像

公孫龍《こうそんりゅう》は、白馬非馬論や堅白論《けんぱくろん》を唱えた弁者《べんじゃ》の雄として著名である。だが公孫龍には、名家《めいか》としての活動以外に、戦国の世に反戦と兼愛を説き続けた、政治思想家としての一面も存在している。この両者が全く乖離・断絶していたとは想定しがたいのであるが、それでは公孫龍の論理学的思索と政治思想は、彼の内部でどのような統一性を保っていたのであろうか。本節ではこの両者の関係を考察し、公孫龍の思想の全体像を探って行くことにしたい。

まず最初に公孫龍の政治思想家としての事跡を辿ってみよう。前三一四年、斉《せい》の宣王は、燕王噲《えんおうかい》が子之《しし》に王位を譲ったのちの内乱に乗じて燕に侵攻する。匡章《きょうしょう》に率いられた斉軍は、「士卒は戦わず、城門は閉じず。燕君噲《かい》は死し、斉は大いに燕に勝つ」(『史記』燕召公世家)と、たちまち燕の全域を制圧する。

まもなく斉は、占領地を維持できずに撤退したが、前三一二年に即位した燕の昭王は、「先王の恥を雪《そそ》ぐは、孤の願いなり」(同)と、斉に対する復讐戦に執念を燃やし続けた。公孫龍はこうした状況の下、昭王に攻戦の中止を訴えている。

公孫龍說燕昭王以偃兵。昭王曰、甚善、寡人願與客計之。公孫龍曰、竊意大王之弗爲也。王曰、何故。公孫龍曰、日者大王欲破齊。諸天下之士其欲破齊者、大王盡養之。知齊之險阻要塞君臣之際者、大王盡養之。雖知而弗欲破者、大王猶若弗養。其卒果破齊以爲功。今大王曰、我甚取偃兵。諸侯之士在大王之本朝者、盡善用兵者也。臣是以知大王之弗爲也。王無以應。（『呂氏春秋《りょししゅんじゅう》』審応覧応言篇）

公孫龍は燕の昭王に説くに偃兵《えんぺい》を以てす。昭王曰く、甚だ善し、寡人《かじん》願わくば客と之を計らんと。公孫龍曰く、窃《ひそ》かに大王の為さざらんことを意《おも》うと。王曰く、何の故ぞと。公孫龍曰く、日者《さき》に大王は斉を破らんと欲す。諸《もろもろ》の天下の士にして其の斉を破らんと欲する者は、大王尽く之を養う。斉の険阻・要塞・君臣の際を知る者は、大王尽く之を養う。知ると雖も破るを欲せざる者は、大王は猶《なお》若養わず。其の卒《おわ》りも果たして斉を破りて以て功と為さんか。今大王曰く、我甚だ偃兵を取ると。諸侯の士の大王の本朝に在る者は、尽く善く兵を用うる者なり。臣は是を以て大王の為さざるを知るなりと。王は以て応ずる無し。

公孫龍は、斉への侵攻準備に狂奔する昭王の行状から、「我は甚だ偃兵《えんぺい》を取る」との言辞が、実は全くの虚言に過ぎぬことを喝破する。恐らく昭王は、反戦を唱える公孫龍を客に迎え入れ、ともに偃兵を模索する擬態により、斉を油断させようと企んだのであろう。

前二八四年、公孫龍が看破したごとく、燕は大挙して斉に侵入し、「楽毅《がっき》を以て上将軍と為し、秦《しん》・楚《そ》・三晋《さんしん》と謀《ぼう》を合して、以て斉を伐つ。斉の兵敗れ、湣王《びんおう》は外に出亡す。燕兵独り北《に》ぐるを追い、入りて臨淄《りんし》に至り、尽く斉の宝を取り、其の宮室・宗廟を焼く。斉城の下らざる者は、独唯《ただ》聊《れん》・莒《きょ》・即墨《そくぼく》のみ」(『史記』燕召公世家)との大勝利を収めて、斉のほぼ全域を占領する。したがって公孫龍が燕で反戦を説いたのは、昭王が即位した前三一二年から、実際に侵攻が開始される前二八四年の間である。そしてこれが、公孫龍が歴史の舞台に登場する最初の事件であった。

つぎに公孫龍は趙を訪れ、恵文王にやはり偃兵と兼愛を説く。

趙恵王謂公孫龍曰、寡人事偃兵十餘年矣、而不成。兵不可偃乎。公孫龍對曰、偃兵之意、兼愛天下之心也。兼愛天下、不可以虛名爲也。必有其實。今藺離石入秦、而王縞素布總、東攻齊得城、而王加膳置酒。秦得地而王布總、齊亡地而王加膳。所非兼愛之心也。此偃兵之所以不成也。今有人於此。無禮慢易而求敬、阿黨不公而求令、煩號數變而求靜、暴戾貪得而求定、雖黃帝猶若困。

（『呂氏春秋』審応覧）

趙《ちょう》の恵王、公孫龍に謂いて曰く、寡人は偃兵に事《つと》むること十余年なるも、而して成らず。兵は偃《や》むべからざるかと。公孫龍対《こた》えて曰く、偃兵の意は、天下を兼愛するの心なり。天下を兼愛するは、虚名を以て為すべからず。必ず其の実有り。今、藺《りん》と離石《りせき》の秦に入るや、王は縞素《こうそ》・布総《ふそう》し、東のかた斉を攻めて城を得れば、而ち王は膳を加えて酒を置く。秦、地を得れば王は布総《ふそう》し、斉、地を亡わば王は膳を加う。所《こ》れ兼愛の心には非ざるなり。此れ偃兵の成らざる所以なり。今、此に人有り。無礼慢易《まんえき》にして敬を求め、阿党《あとう》不公にして令を求め、煩号数変《はんごうすうへん》にして静を求め、暴戻貪得《ぼうれいたんとく》にして定を求むれば、黄帝と雖も猶若《なお》困《くる》しまんと。

趙の恵文王は、十余年も偃兵に努めたにもかかわらず、さっぱり実効が上がらないところを見ると、所詮偃兵は実行不可能な空論ではないのかと、偃兵の可能性に疑問を投げかける。これに対して公孫龍は、「偃兵の意は、天下を兼愛するの心なり」と、反戦主義の真意が天下全体を兼愛する精神にあることを明示する。その上で公孫龍は、秦に領地を削られては喪礼をとり、斉の領土を奪っては祝杯を上げるといった心の持ち方は、他者を犠牲にして自己の利益を図らんとする利己的精神であって、世界中のあらゆる個物を自己を愛すると同様に愛して行こうとする、兼愛の精神とはほど遠く、ために偃兵の成果が上がらないのだと指摘して、王に反省を促す。[1] このとき公孫龍は、「今、藺と離石は秦に入る」と、藺と離石の両城が秦に奪われた事件に触れるが、これら二つの城邑が趙に背いて秦に降ったのは、前二八〇年前後のことである。

ここで留意すべきは、各国の君主に偃兵を説く際の公孫龍の姿勢である。燕の昭王に偃兵を説く場合、かつて斉に国家の全域を占領された屈辱から復讐戦が計画されたといった経緯を、公孫龍は全く顧慮しない。当事者が背負うさまざまな事情を一切捨象する形で、彼は偃兵を説く。趙の恵文王に対する場合も同様で、東西を斉や秦といった強国に挟まれながら、自国の存立に腐心する恵文王の立場は、完全に無視される。

したがって公孫龍が説く偃兵策は、大国間の力の均衡を図ったり、時間稼ぎのために一時の和平をもくろんだりする、縦横家的な外交戦術の要素を全く含んでいない。すなわち彼の偃兵策は、利害や打算、従来の経緯などを一切無視して、ただひたすら軍事行動の抑制を求める、極めて理想主義的な性格を帯びているのである。

そののち公孫龍は、趙の恵文王の弟であり、戦国の四君子の一人として名高い平原君《へいげんくん》に、客の身分で仕えるようになった。前二七九年、趙と秦は空雄《くうゆう》の地で会盟し、「今より以来、秦の為さんと欲する所は、趙之を助け、趙の為さんと欲する所は、秦之を助く」(『呂氏春秋』審応覧淫辞篇)との同盟を結んだ。のちに秦は魏《ぎ》を攻撃せんと図ったが、趙は魏を救援する構えを取った。そこで秦王は使者を派遣し、条約違反であると強硬に抗議してくる。対処に窮した恵文王は平原君に解決を依頼し、平原君は公孫龍に相談を持ちかけた。すると公孫龍は、条文解釈を盾に、「趙は之を救わんと欲す。今、秦王独り趙を助けざるは、此れ約に非ざるなり」(同)と応酬するよう、策を授けたという。秦が実際に魏を攻撃して二城を陥落させたのは、前二七六年であるから、これは前二七九年から前二七六年にかけての出来事である。

この件に関する公孫龍の言動は、あたかも趙に荷担して趙の軍事行動は容認する一方、秦に対抗して秦の軍事行動にのみ反対したかに見える。もしそうであれば、前の兼愛・偃兵の主張と、重大な矛盾を引き起こすことになろう。だが前後の関係から判断すると、公孫龍の意図は、趙が魏を救援する態勢を示す手段により、秦に魏への侵攻を思いとどまらせんとする点に存したであろう。したがってこの場合も、趙に荷担して趙を窮地から救わんとする色彩は帯びるものの、彼の真意はやはり偃兵の実現にあったと考えるべきであろう。

さらに二十年ほど経った前二五七年、秦の大軍が趙の国都である邯鄲《かんたん》を包囲し、趙はもはや滅亡かと思われた。このとき平原君は、楚と魏の信陵君《しんりょうくん》に援兵を依頼して秦の攻囲軍を破り、趙を窮地より救う功績を上げた。そこで虞卿《ぐけい》は孝成王に対し、平原君の封土を増すよう申請した。ところがこれを聞いた公孫龍は、平原君に強く辞退を勧める。

虞卿欲以信陵君之存邯鄲、爲平原君請封。公孫龍聞之、夜駕見平原君曰、龍聞、虞卿欲以信陵君之存邯鄲爲請封、有之乎。平原君曰、然。龍曰、此甚不可。且王擧君而相趙者、非以君之智能爲趙國無有也。割東武城而封君者、非以君爲有功也。而以國人無勳、乃以君爲親戚故也。君受相印不辭無能、割地不言無功者、亦自以爲親戚故也。今信陵君存邯鄲而請封、是親戚受城、而國人計功也。此甚不可。且虞卿操其兩權、事成、操右券以責、事不成、以虛名德君。君必勿聽也。平原君遂不聽虞卿。（『史記』平原君列伝）

虞卿は信陵君の邯鄲を存するを以て、平原君の為に封を請わんと欲す。公孫龍は之を聞き、夜に駕《が》して平原君に見《まみ》えて曰く、龍聞く、虞卿は信陵君の邯鄲を存するを以て封を請うを為さんと欲すと、之有るかと。平原君曰く、然りと。龍曰く、此れ甚だ不可なり。且《そも》そも王の君を挙げて趙に相たらしむるは、君の智能を以て趙国に有ること無しと為すには非ず。東武城を割きて君を封ずるは、君を以て功有りと為すには非ず。而るに国人を以て勳《いさおし》無しとするは、乃ち君を以て親戚と為すが故なり。君の相印を受くるに無能を辞せず、地を割くに無功と言わざるは、亦《ま》た自ら以て親戚と為すが故なり。今、信陵君邯鄲を存して封を請うは、是れ親戚城を受けて、国人功を計るなり。此れ甚だ不可なり。且つ虞卿は其の両権を操り、事成れば、右券を操りて以て責《もと》め、事成らざれば、虚名を以て君に徳とせん。君必ず聴くこと勿れと。平原君は遂に虞卿に聴かず。

そもそも、平原君が宰相に任命されて国政を担当し、また東武城に封建されて領主の身分にあるのは、平原君の個人的才能や功績によってではなく、偏に君主の親戚であるからにほかならない。しかるに、もし今回の戦役に自ら功有りとして、新たな采邑《さいゆう》を受けるならば、それは才能や功績によって地位や俸禄を受ける臣下と全く同等の立場に立つことを意味する。血縁の故に現在の地位を得ておきながら、臣下と同じ立場で恩賞を受けるというのでは、平原君は異質な性格を二重に混在させることになる。したがって増封を固辞し、あくまでも王族の一員として君主を補佐するとの自己の本分を厳守すべきである。しかも虞卿が臣下の分にありながら、宰相たる平原君の論功行賞を計るのは、賞罰の権を握る君主への甚だしい越権行為である。臣下はどこまでも臣下の分を守り、決して君主権を侵害すべきではない。

以上が公孫龍の展開する論理で、その内容は偃兵や兼愛を説くものではなく、自己の名分を逸脱せぬよう自制を求める名分論となっている。こうした名分論と偃兵・兼愛の主張がどのように関連するのかは、のちに考察することにしたい。

こののち公孫龍は、斉より趙にやって来た鄒衍《すうえん》と、平原君の面前で白馬非馬論の是非を論争して敗れ、平原君に退けられるに至る。

齊使鄒衍過趙。平原君見公孫龍及其徒綦母子屬、論白馬非馬之辯、以問鄒子。鄒子曰、不可。彼天下之辯有五勝三至、而辭正爲上。(2)辯者別殊類使不相害、序異端使不相害、杼意通指、明其所謂、使人與知焉、不務相迷也。故勝者不失其所守、不勝者得其所求。若是故辯可爲也。及至煩文以相假、飾辭以相惇、巧譬以相移、引人聲使不得及其意。如此害大道。夫繳紛爭言、競爲而後息、不能無害君子。坐皆稱善。（『史記集解』引く劉向「別録」）

斉の使い鄒衍は趙を過《よぎ》る。平原君は公孫龍及び其の徒綦母子《きぼし》の属《ぞく》に見《まみ》えしめ、白馬非馬の弁を論ぜしめて、以て鄒子《すうし》に問う。鄒子曰く、不可なり。彼の天下の弁に五勝三至有るも、辞正しきを上と為す。弁とは殊類《しゅるい》を別《わか》ちて相害《がい》さざらしめ、異端を序して相害さざらしめ、意を杼《の》べ指を通じ、其の謂う所を明らかにし、人をして与《とも》に焉《これ》を知らしめ、相迷わすに務めざるなり。故に勝者は其の守る所を失わず、勝たざる者も其の求むる所を得る。是の若《ごと》ければ故《すなわ》ち弁は為すべきなり。文を煩《はん》にして以て相仮《いつわ》り、辞を飾りて以て相惇《そむ》き、譬を巧みにして以て相移すに至るに及びては、人声を引きて其の意に及ぶを得ざらしむ。此の如ければ大道を害す。夫れ繳紛《きょうふん》として言を争い、為にするを競いて後息《や》むは、君子を害する無きこと能わずと。坐するもの皆善しと称《とな》う。

平原君は、公孫龍や門人の綦母子などに白馬非馬論を披瀝させたのち、鄒衍にその評価を尋ねる。すると鄒衍は、そもそも言語・弁論は、社会に相互の意思を疎通させ、共通の認識を樹立する手段であり、公孫龍の弁論はそうした言語・弁論の社会性を破壊する害毒であるとして、激しく糾弾する。傍聴していた趙の群臣も、皆鄒衍の議論に賛同したため、「公孫龍は善く堅白の弁を為すも、鄒衍の趙を過りて至道を言うに及び、乃ち公孫龍を絀《しりぞ》く」（『史記』平原君虞卿列伝）と、公孫龍一門は鄒衍に敗北する形となった。平原君の死は前二五一年であるから、公孫龍が鄒衍に敗退したのは、前二五七年から前二五一年の間で、この事件を境に、公孫龍の名は歴史記録から消えてしまう。

以上、公孫龍の政治思想家としての活動を見てきた。それでは彼のこうした政治活動の目的は、どこに存在したのであろうか。公孫龍が生きた紀元前三世紀の前半は、七雄が疲弊しきった国力を総動員して最後の死闘をくり広げる、戦国の末期であった。公孫龍はこの凄惨な時代に向かい、ひたすら反戦を叫び続けたのだが、その基本精神は、彼自ら「偃兵の意は、天下を兼愛するの心なり」（『呂氏春秋』審応覧）と述べるように、天下を兼ね愛する精神であった。したがって、世界中のあらゆる個物を、自己を愛すると同様に愛そうとする精神に基づく公孫龍の反戦活動は、各国が互いに侵略や併合を否定して、自国の存立を望むと同様に、天下の諸国すべての保全を願うようになるところに、その究極の理念が存在したと思われる。

公孫龍の論理学的立場

それではつぎに、公孫龍《こうそんりゅう》の論理学的立場を概観してみよう。公孫龍の論理学の最大の特色は、塡充性や色彩を、一切の個物を超えて、それ自身で独立に存在する普遍者と見なした点にある。そこで例えば、堅さと白さを、ともに属性として分かちがたく内在させている石が、堅くて白い石であるとの常識的理解に対して、公孫龍の世界では、そもそも個物内に密封されていない堅や白は、人間の触覚や視覚から切り離されるや否や、一個の石から自由自在に抜け出し、物の背後の世界へと飛び去る。

もとより公孫龍による普遍概念の実体化は、塡充性や色彩にとどまらない。それは数概念や向き概念にも及び、さらには「鶏の足と謂えば一、足を数うれば二、二と一、故に三」(通変論《つうへんろん》)と、足概念をも実体化する。公孫龍が、白馬非馬論を唱えたのも、白馬の白さが馬の属性であることを否定して、それを普遍的実体と捉えるからである。

かくして公孫龍が想定した各種の普遍者により、あらゆる個物の自己完結性は、たちどころに解体される。人々の眼前にある個物は、固有の属性を持たぬ抜け殻と化し、永遠なるもの、普遍なるものは、人が決して認識できぬ背面世界にのみ、その真実の姿を現わすことになる。

このように公孫龍は、概念実在論の立場から素朴実在論の世界観を解体したのだが、彼が解体した対象は、単に眼前の世界にとどまらなかった。人々は、統一された秩序への安住を願う心と、脈絡なき混乱への恐怖心から、天上にあってこの世を主宰する、姿なき神の実在を信じようとする。だが公孫龍は、宇宙を支配する上天・上帝や、宇宙の本体・根源であったり、「道尽く万物の理を稽《さだ》む」(『韓非子』解老篇)と万理の統括者であったりする老子の道のような、背面世界で各種の普遍を総覧する、究極の普遍者の存在を認めようとはしなかった。彼にとっては、ただ「天地と其の産する所」(名実論《めいじつろん》)だけが物なのであり、公孫龍の世界には、いかなる神も住んではいない。そこで背面世界もまた、何らの統一者をも戴かず、さまざまな普遍者たちが乱舞するだけの世界へと、余すところなく解体されたのである。

そのうえ公孫龍は、さらに人間の認識能力の統一性さえも解体しようとした。公孫龍は、対象物↓媒介(光・触)↓感覚器官(目・手)↓認識主体(神)と連なる認識経路を示す。そして、「是れ撫《ぶ》と手と知りて而も知らず。而して神も与《とも》に知らず」(堅白論《けんぱくろん》)と、そのいずれもが単独では対象を知覚できず、しかも認識経路の最後に位置する精神にすら、異なる感覚器官を経由した知覚を蓄積し、総合する能力はないという。これにより人間の精神は、媒介者や感覚器官を経由せぬ直観的・超越的認識能力は無論のこと、統合認識の形成能力すら、虚構の合成として否定されたのである。

かくして公孫龍の世界では、解体しつくされた個物の群や、背面世界に飛び交う普遍者たちと、対象の実在を包括的に把握できぬ宿命を背負った、人間の主観認識とが対峙する。とすれば人間には、「物は指《し》に非ざるは莫《な》く、而して指は指に非ざる」(指物論《しぶつろん》)認識能力の限界性を徹底的に自覚しつつ、「其の位する所を出ずるは位に非ず」(名実論)と、自己の獲得した知覚がいかなる位相に属するのかを精緻に弁別し、位相を異にする認識の混同を避けて行く以外に、残された途はない。以上が、公孫龍の論理学の体系であったと考えられる。

政治思想と論理学の関係

それでは、公孫龍《こうそんりゅう》の政治思想家としての活動と、彼の論理学の体系とは、どのように接合していたのであろうか。

公孫龍は、色彩や塡充性など、素朴実在論の立場を取る人々が個物の属性と考えていた概念を、それ自身で独立する普遍者であると主張して実体化した。これによって個物は、自ら固有の実体を具備するとの自己完結性を否定されるとともに、人間の側もまた、個物に対する統合認識の形成能力を否定されることになった。

とすれば人間には、自らの認識能力の限界性を自覚しつつ、認識の位相を厳密に区分する姿勢が要求される。公孫龍の論理学が、各概念が他の概念との重複関係を糸口に、「二に一有り」(通変論《つうへんろん》)、「白馬有れば馬有り」(白馬論《はくばろん》)と、つぎつぎに位相の異なる概念を包摂し続け、互いに肥大化する事態に反対していたのは、そのためである。

もしこうした膨張主義を座視するならば、そこに待ち受けるのは、「此を彼として彼は且《まさ》に此ならんとし、彼を此として此は且に彼ならんとす」(名実論《めいじつろん》)る、概念間の無制約な移行、名実の錯乱でしかない。ふり返れば、自己が所有する実を逸脱して膨張せんとする名と名の衝突こそが、「暴《ぼう》すれば則ち君臣争いて両つながら明らかにせんとす。(中略)両つながら明らかにせんとして道喪《ほろ》ぶ」(通変論)と、君主は臣下を弾圧し、臣下は君主を凌がんとして、互いに相手の領域を侵犯し合う、社会秩序の破壊をもたらしてきたのであり、さらには国家と国家が互いに相手の併合を目指して攻伐し合う、戦国の争乱を招いてきたのである。公孫龍の名実論・名分論と、侵略や併合を否定する彼の反戦活動は、こうした形で接合していたと考えられる。

さて公孫龍は、偃兵《えんぺい》の根本精神が兼愛《けんあい》の精神にあることを明示していた。それでは彼の論理学的立場と兼愛の主張とは、どのように関係していたのであろうか。公孫龍は、各個物が固有の実体を完備していると思いあがり、自らが永遠であり普遍であると詐称して、本来的に絶対他者であるものを、あたかも自己に固有の属性であるかのように、己の中に併呑し統合すること、さらに名実の対応関係(言語)までが、天上の絶対神や超越的認識能力の完全性を武器に、それを追認する動きに反対した。

人が認識し得る眼前の個物とは、一連の時間的継起における、ある特定の位相であり、それはあくまでも、普遍者が人間の認識行為に応じて一時的に降り宿った仮象に過ぎない。真に永遠なるものは、あらゆる個物を超越して背面世界に存在する、知覚されざる普遍者たちである。すなわち公孫龍の世界では、時を超えて不変なるものは背面世界にのみ存在し、地上には時の経過とともに移ろう仮象だけが残される。

とすればその世界では、固有の実体を剝奪され、単に場としてのみ存在する個物には、もはや永続性は何ひとつ保証されぬようにも思える。しかるに公孫龍は、兼愛と偃兵を掲げて個の保全を執拗に訴え続けた。それは個物が、あまたの永遠なるもの、普遍なるものが、それを認識せんとする人の欲求に感応して、人にその性質を知覚させるべく仮の姿を現わす場として必要だったからにほかならない。

あたかもそれは、天上界に存在する祖先の神霊が、子孫による招魂の呼びかけに感応して、家廟・宗廟の神位・木主を依《よ》り代《しろ》に降臨するごとくである。もし滅亡によって祭祀が絶え、宗廟・位牌が失われたならば、降臨する場を奪われた神々は、二度とその姿を発現させせぬであろう。

そしてこうした概念実在論の体系は、侵略や併合を非難して反戦と兼愛を説き続けた、公孫龍の政治活動の論拠でもあったと考えられる。他者を自己と等しく愛さんとする意欲と、それを備えた人間の存在が保全されてこそ、時を超えて永遠なる愛も、初めてその性質を発現することが可能となる。もし他者を侵奪して己の中に併合せんとする争乱の果てに、唯一の勝利者を残してすべての個が消滅するならば、もはやそこには、他者への愛が発現する場はないからである。

公孫龍は鄒衍《すうえん》との論争に敗退したが、鄒衍は自己の認識能力に絶対の自信を抱き、「深く陰陽の消息を観る」「推《お》して之を遠くし、天地の未だ生ぜず、窈冥《ようみよう》考えて原《たず》ぬべからざるに至る」「海外の、人の睹《み》る能わざる所に及ぶ」(『史記』孟子荀卿列伝)と、宇宙の始源や天地の果てまでも、余さず認識できたと自称する人物であった。したがって鄒衍の認識論的立場は、人間の認識能力の限界性を自覚せよとする公孫龍の立場と、鋭く対立するものであった。

同時に鄒衍は、五徳絡始説と大地理説を唱え、周王朝に代わるべき、新たな統一国家の出現を鼓吹した人物でもあった。当然のごとく鄒衍は、言論の目的を「意を杼《の》べ指を通ず」(『史記集解』引く劉向「別録」)る共通認識の確立に求め、公孫龍を「人声を引きて其の意に及ぶを得ざらしむ」(同)分裂志向として、激しく弾劾した。

両者の対決と鄒衍の勝利とは、ポリス的古代の全き終焉と、すべてを呑みつくす巨大な統一帝国の出現といった、歴史の大転換を象徴するものであった。素朴実在論と天人相関的神秘主義を混淆して、存在・認識・言語などに無自覚な信頼を措きつつ、天界の神々や天地の理法といった幻想に安住せんとする時代風潮の前に、公孫龍学派は消滅し、古代論理学の思考方法そのものが途絶えた後には、解けない謎、『公孫龍子』だけが取り残された。

7　跡府篇の意図――公孫龍学派の消滅

跡府篇と公孫龍後学

『史記集解』が引く劉向《りゅうきょう》「別録」には、「斉《せい》の使い鄒衍《すうえん》は趙《ちょう》を過《よぎ》る。平原君《へいげんくん》は公孫龍《こうそんりゅう》及び其の徒綦母子《きぼし》の属に見《まみ》えしめ、白馬非馬の弁を論ぜしむ」との記述が見える。これにより公孫龍が、特に名が挙げられる綦母子を筆頭に、多数の門人・徒属を擁していた状況が判明する。[1] したがって公孫龍学派は、公孫龍個人の死によってただちに消滅したわけではなく、後学の徒は彼の死後も師説を奉じて、なお思想活動を継続したと推定し得る。

公孫龍とその一門が、平原君の面前で白馬非馬論の是非を論争したのは、前二五七年から前二五一年の間の出来事である。[2] したがって公孫龍後学の活動は、戦国最末から秦を経て漢初に及んだと思われる。

彼等の活動が漢初に及んだことを推測させるのは、『公孫龍子』跡府《せきふ》篇の存在である。跡府篇は、公孫龍の思想活動を「名実を正し天下を化せんと欲し」たものとして、弁護し顕彰する性格を備えるから、後学の徒が『公孫龍子』のテキストを編集する際、総序として著述し、『公孫龍子』の冒頭に位置させたものであろう。その中で後学の徒は、公孫龍を「六国の時の弁士なり」と記述している。こうした表現は、跡府篇の成立が、六国を滅した秦が前二二一年に中国世界を再統一した時点以降であることを明示する。しかも挟書《きょうしょ》の律《りつ》により、諸子百家の思想活動が徹底的に弾圧された秦代に、後学たちが師説を公けに顕彰する活動を行ったとは考えがたいから、跡府篇の著作時期は、漢初であった可能性が高い。こうした事情から、跡府篇の内容には、漢初における公孫龍後学の立場が投影されていると考えられる。そこで本節では、公孫龍の死後、後学の徒がいかなる立場に置かれたのか、その状況を跡府篇の内容から探って行くことにしたい。

跡府篇の内容

具体的な検討に入る前に、まず跡府篇の全文を原文と書き下しにより示して置くことにしたい。

(1)公孫龍六國時辯士也。疾名實之散亂、因資材之所長、爲守白之論。假物取譬、以守白辯、謂白馬爲非馬也。

公孫龍は六国の時の弁士なり。名実の散乱するを疾《にく》み、資材の長ずる所に因りて、守白の論を為す。物に仮りて譬を取り、守白を以て弁ずるに、白馬を謂いて馬に非ずと為すなり。

(2)白馬爲非馬者、言白所以名色、言馬所以名形也。色非形、形非色也。夫言色、則形不當與、言形、則色不宜從。今合以爲物非也。

白馬は馬に非ずと為すは、白と言うは色に名づくる所以にして、馬と言うは形に名づくる所以なり。色は形に非ず、形は色に非ざるなり。夫れ色を言わば、則ち形は当《まさ》に与《あずか》るべからず、形を言わば、則ち色は宜しく従うべからず。今合わせて以て物と為すは非なればなり。

(3)如求白馬於廐中無有、而有驪色之馬、然不可以應有白馬也。不可以應有白馬、則所求之馬亡矣。亡則白馬竟非馬。欲推是辯以正名實而化天下焉。

如し白馬を廐中《きゅうちゅう》に求むるも有ること無くして、驪色《りしょく》の馬有らば、然るに以て白馬有るには応ずべからず。以て白馬有るには応ずべからざれば、則ち求むる所の馬亡《な》し。亡ければ則ち白馬は竟《つい》に馬に非ず。是の弁を推して以て名実を正し天下を化せんと欲す。

(4)龍與孔穿會趙平原君家。穿曰、素聞先生高誼、願爲弟子久。但不取先生、以白馬爲非馬耳。請、去此術、則穿請爲弟子。龍曰、先生之言悖。龍之所以爲名者、乃以白馬之論爾。今使龍去之、則無以教焉。且欲師之者、以智與學不如也。今使龍去之、此先教、而後師之也。先教而後師之者悖。且白馬非馬、乃仲尼之所取。

龍は孔穿《こうせん》と趙《ちょう》の平原君《へいげんくん》の家に会す。穿曰く、素《もと》より先生の高誼《こうぎ》を聞き、弟子為《た》らんと願うや久し。但《た》だ先生に取らざるは、白馬を以て馬に非ずと為すのみ。請う、此の術を去らば、則ち穿は弟子と為らんことを請わん。龍曰く、先生の言は悖《もと》れり。龍の名を為す所以の者は、乃ち白馬の論を以てするのみ。今、龍をして之を去らしめば、則ち以て教うること無し。且《か》つ之を師とせんと欲するは、智と学との如《し》かざるを以てなり。今、龍をして之を去らしむるは、此れ先ず教えて、而る後に之を師とするなり。先ず教えて而る後に之を師とするは悖れり。且つ白馬の馬に非ざるは、乃ち仲尼《ちゅうじ》も取りし所なり。

(5)龍聞、楚王張繁弱之弓、載忘歸之矢、以射蛟兕於雲夢之圃、而喪其弓。左右請求之。王曰、止。楚王遺弓、楚人得之。又何求乎。仲尼聞之曰、楚王仁義、而未遂也。亦曰人亡弓人得之而已。何必楚。

龍聞く、楚王は繁弱《はんじやく》の弓を張り、忘帰《ぼうき》の矢を載せて、以て蛟兕《こうじ》を雲夢《うんぼう》の圃《ほ》に射て、其の弓を喪《うしな》う。左右は之を求めんことを請う。王曰く、止めよ。楚王弓を遺《わす》れて、楚人之を得る。又《ま》た何ぞ求めんやと。仲尼之を聞きて曰く、楚王は仁義なるも、未だ遂げざるなり。亦《ま》た人弓を亡《うしな》いて人之を得ると曰わんのみ。何ぞ必ずしも楚ならんと。

(6)若此、仲尼異楚人於所謂人。夫是仲尼異楚人於所謂人、而非龍異白馬於所謂馬、悖。先生脩儒術、而非仲尼之所取。欲學而使龍去所教、則雖百龍、固不能當前矣。孔穿無以應焉。

此《か》の若ければ、仲尼も楚人を所謂人に異なれりとす。夫れ仲尼の楚人を所謂人に異なれりとするを是として、龍の白馬を所謂馬に異なれりとするを非とするは、悖れり。先生は儒術を脩めて、而も仲尼の取る所を非とす。

学ばんと欲して龍をして教うる所を去らしむれば、則ち百の龍と雖《いえど》も、固《もと》より前に当たること能わずと。孔穿以て応うる無し。

(7)公孫龍趙平原君之客也。孔穿孔子之葉也。穿與龍會。穿謂龍曰、臣居魯、側聞下風、高先生之智、説先生之行。願受業之日久矣。乃今得見。然所不取先生者、獨不取先生之以白馬爲非馬耳。請、去白馬非馬之學、穿請爲弟子。公孫龍曰、先生之言悖。龍之學以白馬爲非馬者也。使龍去之、則龍無以教。無以教、而乃學於龍也者、悖。且夫欲學於龍者、以智與學焉爲不逮也。今教龍去白馬非馬。是先教而後師之也。先教而後師之不可。先生之所以教龍者、似齊王之謂尹文也。

公孫龍は趙の平原君の客なり。孔穿は孔子の葉なり。穿と龍と会す。穿は龍に謂いて曰く、臣は魯に居りて、下風に側聞《そくぶん》し、先生の智を高しとし、先生の行を説《よろこ》ぶ。業を受けんと願うの日久し。乃ち今見《まみ》ゆるを得たり。然れども先生に取らざる所の者は、独《た》だ先生の白馬を以て馬に非ずと為すを取らざるのみ。請う、白馬は馬に非ずとするの学を去らば、穿は弟子と為らんことを請わんと。公孫龍曰く、先生の言は悖れり。龍の学は白馬を以て馬に非ずと為す者なり。龍をして之を去らしめば、則ち龍は以て教うること無し。以て教うること無からしめて、乃ち龍に学ばんとするは、悖れり。且つ夫れ龍に学ばんと欲するは、智と学とを以て逮《およ》ばずと為せばなり。今、龍に白馬非馬を去るを教う。是れ先に教えて而る後に之を師とするなり。先に教えて而る後に之を師とするは不可なり。先生の龍に教うる所以(3)は、斉王の尹文《いんぶん》に謂えるに似たり。

(8)齊王之謂尹文曰、寡人甚好士、以齊國無士何也。尹文曰、願聞大王之所謂士者。齊王無以應。尹文曰、今有人於此。事君則忠、事親則孝、交友則信、處鄕則順。有此四行可謂士乎。齊王曰、善、此眞吾所謂士也。尹文曰、王得此人、肯以爲臣乎。王曰、所願而不可得也。

斉王の尹文《いんぶん》に謂いて曰く、寡人《かじん》は甚だ士を好むも、斉国を以て士無きは何ぞやと。尹文曰く、願わくば大王の所謂士なる者を聞かんと。斉王は以て応うる無し。尹文曰く、今、此に人有り。君に事《つか》うれば則ち忠、親に事うれば則ち孝、友に交われば則ち信、郷に処《お》らば則ち順なり。此の四行有らば士と謂うべきかと。斉王曰く、善きかな、此れ真に吾が所謂士なりと。尹文曰く、王此の人を得れば、肯《あえ》て以て臣と為すかと。王曰く、願うも得べからざる所なりと。

(9)是時齊王好勇。於是尹文曰、使此人廣庭大衆之中見侵侮、而終不敢鬪、王將以爲臣乎。王曰、鉅士也。見侮而不鬪辱也。辱則寡人不以爲臣矣。尹文曰、唯見侮而不鬪、未失其四行也。是人未失其四行、其所以爲士也。然而王一以爲臣、一不以爲臣、則向之所謂士者、乃非士乎。齊王無以應。

是の時斉王は勇を好む。是に於て尹文曰く、此の人をして広庭・大衆の中に侵侮《しんぶ》せらるるも、終《つい》に敢ては闘わざらしめば、王は将に以て臣と為さんとするかと。王曰く、鉅《なん》ぞ士ならんや。侮らるるも闘わざるは辱《はじ》なり。辱なれば則ち寡人は以て臣と為さずと。尹文曰く、唯《た》だ侮らるるも闘わざるのみなれば、未だ其の四行を失わざるなり。是の人未だ其の四行、其の士為《た》る所以を失わず。然り而して王は一《あるい》は以て臣と為し、一は以て臣と為さざれば、則ち向《さき》の所謂士なる者は、乃ち士に非ざるかと。斉王以て応うる無し。

(10)尹文曰、今有人君。將理其國人、有非則非之、無非則亦非之、有功則賞之、無功則亦賞之、而怨人之不理也、可乎。齊王曰、不可。尹文曰、臣竊觀下吏之理齊、其方若此矣。王曰、寡人理國、信若先生之言、人雖不理、寡人不敢怨也。意未至然與。尹文曰、言之敢無説乎。王之令曰、殺人者死、傷人者刑。人有畏王之令者。見侮而終不敢鬪、是全王之令也。而王曰、見侮而不鬪者辱也。謂之辱、非之也。無非而王辱之。故因除其籍、不以爲臣也。不以爲臣者、罰之也。此無罪而王罰之也。且王辱不敢鬪者、必榮敢鬪者也。榮敢鬪者是之[4]。王是之必以爲臣矣。必以爲臣者、賞之也。彼無功而王賞之。王之所賞、吏之所誅也。上之所是、而法之所非也。賞罰是非相與四謬、雖十黃帝、不能理也。齊王無以應焉。

尹文曰く、今人君有り。将に其の国人を理《おさ》めんとして、非有らば則ち之を非とし、非無ければ則ち亦《ま》た之を非とし、功有らば則ち之を賞し、功無ければ則ち亦た之を賞して、人の理まらざるを怨むは、可ならんかと。斉王曰く、不可なりと。尹文曰く、臣窃《ひそ》かに下吏《かり》の斉を理むるを観るに、其の方は此の若《ごと》し。王曰く、寡人《かじん》の国を理むること、信《まこと》に先生の言の若ければ、人は理まらずと雖も、寡人敢ては怨まざるなり。意《おも》うに未だ然るまでには至らざるかと。尹文曰く、之を言うに敢て説無からんや。王の令に曰く、人を殺す者は死し、人を傷つくる者は刑せらるると。人は王の令を畏《おそ》るる者有り。侮らるるも終に敢ては闘わざるは、是れ王の令を全うするなり。而るに王曰く、侮らるるも闘わざるは辱《はじ》なりと。之を辱と謂うは、之を非とするなり。非無くして王は之を辱とす。故に因りて其の籍を除き、以て臣と為さず。以て臣と為さざるは、之を罰するなり。此れ罪無くして王之を罰するなり。且つ王の敢ては闘わざる者を辱とするは、必ず敢て闘う者を栄とするなり。敢て闘う者を栄とするは之を是とするなり。王は之を是として必ず以て臣と為す。必ず以て臣と為すは、之を賞するなり。彼は功無くして王は之を賞す。王の賞する所は、吏の誅する所なり。上の是とする所は、而ち法の非とする所なり。賞罰是非相与《とも》に四謬《しびゅう》せば、十の黄帝《こうてい》ありと雖も、理むること能わざるなりと。斉王以て応うる無し。

⑾故龍以子之言有似齊王。子知難白馬之非馬、不知所以難之説。以此猶知好士之名、而不知察士之類。

故に龍は子の言を以て斉王に似たる有りとす。子は白馬の馬に非ざるを難ずるを知るも、難ずる所以の説を知らず。此を以てするは猶《な》お士を好むの名を知るも、士の類を察するを知らざるがごとし。

後学による師説の改変

跡府《せきふ》篇は、「守白を以て弁ずるに、白馬を謂いて馬に非ずと為す」(1)、「亡ければ則ち白馬は竟《つい》に馬に非ず。是の弁を推して以て名実を正し天下を化せんと欲す」(3)とか、「龍の名を為す所以の者は、乃ち白馬の論を以てするのみ」(4)、「龍の学は白馬を以て馬に非ずと為す者なり」(7)などと、一貫して公孫龍《こうそんりゅう》の学説を白馬論《はくばろん》に代表させる。これに従えば、あたかも公孫龍は、ひたすら白馬論のみを唱え続けたかのごとくである。

だが実際には、白馬論は公孫龍の多くの学説の一つに過ぎない。しかも戦国期においては、「心を堅白同異の間に遊ばせて、敝跬《べっき》して無用の言を誉むるは、非なるかな」(『荘子』駢拇《べんぼ》篇)、「知詐《ちさ》漸毒《ざんどく》、頡滑《きつこつ》堅白《けんぱく》、解垢《かいこう》同異《どうい》の変(弁)多ければ、則ち俗は弁に惑う」(同・胠篋《きょきょう》篇)、「弁者《べんじゃ》に言有りて曰く、堅白を離すこと宇《いえ》を県《へだ》つるが若《ごと》しと」(同・天地篇)、「公孫龍魏牟《ぎぼう》に問いて曰く、龍は少《わか》くして先王の道を学び、長じて仁義の行を明らかにし、同異を合し、堅白を離し、然らざるを然りとし、可ならざるを可とし、百家の知を困《くる》しめ、衆口の弁を窮せしむ。吾は自ら以て至達と為すのみ」(同・秋水篇)とか、「夫《か》の堅白同異・有厚無厚の察《さつ》は、察ならざるには非ざるなり。然れども君子の弁ぜざるは、之に止まればなり」(『荀子』修身篇)「礼の理は誠に深し。堅白同異の察も、焉《ここ》に入れば而ち溺る」(同・礼論篇)、「堅白同異の分隔《ぶんかく》は、是れ聡耳《そうじ》も聴く能わざる所、明目も見る能わざる所、弁士も言う能わざる所なり」(同・儒效篇)などと、むしろ堅白論《けんぱくろん》と通変論《つうへんろん》によって代表させられるのが通例であった。(5)

しからば跡府篇は、なぜに堅白論や通変論への言及を一切避け、公孫龍の学説を徹頭徹尾白馬論にのみ限定せんとしたのであろうか。その意図は、公孫龍の中心理論でありながら、周囲の違和感と反発が最も激しい概念実在論の立場を隠蔽し、論理の形式としては最も周囲の抵抗の少ない、概念間の包摂・移行関係の究明こそが、公孫龍の基本的立場であったかのように偽装せんとするところに存在したと思われる。

以下この点を、跡府篇における白馬論の扱い方に即して、詳しく考察してみよう。跡府篇の作者は、公孫龍の思想に占める白馬論の意義を、「名実の散乱するを疾《にく》み、資材の長ずる所に因りて、守白の論を為す。物に仮りて譬を取り、守白を以て弁ずるに、白馬を謂いて馬に非ずと為すなり」(1)と規定する。これを公孫龍本来の思想的立場に沿って解釈すれば、つぎのようになる。

天下の名実を正さんとする公孫龍の中心理論は、「守白之論」、すなわち普遍者たる白の独立性を守り抜き、白の属性化を否定する概念実在論の立場にあった。そして公孫龍は、本旨たる「守白之論」を説くに際し、形而上的論法を避け、人間の感覚器官で容易に認識し得る形而下の物体、すなわち白馬を具体例として選択する、便宜的手段を採用した。したがって白馬論そのものが、全体としてすでに、「守白之論」を理解させるための比喩的性格を帯びているのである。

以上が、公孫龍本来の思想的立場に即した形での、(1)の解釈である。そして「物に仮りて譬を取る」と、わざわざ白馬論の便宜的・比喩的性格を指摘する以上、公孫龍後学も、やはりこうした理解を踏まえつつ、(1)を著述したに違いないのである。

この点は、つぎの(2)の内容によっても確認することができる。(2)では、「白と言うは色に名づくる所以にして、馬と言うは形に名づくる所以なり。色は形に非ず、形は色に非ざるなり。夫れ色を言わば、則ち形は当《まさ》に与《あずか》るべからず、形を言わば、則ち色は宜しく従うべからず」と、白馬非馬論の論拠が提示される。一見これは、ひたすら色彩概念と形状概念の相違を指摘するだけの論法にも見える。だが(2)の論理全体は、単にそれのみに終始するものではない。

注目すべきは、「今合わせて以て物と為すは非なればなり」との末尾の一文である。これは、形状のみで成立する、類概念としての馬概念を、色彩を宿した状態で存在する個物としての馬と同一視し、馬概念の中に色彩概念をも内含させた上で、すでに色彩を限定した白馬概念と、「色は宜しく従うべからざる」はずの馬概念とを混同せんとする思考への批判である。そしてこれは、「故に白なる者は馬に非ざるなり。白馬なる者は馬と白となり。馬と白馬となり。故に曰く、白馬は馬に非ざるなり」とする『公孫龍子』白馬論の論理を、そのまま継承したものにほかならない。

　こうした公孫龍の論理は、色彩は人間の視認行為によって一時的に個物に発現するに過ぎず、白は本来いかなる個物にも限定されぬ、独立自存の普遍者であるとする、概念実在論の立場から発せられている。そして公孫龍本人の場合は、「白なる者白とする所を定めざれば、之を忘るも可なり。白馬なる者は、白の白とする所を定むるを言うなり。白とする所を定むる者は、白には非ざるなり」(白馬論)と、客との論戦の過程で、自己の概念実在論者としての立場が明瞭に開示されている。これに比較すると、跡府篇の側は、根柢で実念論の立場を踏まえてはいるものの、それを公孫龍ほど明瞭には表明していない。

　このように跡府篇は、実念論の立場を前面に押し出さぬまま、「如し白馬を廐中《きゅうちゅう》に求むるも有ること無くして、驪《り》色《しょく》の馬有らば、然るに以て白馬有るには応ずべからず。以て白馬有るには応ずべからざれば、則ち求むる所の馬亡《な》し。亡ければ則ち白馬は竟《つい》に馬に非ず」(3)と、集合論的論証法へと論点を移行させる。これは、「曰く、馬を求むれば、黄・黒馬も皆致すべし。白馬を求むれば、黄・黒馬は致すべからず。(中略)是れ白馬の馬に非ざること審《つまび》らかなり」とする、『公孫龍子』白馬論の論理を引き継ぐものである。

　ただし公孫龍の発言中には、「求むる所一なれば、白なる者は馬に異ならざるなり」と、白概念が馬概念の中に包摂されぬこと、すなわち白なる色彩は普遍者として独立した存在であって、馬の属性ではないとする論旨が含まれていた。これに対し跡府篇の側では、そうした要素を全く含まぬ形で、論理が構成されている。そしてここにも、前述した(2)の場合と同様に、概念実在論の立場を前面に押し出すことを避ける傾向が窺える。

以上解説してきた(1)(2)(3)が、後学の徒が語った白馬非馬論の概要である。ここで後学の徒は、公孫龍の論理学の本質が概念実在論の立場に存在したことを熟知し、自らもそこに師説の本領を認めながらも、なおかつその実念論の主張を前面に強く押し立てようとはせぬ、極めて屈折した姿勢を示している。

こうした後学の姿勢は、以下に続く、公孫龍と孔穿《こうせん》の論争の記録に入ると、その傾向を一層顕著にする。まず(4)(5)(6)には、孔子七世の末裔たる孔穿が白馬非馬論を批判するのに対して、公孫龍が、かっては孔子も楚人と人とを区別したではないかと、孔子の言動を援引して反駁した事件が記される。

公孫龍は孔穿を論難するに際し、白馬論を撤回すれば師事するとの孔穿の態度は、教導した相手に師事するというもので、師弟関係を錯倒させる所業だとする点や、白馬論を放棄したならば、自分にはもはや教授すべき学説が何ら存在せぬとする点、孔子の言説に背くのは儒者の本分に悖《もと》るとする点など、さまざまな論拠を並べ立てる。だが論理学上の論拠は、「夫れ仲尼《ちゅうじ》の楚人を所謂人に異なれりとするを是として、龍の白馬を所謂馬に異なれりとするを非とするは、悖《もと》れり」とする一点に絞られる。これは概念間の包摂関係を主眼とする論法で、少なくも表面的には、概念実在論の主張を全く含まぬ体裁を取っている。

さらに(7)(8)(9)(10)(11)も、同じく公孫龍の孔穿に対する反論を記す。この説話の前半は、白馬論を廃棄すれば師事するとの孔穿の態度への非難で、内容的には第一の説話の前半と大同小異である。故に第二の説話の特色は(8)(9)(10)において、斉の湣王《びんおう》と尹文《いんぶん》との問答を援引する点に存在する。[6]

この問答の中で尹文は、「君に事《つか》うれば則ち忠、親に事うれば則ち孝、友に交われば則ち信、郷に処《お》らば則ち順なり。此の四行有らば士と謂うべきか」(8)と、忠・孝・信・順の四行を具備すれば士であるとの、士の概念定義を提示し、「善きかな、此れ真に吾が所謂士なり」(8)との、斉王の同意を確保する。それと同時に尹文は、そのような士であれば、喜んで臣下に迎えるとの、斉王の言質をも取りつける。

その上で尹文は、公衆の前で侮辱されても、決闘を避けて引き下がるような者は、恥辱であるから臣下とはせぬとの斉王の言に対し、「唯《た》だ侮らるるも闘わざるのみなれば、未だ其の四行を失わざるなり。是の人未だ其の四行、其の士為《た》る所以を失わず。然り而して王は一《あるい》は以て臣と為し、一は以て臣と為さざれば、則ち向《さき》の所謂士なる者は、乃ち士に非ざるか」(9)と、その不当性を論難する。

尹文がここで用いたのは、四行を具備する者を最初に士と定義して置きながら、後に定義中には含まれていなかった、侮辱されれば闘うとの全く異質な条件を持ち出し、今度はそれを唯一の基準に士であるか否かを判別せんとする、斉王の矛盾を衝く論理である。すなわち尹文は、本来の定義に即せば士たる本質を何ら変化させていないにもかかわらず、新たな与件を介入させて士を非士へと移行・転換させる、斉王の思考を批判したのである。

これは、概念の定義、及び概念の移行関係を主題とした論理である。そして跡府篇は「故に龍は子の言を以て斉王に似たる有りとす」(11)と、公孫龍が上記の尹文の論理を援用して、白馬非馬論を否定する孔穿に反撃したと語る。つまり公孫龍は、「士を好むの名を知るも、士の類を察するを知らざる」(11)斉王が、四行を内包とする概念定義により、士の外延を確定し、明確に士を分類することができぬまま、士を非士へと移行・転換させたのと同様に、「白馬の馬に非ざるを難ずるを知るも、難ずる所以の説を知らざる」(11)孔穿も、白馬と馬の概念定義ができぬまま、白馬は馬だと白馬概念を馬概念へと移行・転換させる錯誤を犯している、と批判したと言うのである。

とすれば第二の説話では、公孫龍はもっぱら概念の定義、及び概念の移行関係を主眼に、白馬非馬論の正当性を主張したことになる。したがって、やはりこの場合も、第一の説話と同様、概念実在論の立場は全く背後に退いた形を取っているのである。

後学の苦境

以上、跡府篇《せきふ》における白馬論《はくばろん》の扱い方に即して、師説に対する公孫龍《こうそんりゅう》後学の姿勢を見てきた。しからば、(1)と(2)では概念実在論の立場を表明して置きながら、(3)以降では努めてそれに触れまいとする、公孫龍後学の屈折した態度は、何に由来するのであろうか。

その最大の原因は、公孫龍の概念実在論に対して示された、周囲の猛烈な反発であったろう。戦国後期に、公孫龍の学説の特色がもっぱら堅白《けんぱく》・同異《どうい》の論として捉えられ、他学派から激しい非難を浴びたことは、すでに前述したごとくである。

しかも留意すべきは、そうした他学派からの非難が、実念論的主張の内容を全く理解できぬままに、単に不可解な詭弁として排撃するだけのものではなかった点である。「堅白を離すこと宇《いえ》を県《へだ》つるが若《ごと》し」(『荘子』天地篇)、「堅白を離す」(同・秋水篇)といった評言は、公孫龍の堅白論が、堅と白をともに石の属性と見なした上で、両者が一個の石中に分かちがたく充満しつつ密封されているとする思考を否定し、堅・白それぞれを普遍者として、石からも相手からも分離・独立させる主張であったことを、荘周《そうしゅう》学派が充分理解していた状況を明示する。

墨家《ぼくか》もまた、唯名論的立場から公孫龍の堅白論を批判したが、「堅と白とは相外《そと》にせざるなり」(『墨子《ぼくし》』経上篇)、「堅と白の攖《せつ》せるは、相尽くせり」(同・経説上篇)、「堅無くして白を得るも、必ず相盈《み》つるなり」(同・経説下篇)といった反駁の仕方から、墨者が公孫龍の概念実在論の主張内容を熟知していたことは、すでに明白である。

同様に儒家の荀子も、公孫龍の堅白論を激しく非難してやまなかった思想家の一人であるが、その際荀子は、「夫の充虚《じゅうきょ》の相施易《しえき》すとするが若《ごと》きは、堅白同異の分隔《ぶんかく》なり」(『荀子』儒效篇)と指摘している。充虚が相施易するとは、独立の普遍者たる堅や白が一時的に石中に宿る状態(充)と、堅や白が石から飛び去り、石が抜け殻となる状態(虚)とを想定し、人間の知覚行為に応じて、充から虚へ、虚から充へと、充と虚とが交互に移り変わることを意味している。まさしくこれは、堅白論の核心であって、荀子の堅白論に対する非難も、公孫龍の概念実在論への充分な理解の上に発せられていた状況を、如実に証明するものである。

このように見てくると、公孫龍の概念実在論に向けられた周囲の非難は、必ずしもその全体が、理論の内容すら全く理解できぬまま、単に詭弁と片付けるだけの低い水準にとどまっていたわけではなく、理論それ自体は熟知した上で、その主張内容を否定せんとするものが主体だったことが判明する。

それでは、公孫龍による概念実在論の主張に対して、なぜにかくも熾烈な非難の集中砲火が浴びせられねばならなかったのであろうか。

古代中国世界にあっては、たとえば上天・上帝や、道・天道・理法・法則といった、ある種の神性を帯びた形而上的超越者に関しては、その実念論的思考に対する反省と批判は弱く、むしろそれを積極的に肯定し、助長せんとする風潮が根強く存在した。だがその反面、現実のありふれた個物に関しては、実念論的思考への抵抗と反発は、極めて強固であった。

もともと前者は、最初から特定の個物の属性ではなく、逆にすべての個物を超越しつつ、万物を制御し統括する絶対者と意識されたから、この領域に関して、その実念論的思考に対する批判が微弱なのは、言わば当然の事態であろう。しかも、もしこの領域に対してまで、徹底した唯名論的批判が加えられるならば、宇宙の統一的秩序を保障する存在は、その虚構性を暴かれ、世界は雑然たる個物の寄せ集めでしかなくなる。こうした恐怖心も、この領域に向けられる唯名論的批判を、より一層微弱なものとしたであろう。

これに反して後者の側は、素朴実在論に安住する人々が、自己の知覚能力により、その存在を完全に認識し得ていると自負する領域である。もしこの領域内に、公孫龍のような概念実在論が持ち込まれるならば、個物と背面世界の間を自在に飛び交う普遍者たちにより、この領域を構成する各個物の自己完結性は、あますところなく解体されてしまう。

認識論的に安定した形而下の世界の上に、架空の形而上的超越者を戴く神学を載せるのが、人間にとって最も甘美な幻想なのだとすれば、「宇を県つるが若く」「堅白を離し」、「充虚の相施易すとする」公孫龍の概念実在論は、その土台の安定性・信頼性を覆す破壊行為でしかない。公孫龍の概念実在論に対し、周囲から激しい非難が浴びせられた最大の原因は、公孫龍の学説の中に潜むこうした危険性を、他学派が鋭く嗅ぎ取ったところにこそある。

だが公孫龍自身は、決して世界の自己完結性の徹底的破壊を、その究極の目標にしていたわけではない。もし個物が示す各種の性質を、普遍者の一時的発現としてではなく、各個物に固有の属性と見なすならば、そうした世界では、あらゆる個物が、自己が示すすべての性質を己の本来的所有として、自己完結的・自己充足的に存在することとなる。そのような存在としての各個物は、自らが多くの普遍性を固有の属性として具備していると思いあがり、引いては自らが普遍であり永遠であると詐称して、他者との共通性を手づるに、本来的に絶対他者であるものまでをも手繰り寄せ、あたかも自己の一部であるかのように併呑し統合し始めるであろう。各個物がこうした形で、際限のない肥大化を志向して膨張運動を続ければ、互いに相手を呑み込まんとする争乱の果てに、ついには個が全体を呑み尽くさんとする転倒した世界さえ出現しかねないであろう。公孫龍の概念実在論は、こうした動きを阻止せんとするところに、その究極の目標を掲げていたのである。

こうした脈絡の中に置いて見ると、白馬論においても、堅白論においても、多くの色彩の中から、公孫龍が常に白を議論の対象に選択し、その普遍者としての性格を力説する現象も、単なる偶然ではなかったことに気づく。「明白に四達して、能《よ》く無知ならんか」（第十章）、「其の白を知りて其の黒を守らば、天下の式と為る」（第二十八章）、「大白は辱《じょく》なるが若し」（第四十一章）といった『老子』の言が明示するように、白は単なる色彩の一つにとどまらず、汚れのない潔白、混濁のない清澄・明白の意をも内含している。したがって、「其の欲を虚《むなし》くせば、神は将に入り舎《やど》らんとす。不潔を掃除せば、神は乃ち留まり処《お》る」「其の宮を潔くし、其の門を開き、私を去りて言うこと毋《な》ければ、神明は若《したが》いて存す」（『管子』心術上篇）とか、「虚室に白生じ、吉祥《きっしょう》は止《ここ》に止まる。（中略）夫れ耳目の内通するに徇《したが》いて、心知を外にすれば、鬼神も将に来たり舎《やど》らんとす」（『荘子』人間世篇）と、斎戒により邪念を払い、心を空虚にして神前に進み出れば、その空白・潔白な心中に神霊が憑依するといった、降神・招魂の神秘的儀礼とも、白は深い関わりを持つのである。(7)

故に公孫龍が、馬や石といった個物に普遍者たる白が宿ると説く場合、表面的には形体と色彩の関係でありながら、同時にそれは、人間の身体とそこに宿るべき潔白な精神との関係をも暗示する。『老子』が「其の白を知りて其の黒を守らば」と「守黒」を説くのは、もとより『老子』一流の逆説にほかならない。精神の潔白さを単に個人の属性として処理するならば、必ずや人は、己の肉体とそこから生ずる欲望・感情・意志などにより汚濁された精神をも、清廉潔白な精神であるかに偽装して、自己の正当化を図るであろう。公孫龍は、白をあらゆる個物を超越した普遍者と規定することにより、普遍的に善なる精神は、すべての個人を超えた普遍的実体として存在し、それが一時的に宿る人間の身体、すなわち容器の側には、永遠にして普遍なる善性など、何ら保障されてはいないことを説かんとしたのである。

故にこうした世界では、人は普遍なる善を己に招き寄せ、その崇高な精神を発現する期間のみ、一時的に善なる状態を保障されるに過ぎず、己の存在そのものを、永遠にして普遍なる善であると詐称する行為は、もはや許されなくなる。あくまでも人は、己を浄化し、自らに普遍的に善なる精神を宿すべく、希求し努力すべき存在としてのみ位置づけられるのである。公孫龍においては、この普遍的に善なる精神は、兼愛と称される。公孫龍は天下に兼愛と反戦・非攻を訴えつつ、場としての国家や個人に、普遍なる愛の発現を要請し続けたのである。

そしてこれこそが、個物によって加えられる汚辱から白の純潔を守らんとする、公孫龍の概念実在論の最終目標であった。後学の徒が、白馬論自体がすでに「守白之論」を説くための比喩に過ぎぬと指摘したのも、実はこうした事情による。したがって公孫龍も、普遍者による形而下の世界の解体のみを志向したわけではなく、普遍者たちが構成する形而上的背面世界の下に、場としての個を相互に保全し合う、独自の全体秩序を構想していたのである。

だがそうした公孫龍の真意は、周囲の理解するところとはならず、上述のように彼が唱えた概念実在論は、形而下の世界の安定性と信頼性を覆す破壊行為と見なされ、孤立して行った。そこで跡府篇を著述した後学の徒は、師説から概念実在論の性格を努めて消去せんとしたのである。その際彼等は、まず概念実在論の極致たる堅白論や通変論の存在には一切触れずに、公孫龍の学説が白馬論のみであったかのごとく偽装する手段を取った。次いで彼等は、(1)と(2)において、公孫龍の立場が概念実在論にあったことを明記するとの、全く矛盾する挙に出る。その上で彼等は、実念論の要素を含まぬ公孫龍と孔穿の論争を、二種類収録する。

彼等はこうした全体的構成の採用によって、(1)(2)に記した公孫龍の実念論的立場を、分量的には圧倒的多数を占め、かつ白馬論をひたすら概念間の包摂関係や移行関係のみで説明する、(3)から(11)までの記述の中に埋没させる方策を選んだのである。

かかる屈曲した操作の背後には、一方では学派の本質を維持しつつ、他方で師説を悪評と孤立から救済せんとする、後学の苦衷を窺うことができる。二番目の説話では、概念定義を明確に固定したり、概念間の移行関係を正す行為が、賞罰に対する君主と官吏の齟齬や、君意と法令との乖離を防止して、国家の安定的支配に寄与する点が強調される。後学の徒は尹文の言説を借りて、概念間の包摂関係や移行関係を正さんとする公孫龍の学説が、官僚による法治といった現実政治の領域においても、形名家と同様の有効性を発揮するとまで、間接的に主張したのである。

かくして後学たちは、一方で公孫龍学派としての本質を守りながら、他方では時代状況の変化に合わせる形で、それを隠蔽する方策によって、漢初の時代を生き延びんとしたのである。

後学の徒は公孫龍に、「今、龍をして之を去らしめば、則ち以て教うること無し」(4)と語らせて、師説が白馬論のみであったかのごとく偽装し、堅白・通変に代表される概念実在論の立場を隠蔽せんとした。だが時代状況の変化に合わせ、外に向けて自己の本質を隠してつぎの時代を生き延びんとする行為は、やがては密かに守らんとした、内なる本質までをも喪失させずには置かない。結局後学たちは、自ら「龍をして之を去らしめば、則ち龍は以て教うること無し」(7)との閉塞状態に陥り、最大の特色を失った公孫龍学派の生命は、悪罵の大合唱の中にかき消されて行ったのである。

第四章　墨家の論理学

——兼愛の戦士たちの論理——

墨家集団と鉅子

名家《めいか》とは別に、古代中国において独自の論理学的思索を形成したのが、墨子《ぼくし》によって創設された墨家《ぼくか》集団であった。本章では墨家の論理学を検討するが、その前に墨家について概説しておく必要があろう。墨子は魯《ろ》の人で、本名を墨《ぼく》翟《てき》という。墨子は春秋の末年、およそ前四五〇年頃、魯に学団を開き、多数の門人を集めて教育した。その意図は、墨子の思想を忠実に実践する門人(墨者《ぼくしゃ》)を大量に養成し、彼等を官僚として各国の朝廷に送り込んだり、彼等に諸国を遊説させたりして、自分の思想を天下に実現しようとする点にあった。

墨家集団の統率者は、団員から鉅子《きょし》と尊称されていた。鉅《きょ》とはもともとは曲尺《かねじゃく》を指す語であるが、墨家はすべての基準になるものとの意味に転用して、自分たちの統率者をそのように呼んだのであろう。これは、規矩《きく》や縄墨《じょうぼく》・権衡《けんこう》などが、客観性や公正さの象徴として使用されるのと類似の現象である。墨子自身が、はたして鉅子と尊称されていたかどうかについては、確証がない。ただし『墨子』の中では、墨子はすべて子《し》墨子《ぼくし》と表記されていて、これは鉅子墨子の略称と考えられる。そこですでに墨子の時代から、鉅子なる尊称が存在し、墨子が初代の鉅子であったと見なしてよいであろう。

墨子像

墨子の学団は孔子の学団に較べると、かなり組織化されていた。『墨子』耕柱《こうちゅう》篇には、二人の門人が「義を為すに孰《いず》れか大務と為すや」と質問したことが見える。これに対して墨子は、牆《かきね》の造築における分業を比喩に引きながら、「能く談弁する者は談弁し、能く書を説く者は書を説き、能く事に従う者は事に従う。然る後に義の事成れるなり」と答えている。これによれば墨子の学団内部は、諸国を遊説して墨家思想を広める布教班、学団内で典籍・教本の整備や門人の教育を担当する講書班、食糧生産や雑役、守城兵器の製作や防御戦闘に従事する勤労班の三グループに、大きく組織されていた様子が窺える。大国が小国を侵略するとの情報が入ると、墨子は防御部隊を率いて小国に赴き、城壁の上に陣地を構えて侵略を阻止しようとしたから、防御戦闘に従事するグループは平素から戦闘訓練を積んでいたと思われる。この他、学団から派遣されて諸国に仕官し、官僚としての立場から墨家思想の普及に尽力する門人たちも多数存在する。

墨家の思想

墨子《ぼくし》の思想は十の主張から成り、これを十論と呼んでいる。その内訳は、⑴血縁や門閥に頼る人材登用を否定して、君主に能力本位の人材登用を求める尚賢《しょうけん》、⑵上は天帝や天子から、下は里長や家長まで、各段階の統治者の価値基準に従って行動せよとする尚同《しょうどう》、⑶自己と他者を等しく愛し、他者を犠牲にして自己の利益を図るなと説く兼愛《けんあい》、⑷他国を侵略・併合して自国の領土拡大を図ってはならないと訴える非攻《ひこう》、⑸贅沢を戒め、物資の節約を勧める節用《せつよう》、⑹富を浪費する豪華な葬儀や、生産活動を妨げる長期間の服喪を禁じて、民生の安定を図るべきだとする節葬《せっそう》、⑺兼愛や非攻の実践を要求するのが天帝の意志であり、人間はそれに従うべきだと説く天志《てんし》、⑻鬼神の懲罰を恐れて犯罪行為を中止するよう求める明鬼《めいき》、⑼為政者に対し富を浪費する音楽にふけることを止め、冗費を節約するよう要請する非楽《ひがく》、⑽宿命論を信じて人為的努力を怠ってはならないと戒める非命《ひめい》の十個となっている。

十論がそれぞれどのような目的を持っていたのかは、『墨子』魯問篇の記述によって明らかになる。子墨子《しぼくし》、魏越《ぎえつ》を游ばしめんとす。曰く、既に四方の君子に見《まみ》ゆるを得ば、則ち将《まさ》に先に語らんやと。子墨子曰く、凡そ国に入らば、必ず務めを択《えら》びて事に従え。国家昏乱《こんらん》なれば、則ち之に尚賢・尚同を語れ。国家貧しければ、則ち之に節用・節葬を語れ。国家音に憙《よろこ》びて湛湎《ちんめん》すれば、則ち之に非楽・非命を語れ。国家淫僻《いんぺき》にして礼無ければ、則ち之に尊天・事鬼《じき》を語れ。国家奪《だつ》に務めて侵凌《しんりょう》すれば、則ち之に兼愛・非攻を語れ。故に曰く、務めを択びて事に従えと。

墨子は遊説の旅に出る弟子の魏越に対して、遊説先の各国の状況に応じて、説得すべき論点を選択するよう指示しているが、その中には十論すべてが揃っている。そこで十論の主張は、早くも墨子の時代に成立していたと見ることができる。(1) また相手の国情により適宜十論を使い分けよとの発言は、十論の最終目的がいずれも諸国家の安定的存続に置かれていたことを示している。

墨子の思想は、大国による侵略と併合によって周の封建体制が破壊され、多くの国家が滅んで行く事態を阻止して、天下の諸国家が相互に領土を保全し合いながら、安寧に共存する体制を再建しようとするところに、その目的があった。そこで十論の中、兼愛と非攻は、他国への侵攻や領土の併合は人類への犯罪だと訴えて、加害者たる大国にその中止を求める意図から形成されている。さらに天志と明鬼は、侵略と併合は天帝と鬼神も禁止しているとして、前記の主張を補強する意図から形成された。

強大国による侵略と併合を阻止するためには、被害者となる小国の側にも、国内を安定させ、防衛態勢を強化して、攻撃を断念させる努力が求められる。国内の社会秩序維持を説く尚賢と尚同、冗費の節約による国家財政の充実を説く節用と節葬、勤勉な労働と富の増産を説く非楽と非命などは、そのために用意されている。このように十論全体は、諸国家を保全して封建体制を維持せんとする目的を共有する、一個の思想体系を成している。

分裂と消滅

儒家と天下の思想界を二分するほどの勢力を築き上げた墨家《ぼくか》も、組織の膨張につれて分裂し始める。『荘子』天下篇は、墨家が大きく相里《そうり》氏と鄧陵《とうりよう》氏の二つのグループに分裂し、互いに相手を「別墨」として非難して自派の正統性を主張するが、今に至るまで決着がつかないと記す。さらに『韓非子』顕学篇には、「墨子《ぼくし》の死せしより、相里氏の墨有り、相夫《そうふ》氏の墨有り、鄧陵氏の墨有り」と、新たに相夫氏の一派が加わって、「墨は離れて三と為る」に至った状況が記録される。

墨家分裂の内情を伝える資料は、今のところ存在せず、その原因は不明である。強いてその原因を想像すれば、墨家の理念を実現する上での路線の対立や、集団内部での鉅子の座をめぐる権力争いに、秦《しん》・楚《そ》・斉《せい》などの強国の抗争関係が、複雑に絡み合った結果と思われる。ただし、こうした分裂にもかかわらず、墨家全体として見れば、戦国の最末期まで墨家は儒家と並んで「世の顕学」たる揺ぎない地位を保ち、巨大な勢力を誇り続けていたのである。だがこれほどに顕栄を極めた墨家は、秦帝国の成立以後、歴史から忽然と姿を消してしまう。このあまりにも急激な墨家消滅の原因は、一体何であったろうか。

この間の経緯を資料は黙して語らないが、およその事情を推測することは可能である。前二二一年の天下統一後、秦帝国は封建制を廃止して、新たに天下全体を皇帝一人の直轄支配地とする郡県制を採用した。ところがこの方針に対しては、秦の朝廷内にさえ、封建制の復活を主張する反対勢力が存在した。そこで郡県制の推進者だった丞相李斯《りし》と始皇帝は、そうした動きを根絶すべく、民間人の書籍所蔵を禁圧する「挟書《きょうしょ》の律」を定め、焚書を断行する。

このとき弾圧の対象とされた中には、当然墨家思想が含まれていたと考えられる。なぜなら墨家思想は、封建体制の下、諸国家が平和に共存する世界を理想の世界像としており、郡県制を推進する秦の法術思想とは根本的に対立する性格を持っていたからである。

とすれば、「挟書の律」による思想弾圧が開始された後、墨家には一切の思想活動を停止して保身・延命を図るか、さもなければ死罪・族滅・強制労働を覚悟の上で、なお自己の信念を貫き通すか、この二者以外には選択の余地がなかったことになる。狂疾・過激を謳われた戦国期の墨者《ぼくしゃ》の体質から判断して、恐らく墨者は思想の廃棄を潔しとせず、敢然と後者の途を選び取ったに違いない。秦帝国成立後、墨家集団が突如その姿を没するに至った原因は、ここにあったであろう。

しかも鉅子《きょし》の位を禅譲しつつ、防御部隊を含む強固な集団を維持し、全国的活動を継続してきた墨家は、かえってその集団性・組織性が災いして一網打尽となり、弾圧の被害が最も大きかったと思われる。こうしていったん組織が解体された後は、思想活動のためには、武装を伴い、「墨者の法」によって自らを律する治外法権的集団を必要とし、また常に全世界的視野にのみ立ち、個人的信条としてはほとんど意味を成さない墨家特有の強烈な社会性の故に、漢代以降、諸学派が形を変えて復興する中にあって、ひとり墨家だけは、再生することなく絶学への道を辿ることとなった。

司馬遷が著した『史記』を始め、数多い漢代の諸資料も、鉅子に率いられた墨家集団の存在はもとより、たった一人の墨者の存在にすら、絶えて言及することがない。たしかに前漢の武帝の時代に書かれた『淮南子《えなんじ》』などには、墨家思想と見られる要素が含まれてはいる。だがそれは、もはや文献の上からのみ引き継がれた、単なる知識としての墨家思想に過ぎない。秦帝国が滅んで漢帝国が成立したとき、「世の顕学」とか「天下に充満す」とまで称せられた墨家と墨者は、すでに地上から消え失せていたのである。その間、わずかに二十年足らずであった。

『墨子』のテキスト

『墨子《ぼくし》』のテキストについては、中国最古の図書目録である『漢書』芸文志《げいもんし》の諸子略《しょしりゃく》・墨家《ぼくか》の部に、『墨子』七十一篇と記録されている。ところが漢代以降、節用下・節葬上・節葬中・明鬼上・明鬼中・非楽中・非楽下・非儒上の計八篇の内容が、篇名だけを残して失われ、さらに守城法の部分を中心に、十篇が篇名・内容ともに失われた。したがって現在我々が手にするテキストは、七十一篇から十八篇を差し引いた、残りの五十三篇より成っている。つぎに『墨子』の内部を、内容別にいくつかのグループに分類してみる。

(1)親士第一・修身第二・所染第三・法儀第四・七患第五・辞過第六・三弁第七

これらの諸篇は、十論との関わりはあるものの、歴史的故事を多用しながら主張を展開する傾向が強く、墨家思想としての特色がそれほど先鋭に展開されているわけではない。また儒家思想を始めとする他の思想が混入した形跡もある。それだけにこれらの諸篇こそが、墨子が儒学的教養を土台に自己の思想を形成し始めた頃の、原初の形態を伝えるものだとする説が唱えられたこともある。しかし内容の上から、そのように考えるのは無理で、むしろ墨家が十論を補助する目的で作った文献が、『墨子』編集の際にまとめて冒頭に配置されたと見るのが妥当であろう。

(2)尚賢上第八・尚賢中第九・尚賢下第十・尚同上第十一・尚同中第十二・尚同下第十三・兼愛上第十四・兼愛中第十五・兼愛下第十六・非攻上第十七・非攻中第十八・非攻下第十九・節用上第二十・節用中第二十一・節用下第二十二(欠)・節葬上第二十三(欠)・節葬中第二十四(欠)・節葬下第二十五・天志上第二十六・天志中第二十七・天志下第二十八・明鬼上第二十九(欠)・明鬼中第三十(欠)・明鬼下第三十一・非楽上第三十二・非楽中第三十三(欠)・非楽下第三十四(欠)・非命上第三十五・非命中第三十六・非命下第三十七

これらは先に解説した十論を説く文献で、墨家思想を知る上で最も重要な『墨子』の中心部分である。本来は十論ごとに上・中・下三篇が揃っていたのであるが、節用・節葬・明鬼・非楽に計七篇の欠落がある。しかし、いずれの場合も、上・中・下三篇のすべてが失われてはおらず、そのために墨家の思想体系をほぼ完全に復元できることは、まことに幸いである。

(3)非儒上第三十八(欠)・非儒下第三十九

儒家に対する各種の非難をまとめた篇である。説話類に見られる、墨子と儒者との一定の節度を保った論争と比較すると、孔子への人身攻撃など、儒家への敵意がはるかに激しくなっている。孟子は口を極めて墨家を非難・罵倒したが、こうした動きを受けて、戦国中期以降に書かれたものであろう。記述の内容すべてを、そのまま額面通りには受け取れないが、隠された儒家の一面を伝えていて興味深い。

(4)経上第四十・経下第四十一・経説上第四十二・経説下第四十三・大取《たいしゅ》第四十四・小取《しょうしゅ》第四十五

墨弁《ぼくべん》と呼ばれる論理学を記した諸篇で、力学や光学に関する思索をも含んでいる。経上を経説上が、経下を経説下が解説する体裁を取る。堅白論《けんぱくろん》や白馬非馬論などについては、唯名論の立場から、概念実在論を説く公孫龍《こうそんりゅう》学派と対立する見解を述べる。また大取と小取は論証方法の妥当性といった形式論理学を説く。名家《めいか》の著作の大半が滅んでしまった中で、古代論理学の内容を今に伝える、貴重な文献である。ただしその解読は、現在もなお極めて困難であり、今後の研究の進展に俟つところが多い。

(5)耕柱《こうちゅう》第四十六・貴義第四十七・公孟第四十八・魯問第四十九・公輸第五十

これら説話類の中、公輸篇を除く四篇は、すべて墨子の言行録で、ちょうど儒家の『論語』に相当する。だが従来は、『論語』に対する好意的信頼とは対照的に、後代に成立した信憑性に乏しい資料であるとの疑いがかけられ、あまり積極的には利用されてこなかった。しかしその時代性や地域性など、内容を仔細に検討してみると、これらの諸篇は間違いなく墨子の時代の記録である。これら四篇が記す、弟子たちの不誠実で怠惰な行状や、それに対応する墨子の苦境は、戦国期の墨家の姿とは全く異質である。もしこの部分が、戦国末になってから、墨子に仮託して偽作されたのであれば、そこには当時の墨家の実態を反映して、鉅子としての威厳に満ちた墨子と献身的な墨者《ぼくしゃ》の姿とが描かれるはずであって、わざわざ自学派の不名誉を喧伝するような内容とは、決してならなかったであろう。

最後の公輸篇は、全体が一つのまとまった物語になっていて、それ以前の四篇とは体裁が異なり、また内容も守城法に関する事柄なので、つぎの守城法を説く諸篇との間の、橋渡しの性格を持つと思われる。

(6)□□第五十一・備城門第五十二・備高臨第五十三・□□第五十四・□□第五十五・備梯第五十六・□□第五十七・備水第五十八・□□第五十九・□□第六十・備突第六十一・備穴第六十二・備蟻傅第六十三・□□第六十四・□□第六十五・□□第六十六・□□第六十七・迎敵祠第六十八・旗幟第六十九・号令第七十・襍守第七十一

これらは、各種の攻城法や攻城兵器に対する防御戦術、及び防御兵器の製作法など、守城のための戦法を説く部分である。以前は墨家思想とは無関係な兵法書が、漢代以降に『墨子』の中に紛れ込んだとする説も出されたが、そうではなく、墨家が非攻を実践する過程で考案・蓄積した守城法の記録である。一九七二年に、山東省臨沂《りんぎ》県銀雀山《ぎんじゃくざん》の前漢墓より、竹簡に書かれた大量の兵法書が出土した。その中には、『墨子』のこの部分と一致する竹簡が数枚含まれており、これらの資料が漢代以前にすでに存在していたことが改めて確認された。

『墨子』は以上のような内部構成を示すが、墨家の論理学を検討する際の中心資料は、もとより(4)の諸篇である。そこでつぎに、これらの資料を用いて、墨家の論理学の特色を見て行くことにしよう。

『墨子』経上・経説上の論理学

墨弁《ぼくべん》は経《けい》篇を経説《けいせつ》篇が解説する体裁を取る。そこで以下、経と経説の文章を並べる形で検討を進める。経文は上篇が九十六前後、下篇が八十前後、合わせて百八十前後存在する。ただし研究者によって整理の仕方が多少異なるため、数に増減を生じている。ここでは譚戒甫《たんかいほ》『墨弁発微』(一九六二年修訂重印本・中華書局)や高亨《こうきょう》『墨経校詮』(一九六六年・香港太平書局)などの整理を参考にしながら、まず経上と経説上からいくつかの経文を選んで紹介してみる。経文に付した番号は、『墨経校詮』の整理番号である。なお諸家の校訂や私見により、整理の仕方や原文の文字などを改めた箇所がある。

経1　故、所得而後成也。

故《こ》とは、得て而る後に成る所なり。

原因(根拠)とは、それを獲得した後に、結果(結論)が成立するものである。

説1　故。小故、有之不必然、無之必不然。大故、有之必然、無之必不然。若見之成見也。

故《こ》。小故《しょうこ》は、之有るも必ずしも然らず、之無ければ必ず然らず。大故は、之有れば必ず然り、之無ければ必ず然らず。見と成見の若《ごと》きなり。

故。小故は、それがあるからといって必ずしもそうなるとは限らないが、それがなければ、必ずそうではなくなる原因(根拠)である。大故は、それがあれば必ずそうなり、それがなければ、必ずそうではなくなる原因(根拠)である。(小故と大故の関係は)一人が見たと言っているだけの目撃例(見)と、多数の人間が同時に見たと言う客観的目撃例(成見)の関係のようなものである。

ここで説かれる「小故」は必要条件、「大故」は必要十分条件に相当する。また「見」と「成見」は、結論を維持するには不十分な目撃例と、結論を維持するに十分な確証となる目撃例を指す。『墨子《ぼくし》』明鬼下篇は鬼神の実在を論証しようとするが、論証方法としてつぎのような基準が示される。

子墨子《しぼくし》曰く、是《こ》れ天下の有ると無きとを察知する所以の道を挙ぐるに、必ず衆の耳目の実《まこと》に有ると亡《な》きとを知るを以て、儀《のり》と為す者なり。請《まこと》に之を聞き之を見ること惑《あ》れば、則ち必ず以て有りと為し、聞くこと莫《な》く見ること莫ければ、則ち必ず以て無しと為す。

この「衆の耳目」が「請に之を聞き之を見」たとの目撃例が、説1の「成見」なのだと考えられる。

経3　知、材也。

知とは、材なり。

知(智)とは、能力(才能)である。

説3　知材。知也者所以知也。而必知若明。

経5　知、接也。

知とは、接なり。

知るとは、対象に接することである。


説5　知。知也者、以其知過物、而能貎之若見。

知。知なる者は、其の知を以て物に過《よぎ》りて、能く之を貎《かたち》すること見るが若《ごと》し。

知覚。知覚するとは、知覚装置(五官)を用いて外界の事物に応接し、事物が知覚装置外へと去った後も、まるで今もその事物を眼前にしているかのように、その有様を鮮明に写し取ることである。


墨家は、「必ず知る」とか「能く之を貎す」と、人間には物事を明瞭に識別し得るだけの認識能力が備わっているとの立場を取る。このように人間の認識能力に信頼を置くのは、そうしないと、弁論によって墨家の正義を万人に認めさせようとする活動の前提が失われるからである。


経8　義、利也。

義とは、利するなり。

義とは、他者に利益を与えることである。


説8　義。志以天下爲芬、而能能利之、不必用。

義。志は天下を以て芬と為して、能は能く之を利するも、必ずしも用いられず。

正義。意志は世界を大切なものと考え、能力は世界に充分利益をもたらすことができても、必ず採用されるとは限らない。

儒家は利をもっぱら自己の利益を図る意味に使用する。そのため「子曰く、君子は義に喩《さと》り、小人は利に喩る」(『論語』里仁篇)と、義と利を対立的に捉えた上で、「苟《いやし》くも義を後にして利を先にするを為さば、奪わざれば饜《あ》かず。(中略)王、亦《た》だ仁義を曰わんのみ。何ぞ必ずしも利を曰わん」(『孟子』梁恵王上篇)と、利に否定的態度を取る。これに対して墨家は、利をもっぱら天下全体の公共的利益を図る意味で使用する。そこで墨家においては、義と利は対立概念とはならず、天下を利する行為こそが義だとされる。

墨者はこうした立場から義の実践に励んだのだが、その義は万人の承認するところとはならず、「天下の心に反《そむ》き、天下堪えず。墨子独り能く任ずと雖も、天下を奈何《いかん》せん」(『荘子』天下篇)と、周囲からは激しい非難も加えられた。説8に「必ずしも用いられず」とあるのは、自分たちの信ずる正義が容易に受け入れられない状況を踏まえた、墨者の実感であったろう。


経12　忠、以爲利而强低也。

忠とは、以て利と為さば而《すなわ》ち強いて低《さか》(抵)らうなり。

忠とは、それが君主の利益になると判断したならば、敢えて君主の意向に逆らうことである。


説12　忠。不利弱子亥、足將入止容。

忠。弱子亥《じゃくしがい》(孩)を利せざれば、足は将《まさ》に入らんとするも容《よう》に止《とど》む。

幼君の利益にならないと判断したならば、その足が(禁断の場所に)踏み込もうとしたとき、容儀を保つべく押しとどめる。

経18　令、不爲所作也。

令とは、為さずして作《おこ》る所なり。
命令とは、自分ではそうする意志が無くても、外からふりかかってくるものである。

説18　令。非身弗行。
令。非なれば身《みずか》らは行わず。
命令。内容が正しくなければ自らは実行しない。

墨家は自己犠牲を厭わず、天下全体の利益を図ろうとする精神が強い。したがって彼等が君臣関係の中に身を置いた場合、保身は恥ずべき行為と見なされ、君主の利益のためには、「強いて抵らう」行為をも辞さないことになる。ただし説18に「非なれば身らは行わず」とあるように、君命の是非を問わずに盲従するわけではなく、あくまで墨家の義が墨者の行動基準なのであり、それを守り通すためには、敢えて抗命も辞さないのである。

経19　任、士損己而益所爲也。
任とは、士の己を損ないて為す所を益《ま》すなり。
任務とは、士が我が身を犠牲にしてでも、達成すべき事業を推進することである。

説19　任。爲身之所惡、以成人之所急。
任。身の悪《にく》む所を為して、以て人の急なる所を成す。
任務。我が身を犠牲にして、他人の危急を救うことである。

経20　勇、志之所以敢也。
勇とは、志の敢えてする所以なり。
勇気とは、意志が思い切って決行する源泉である。

説20　勇。以其敢於是也命之、不以其不敢於彼也害之。

勇。其の是《これ》に於て敢えてするを以て之に命《なづ》け、其の彼《かれ》に於て敢えてせざるを以て之を害せず。

勇気。正しいことを敢行するのを勇気と称し、不正な事を敢行しなかったからといって、勇気があるとの評価を損なったりはしない。

『荘子』天下篇は、「後世の墨者」の献身的な活動ぶりを、「多く裘褐《きゅうかつ》を以て衣《ころも》と為し、跂蹻《ききゃく》を以て服と為し、日夜休《いこ》わず、自ら苦しむを以て極《きわみ》と為す」とか、「必ず自ら苦しむに、腓《こぶら》に胈《しし》無く、脛《すね》に毛無きを以て相進む」と描写する。「己を損ないて為す所を益す」とか「身の悪む所を為して、以て人の急なる所を成す」といった、経19・説19における任の定義も、やはり自己犠牲の精神に燃える墨家の特色をよく表わしていて、「明哲保身」を得意とする儒家とは好対照である。

経20・説20は勇の定義であるが、「其の是に於て敢えてするを以て之に命け、其の彼に於て敢えてせざるを以て之を害せず」とする内容は、説18の場合と同じく、墨者の行動基準が墨家の義にあって、むやみに決闘を挑む壮士の勇気などとは異質なものであることを示している。

経32　言、出故也。

言とは、故《こと》を出すなり。

言とは、事物を(口から)出すことである。

説32　言。故也者、諸口能出之名者也。名若畫俿也。言也者、謂言猶名致也。

言。故なる者は、諸《もろもろ》の口能く之が名を出す者なり。名は画俿《がこ》の若し。言なる者は、言いて名猶《よ》り致すを謂うなり。

言語。故とは人がその名を口に出せるさまざまな事物である。名とは絵に描いた虎のようなものである。言語とは、言葉を出して名称からその事物を伝えることである。

墨家は経3・説3・経5・説5などで、人間の認識能力は対象を明瞭に知覚できるとする立場を示していた。ここではそれを承けて、言語の伝達機能に対する信頼を表明する。人は言語を媒介手段として他者に意味を伝達しようとする。その言語を聞いた相手は、発せられた言語から、話者が伝えようとした意味内容を想起する。説32はこの言語の働きを、虎の絵を見た者が、その絵から本物の虎を想起する経路に譬え、画虎《がこ》を見た者が必ず虎を想起するように、人間は言語によって他者に意味を伝達できるとの確信を表明するのである。

墨家は「能く談弁する者は談弁し」(『墨子』耕柱《こうちゅう》篇)、「言談に弁」(『墨子』尚賢上篇)などと、弁論活動を重視し、「子墨子言いて曰く、今、天下の士君子は、小を知るも大を知らず」(『墨子』天志上篇)と、統治階層を説得して墨家思想の正しさを認めさせようと努めた。十論は嚙んで含めるように論理を積み重ねて行くが、そこには、着実に論理を展開して行けば、必ずや天下の士君子を説得できるはずだとの、言語や弁論に対する信頼が横たわっている。経32・説32に示される言語観も、そうした墨家の立場の反映であろう。したがって墨家は、「子曰く、書は言を尽くさず、言は意を尽くさず」(『易』繫辞上篇)とか、「其の言わんとする所の者、特《な》お未だ定まらざれば、果たして言有るか、其れ未だ嘗て言有らざるか」(『荘子』斉物論篇)といった、言語に対する懐疑的立場には立たないのである。

経67　堅白、不相外也。

　堅白は、相外《そと》にせざるなり。

説67　堅白。於石、無所往而不得、得二。異處不相盈、相非、是相外也。

　堅と白は、互いに相手と乖離したりはしない。

堅白。石に於けるや、往く所として得ざること無く、二を得る。処を異にして相盈《み》たず、相非とすれば、是れ相外《そと》にするなり。

堅と白。同一の石においては、堅と白の性質が得られない所はなく、常に堅と白の二つの性質が獲得できる。堅が存在する場所と白が存在する場所が異なっていて、同一の場所に双方が充満してはおらず、堅がある場所には白がなく、白がある場所には堅がないのであれば、互いに相手と乖離しているのである。

ここに示されるのは、明らかに公孫龍《こうそんりゅう》が唱えた堅白論《けんぱくろん》への批判である。第三章で詳説したように、公孫龍は「視《み》れば其の堅とする所を得ずして、其の白とする所を得る者は、堅無きなり。拊《な》づれば其の白とする所を得ずして、其の堅とする所を得る。其の堅を得るや、白無きなり」と主張して、堅白石の中に、堅と白の両者が属性として内蔵されているとの理解を否定した。

これに対して客は、「堅白石は相外《そと》にせず。三を蔵《ぞう》するは可ならんか」と、一個の石中には堅と白がともに内蔵されるとして公孫龍に反駁した。「堅白は、相外にせざるなり」とする経67の主張は、まさしくこの客の立場と一致している。さらに客は、「其の白や、其の堅や、而ち石必ず以て相盛盈《せいえい》するを得る」と述べて、白と堅は一個の石中に余すところなく充満しているとも主張していた。やはりこれも、説67の内容と完全に合致する。

公孫龍は堅や白を実体を備えた普遍者と見なす概念実在論の立場を掲げたのだが、墨家はそれに反対して、堅や白は個物に密封・内蔵された属性として存在するのであり、堅や白といった概念・名称の側に実体があるのではないとする、唯名論の立場を表明したわけである。そしてこの唯名論的立場は、墨弁のあちこちに見出だすことができる。

経75　辯、爭彼也。辯勝、當也。

弁とは、彼を争うなり。弁勝つは、当たればなり。

弁論とは、対立点をめぐって論争するのである。弁論に勝つのは、理に当たるからである。

説75　辯。或謂之牛、或謂之非牛。是争彼也。是不倶勝。不倶勝、必或不當。不當若犬。

弁。或るものは之を牛と謂い、或るものは之を牛に非ずと謂う。是れ彼を争うなり。是れ倶には勝たず。倶には勝たざれば、必ず当たらざる或《あ》り。当たらざるは、犬とするが若《ごと》し。

弁論。一方は牛だと主張し、もう一方は牛ではないと主張する。こうした形が、対立点をめぐって論争するということである。こうした形で論争する場合は、双方が弁論に勝利することはない。両者がともに勝利することがないのは、どちらか一方は、必ず間違っているからである。間違っているとは、(牛が正解であった場合に)犬だとするような主張である。

ここには弁論の定義が示される。墨弁の定義によれば、最初から決着を期せず、論点が定まらぬままに為される議論は、弁論ではない。双方が明確に対立点を設定した上で、どちらの主張が正しいのか、黒白をつけようとする議論が弁論だとされる。その上で墨弁は、弁論においては双方が勝つことはあり得ぬとし、必ず道理に当たっている側が勝利し、道理にはずれた側が敗北する形で決着すると断言する。墨弁は、経3・説3・経5・説5などで人間の認識能力に対する信頼を、経32・説32で言語に対する信頼を表明していたが、この経75・説75では、それと連携する形で、弁論の有効性に対する確信が披瀝されるのである。

経87　同、重、體、合、類。

同とは、重、体、合、類なり。

同には、重・体・合・類がある。

説87　同。二名一實、重同也。不外於兼、體同也。倶處於室、合同也。有以同、類同也。

同。二名一実なるは、重同なり。兼より外れざるは、体同なり。倶《とも》に室に処《お》るは、合同なり。以て同じきこと有るは、類同なり。

同。名称が二つあっても、実体が一つであるのは、重同である。部分が全体から離れていないのは、体同である。別々の個物が同じ部屋にいるのは、合同である。別々の個物が、ある共通性を共有しているのは、類同である。

弁者の議論の中には、対象を同類と異類に分類する「同異之辯《どういのべん》」が存在していた。この経87・説87は、それに関する思索である。墨弁は、何かと何かが同じであるとする判断に、重同・体同・合同・類同の四種を設定する。重同は、狗と犬のように、名称は異なっていても、実体は同一である場合で、実体(名称が指し示す場)が完全に重なり合うことから、重同と称される。したがって「弁者二十一条」の「狗は犬に非ず」といった命題に対しては、墨弁は重同であるとしてそれを否定することになる。

体同は、経2に「体とは、兼より分かるるなり」とあるように、部分が全体の一部として組み込まれている場合である。部分Aと部分Bは、名称を異にし、実体をも異にするが、ともに一つの体系の一部を成すので、体同と称される。歯と足は名称も実体も異なるが、馬の歯と足は、ともに馬なる一個の体系に属するので、体同に該当する。したがって墨弁は、「今、馬の百体を指すも馬を得ず」(『荘子』則陽《そくよう》篇)といった議論に対しては、体同であるとしてそれを退けることになる。

合同は、別々の個物が同じ場所に存在する場合で、個物Aと個物Bが名称と実体を異にしていても、個物の実体の範囲を超えた、より広い空間に集合するので、合同と称される。家族とか国民といった総称概念が合同に該当する。

最後の類同は、ある共通性(内包)を共有している場合で、個物Aと個物Bが、名称と実体を異にするのみならず、所属する場さえかけ離れていても、ある共通性を共有していれば同類に分類できるので、類同と称される。別々の場所にいる牛と馬と羊を、四足獣として同類と見なす場合などが、類同に該当する。このように見てくると、墨弁が、物体が存在する場を基準に、「同」のレベルを区分していることが判明する。

経88　異、二、不體、不合、不類。

異とは、二、不体、不合、不類なり。

異には、二・不体・不合・不類がある。

説88　異。二必異、二也。不連屬、不體也。不同所、不合也。不有同、不類也。

異。二にして必ず異なるは、二なり。連属せざるは、不体なり。所を同じくせざるは、不合なり。同じくするところ有らざるは、不類なり。

異。二つの個物が常に名称と実体を異にしているのが、二である。二つの個物が同一の体系に所属せず、別々に分断されているのが、不体である。二つの個物が同一の空間に集合しておらず、別々の場所にいるのが、不合である。二つの個物が共通性を持たないのが、不類である。

この経88と説88は、前の経87・説87と表裏の関係にある。墨家が対象を同類と異類に分類するときは、これが基準になるわけである。墨弁が同異についてこうした思索を行ったのは、もとより公孫龍などの弁者が展開した「同異之辯」に刺戟され、それに対抗せんとしたからであろう。

『墨子』経下・経説下の論理学

続いて経下・経説下からいくつかを選んで、内容を紹介してみる。

経105　不可偏去而二。說在見與不見、一與二、廣與脩。

偏去《へんきょ》して二とすべからず。説は見と不見、一と二、広《こう》と脩《しゅう》に在り。

(分かちがたく融合している両者の)一方だけを分離・抽出して、(融合していた相手から独立させ)二つが(別々に)存在すると主張することはできない。理由は、見(白)と不見(堅)、一と二、面積と長さの関係にある。

說105　見不見不離。一二相盈。廣脩堅白。

見と不見は離れず。一と二は相盈《み》つ。広脩は堅白のごとし。

(堅くて白い石が存在する場合)目に見える白と目に見えない堅が分離したりはしない。白なる色彩(一)と堅い石(二)、あるいは堅さ(一)と白い石(二)は、一つの場に互いに充満している。面積があれば、その中に必ず縦と横の長さが包摂されているのは、堅白石の中に必ず堅と白が包摂されるのと同じである。

この経105・説105と関連する記述は、『公孫龍子《こうそんりゅうし》』にもつぎのように見える。

曰く、石の白、石の堅は、見と不見なるも、二と三とは、広脩の若《ごと》くして相盈《み》つるなり。其れ挙ぐるに非ざるか。

これは公孫龍に反駁する客の発言で、堅白石の属性たる堅と白は、たとえ見と不見の相違があっても、同じ堅白石(三)の中にともに充満しているのであって、堅石(二)と白石(二)とが別々のものとして分離したりはせず、まさしくそれは、面積中に縦と横の長さが包含されているのと一緒ではないかとの論理である。

このように、堅白石の認識をめぐり公孫龍と敵対した客と、墨家《ぼくか》の論理学は、唯名論の立場で完全に一致している。そもそも弁者《べんじゃ》の領袖たる公孫龍と論争するには、論理学に対する深い学識が必要で、一般の人間が公孫龍と渡り合うのは不可能であろう。また『公孫龍子』に登場する客は、『荘子』天下篇の「弁者二十一条」に類する論理を用いていないから、弁者の徒であったとも考えがたい。してみれば『公孫龍子』の中で公孫龍と論争する客は、やはり墨弁《ぼくべん》に精通した墨者であった可能性が最も高いであろう。

経107　異類不吡。說在量。

異類は吡《くら》ぶべからず。説は量《はか》るに在り。

種類の違う者は比較することができない。理由は計量にある。

説107　木與夜孰長。智與粟孰多。爵親行賈、四者孰貴。麋與霍孰高。虭與瑟孰悲。

木と夜と孰《いず》れか長き。智と粟《ぞく》と孰れか多き。爵・親・行・賈《こ》、四者は孰れか貴《たか》き。麋《おおじか》と霍《つる》と孰れか高き。虭《ひぐらし》と瑟《しつ》と孰れか悲しき。

木と夜とではどちらが長いか。智慧と穀物とではどちらが多いか。爵位・親・行為・価格の四者の中では、どれが一番尊いか。麋が跳ねるのと鶴が飛ぶのとでは、どちらが高いか。蜩の鳴き声と琴の調べとでは、どちらが悲しいか。(こうした比較は成立しない。)

相対判断には、どちらが寸法が長いかとか、どれが一番右に位置するかといった類いの事実判断と、どちらが正しいかとか、どれが一番美しいかといった類いの価値判断が存在するが、いずれの場合も、複数の対象を比較する思考方法によって生み出される。したがって比較は、我々が物事を考えるとき、頻繁に多用する思考様式である。だがそれにもかかわらず、世の中にはきちんと比較できない人間が大勢いる。

そこで墨弁はこれに考察を加え、比較を成立させるためには、比較の対象を計量する上での条件や、計量の基準を同一に揃える必要があると注意を促す。つまり墨弁は、木の長さが空間に属し、夜の長さが時間に属するように、次元を異にする対象を比較・計量して、そこに相対判断を下すことは不可能だと指摘したのである。

経114　宇或徙。説在長宇久。

宇《う》は徙《うつ》ること或《あ》り。説は宇と久を長《の》ばすに在り。

空間は移動することがある。理由は空間と時間の延長にある。

説114　宇徙而有處。宇南宇北、在旦有在莫。宇徙久。

宇《う》の徙《うつ》るは而《すなわ》ち処《ところ》有ればなり。南に宇し北に宇すは、旦《あさ》に在《あ》りて有た莫《まくれ》に在るなり。宇は久と徙る。

(物が身を置く)空間が移動するのは、他に(身を置く)余地があるからである。南に(身を置く)空間を移動させたのち、北に空間を移動させれば、朝に(身を置く空間が南に)あり、また夕暮れに(身を置く空間が北に)あることになる。このように空間は、時間の経過とともに移動するのである。

もし物が、わが身を置く空間を他に求め得ないのであれば、すなわちわが身を移動させる余地が全くないのであれば、物にとって空間は存在しないに等しい。逆に「宇とは異所に弥《わた》るなり」(経41)とあるように、わが身の置き場を他所に求め得るのであれば、わが身を置く空間をA地点からB地点へと移動させて、延長することができる。この空間移動は、「久とは異時に弥るなり」(説40)とあるように、最初はA地点にいたがつぎにはB地点にいるといった時間の経過を生ずる。

したがって、空間の移動と延長は、必ず時間の移動と延長を伴うのであり、空間と時間は相関関係にある。もし空間が存在しないとすれば、そこには時間も存在しないとしなければならない。これが空間と時間に関する墨弁の考察である。

経119　景二。説在重。

景に二あり。説は重なるに在り。

影には二種類ある。理由は光が重なり合うところにある。

説119　景。二光夾一光、一光者景也。

景。二光の一光を夾《はさ》むや、一光なれば景あるなり。

影。二つの光点から出た光が一つの光体を挟むように物体を照射すると、異なる光点から出た光が、それぞれ壁面に二つの影を作る。

燭光のような光体からは、炎の上端Aと下端Bの二つの光点から、同時に二つの光が発射される。そのため光体と壁面の途中にある物体の影も、A′・B′二つできるが、二つの影が重なり合った部分には本影ができ、一つだけの部分には半影ができる。経が「景に二あり」と言うのは、この本影と半影を指している。

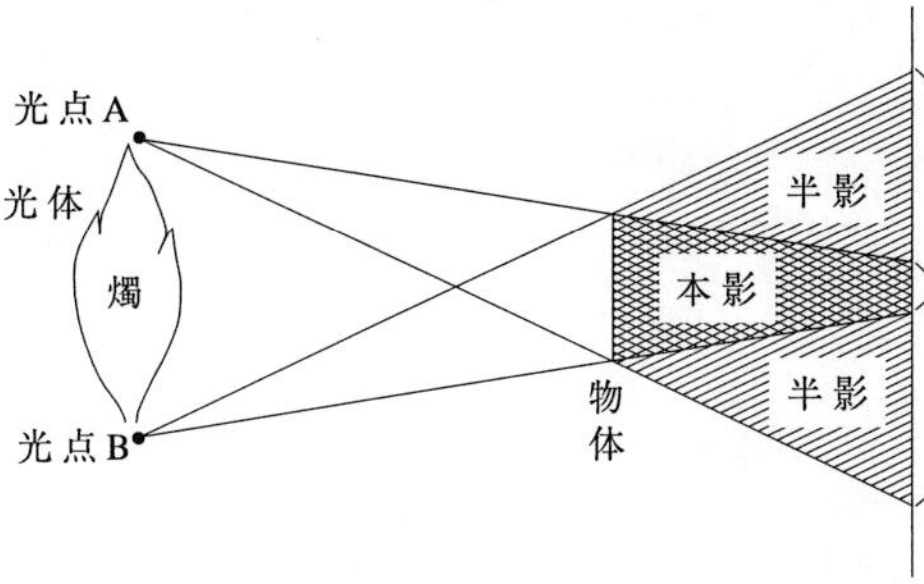

経・説119

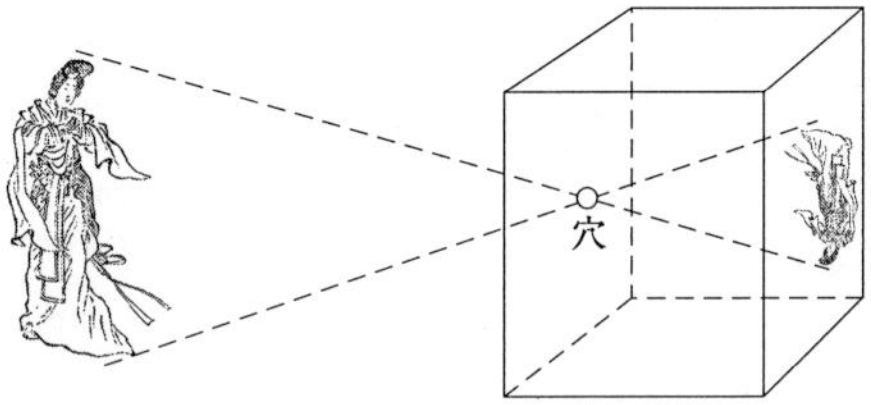

経・説120

『荘子』斉物論篇《せいぶつろん》には、「罔両《もうりょう》、景《かげ》に問いて曰く、曩《さき》には子は行き、今は子は止まる。曩には子は坐り、今は子は起つ。何ぞ其れ特(独)操無きや」と、罔両と景の問答が見える。この内の景が本影で、罔両が本影の両側にできる半影である。墨弁は経119と説119で、本影と半影ができる原因を光学的に説明したのである。

経120　景到、在午有端映景長。説在端。

景の到《さかしま》(倒)なるは、端《たん》有るに午《まじわ》りて景を映す

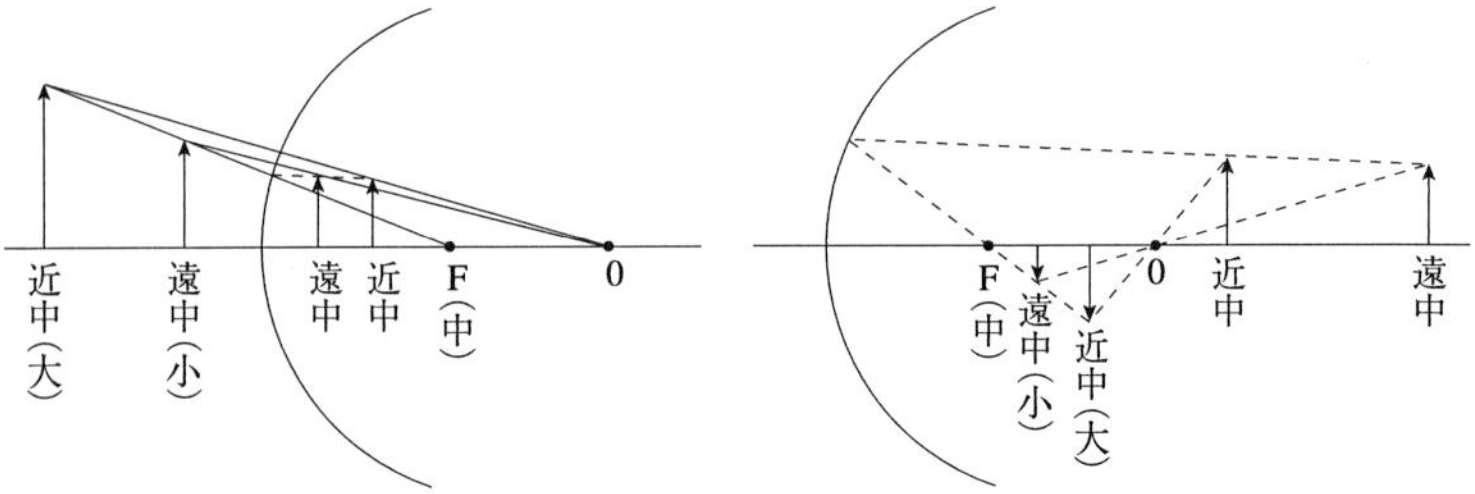

(中之内)　経・説124　(中之外)

こと長きに在り。説は端に在り。
影像が倒立するのは、衝立《ついたて》に開いた穴で光が交叉して遠くの物体を映すからである。理由は端(点)にある。

説120

景。光之照人若射。下者之人也高、高者之人也下。足蔽下光。故成景於上。首蔽上光。故成景於下。在遠近有端與於光。故景庫内也。

景。光の人を照らすは射の若《ごと》し。下より者《み》(睹)るの人は高く、高きより者(睹)るの人は下《ひく》し。足は下光を蔽《さえぎ》る。故に景は上に成る。首は上光を蔽る。故に景は下に成る。遠きに在るも近きに端有りて光を与《あつ》む。故に景は庫内にあるなり。

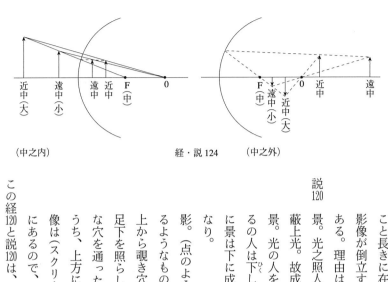

影。(点のような小さな穴を通して)光が人を照らすのは、(覗き穴から)射撃するようなものである。下から覗き穴を見上げる射手の射角は上方に限定され、上から覗き穴を見下ろす射手の射角は下方に限定される。(それと同じで)下の足下を照らした光のうち、下方に向かった光は衝立に遮られる。そこで(小さな穴を通った)足の影像は(スクリーンの)上部に映る。上の頭を照らした光のうち、上方に向かった光は衝立に遮られる。そこで(小さな穴を通った)頭の影像は(スクリーンの)下部に映る。(人物が)遠くにいて、光を収斂する穴が近くにあるので、影像は暗箱の内部に収まるのである。

この経120と説120は、ピンホール・カメラの原理を説明したものと考えられる。暗箱の正面に開けた小孔を物体に向けると、反対側の内壁に倒立像が映し出される。墨弁は、なぜそうした現象が生ずるのかを、射撃の比喩を用いながら光学的に説明したのである。

経124　鑑低、景一小而易、一大而击。說在中之外內。

鑑低《かんてい》には、景の一は小にして易《かわ》り、一は大にして击《ただ》し。説は中の外内に在り。

凹面鏡では、影像の一つは物体より小さく(上下の位置が変わって)倒立し、もう一つの影像は物体より大きくて正立する。理由は物体が焦点の外に位置するか内に位置するかにある。

説124　鑒中之內、鑒者近中、則所鑒大、景亦大。遠中、則所鑒小、景亦小。而必正。起於中緣正而長其直也。中之外、鑒者近中、則所鑒大、景亦大。遠中、則所鑒小、景亦小。而必易。合於中而長其直也。

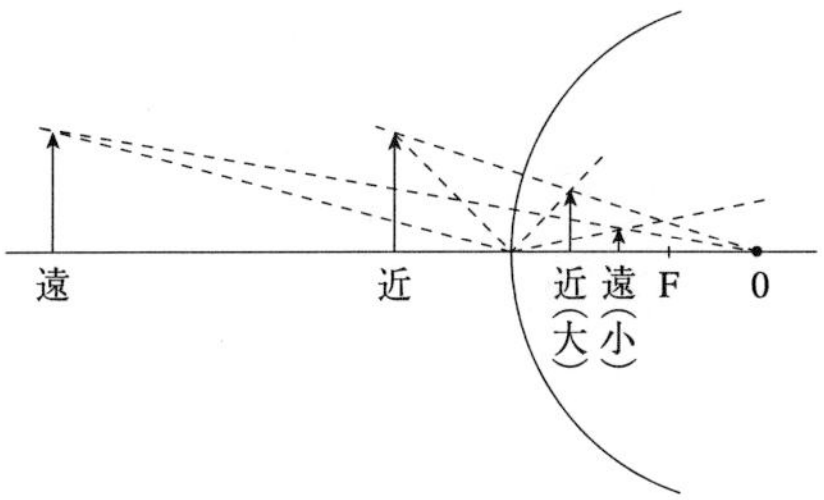

経・説125

鑒中《かんちゅう》の内は、鑒《うつ》さるる者中に近ければ、則ち鑒さるる所は大にして、景も亦《ま》た大なり。中に遠ければ、則ち鑒さるる所は小にして、景も亦た小なり。而して必ず正し。中より起《た》ち正に縁《よ》りて其の直を長《の》ばすなり。中の外は、鑒さるる者中に近ければ、則ち鑒さるる所は大にして、景も亦た大なり。中に遠ければ、則ち鑒さるる所は小にして、景も亦た小なり。而して必ず易《かわ》る。中に合わせて其の直を長ばすなり。

凹面鏡の焦点の内側では、鏡に映される物体が焦点に近ければ、(鏡面の中心に設定される人間の視点に近いため)鏡に映す物体の見かけはより大きく、影像もまた大きい。鏡に映される物体が焦点から遠ければ、(鏡面の中心に設定される人間の視点から遠いため)鏡に映す物体の見かけはより小さく、影像もまた小さい。その影像は必ず正立する。焦点を起点として、正立する物体と鏡面を水平に結ぶ点を通るように、直線を延長するのである。凹面鏡の焦点の外側では、鏡に映される物体が焦点に近ければ、(鏡面の中心に設定される人間の視点に近いため)鏡に映す物体の見かけはより大きく、影像もまた大きい。鏡に映される物体が焦点から遠ければ、(鏡面の中心に設定される人間の視点から遠いため)鏡に映す物体の見かけはより小さく、影像もまた小さい。その影像は必ず倒立する。(正立する物体と鏡面を水平に結ぶ点を起点に)焦点を通るように直線を延長するのである。

経124の「鑑低《かんてい》」は、原文では「鑑位《かんい》」となっている。高亨《こうきょう》は「鑑弧《かんこ》」に改めて凹面鏡と解し、譚戒甫《たんかいほ》は「鑑低」に改めた上で凹面鏡と解する。ここでは譚戒甫の説に従って、「鑑低」に改めて解釈した。

また「説は中の外内に在り」と、影像が倒立するか正立するかの分岐点とされる「中」は、説124の内容から判断して、鏡面の中心ではなく、焦点の側を指すと思われる。説124では、「中之内」にあっては、「中」に対する遠近の如何を問わず、影像は必ず正立するとされている。だが、もし「中」が鏡面の中心を指すと解すれば、「中之内」には物体が中心と焦点の間に位置する場合も含まれてくる。その条件の下では影像は倒立するが、説124にそうした記述は見当たらない。したがってここでの「中」は、焦点を指すと理解すべきであろう。

経125　鑑團、景一小一大而必缶。説在導。
鑑団《かんだん》には、景は一《ある》ときは小一《ある》ときは大なるも必ず缶《ただ》し。説は導くに在り。
凸面鏡では、影像はあるときは小さく、あるときは大きいが、必ず正立する。理由は(互いに相手を)誘導するところにある。

説125　鑒。鑒者近則所鑒大、景亦大。丌遠、所鑒小、景亦小。而必正。景遇正故招。
鑒《かん》。鑒《うつ》す者近ければ則ち鑒さるる所も大にして、景も亦た大なり。丌《そ》の遠ければ、鑒さるる所も小にして、景も亦た小なり。而して必ず正し。景は正に遇《むか》うるが故に招く。

凸面鏡。鏡に映される物体が鏡面に近ければ、(鏡面の中心に設定される人間の視点に近いため)鏡に映す物体の見かけはより大きく、影像もまた大きい。鏡に映される物体が鏡面から遠ければ、(鏡面の中心に設定される人間の視点から遠いため)鏡に映す物体の見かけはより小さく、影像もまた小さい。その影像は必ず正立する。影像は正立の領域内で(物体を)迎えるので、(物体が鏡面に近づくと)影像を近くに招き寄せるのである。

この経125と説125は、凸面鏡の影像のでき方を説明したものと考えられる。経文の「景一小一大」は、原文では「景一天」に作るが、高亨の説に従って改めた。また「説在導」も原文では「説在得」に作るが、説の内容との関係から、私見により「得」を「導」に改めた。両者は古文で字形が近いので、書写の誤りと思われる。また説の最後の句は、原文では「景過正故招」であるが、高亨の説に従って「過」を「遇」に改めた。

経126　負而不撓。説在勝。

負《お》わすも撓《たわ》まず。説は勝《た》ゆるに在り。

重量物を乗せても撓まない。理由は耐えるところにある。

説126　負。衡木加重焉而不撓。極勝重也。左右校交縄、無加焉而撓。極不勝重。

負。衡木《こうぼく》は焉《これ》に重きを加うるも撓まず。極《きょく》の重きに勝ゆればなり。左右の校の交縄《こうじょう》は、焉に加うること無きも撓む。極の重きに勝えざればなり。

負荷。横木に重量物を乗せて負荷をかけても撓まない。それは、横木の重心(極)が重量に耐えるからである。左右の柱に結ばれた縄は、重量物を載せて負荷をかけなくても撓む。それは、縄の重心が自重に耐えられないからである。

ここでは負荷による物体の変形が扱われている。説の「左右校交繩」は、原文では「右校交繩」に作るが、高享の説に従って「左」を補った。なお高享は「衡加重於其一旁」から「標得權也」までの天秤の仕組みを説明する文章をも、説126に含める形に整理するが、この部分を独立させる譚戒甫の整理に従って分離した。


経128　倚者不可正。說在拂。

倚《かたむ》く者も正すべからず。説は払うに在り。

傾いた斜面を水平にしてはならない。理由は払いのける点にある。


説128　倚。倍拒牽射、倚焉則不正。

倚《かたむ》き。倍・拒・牽・射には、焉《これ》を倚ければ則ち正さず。

傾き。切り離す場合、押し返す場合、引きずり下ろす場合、転がし落とす場合などは、(物体を載せた)斜面の傾きを水平に戻したりはしない。


ここでは物体を移動させる場合、向こう側に傾けたり、こちら側に傾けたりして斜面を利用した方が、動かすのに必要な力を軽減できることが説明される。経文の「說在拂」は、原文では「剃《てい》」に作るが、高享の説を参考に「拂」に改めた。また説の「倍拒牽射」は、原文では「倍拒堅䑦」に作るが、高享の説に従って「堅」を「牽」に、「䑦」を「射」に改めた。


経135　謂辯無勝、必不當。說在辯。

謂《い》いて弁ずるも勝つこと無きは、必ず当たらざればなり。説は弁に在り。

(両者がそれぞれに異なる)判断を述べ合って議論をしたにもかかわらず、いずれも勝てなかったというのは、必ずどちらの判断も正しくなかったのである。理由は弁論にある。

説135　謂。所謂非同也、則異也。同則或謂之狗、其或謂之犬也。異則或謂之牛、其或謂之馬也。倶無勝、是不辯也。辯也者、或謂之是、或謂之非、當者勝也。

謂う。謂う所同じとするに非ざれば、則ち異なるとするなり。同じとするは則ち或るひとは之を狗《く》と謂い、其の或るひとは之を犬と謂うなり。異なるとするは則ち或るひとは之を牛と謂い、其の或るひとは之を馬と謂うなり。倶《とも》に勝つこと無きは、是れ弁ならざるなり。弁なる者は、或るひとは之を是と謂い、或るひとは之を非と謂いて、当たる者勝つなり。

判断を述べる。両者が述べた判断が同じでないのであれば、両者の判断は異なっているのである。両者が同じ判断を述べるというのは、例えばある人がそれは狗だと言い、もう一人の人がそれは犬だというような場合である。（この場合は、そもそも議論が生じない。）両者が異なった判断を述べるというのは、例えばある人がそれは牛だと言い、もう一人の人がそれは馬だと言うような場合である。（この場合は、当然議論が生じる。）にもかかわらず、どちらも勝てないというのでは、それは弁論ではない。弁論とは、ある者はそうだと主張し、ある者はそうではないと主張して議論し、正解を述べた側が勝つという形式のことである。

説の「其或謂之馬也」は、原文では「牛或謂之馬也」に作るが、高亨の説に従って「牛」を「其」に改めた。

この経135と説135では、両者が異なる見解を提示し合って議論を戦わせたにもかかわらず、いずれの判断も正解でなかったせいで、ついに決着がつかなかったというのでは、それを弁論とは呼べないと断言される。つまり墨家《ぼくか》の定義によれば、論争の一方の当事者が必ず正解を述べていて、議論の結果、正解を示していた側が必ず勝利するとの形式を踏むものだけが、弁論の名に値するのである。

弁論から黒白のつかない曖昧さを排除しようとする定義の仕方には、先に紹介した経75や説75と同じく、墨家の弁論に対する姿勢が強く反映している。『墨子《ぼくし》』の十論は、墨家の主張に反対する論敵の言を紹介し、逐一それに反駁する形で、延々と議論を展開する。そこには、証拠を挙げながら論理を積み重ねて行けば、必ずや相手を論破して、墨家の主張の正しさを証明できるとの、弁論に対する強い信頼が溢れている。ために墨家は、『墨子』説話類に見られるように儒家を相手に論陣を張り、論争をくり広げたのである。『荘子』斉物論篇はこれを「儒墨の是非」として取り上げ、「其の非とする所を是として、其の是とする所を非とせんと欲すれば、則ち明を以《もち》うるに若《し》くは莫《な》し」と、相対的価値判断に依拠した弁論では、決して真実に到達はできないと批判した。だが墨家は、弁論なる形式にあくまで信頼を寄せ、弁論の技術を磨いて論争に勝利する手段により、自己の正しさを証明し続けようとした。墨家が独自の論理学、墨弁を生み出した要因の一つがここにある。

経173　無窮不害兼。説在盈否。

無窮は兼を害せず。説は盈《み》つるか否かに在り。

(南方が)無窮であるか否かは兼愛の実行を妨げない。理由は(南方に)人が充満しているか否かにある。

説173　無。南者有窮則可盡、無窮則不可盡。有窮無窮未可智、則可盡不可盡未可智。人之盈否未可智、而人之可盡不可盡亦未可智。而必人之可盡愛也、誖。人若不盈先窮、則人有窮也。盡有窮無難。盈無窮、則無窮盡也。盡有窮無難。

無。南なる者有窮なれば則ち尽くすべく、無窮なれば則ち尽くすべからず。有窮無窮は未だ智《し》るべからざれば、則ち尽くすべきか尽くすべからざるかも未だ智るべからず。人の盈否《えいひ》は未だ智るべからざれば、而《すなわ》ち人の尽くすべきか尽くすべからざるかも亦《ま》た未だ智るべからず。而るに必ず人の愛を尽くすべしとするは、誖《もと》れり。人若《も》し盈《み》たずして先に窮まらば、則ち人は有窮なり。有窮を尽くすは難《かた》きこと無し。無窮を盈たさば、則ち無窮も尽きるなり。有窮を尽くすは難きこと無し。

無限。南方が有窮なのであれば、土地の広さにも限りがあり、無窮なのであれば、土地の広さにも限りはなくなる。南方が有窮なのか無窮なのかは、いまだ解明されていないから、南方の土地の広さに限りがあるのかないのかも、まだ判明していない。また南方の土地に、人間が充満しているのか、そうでないのかも、やはり未知の事柄に属するから、南方に住む人間の数に限りがあるのかないのかも、いまだ不明である。こうした状況であるにもかかわらず、必ずすべての人間に兼愛を及ぼせると主張するのは、たしかに誤りであろう。だがもし人間が南方の土地に充満しておらず、(土地にはまだ人間を収容する余裕があっても)人間の数の方が先に尽きてしまうのであれば、南方に住む人間の数には限りがあることになる。数に限りがある人間に兼愛を及ぼすのは、決して不可能なことではない。もし南方に人間が充満しているのであれば、(人間が隙間なく住んでいてそれ以上収容する余地がない以上)南方に住む人間の数は無窮ではなく、有窮だとしなければならない。とすれば数に限りのある人間に兼愛を及ぼすのは、決して不可能なことではない。

説の原文は四句目を「則可盡不可盡未可智」に作るが、高亨の説に従って重複する「不可盡」を削除した。また説の原文は五句目を「人之盈之否未可智」に作るが、やはり高亨の説により、二番目の「之」字を削った。同じく説の原文は六句目を「而必人之可盡不可盡亦未可智」に作るが、高亨の説により「必」字を削除した。

さて恵施《けいし》の「歴物十事《れきぶつじゅうじ》」にも、「南方は有窮にして無窮」なる命題が含まれるように、戦国時代には南方が有窮か無窮かをめぐる議論が存在したと推測される。この当時、楚《そ》国の中心部、国都の郢《えい》を遠く離れた南方の地域は、中国の人々にとって未開の蛮地で、果てがどうなっているのかは皆目不明のままだったからである。「無窮は兼を害せず」

との経文は、南方をめぐる議論を利用して、墨家の兼愛説を論難する人々がいたことを示している。

墨家の兼愛説は、「故に天下兼ねて相愛《あい》すれば則ち治まり、交《こも》ごも相悪《にく》まば則ち乱る」（『墨子』兼愛上篇）と、世界中の人々が自己と他者を区別せずに愛し合うことを理想に掲げるものであった。論難者は、この「天下兼ねて相愛すれば」とする点に付け込む形で、南方が無窮であるか否かの議論を持ち出したと考えられる。世界中の人々に兼愛させれば世界は治まると言ってみたところで、南方が無窮であるかどうか分からず、したがって南方に住む人間の数に限りがあるかどうかも分からないのでは、そもそも世界中にどれだけ人間がいるのか確定できないこととなり、天下中の人々に兼愛させることも不可能になるのではないか。これが論難者の論理であったと想像される。

経173と説173は、これに対する墨家の反論と考えられる。もし人間の数の方が土地より先に尽きてしまうのであれば、南方に住む人間の数には限りがあることになるから、有限の人間に兼愛を及ぼすのは不可能ではないとするところまではともかく、もし南方に人間が充満していれば、南方に住む人間の数は無窮ではなく有窮だとする論理には、詭弁の匂いも漂う。もっとも兼愛説の是非をめぐる議論に、無限の概念を持ち込むやり方自体が、すでに詭弁的要素を含んでいる。したがって、それに応酬せんとした墨弁の側がそうした性格を帯びるのも、やむを得ぬところであったろう。

『墨子』大取篇の論理学

大取篇《たいしゅ》は墨弁《ぼくべん》の中でも特にテキストの乱れが甚だしくて、文意を理解できない箇所が多く、読解は困難を極める。ここでは譚戒甫《たんかいほ》『墨弁発微』の考証を参考に、篇の冒頭部分のみを紹介してみる。なお行論の便宜上、原文を適宜区切って番号を付した。

(1)天之愛人、薄於聖人之愛人也。其利人也、厚於聖人之利人也。大人之愛人也、薄於小人之愛人也。其利人也、厚於小人之利人也。

天の人を愛するは、聖人の人を愛するより薄し。其の人を利するや、聖人の人を利するより厚し。大人の人を愛するは、小人の人を愛するより薄し。其の人を利するや、小人の人を利するより厚し。

天が人間を愛する程度は、聖人が人間を愛する程度よりも薄い。だが天が人間に利益をもたらす程度は、聖人が人間に利益をもたらす程度よりも厚い。大人が人間を愛する程度は、小人が人間を愛する程度よりも薄い。だが大人が人間に利益をもたらす程度は、小人が人間に利益をもたらす程度よりも厚い。

ここには、天—聖人—人と大人—小人—人の二通りの図式が示される。天と聖人を比較すれば、人を愛する程度は聖人の方が厚いが、人を利する程度は天の方が厚い。大人と小人を比較すれば、人を愛する程度は小人の方が厚いが、人を利する程度は大人の方が厚い。裏を返せば、相手を愛する程度が薄ければ、逆に相手を利する程度が厚くなるということになる。

それでは墨弁は、なぜこうした関係を設定するのであろうか。相手の個人的な願望や欲求に直接応えてやるのが愛だとすれば、そうした一時的愛情は、長い目で見ればかえって相手の利益にならない場合が多い。むしろ公平無私な立場から愛情を稀薄にして接した方が、結局は相手のためになり、相手により多くの利益をもたらすのだ。これこそ墨弁が前記の関係を主張した理由であろう。

『墨子《ぼくし》』法儀篇には、「天の行《めぐ》りは広くして私無し。其の施すや厚くして徳とせず。故に聖王之に法《のっと》る」とあって、天は特定の人間だけをえこひいきしたりせず、公平無私な態度で人間に接し、人間に厚く恩恵を施しながらも、決して恩着せがましい態度を取らないので、聖王の規範となったと語られる。この天のように、上に立って大勢の人間の面倒を見ようとする者は、特定の個人に直接的利益を与える偏った形で深い愛情を注ぐのではなく、むしろ冷淡・薄情とも思える公平無私な態度を保つことにより、すべての人間に間接的・大局的利益をもたらすべきだとするのが、愛と利に関する墨弁の立場である。

『老子』に「天地は不仁。万物を以て芻狗《すうく》(使い捨ての藁人形)と為す。聖人は不仁。百姓を以て芻狗と為す」(第五章)とあるのや、慎到《しんとう》の思想を伝える『慎子』に「天は人の暗きを憂えずと雖も、戸牖《こゆう》を開きて必ず己が明を取らば、則ち天は事無きなり。地は人の貧しきを憂えずと雖も、木を伐り草を刈りて必ず己が富を取らば、則ち地は事無きなり」(威徳篇)とあるのも、これに類似した思考である。

なお大取篇の原文では、「薄於小人之愛大人也」「厚於小人之利大人也」に作るが、譚戒甫の説に従って両方の「大」の字を削除した。また原文は「大人之愛小人也」「其利小人也」に作るが、このままでは天―聖人―人の側との対応が悪く、文意が通らないので、私見により両方の「小」の字を削除した。

(2)以葬爲其親也而愛之、愛其親也。以葬爲其親也而利之、非利其親也。以樂爲愛其子而爲其子欲之、愛其子也。以樂爲利其子而爲其子求之、非利其子也。

葬を以て其の親の為なりとして之を愛するは、其の親を愛するなり。葬を以て其の親の為なりとして之を利するは、其の親を利するには非ざるなり。楽を以て其の子を愛すると為して其の子の為に之を欲するは、其の子を愛するなり。楽を以て其の子を利すると為して其の子の為に之を求むるは、其の子を利するには非ざるなり。

贅沢な葬儀を出すのが親のためになると考えて、(厚葬で)親に愛情を示そうとするのは、たしかに親に対する愛情の発露だと言える。贅沢な葬儀を出すのが親のためだと考えて、(厚葬で)親に利益をもたらそうとするのは、(親の財産を使い果たすだけで)親に利益をもたらす行為にはならない。親が盛大な音楽の演奏が(それを愛好する）子供への愛情になると考えて、わが子のために（楽団を呼んで）音楽を演奏してやろうとするのは、たしかにわが子への愛情だと言える。親が盛大な音楽の演奏が（それを愛好する）子供の利益になると考えて、わが子のために（楽団を招いて）音楽を演奏してやろうとするのは、（子供を音楽に耽る怠け者にするだけで）子供に利益をもたらす行為にはならない。

ここでは先の⑴と同じく、愛と利の関係が葬儀と音楽を論題に語られる。葬儀については、墨家の十論の中に節葬論がある。そして『墨子』節葬下篇は、「王公・大人の喪有る者に存《あ》りては、曰く、棺槨《かんかく》は必ず重ね、葬埋は必ず厚く、衣衾《いきん》は必ず多く、文繡は必ず繁《しげ》く、丘隴《きゅうりょう》は必ず巨《おお》きくせよと。匹夫《ひっぷ》・賤人の死する者あるに存りては、殆《ほとん》ど家室を竭《つ》くさん」とか、「細《つぶさ》に厚葬を計《はか》るに、多く賦財《ふざい》を埋むるを為す者なり」と、大規模な墳墓を造営し、多くの財貨を副葬する豪華な葬儀を非難し、葬儀を簡略にして冗費を節約するよう訴えた。

これを踏まえるならば、大取篇が問題にする葬も、節葬論が批判の対象とした厚葬を指すと思われる。親への愛情から豪華な葬儀を出すのは、たしかに親を愛する行為と言える。なぜなら、愛は損得勘定を度外視しても成り立つから、よしんばその行為が相手の利益にならなくとも、その動機が愛情でありさえすれば、それだけでその行為全体を愛情の発露だと称することが可能である。

だが親の利益を図ろうとする意図から厚葬を行えば、「殆ど家室を竭くす」と言われるように、財産を使い果たして家を貧困に陥れる結果に終わる。この場合は、動機と結果が正反対になり、利益の追求は損得勘定抜きには成り立たないから、その行為全体を親を利する行為と称することはできないのである。

また音楽についても、やはり十論の中に非楽論がある。『墨子』非楽上篇は、「今、唯《ただ》毋王公・大人に在りて、楽を説《よろこ》びて之を聴かば、即ち必ずや蚤《はや》く朝し晏《おそ》く退き、獄を聴き政を治むること能わざらん。是の故に国家は乱れて、社稷は危うし。今、唯《ただ》毋士君子に在りて、楽を説びて之を聴かば、即ち必ずや股肱《ここう》の力を竭《つ》くし、其の思慮の智を亶《つ》くし、内は官府《かんぷ》を治め、外は関市《かんし》・山林・沢梁《たくりょう》の利を収斂し、以て倉廩府庫《そうりんふこ》を実《み》たすこと能わざらん。是の故に倉廩府庫は実たず」と、高価な楽器をしつらえ、多くの楽人に演奏させる音楽は、労働を妨げ、富を浪費させる愚行だとして、音楽を激しく非難した。

これを踏まえるならば、ここに取り上げられる楽も、この種の音楽を指すであろう。音楽を愛好し、楽団の演奏を聞きたがる息子を持つ親が、その願いをかなえて満足させるのが子供への愛情だと心得て、楽団を呼んで演奏させるのは、たしかにわが子可愛さの一念から出た愛情の発露だと言える。だが同じ行為によって、わが子に利益をもたらそうとした場合は、その意図通りに子供を利することにはならない。なぜなら、わが子によかれと思って取った行為が、音楽に耽る放蕩息子を育てただけの結果に終われば、結局それは子供にとって大きな損失となるからである。

このように(2)では、損得勘定抜きで成立し、結果の如何を問わず、動機のみで完結し得る愛情表現と、必ず損得勘定を伴い、動機だけではなく、結果も問われる利益追求との性格的差異が考察される。一時の愛情よりも、長期的利益を図る行為の側が上位に置かれる点で、(1)との間に強い連続性が見られるのだが、そこにはさらに、節葬論や非楽論といった墨家の価値観が、論理展開の大前提として介在している。したがって(2)は、節葬や非楽といった墨家の主張を全面的に肯定してこそ、初めて成立する論理であって、その意味では純粋な形式論理とは呼びがたい性格を帯びている。

なお原文は、一句目と三句目を「以臧爲其親」に作るが、譚戒甫の説により「臧」字を「葬」に改めた。また原文は二句目を「非愛其親也」に作るが、孫詒譲《そんいじょう》『墨子《ぼくし》間詁《かんこ》』の説に従って「非」字を削除した。また原文は五句目を「以樂爲利其子而爲其子欲之」に作るが、上文や下文との対応が悪く、私見により「利」を「愛」に改めた。

(3)於所體之中權輕重之謂權。權非爲是、亦非爲非也。權正也。遇盜人而斷指以存擊、利之中取大、害之中取小也。害之中取小也、非取害也、取利也。其所取者人之所執也。

体とする所の中に於て軽重を権《はか》るは之を権と謂う。権は是と為すに非ず、亦《ま》た非と為すに非ず。権は正なり。盗人に遇いて指を断ちて以て身を免《まぬが》るるは利なり。其の盗人に遇うは害なり。指を断ちて以て擊《うで》を存するは、利の中に大を取り、害の中に小を取るなり。害の中に小を取るは、害を取るには非ずして、利を取るなり。其の取る所の者は人の執《まも》らんとする所なり。

部分的局面の中で事の軽重を計り考えるのを権変《けんぺん》と言う。権変は(臨機応変の非常手段であるから)正しいと考えてそうするのではなく、また間違っていると思いながらそうするのでもない。権変は(是非善悪の価値判断とは無関係に)中立である。盗賊に襲われたとき、指一本を断ち切ることによってわが身を救うのは、その人にとっては利益となる。もとより盗賊に襲われたこと自体は、その人にとって損害である。指を断ち切る(権変の)手段によって、腕まで切られずに済ますのは、予想される利益の幅の中で最大のものを選択し、予想される損害の幅の中で最小のものを選択したのである。予想される損害の幅の中で最小のものを選択するのは、損害を選び取ったのではなく、利益を選び取ったのである。利益として選び取る対象は、その人がこれだけは守ろうとするものである。

墨弁の経上篇の経2に、「体とは兼より分かるるなり」とあり、説2は「二の一、尺(線)の端(点)の若《ごと》し」と解説する。これによれば、兼は全体を、体は部分を表わす術語である。そこで(3)の「體」を部分、「所體」を部分的局面と解釈した。当事者が、これは特殊な条件下に発生した局面であると理解する、特定の状況のことである。

この(3)では、権変の性格が分析される。どうしても被害が避けられない事態に直面したとき、人は被害を最小限に食い止める非常手段を取ることになる。これは自由な選択が許されない、特殊な局面における臨機応変の判断であるから、そこに是非の議論は及ばない。最小の被害を代償として支払う決断により、大きな損害を回避し、被害を受けるという負の局面の中で、できるだけ利益を守り通すのが、最も合理的な行動なのであって、すでに自由な選択が許されない以上、代償を支払うのは是か非かといった判断を加える余地は存在しないのである。

この(3)と前の(1)(2)とは、一見全く繋がりがないように思える。だが目先の小利を放棄する手段により、大利を確保しようとする(3)は、眼前の一時的愛情を回避する姿勢が、かえって大局的利益をもたらすとする(1)や(2)と、基本的な発想を共有していると思われる。

なお原文は「亦非爲非也」を「非非爲非也」に作るが、孫詒讓の説により「非」を「亦」に改めた。また「遇盜人而斷指以免身利也。其遇盜人害也」は、原文では「其所取者人之所執也」の後に位置しているが、このままでは文意が通らず、藪内清『墨子』(平凡社、東洋文庫)の説に従って、「權正也」の後に移した。

(4)斷指與斷腕、利於天下相若、無擇也。死生利若一、無擇也。殺一人以存天下、非殺人以利天下也。殺己以存天下、是殺己以存天下。於事爲之中而權輕重之謂求。求爲之非也。害之中取小、求爲義、非爲義也。

指を断つと腕を断つと、天下を利すること相若《し》かば、択《えら》ぶこと無きなり。死と生と利すること一の若《ごと》ければ、択ぶこと無きなり。一人を殺して以て天下を存するは、人を殺して以て天下を利するには非ざるなり。己を殺して以て天下を存するは、是れ己を殺して以て天下を存するなり。為すに事《つと》むるの中に於て軽重を権《はか》るは之を求むと謂う。求めて之を為すは非なり。害の中に小を取り、求めて義を為さんとするは、義を為すには非ざるなり。

(自分の)指を切断する行為と腕を切断する行為が、天下に利益をもたらす効果において同一であれば、どちらにするかといった選択の余地はない。(自分が)死ぬのと生き延びるのとが、天下に利益をもたらす効果において同一であれば、どちらがよいかといった選択の余地はない。(天下を破滅に陥れる)一人の人間を殺す手段により、天下を(安寧に)存続させようとするのは、人間全員を殺して天下に利益をもたらそうとするのではない。(この場合は、一人の命と天下の利益のいずれを優先させるべきかといった、軽重を計る選択の判断が入る。)自分の命を犠牲にして天下を(安寧に)存続させようとするのは、(他人ではなく)自分を殺して天下に利益をもたらそうとするのである。(この場合は、自分の命と天下の利益のいずれを優先させるべきかといった、軽重を計る選択の判断は入らない。)正義の実践に励む中で、自己の利益の軽重を計るのを、選択の余地を求めると称する。選択の余地を求めながら正義の実践を遂行しようとするのは、間違いである。予想される損害の中で最小のものを選択し、選択の余地を求めつつ正義を実践しようとするのは、とても正義の実践などとは言えないのである。

儒者の巫馬子《ふばし》は、「子の之を為すや、狂疾有り」(『墨子』耕柱篇《こうちゅう》)と墨子を批判した。義の実践に突き進む墨子の姿勢には、狂気を帯びた過激さがあるというのである。墨子は義の実践に励む門人に対しても、「狂を受くるも何ぞ傷《いた》まん」(『墨子』耕柱篇)と激励している。正義の実現のためには、たとえ狂人扱いされようと、全く気にする必要はないというわけである。こうした墨子の気風は後世の墨者にも受け継がれ、彼らの行状は、「火にも赴き、刃《やいば》をも蹈《ふ》みて、死すとも踵《くびす》を還《めぐ》らさず」(『淮南子《えなんじ》』泰族篇《たいぞく》)とか、「日夜休《いこ》わず、自ら苦しむを以て極《きわみ》と為す」(『荘子』天下篇)、「役夫《えきふ》の道」(『荀子』王覇篇《おうは》)などと評された。

この(4)には、そうした義の実践に対する墨家の原理主義的立場が、最も先鋭な形で示されている。天下の利益のためならば、指を切り落とされようと、腕を切り落とされようと一顧だにせず、命を投げ出すことすらためらわない。

正義を遂行するのに、わが身の利害の軽重を計ったりするようでは、正義に向かって進む者とは言えない。儒家は「明哲保身」を信条とするが、墨家から見れば、そんなものは唾棄すべきご都合主義、不純な小利口さに過ぎない。まさしく「任とは、士の己を損ないて為す所を益す」(経19)のであり、「身の悪《にく》む所を為して、以て人の急なる所を成す」(説19)のが墨家の信条だったのである。

この(4)に登場する「事爲」は、(3)の「所體」と対応する墨家の術語である。ある特定の局面においては、この際はやむを得ずこうするのが得策だ、との権変が肯定され得る。だが正義の実現といった本質に関わる場合には、是非の判断がすべてで、善悪抜きの功利的選択は許されない。天下の利益と天秤にかけるべき己の利益など、どこにも存在しないからである。自己愛を捨て、わが身を犠牲にする手段により、天下全体の大局的利益を図らんとする精神において、(4)の論旨も(1)(2)(3)の論旨と通底するところがある。

なお原文は「非殺人以利天下也」を「非殺一人以利天下也」に作るが、藪内清『墨子』の説によって、「一」を削除した。

(5)爲暴人語天志爲是也。而惟爲暴人歌天志爲非也。

暴人《ぼうじん》の為に天志を語るは是《ぜ》を為すなり。而して惟《た》だ暴人の為に天志を歌《ほ》むるは非を為すなり。

暴虐な君主を諫めるために天の意志を説き明かすのは、正しい行為である。これに反して、ひたすら暴虐な君主に追従するためだけに、天の意志を褒めたたえるのは、間違った行為である。

墨家の十論の中に天志論がある。天志論は、「天は義を欲して不義を悪《にく》む。然らば則ち天下の百姓を率い、以て事義に従うは、則ち我乃ち天の欲する所を為すなり」(『墨子』天志上篇)と述べて、天には正義の実現を願う強い意志があると主張する。それでは天が望む正義の中身は何か。それは、「此れ我が天の天下の百姓を愛するを知る所以なり」

とか、「天意に順《したが》うとは義政なり。天意に反《そむ》くとは力政《りょくせい》なり。然らば義政は将に奈何《いかん》せんとするや。子墨子《しぼくし》言いて曰く、大国に処《お》りては小国を攻めず」(『墨子』天志上篇)と語られるように、兼愛と非攻である。

また天志論は、天の意志に従って兼愛と非攻を実践し、天賞を受けた実例として、「昔の三代の聖王、禹《う》・湯《とう》・文・武は、此れ天意に順いて賞を得たるものなり」(『墨子』天志上篇)と、禹・湯・文・武の名を挙げる。その一方で天志論は、天意に背いて天罰を受けた実例として、「昔の三代の暴王、桀《けつ》・紂《ちゅう》・幽《ゆう》・厲《れい》は、此れ天意に反きて罰を得たる者なり」(『墨子』天志上篇)と、桀・紂・幽・厲の名を挙げる。

こうした事情を踏まえれば、(5)で言及される「暴人」とは、天とは無縁な一般人の中の乱暴者を指すのではなく、もっぱら統治者を想定した用語であろう。さらに「昔の三代の暴王」は、当時の墨家にとってははるか古代の歴史的人物であって、今更彼等のために天志を悪用するなと訴える必要はないから、(5)の「暴人」が「三代の暴王」を意味するとは理解しがたい。とすれば(5)の「暴人」は、大取篇が書かれた当時の各国の為政者で、墨家から見て暴虐な者たちを指すと理解すべきであろう。

『墨子』非攻下篇は、「今の王公・大人、天下の諸侯は則ち然らず。将《まさ》に必ず皆其の爪牙《そうが》の士を差論《さろん》し、其の舟車の卒伍《そつご》を比列《ひれつ》し、此に於て堅甲・利兵を為《つく》り、以て往きて無罪の国を攻伐せんとす」と、大国の為政者たちが天意に背いて侵略戦争に奔走する現状を非難する。その上で非攻下篇は、侵略戦争がもたらす悲惨な現実を克明に描写し、「此れ其の人に不利を為すや、天下の害厚し。而るに王公・大人は楽しみて之を行う。則ち此れ天下の万民を賊滅するを楽しむなり。豈悖《あにもと》らざらんや」と、侵略戦争に狂奔する大国の統治階層を厳しく批判する。

そしてこうした人々こそ、(5)で言われる「暴人」であろう。また「天志を語る」とは、『墨子』魯問篇に「国家淫《いん》僻《へき》にして礼無ければ、則ち之に尊天・事鬼《じき》を語れ。国家奪《だつ》に務めて侵凌《しんりょう》すれば、則ち之に兼愛・非攻を語れ」とあるように、悪事を中止させるべく、天の意志がいかなるものなのかを解説して、相手を説得する弁論活動を指す。墨家の価値観からすれば、当然これは正義の行動となる。

これに反して二句目の「暴人の為に天志を歌むる」とは、侵略戦争を正当化し美化するため、今回の勝利も天がわが国に味方し、わが軍を加護してくれたお陰ですなどと、天に感謝したり、天を称賛したりする行為を指す。『墨子』魯問篇は、楚の中原進出の尖兵役だった魯陽《ろよう》の文君が鄭《てい》を攻撃しようとし、墨子がその中止を要請したとき、魯陽の文君が、「先生何《なん》ぞ我が鄭を攻むるを止《とど》めんとするや。我が鄭を攻むるは、天志に順うなり。鄭人《ていひと》は三世其の父を殺せり。天は焉《これ》に誅を加え、三年をして全《まった》からざらしむ」と反論したと記す。こうした言動が、「暴人の為に天志を歌むる」行為とされているのであろう。墨家の価値観からすれば、当然これは邪悪な行動となる。

以上見てきたように、(5)にも天志・兼愛・非攻など、墨家思想のイデオロギーが色濃く浸潤しており、これまでと同様、純粋な形式論理としての普遍性を備えているとは言いがたい側面を持つ。

なお原文は二句目の冒頭を「而性」に作るが、曹耀湘《そうようしょう》『墨子箋』及び譚戒甫の説に従って「而惟」に改めた。また原文は「語天之」「歌天之」に作るが、曹耀湘の説により「之」を「志」に改めた。

上述したように、大取篇はテキストの乱れがひどく、読解が極めて困難である。ここには冒頭部分のみを取り上げて解説したが、総じて大取篇は、十論と呼ばれる墨家思想との関係が深い。墨家の思想活動に対しては、外部から多くの批判が浴びせられたと推測される。墨家は「天意に順う者は、兼ねて相愛《あい》し交《こも》ごも相利《り》して、必ず賞を得る」（『墨子』天志上篇）と、人々に兼愛と交利を勧める一方で、節葬や非楽をも主張する。だが節葬や非楽を守ったのでは、厚葬や音楽を望む親や子を愛利できないのではないか。全体的利益のためには、権変の策として一人の命を犠牲にしなければならぬ局面もある。万人に兼愛を要請しながら、一方で天下の大利を追求しようとする墨家思想には、矛盾があるのではないか。

この種のさまざまな批判に対抗して理論武装を強化せんとする点に、大取篇成立の一つの要因があったと思われる。そのため、大取篇の内容は十論との関係が密接で、その分だけ純粋な形式論理学とはなりがたい性格を帯びるに至ったのではないかと考えられる。

『墨子』小取篇の論理学

小取《しょうしゅ》篇は大取篇と違ってテキストの乱れが少なく、文意も比較的明快である。小取篇では、形式論理を用いて論証を進める方法が考察される。ここでは譚戒甫《たんかいほ》『墨弁発微』の考証を参考に、二箇所を選んで紹介することとしたい。

(A)或也者、不盡也。假者、今不然也。效者、爲之法也。所效者所以爲之法也。故中效則是也。不中效則非也。此效也。辟也者、舉他物而以明之也。侔也者、比辭而俱行也。援也者、子曰然、我奚獨不可以然也。推也者、以其所不取之、同於其所取者、豫之也。是猶謂也者、同也。吾豈謂也者、異也。夫物有以同、而不率遂同。辭之侔也、有所至而止。其然也有所以然也。其然也同、其所以然、不必同。其取之也有所以取之。其取之也同、其所以取之、不必同。是故辟侔援推之辭、行而異、轉而危、遠而失、流而離本、則不可不審也、不可常用也。故言多方、殊類異故、則不可偏觀也。

或《わく》とは、尽くさざるなり。仮《か》とは、今は然らざるなり。效《こう》とは、之れが法《のり》を為すなり。效《なら》う所の者は以て之れが法と為す所なり。故に效に中《あた》らば則ち是とするなり。效に中らざれば則ち非とするなり。此れ效なり。辟《ひ》とは、他物を挙げて以て之を明らかにするなり。侔《ぼう》とは、辞を比べて倶《とも》に行くなり。援《えん》とは、子曰く然りと、我奚《なん》ぞ独り以て然りとすべからざらんとするなり。推《すい》とは、其の之に取らざる所を以て、其の取る所の者に同じきとして、之に予めするなり。是れ猶《な》お謂えるがごとしとは、同じとするなり。吾れ豈《あ》に謂わんやとは、異なるとするなり。夫れ物には以て同じきところ有るも、率遂《つい》には同じからざるところあり。辞の侔《そろ》うるや、至りて止む所有り。其の然りとするは然りとする所以有るなり。其の然りとするは同じきも、其の然りとする所以は、必ずしも同じからず。其の之を取るは之を取る所以有り。其の之を取るは同じきも、其の之を取る所以は、必ずしも同じからず。是の故に辟《ひ》・侔《ぼう》・援《えん》・推《すい》の辞は、行きて異なり、転じて危うく、遠くして失い、流れて本を離るれば、則ち審らかにせざるべからず、常には用うべからざるなり。故に言は多方にして、類を殊《こと》にし故《こと》を異にすれば、則ち偏観《へんかん》すべからざるなり。

「或《ある》いは」とは、すべてがそうではない場合の言い方である。「仮《かり》に」とは、現時点ではまだそうなっていない場合の言い方である。「効《なら》う」とは、何かを判定の基準と仰ぐやり方である。基準と仰ぐ対象は、その人が規範と見なすものである。そこで基準に合致すれば正しいと判断する。基準にはずれていれば誤りだと判断する。これが「効う」という方法である。「辟《たと》える」とは、他の事例を比喩に挙げて説明するやり方である。「侔《そろ》える」とは、複数の用例を比較して、同様の表現であれば同様の意味だと解釈するやり方である。「援《ひ》く」とは、あなたがそうだと言う以上、どうして私だけがそうではないと言えるでしょうかと(相手の発言を自説の展開に援用)するやり方である。「推《お》す」とは、まだ確認できていない事柄を、すでに確認済みの事柄と同じだろうと推理して、予測するやり方である。(あなたは前にこう言いましたよねと指摘されたとき)すでに言った通りだと応ずるのは、(以前の自分の発言と)同じだと肯定することである。私がそんなことを言うはずがないと応ずるのは、(以前の自分の発言とは)異なると否定することである。(「辟《たと》える」やり方について指摘すれば)そもそも事柄には(途中までは)同じであっても、最後までは同じでないことがある。(「侔える」やり方について指摘すれば）表現の類似性から同様の意味だと帰納するやり方には、この辺までという限度がある。（「援く」やり方について指摘すれば）ある事柄がそうだと主張するには、そうだとする論拠がある。たとえそうだとする結論は同じであっても、そうだとする論拠までが必ず同じだとは限らない。（「推す」やり方について指摘すれば）ある事柄を確認するには、確認する方法がある。ある事柄を確認したとする結論は同じでも、確認するのに用いた方法までが必ず同じだとは限らない。こうしたわけで、辟・侔・援・推の四種の論証方法は、進行するにつれて本来の意味とは違ってくるし、転用するうちに破綻する危険が出てくるし、どこまでも拡大して行けば正解を失うし、わき道に逸れて用いれば本筋から遠ざかってしまうから、（正しい用法の範囲内に収まっているかどうか）精密に反省しなければならず、どんな場合にも常套手段として使用できるわけではない。このように弁論による論証は、とかくあらぬ方向に分岐しがちであり、（一見同じように見えても実は）枠組みが違っていたり、論拠を異にしていたりするので、偏った視点からのみ見てはいけないのである。

ここには各種の論証法が列挙され、それぞれの定義が示されるとともに、特に「辟」「侔」「援」「推」の四種については、陥りやすい欠陥も指摘される。三番目の「效」は、ある判定基準を立て、それを絶対視して是非を分別する論証方法である。墨家の場合は、「子墨子《しぼくし》言いて曰く、我が天志有るは、譬うれば輪人《りんじん》の規《き》有り、匠人《しょうじん》の矩《く》有るが若《ごと》し。輪匠は其の規矩を執りて、以て天下の方圜《ほうえん》を度《はか》りて曰く、中《あた》る者は是なり、中らざる者は非なりと」（『墨子』天志上篇）と、天の意志を「法」と仰いで「効《なら》う」形を取る。

四番目の「辟《ひ》」は、譬えを用いる論証方法である。一般に古代の中国人は、直接的論理だけを延々と述べ立てる論法（直言）を嫌い、比喩を持ち出して説明するやり方を好む。あるとき客が魏《ぎ》の恵王に対し、「恵子の事を言うや、譬えを善くす。王、譬うること無からしめば、則ち言うこと能わざらん」（『説苑《ぜいえん》』善説篇）と入れ知恵した。得意技の比喩さえ封じてしまえば、さすがの恵施《けいし》も弁舌を揮えなくなるというのである。さっそく恵王は、「願わくば先生、事を言わば則ち直言のみにして、譬うること無かれ」と持ちかける。すると恵施は、「今、此に人有りて弾なる者を知らず。曰く、弾の状《さま》や何若《いかん》と。応じて曰く、弾の状は弾の如しとせば、則ち諭《さと》らんか」と切り返す。恵王がそんな説明じゃさっぱり分からんだろうなと答えると、恵施は「弾の状は弓の如くにして、竹を以て弦と為すとせば、則ち知らんか」とたたみかける。王がそれなら分かるだろうよと答えると、恵施は「夫れ説なる者は、固《もと》より其の知る所を以て、其の知らざる所を諭《さと》し、人をして之を知らしむるなり。今、王曰いて譬うること無かれとするは、則ち不可なり」と語って、恵王を納得させたという。恵施はまたもや弾なる楽器の譬えを駆使して、譬えを使うなとの要請を一蹴したのである。こうした逸話からも、「辟」が当時いかに多用されていたかが窺えよう。

五番目の「侔《ぼう》」は、似通った表現の用例を集めて相互に比較し、表現の類似性から意味の類似性を抽出する論証方法である。『公羊伝《くようでん》』や『穀梁伝《こくりょうでん》』に見られる春秋学の論法がその典型で、『礼記《らいき》』経解篇は春秋学の特色を、「辞を属《あつ》めて事を比ぶるは、春秋の教えなり」と記す。ただしこれを濫用すると、同類の表現群を一つの基準だけでは処理しきれなくなり、ご都合主義的に複数の基準を乱立させる牽強付会に陥る。そこで『礼記』経解篇は春秋学の欠点を、「春秋の失は乱なり」と指摘する。

六番目の「援《えん》」は、議論の相手がある事柄を肯定した発言を言質に取って、それを自説の補強に援用する論証方法である。これについてはすでにあなた自身がそうだと認めていたではないか、だから私がそうだと認めたからといって、批判される覚えはないと言った類いの論法である。

七番目の「推《すい》」は、既知の知識を土台に未知の事柄を類推する論証方法である。「推」を駆使した思想家として知られているのは、斉《せい》の騶衍《すうえん》である。騶衍は「先ず今以上黄帝に至るまでの、学者の共に術《の》ぶる所を序し、大いに世の盛衰を並《あわ》せ、因りて其の禨祥度制《きしょうたくせい》を載す。推して之を遠くし、天地の未だ生ぜず、窈冥《ようみょう》考えて原《たず》ぬべからざるに至る」(『史記』孟子荀卿列伝)と、既知の歴史的知識を土台に類推を重ねて時間を遡って行き、ついには誰も知らない宇宙の始原まで説明したという。さらに鄒衍は「先ず中国の名山・大川・通谷、禽獣・水土の殖《ふ》やす所、物類の珍なる所を列し、因りて之を推し、海外の、人の睹《み》る能わざる所に及ぶ」(『史記』孟子荀卿列伝)と、中国内の既知の地理的知識を土台に類推を重ねて空間を拡大し、ついには誰も見たことのない宇宙の果てまで説明したという。このように鄒衍は、「先ず小物を験して、推して之を大にす」る論証方法を駆使して、五徳終始説と大地理説と呼ばれる学説を形成したのである。[2]

このうち「辟」「侔」「援」「推」の四種については、無制限に濫用した場合の危険性が指摘され、充分な反省の上に限定的に使用するよう警告される。ここに示される小取篇の思索は、形式論理学に精密な分析を加えた点で、古代の論理学の中でも希有な地位を占めており、墨家の論理学の水準の高さを伝える貴重な記録となっている。

なお原文は「舉也物而以明之也」に作るが、戸埼允明『墨子考』の指摘により「也」を「他」に改めた。また原文は「援也者、曰子然」に作るが、私見により「子曰然」に改めた。また原文は「有所至而正」に作るが、孫詒譲の指摘により「正」を「止」に改めた。

(B)愛人、待周愛人、而後爲愛人。不愛人、不待周不愛人。不周愛、因爲不愛人矣。乘馬、不待周乘馬、然後爲乘馬也。有乘於馬、因爲乘馬矣。逮至不乘馬、待周不乘馬、而後爲不乘馬。此一周、而一不周者也。

人を愛するは、周《あまね》く人を愛するを待ちて、而る後に人を愛すと為す。人を愛せざるは、周く人を愛せざるを待たず。周くは愛せざれば、因りて人を愛せずと為す。馬に乗るは、周く馬に乗るを待たずして、然る後に馬に乗ると為すなり。馬に乗ること有らば、因りて馬に乗ると為す。馬に乗らざるに至るに逮《およ》びては、周く馬に乗らざるを待ちて、而る後に馬に乗らざると為す。此れ一《あるい》は周くして、一は周からざる者なり。

人類を愛するという場合は、(個々に存在する)人間すべてを愛するという事実があって、初めて人類を愛すると言えるのである。人類を愛さないという場合は、(個々に存在する)人間を誰一人愛さないという事実を必要としない。すべての人間を愛さないのであれば、それだけで人類を愛さないと言えるのである。馬に乗ったことがあるという場合は、すべての馬に全部乗ったことがあるという事実を必要とせずに、馬に乗ったことがあると言えるのである。一頭の馬にでも乗ったことがあれば、それだけで馬に乗ったことがあると言える。一度も馬に乗ったことがないという場合には、ありとあらゆる馬に一度も乗ったことがないという事実があって、初めて馬に乗ったことがないと言える。これが、ある場合にはすべてを包摂する必要があり、ある場合にはすべてを包摂する必要がないということである。

ここには、論証を完了するためにはすべての事例を包摂しつくす必要がある場合(周)と、そうではない場合(不周)の違いが分析される。ある人物が人類愛の持ち主であることを論証しようとする場合には、人類なる内包の外延すべてを愛の対象に包摂しつくす必要があり、これができない限り論証は完了しない。わずかでも愛の対象外となる人間がいれば、それを人類全体を包摂する愛とは呼べないからである。

これに反して、ある人物が人類愛の持ち主ではないことを論証しようとする場合には、人類なる内包の外延すべてが愛の対象外に包摂しつくされる必要はない。わずかでも愛の対象外となる人間の存在を指摘できれば、証明はそれで終了する。

乗馬の経験があることを論証しようとする場合には、すべての馬にことごとく乗ったことを証明する必要はない。たった一頭の馬に、一度でも乗ったことを証明すれば、論証はそれで完了する。

これに反して乗馬の経験がないことを論証しようとする場合には、世界中の馬に一度も乗ったことがないとする証明が必要となり、これができない限り論証は完了しない。

「人」とは類概念である。こうした類概念を掲げて「人類愛」の有無を論証するとき、「有る」とする論証は、類概念の外延全体を包摂する必要がある。これに対して「無い」とする論証は、外延中に例外が存在することを指摘すれば事足りる。したがってこの場合は、「有る」とする肯定的論証よりも、「無い」とする否定的論証の側が形式上容易な性格を持つのである。

「馬」もやはり類概念である。こうした類概念を掲げて「接触体験」の有無を論証するとき、「有る」とする論証は、類概念の外延中の一部とでも「接触体験」があったことを指摘すれば事足りる。これに対して「無い」とする論証は、類概念の外延中のすべてと「接触体験」がなかったことを証明しなければならない。したがってこの場合は、「有る」とする肯定的論証の側が、「無い」とする否定的論証よりも形式上容易な性格を備えるのである。

なお原文は「不周愛」を「不失周愛」に作るが、兪樾《ゆえつ》『諸子平議』の説に従って「失」字を削除した。また原文は「不待周乗馬」の「不」字と、「而後爲不乗馬」の「爲」字を脱するが、王引之《おういんし》の説により補った。さらに原文には「此一周」の後に「而後不乗馬」の五字を存するが、王引之の説により削除した。

以上、小取篇の論理学を紹介してきた。小取篇は総じて大取篇よりも形式論理学としての完成度が高いが、やはりそこには墨家の思想的立場が浸潤している。小取篇には「白馬は馬なり。白馬に乗るは馬に乗るなり」といった論理が見えるが、そこには公孫龍の白馬非馬論への批判が込められているであろう。

また小取篇には「盗は人なり。盗を愛するは人を愛するには非ざるなり。盗を愛せざるは、人を愛せざるには非ざるなり」と、兼愛論に関わる論題が含まれる。また「命《さだめ》有らんとするは、命あるには非ざるなり。有命を執《と》るを非とするは、命あるを非とするなり」と、非命論に関わる論題も見える。

小取篇はこうした論題を扱う際に、「此《これ》と彼《かれ》は類を同じうす。世は彼有るも自らは非とせずして、墨者に此有らば而ち衆は之を非とす。他故無し。所謂内に膠《かたま》りて外に閉ざすものか」と、強い不満を表明する。我々墨者と世間の人々は全く同一の論理を共用している。それにもかかわらず、彼等は自分たちがその論理を使うのは咎めずに置いて、我々墨者が使ったときだけ咎めてくる。その原因は他でもない、彼等の心がかたくなで、外に開かれていないせいだというのである。

上記の論題からは、墨家思想に対し、万人に対する兼愛を唱えながら盗人を憎むのは矛盾ではないか、「人を愛するは、周く人を愛するを待ちて、而る後に人を愛すと為す」と言っていたではないか、との非難が浴びせられた様子が推測される。墨者はこれに対し、部分集合を否定したからといって、全体集合まで否定したことにはならないとする論法で応酬したのだが、世間の人々はその論理を認めようとしない。

また非命論についても、墨者は我々儒者が宿命論を主張したからといって、それで宿命の存在が確定したことにはならないと言うが、それならば同じように、墨者が非命論を主張したからといって、それで宿命の存在が否定されたことにはならないのではないか、との非難が加えられた様子が窺える。墨者はこれに対し、推測はあくまで未然であって已然ではないが、志向には未然と已然の区別はないとする論法で応酬したのだが、世間の人々はその論理を認めない。

こうした苛立ちが、前記の不満として表出されたのであろう。したがって大取篇と同様、小取篇の論理学が墨家思想との密接な関係の中で成立したことは、疑えない事実である。そしてこれは、墨家がなぜ独自の論理学を構築するに至ったのかを考える上で、興味深い現象でもある。

墨家の論理学の特色

恵施《けいし》は「至大」「至小」「大同異」「小同異」などの概念を操作して世界を再編成し、新たに「汎愛萬物、天地一體」なる理念を実現しようとした。また公孫龍《こうそんりゅう》は、人間は対象をいかに認識すべきかとの対象論理学の視点から、概念実在論に依拠した認識論を展開し、名と実を本来在るべき対応関係の下に再び一致させて、名実錯乱の果てに失われつつある秩序を回復せんとした。

このように、古代中国において論理学的思索を形成した思想家たちは、個々に立場や目的を大きく異にしており、名家《めいか》思想として一概には括れない多様な性格を示す。この点は、墨家《ぼくか》の論理学に関しても全く同様である。そもそも墨家には、名実の一致を主要な手段として、失われた世界秩序を再建しようとする思想、いわゆる正名思想そのものが見られない。墨家が目指したのは、十論を天下に実現する形での世界秩序の再建であった。したがって、墨家にとっての根幹はあくまで十論の側にあり、墨弁《ぼくべん》は付随的な位置しか占めていない。

それでは、墨家の論理学はいかなる事情から生み出されたのであろうか。一つの見方としては、十論に対し他学派から加えられた批判への反論だったとする可能性が挙げられる。十論中には、「兼を非とする者」(兼愛下篇)、「攻戦を飾る者」(非攻中篇)、「攻伐を好むの君」(非攻下篇)、「厚葬久喪《こうそうきゅうそう》を執《と》る者」(節葬下篇)、「大国の君」「攻伐を好むの君」(天志下篇)、「無鬼を執る者」(明鬼下篇)、「有命を執る者」(非命上篇)、「命を以て有りと為す者」(非命下篇)など、多くの論敵が登場するからである。ただしそうした批判に対しては、政治思想のレベルでの真正面からの反論が必須であろう。十論には、各論ごとに上・中・下の三篇が存在していた。他に類例を見ないこの特異な現象は、墨者が自己に向けられた非難に対抗すべく理論武装を強化して行き、その成果を取り入れた、より効果的な反論を提出して行った結果だと考えられる。

とすれば、論難者たちへの反論は、もっぱら十論の範囲内で実施されたのであって、墨弁がそのための手段だった可能性は薄くなる。そもそも墨弁は、饒舌を極める十論に比べ、極端に字数を切り詰めた表現形式を採っており、執拗に相手を説得しようとする姿勢を感じさせない。したがって、補助手段としてはともかく、墨弁自体が外部からの非難に反論する主要な手段であったとは考えがたい。

とすれば墨弁の形成要因は、別の所に求めなければならない。批判者たちとの激しい論争の過程では、彼我の世界認識の違いや、論証方法をめぐる見解の対立などが表面化してくる。墨弁はこうした事態に対処すべく、墨家集団内部で形成され蓄積された論理学であったと考えられる。

墨弁の内部は、事物の認識に関する対象論理学的思索と、論証方法の是非に関する形式論理学的思索とに大別できる。前者について特徴的なのは、公孫龍を始めとする弁者《べんじゃ》の論理に対する反論が目立つことである。墨弁はなぜ公孫龍の論理に反論する必要を感じたのであろうか。

公孫龍の論理学の最大の特色は、堅や白などの普遍概念を実体化して、個物の自己完結性を解体したところにある。公孫龍の世界を承認するならば、人々の眼前にある個物は、固有の属性を持たぬ抜け殻と化し、永遠なるもの、普遍なるものは、人が決して認識できぬ背面世界にのみ、その真実の姿を現わすことになる。さらに公孫龍は、人間の認識能力の統一性さえも解体しようとし、認識経路の最後に位置する精神にすら、五官を経由した知覚を統合する能力はないと主張した。

これは墨家の眼には、人々に世界の実在性を疑わせ、人間を不可知の闇に引きずり込む危険な思想と映る。世界の実在性を破壊し、人間の知性への信頼を動揺させる公孫龍の言説は、人間の知性の輝きと論理の有効性を信じて、世界を正義に導こうとする墨家の思想活動の前提そのものを、根柢から瓦解させかねない。こうした危機感こそ、墨弁が唯名論の立場から堅白論《けんぱくろん》や白馬非馬論、通変論《つうへんろん》などの思考をくり返し批判し、人間の認識能力や言語に対する信頼を表明した原因であったろう。墨弁が『荘子』天下篇が記すような弁者の命題をも取り上げ、それらを否定するのも、やはり同様の理由からと思われる。

では後者の形式論理学的思索は、いかなる事情から形成されたのであろうか。墨家は先に列挙したような多くの論敵と、十論の是非をめぐって論争し続けなければならなかった。当然、勝利するときもあれば、敗北に終わるときもあったであろう。その過程で、墨家は相手を説得したり、相手を論破したりする弁論技術を練り上げて行く必要に迫られる。相手の論理のどこに誤謬が潜んでいたのか、自分たちの論証方法はどこに弱点を抱えていたのかといった分析や反省が、墨家集団内で積み重ねられて行ったであろう。そうした研究成果が、墨弁中の形式論理学として結実したのだと考えられる。したがって墨弁の形式論理学は、論理学原論の性格が強く、墨弁の中で十論に類する主張が正面から展開されたりはしない。墨弁の成果を踏まえた十論擁護の弁論は、十論の諸篇の中に、論難者との応酬を記録する形で取り入れられたのである。

ただしそうは言っても、特定の主義主張を奉ずる墨家集団が、自己の思想活動に資するために形成した論理学である以上、そこにはどうしても墨家のイデオロギーが、我田引水式に浸潤してこざるを得ない。経篇や経説篇には「仁」「義」「礼」「忠」「孝」「廉」「勇」といった、倫理・道徳に関する概念定義が含まれている。これらは儒家が好んで用いる概念であり、それらに墨弁が定義を下す際、そこにはやはり儒家への批判や墨家の価値観が投影されてくる。

また墨弁の特徴の一つに、光学や物理学など、自然科学に関する思索の存在が挙げられる。墨弁は、なぜこうした分野に探究の手を伸ばしたのであろうか。このうち、時間や空間に関する思索は、弁者の命題を批判的に検討する過程で形成されたと思われる。弁者は時間や空間を無限に拡大したり、無限に分割したりする論理を使って、規制の判断の枠組みを動揺させる。これに危機感を抱いた墨者は、弁者の命題を批判すべく、自らも時間や空間について思索を重ねたであろう。墨弁中の時間や空間に関する考察は、その成果であったと考えられる。

　それでは光学や物理学に関する思索はどうであったろうか。墨家集団は非攻論を実践するため、学団内でさまざまな防御兵器を考案・作製し、自ら防御部隊を編成して、小国を大国の侵略から防衛しようとした。そのため墨者は、小国の城邑内に複雑な防御陣地及び防御施設を構築したのだが、「守の楼は質宮《ちきゅう》に臨みて、善く周《あまね》く必ず密に楼を塗《ぬ》る。下より上を見ること無きも、上より下を見、下をして上に人有るか人無きかを知ること無からしむ」（『墨子』号令篇）とあるように、その場合の留意点の一つに、相手の視線を遮って味方の内情を秘匿する工夫がある。このように防御陣地に拠る戦闘では、視界や射角を調整し、「他の門の上には、必ず夾《はさ》みて高楼を為《つく》り、善く射する者をして焉《これ》に居らしむ」（『墨子』号令篇）とか、「雀穴《じゃくけつ》・燻鼠《くんそ》を為る」（『墨子』備梯篇）と、射手を潜ませた高楼や、雀穴《すずめあな》とか鼠いぶしと呼ばれる狙撃用の覗き穴を用意して、敵兵からは守備兵の姿が見えないように遮蔽する一方、守備兵からは敵兵の姿が捕捉できるようにすることが、戦術上重要な鍵となる。そのために墨者は、通常の平面鏡はもとより、凹面鏡や凸面鏡、ピンホール・カメラの装置などを利用したと思われる。墨弁の光学的知識は、恐らくこうした防御戦術の工夫の中から生み出されたものであろう。

　同様に物理学に関する思索も、防御戦闘の体験の中で得られたと思われる。墨弁が扱う物理学的知識は、物体の運搬・移動に関するものが多い。防御陣地の構築や陣地変換、防御戦闘の遂行に際しては、「民室の材木・瓦石《がせき》にして、以て城の備えを益《ま》すべき者は、尽く之を上《のぼ》らしむ。令に従わざる者は斬る」（『墨子』備城門篇）とか、「城上に旗を挙ぐれば、備具《びぐ》の官は財物を致す。足らば而ち旗を下《おろ》す」（『墨子』旗幟篇）と、城壁からの旗の合図に合わせて、敵兵目がけて投下する石や材木などの物資を吊り上げて、城壁の上の守備兵に供給する運搬作業が頻繁に行われた。こうした防御戦闘の実施や、守城兵器の考案などの体験の中で、墨弁に見られるような物理学的知識が獲得されて行ったのであろう。

　このように見てくると、墨家の論理学が墨家の思想活動との密接な関わりの中で成立したことが判明する。墨弁のある部分は、墨家の主張に冷淡な態度を示す「今の王公・大人」（『墨子』尚賢中篇）に対する説得活動や、進んで墨家思想を非難してくる多様な論敵との論争の過程で構築された。またある部分は、弁者との論争の過程で形成された。またある部分は、非攻論を実践する防御戦闘の過程で編み出された。舌戦であれ実戦であれ、墨家の論理学は敵との絶え間ない戦いの中から生まれてきたと言える。『荘子』天下篇は、戦国期後半に二派に分裂した墨家の抗争を、つぎのように描写する。

攻城戦の図

　相里《そうり》勤《きん》の弟子・五侯の徒、南方の墨者・苦獲《くかく》・己歯《きし》・鄧陵子《とうりようし》の属は、倶《とも》に墨経を誦《そらん》じて、倍譎《はいけつ》して同じからず。相《たが》いに別墨と謂い、堅白同異の弁を以て相訾《そし》り、觭偶不仵《きぐうふご》の辞を以て相応ず。

この記録からは、分裂した墨家のグループが墨弁の概念定義を暗誦し、墨弁の弁論術を操りながら、激しい内部抗争をくり広げた状況が窺える。墨弁は墨者にとって、最後まで戦いの手段であった。

それではつぎに、墨弁がいつ頃から形成されたのかを考えてみよう。『墨子』公孟篇には、墨子が儒者の程繁《ていはん》に向かって弁論の仕方を諭す場面が記される。墨子は程繁に「夫れ熟辞《じゅくじ》に応ずるに称議《しょうぎ》せずして之を為すは、敏なればなり。厚く攻むれば則ち厚く圄《ふせ》ぎ、薄く攻むれば則ち薄く圄ぐ。熟辞に応じて称議するは、是れ猶《な》お轅《ながえ》を荷《ふる》いて蛾《あり》を撃つがごときなり」と語る。墨子が言う「熟辞」とは紋切り型の決まり文句を指し、「称議」の方は根拠を挙げながらの詳細な議論を指す。議論の相手が決まり文句で攻撃してきた場合、こちらも素っ気ない文句で応酬するのは、機敏に応酬するためである。そもそも弁論術では、論敵が重厚な論陣を張って攻撃してきた場合には、こちらも重厚な布陣で防戦し、論敵が紋切り型の切り口上で、ちょっかいをかけてきた場合には、こちらも同じ手口で軽くあしらうのである。相手の決まり文句にむきになり、生真面目に詳細な議論を展開するのは、譬えてみれば、車の轅を振り上げて、ちっぽけな蟻を打とうと躍起になるようなものだよ。これが墨子が程繁に伝授した弁論術である。

注目すべきは、墨子が「熟辞」「称議」といった専門の術語を使用している点で、墨子が弁論術に精通していた様子が読み取れる。多数の門人に諸国を遊説させたり、自ら他学派の論客と舌鋒を交えたり、大国の君主に侵略の中止を説得したりする必要上、当然墨子はこうした弁論技術を磨いていたと考えられる。公孟篇は『墨子』の説話類に属する篇であるが、『墨子』説話類の諸篇は、墨子の時代の状況をかなり忠実に伝える資料である。こうした点から、墨家がすでに開祖・墨翟《ぼくてき》の時代から弁論術の研究を開始していたことは確実であろう。上述のように、戦国後期に分裂した墨者は墨弁を操って内部抗争しているから、墨弁の成立は当然それ以前である。とすれば墨弁は、墨子が活動した春秋末から戦国後期にかけて、相当長期にわたって形成されたと見なすべきであろう(3)。墨弁中に、戦国後期に活動した公孫龍を始めとする弁者への批判が見られることも、そうした推測を裏づける。

墨家は秦帝国の出現と時を同じくして姿を消す。それとともに墨家の論理学もまた、担い手を失って滅んで行った。わずかに晋の時代(二六五―四二〇年)に、魯勝という人物が墨弁の注を作ったと伝えられるが、その注釈もほどなく滅んでしまい、墨弁は完全に絶学となった。墨弁が人々の注目を集めるようになったのは、清朝考証学と呼ばれる学問が盛んになってからで、墨家の消滅からすでに二千年近い歳月が過ぎていた。その間、墨弁は読む者も無いままに放置されていたため、テキストの乱れが甚だしく、清朝の考証学者や、それを引き継いだ近代中国の学者たちの懸命な努力にもかかわらず、今もその読解は困難である。

だが墨弁が、古代中国論理学の一つの頂点を極めた思索であることは間違いない。テキストの乱れを正しながら墨家の論理学を研究する営為は、今後も続けられるであろう。

第五章　荀子の正名思想
――王権と言語――

『荀子』正名篇の思想

「夫れ名実の相怨《うら》むや久し。是の故に絶えて交わること無し」(『管子』宙合《ちゅうごう》篇)と憂慮されるごとく、幾久しい名実の乖離は、戦国期の思想界に深刻な危機感をもたらした。正名は、今や思想が等しく担うべき課題となった。『荀子《じゅんし》』正名篇の成立も、こうした「名実玄紐《げんちゅう》」する現状への一つの対応にほかならない。本章の目的は、そこに示される正名理論の構造を追究するとともに、恵施《けいし》や公孫龍《こうそんりゅう》の論理学、墨弁《ぼくべん》などとの対比によって、戦国後期の儒家を代表する荀子の論理学的特色を検討することにある。

荀子は正名篇において、「為《ため》に名有る所と、縁《よ》りて以て同異する所と、名を制するの枢要とは、察せざるべからざるなり」と、この三点を軸に自己の論理を展開させている。(1) そこで初めに、こうした正名篇の論旨に沿って、対象世界の実に名が対応させられるまでの過程を辿って行くことにしたい。

まず第一に確認して置かなければならないのは、そもそも荀子が正名を唱える目的である。彼はそれを以下のよう

荀子像

に規定している。

上は以て貴賤を明らかにし、下は以て同異を弁《わか》つ。貴賤明らかにして、同異別《わか》たる。是《かく》の如ければ、則ち志に喩《さと》られざるの患《うれ》い無く、事に困廃《こんぱい》の禍い無し。此れ為に名有る所なり。

これによれば、「為に名有る所」、すなわち正名の目標は、対象世界の万物を事実判断を用いて相互に位置づけたり、あるいは価値判断を下して差等づけた上で、その結果を全世界に共通する普遍的認識として確定し、新たな統一秩序の樹立に資せんとする点にこそある。故に正名は、対象物の実に対し、統治者が「期命《きめい》弁説なる者は、用の大文《たいぶん》にして、王業の始め」であるとの要請から命名せんとする、全くの政治的行為となる。つぎに掲げる発言は、いずれもそうした正名と政治権力との密接な関係を示している。

＊今、聖王没して名の守りは慢《ゆる》み、奇辞《きじ》起こりて名実乱れ、是非の形は明らかならず。則ち守法の吏、誦数《しょうすう》の儒と雖も、亦《ま》た皆乱る。

＊王者の名を制するや、名定まりて実弁《わか》たれ、道行われて志通ずれば、則ち慎みて民を率いて一にす。

このように万物に対する命名には、社会的階層序列を決定し、事物の同異を弁別して、政治的統一を図るべき重大な使命が課せられているわけであるが、それだけに命名の方法自体に何らかの妥当性が備わっていなければならぬのは当然である。正名篇は、「縁りて以て同異する所」、すなわちその妥当性の根拠を、つぎのように提示する。

然らば則ち何に縁りて以て同異するや。曰く、天官に縁る。凡そ類を同じくし、情を同じくする者は、其の天官の物を意《はか》るも同じ。故に之を疑似《ぎじ》するところに比方《ひほう》して通ぜしむ。是れ其の約名を共にして以て相期《さ》する所以なり。

荀子は、「同類同情」なる共通の実を内在させる各個物に対しては、人間の感覚器官もそれらに共通の要素を抽出して知覚し得る機能を持つとし、それ故に天官が把握した類似性を基礎に比較・検討を加え、同類としての総称を制定することが可能になると主張する。しかも彼は、「心に徴知《ちょうち》有り。徴知は則ち耳に縁《よ》りて声を知れば可、目に縁りて形を知れば可なり。然らば而ち徴知は必ず将《そ》れ天官の其の類を当簿《とうぼ》するを待ちて然る後に可なり」と、五官を経由した個々の知覚を統括する認識主体の存在を説いて、名称制定の根拠をさらに強化せんとしている。これと同様の記述は、正名篇以外にも、「心、中虚《ちゅうきょ》に居りて以て五官を治む」(天論篇)とか、「心なる者は形の君にして神明《しんめい》の主なり」(解蔽篇《かいへい》)などと登場しており、人間が対象世界に働きかける営為の源としての認識能力に、彼が全幅の信頼を置いていたことを窺わせる。結局荀子は、人間の感覚器官や認識主体には対象世界の実の差異を識別するだけの認識能力が備わっているとするところに、作為としての「約名」を万人が社会的合意として共有し得る根拠の一つを求めたわけである。

ところが彼のこうした説明の仕方には、その論理を直線的に推し進めた場合、実は重大な矛盾をきたす危険性が潜んでいる。もし彼の主張通り、人間の五官や心に前記のような認識能力が内在しているとすれば、そもそも「奇辞起こりて名実乱れ」る状況など最初から発生しようもないはずである。しかるに正名篇は一方において、「異なる形には離《たが》える心にて交《こも》ごも喩り、異なる物の名と実とは玄紐し、貴賤は明らかならず、同異は別たれず」と、名実錯乱の原因は各個人の認識が互いに背離するところにある、としているのである。すなわち彼は、名実乖離の現実を説明する場合は「離心」を言い、正名の理念が実現可能である根拠を示す際には「天官・徴知」を持ち出して、人間の認識能力を二重に使い分けたことになる。

これが荀子において別段矛盾と意識されなかった理由は、現実の指摘から正名の理念へと移行する間に挿入された、「故に知者は之が為に分別し、名を制して以て実を指し、上は以て貴賤を明らかにし、下は以て同異を弁つ」との発言の中にあろう。これによれば、天官や徴知の働きにより万物を分類し名称を制定するのは、「離える心にて交ごも喩る」一般の人間ではなく、特別の「知者」のみが果たすべき役割となる。こうした立場を取れば、前の矛盾も一応解消するかに見え、「夫れ民は一にするに道を以てし易きも、与《とも》に故を共にすべからず」と、彼が正名はもっぱら政治権力の事業であることをくり返し力説するのと、その限りにおいては首尾一貫する。

しかしながら、「形体色理は目を以て異にし、（中略）説故喜怒哀楽愛悪欲は心を以て異にす」との五官の説明や、それに続く「天官の其の類を当簿する」徴知の解説が示す内容は、およそ人間の一般的機能であって、これを極めて特殊な知者の独占的所有に帰せしめることには、依然として問題が残らざるを得ない。正名篇全体の論旨から推測すると、彼はこうした矛盾を、一般の人間にも天官や徴知自体は備わっているがその作動は不完全であって、ために聖王・知者による外部からの教導を必要とする、との論理で解決せんとしたかと思われる。

そもそも荀子の思想体系は、彼が直面し対応せざるを得ない戦国末の現実と、彼が掲げその達成を目指すべき儒家的理念との乖離した二方向に、絶えず引き裂かれようとする傾向を持つ。(2) その際決まって彼は、そうした是認しがたい現実とあるべき理念との間のあまりにも遠い隔絶を、言わば理念型としての人間、すなわち聖人を登場させることによって埋めようと試みる。(3) つまり聖人こそが人間社会の未来への鍵を握っており、一切の矛盾や懸案はその超越した能力の中に溶暗・解消されるのである。正名篇が抱え込んだ前記の矛盾も、こうした荀子の思想体系全般にわたる構造の一つの露呈と見ることができる。ただしこの問題について深く論ずることは、本章の当面の目的ではないので、いずれ荀子の自然認識を検討する機会に譲ることとして、今は上述の指摘のみにとどめて置きたい。

それでは続いて「名を制するの枢要」の検討に移ることにする。荀子の究極目標が、前述のように、貴賤・同異を弁別して政治的統一を図るところにある以上、彼の正名理論は必然的に万物の分類ないしは差等づけを主眼として展開されることになるが、そのための具体的方法を彼は以下のように記す。

> 単にして以て喩《さと》るに足れば、則ち単とし、単にして以て喩るに足らざれば、則ち兼とし、単と兼と相避《さ》くる所無ければ、則ち共《きょう》す。(中略) 故に万物衆《おお》しと雖も、時有りて之を偏挙《へんきょ》せんと欲す。故に之を物と謂う。物なる者は大共名《だいきょうめい》なり。推して之を共し、共して有《ま》た共し、共する無きに至りて然る後止む。時有りて之を偏挙せんと欲す。故に之を鳥獣と謂う。鳥獣なる者は大別名《だいべつめい》なり。推して之を別ち、別ちて有《ま》た別ち、別つ無きに至りて然る後止む。

すなわちここには、各種の基準を適用して、万物ことごとくを大別名から大共名に至るまで分類・命名する方策が提示されているわけである。

ここで特に留意すべきは、分類に際しての基準は、あくまでも対象世界の側に存在する実の差異に根拠を持つ、と意識されている点である。たしかに「名定まりて実弁《わか》たる」との表現は、あたかも名が実に先行するかの感を抱かせるが、その意味するところは、「之が為に分別し、名を制して以て実を指す」ことであって、荀子においては、実は常に名に先行する存在と考えられている。この点は、以下に掲げる彼の記述によりさらに明瞭となる。

> 共すと雖も害為らざるは、実を異にする者の名を異にすべきを知ればなり。故に実を異にする者をして名を異にせざること莫《な》からしむ。乱るべからざるや、猶《な》お実を同じくする者をして名を同じくせざること莫からしむるご

ときなり。

この一文は、分類の基準を緩和しつつ漸次共名の段階を上昇させても、高次の共名（類概念）とより低次の共名（種概念）との間に混乱を生ぜずに済む理由を解説した部分である。それによれば、「実を異にする者」に対しては「名を異にし」「実を同じくする者」に対しては「名を同じくする」との名称制定の基本原則を逸脱しない限り、前記の混乱は防止し得る、と述べられている。つまり名を制定する際の判断基準は、その名がすでに先行的に存在する対象世界の実を的確に表示し得るか否かとの一点にある、と主張されているのである。つぎに挙げる資料も、名を別つべきか合すべきかの判定基準は、すべて実の側の差異如何にあるとして、実→名との先後関係を明言する一例である。

物には状《じょう》を同じくして所を異にする者有り。状を異にして所を同じくする者有り。別《わか》つべきなり。状を同じくして所を異にするを為す者は、合すべしと雖も、之を二実と謂う。状変わるも実に別無く、而も異を為す者は、之を化《か》と謂う。化有るも而して別無きは、之を一実と謂う。此れ事の実を稽《くら》べ数を定むる所以なり。

要するに名は、「同じければ則ち之を同じくし、異なれば則ち之を異にす」と、どこまでも対象物の実に規定される存在であり、「実の喩《さと》られずして然る後に命《なづ》け」られる後出的性格を持つ。故に名は、対象物を超越した絶対他者としての形而上的権威により、その永続性・普遍性が先験的に保障されたりはしない。だからこそ前記のように、正名は統一秩序の形成に目標を置く政治的作為であると規定され、したがって「今、聖王没し、天下乱れて姦言起こり、君子は埶《せい》の以て之に臨むもの無く、刑の以て之を禁ずるもの無し。故に弁説す」と、名実結合の安定性が政治権力の強弱と軌を一にして消長する事態が力説されるのである。

このように、名それ自体は本来的に何らの正当性をも保障されていないとすれば、命名とともにその普遍性の確立もまた、人間の側の作為的努力に俟たざるを得ない。その過程は以下のように解説される。

名には固宜《こぎ》無く、之を約して以て命《なづ》け、約定まりて俗成れば之を宜《ぎ》と謂い、約に異なれば之を不宜と謂う。名には固実《こじつ》無く、之を約して以て命け、約定まりて俗成れば之を実名と謂う。名には固善《こぜん》有り。経易《けいい》にして払《もと》らざれば之を善名と謂う。

ここで荀子は、「名には固宜無し」、「名には固実無し」と、本来名それ自身には、一定不変の適合性も、また包摂・対応すべき実の内容も、何ひとつ先験的には確立されていないことを、改めて指摘する。たしかに名は対象物の実に依拠して制定された。しかしながら、たとえそうではあっても、荀子のように名が人間の作為的所産以上のものでは決してあり得ないと自覚されるならば、ある実にある名が対応しなければならぬ必然性は、もとより対象世界の側には存在しない。「之を約して以て命け」るところの名とは、全く人間社会の側における約束事に過ぎないのである。名の本質をこのように「約名」と捉える思考こそ、荀子の正名理論の核心を形成するものであって、正名篇は、「是れ名の約を守ることに謹むの功なり」とか、「是れ其の約名を共にして以て相期する所以なり」「之を名の約に験《けん》す」などと、随所でこの点を強調している。

こうした前提に立つとき、作為的に人間社会内部で交された単なる約束としての名が、万人に妥当する普遍性を持ち得るまでには、当然「約定まりて俗成る」段階を経ることが必要とされる。「散名《さんめい》の万物に加うる者は、則ち諸夏《しょか》の成俗に従いて、遠方異俗の郷にも曲《つぶ》さに期《あわ》せ、則ち之に因りて通ぜ為《し》む」とも説かれるように、所詮は「固宜」「固実」を保持しない名を普く定着させるためには、「其の約名を共にして以て相期する」ことを周知徹底させ、万人の合意を取りつける準備期間が不可欠の条件となるのである。たとえ名が天官・徴知の働きにより対象の実に即応すべく制定されたとしても、それのみで名が自動的に正当性を獲得するわけではなく、さらに「約定まりて俗成る」段階を経過した後に初めて「実名」として公認されるとするところに、正名篇の持つ論理学的立場が顕著に示されている。

このように名の本質を「約名」と理解する荀子の立場からすれば、対象把握の精密さを競うあまり、名のみが独走して従来の一般常識から懸け離れる事態は回避されねばならない。正名篇が名辞の制定に際し、「彼の名辞なる者は志義の使いなり。以て相通ずるに足れば則ち之を舎《お》く。之を苟《みだり》にするは姦《かん》なり」と論理学的尖鋭さを排し、既成の習俗に対する配慮を強調する理由もそこにある。「固宜」「固実」を否定した荀子が、名に関して固有の性格を認めるのは「固善」のみであるが、その内容が「経易にして払らざる」一貫性・平易性であって、社会的実用性に重点を置いた、言わば便宜的性格となっているのも、やはりそうした立場に由来する。彼においては、名が対象物の実に優越する形而上的正当性を保障されていない点が強く意識されるため、名の正当性は、実への対応度とともに、勢い社会的合意としての権威にその根拠が求められることになるのである。以上が彼の説く「名を制するの枢要」の具体的内容である。

さて、これまで正名篇の記述に従い、名が制定されるまでの経過を辿ったわけであるが、ここで改めてその要点をふり返ってみたい。

まず「為に名有る所」すなわち正名の目標は、「辞を析《わか》ち擅《ほしいまま》に作りて以て正名を乱る」戦国の混乱を拾収し、新たな統一秩序を樹立する一環として、名の共通性を回復せんとするところに置かれていた。万物に対する分類と命名は、かかる要請の下に行われるのであるが、そうした形での制名が可能な根拠としての「縁りて以て同異する所」は、対象世界の実の同異を識別し得る天官や徴知など、人間の認識能力に対する信頼に求められていた。最後に名称制定の基本原則である「名を制するの枢要」は、あくまで対象世界の実に追従しつつ、しかも名の本質が所詮は「名には固実無く、之を約して以て命け」る記号であることを不断に自覚するところにある、と規定されていた。

結局荀子における名は、貴賤・同異を分別して社会秩序を形成せんとする意図に基づいていること、対象世界の実を的確に表示し得ていること、それが杜会的「約」として定着していることといった、三重の基準に適合した後に、初めてその普遍妥当性が公認される構造になっていたのである。本来対象世界の側に存在することのない名は、かくして誕生する。

他学派との比較

ここでは、前述した正名篇の構造を恵施《けいし》・公孫龍《こうそんりゅう》の論理学、墨弁《ぼくべん》などの立場と対比させることによって、荀子の論理学的特色を観て行くことにする。この作業を進めるに際して、私が特に取り上げようとするのは、加地伸行氏の著作、『中国論理学史研究——経学の基礎的探究』(4)である。本書は、公孫龍の論理学を扱った研究としては、わが国におけるほとんど唯一の専著である。加地氏の見解の大筋は、荀子の論理学的立場を徹底した概念実在論者と把握する一方、恵施・公孫龍・墨家《ぼくか》の論理学などの性格を唯名《ゆいめい》論者と規定し、そこに荀子が弁者《べんじゃ》たちを激しく批判した原因を求めるところにある。そこで以下の論述においては、こうした見方が妥当かどうかを検討しながら、古代中国の論理学に占める『荀子』正名篇の位置を考えてみたい。

まず最初に検証すべきは、荀子の立場を果たして概念実在論と規定し得るかとの問題である。そもそも荀子を概念実在論者と理解するためには、彼が類・種概念を人間の意識の所産とはせずに、普遍としての概念はそれ自身実体を備え、各個物を超越して独立に存在する、と思考したことが立証されなければならない。ために加地氏はその例証として、荀子が呪術的思考により「物」なる概念を実体化し、「存在」概念の存在を主張したと指摘する。(5)それでは、「物」に代表される類・種概念は、荀子において実際そうした性格のものとして捉えられていたのであろうか。

荀子は正名篇において、大別名《だいべつめい》から大共名《だいきょうめい》に至る万物の分類・命名法を提出した。その具体的施行に際しては、当然さまざまな分類基準に対応すべき類・種概念の存在が必要となる。ここに「物」なる概念が大共名として登場する。これは、個物をより広い範囲(外延)で包括・統合し得る共通性(内包)をつぎつぎに求め続け、「共《きょう》する無きに至り」て辿り着いたところの最高類概念であり、それに対応する実は「存在物」となる。故にこの「物」なる概念は、「万物衆《おお》しと雖も、時有りて之を偏挙《へんきょ》せんと欲す」る人間側の一時的要請に応ずべく、「推して之を共す」る帰納的操作により、万物から存在物としての共通要素を抽出した後に、「之を約して以て命《なづ》け」た全くの約名である。したがってこの「物」概念の指す実は、存在物としての各個物が分散的に保持しており、「名には固実無し」と断言されるように、大共名としての「物」は、一切の対象物を超えてそれ自身で独立に存在し得る実体を何ら持たない。正名篇は、概念としての「物」自身が実体を具備して永続するなどとは、一言も述べていない。それは、ただ単に分類の便宜上設定された総称概念・共約として、「名の約を守ることに謹む」人間の意識の中にのみ存在するに過ぎないのである。(6)

この点は、大別名の例として挙げられていた「鳥獣」の場合も全く同様である。それらは「散名の万物に加うる者」とも表現されるように、各個物に対し人間が「時有りて之を偏挙せんと欲す」る都合上作為的に付加し、「其の約名を共にして以て相期する」ところの名称に過ぎない。概念たる鳥そのものや獣そのものが、実体を備え物を超越して先行的に存在すると考えられていたわけでは決してない。

正名篇中には、「名定まりて実弁《わか》たる」とか、「名を制して以て実を指す」「名なる者は、実を異にするを期する所以なり」「名の聞えて実の喩《さと》らるるは、名の用なり」などと、単なる表記順序としては、たしかに名が実に先行するかの発言が散見する。そして加地氏はこの点をも荀子の立場が概念実在論であったことの有力な論拠としている。しかし荀子の正名理論は、天官や徴知《ちょうち》の機能により対象世界の実に即応した名が制定され、「其の約名を共にして以て相期し」た後には、逆に名の共通性を利して万人が名からそれに対応させられている実を共通に想起することができる、との前後二つの段階を踏んでいることに留意しなければならない。前掲の彼の発言も、ことごとくその後半部分、すなわち名称制定後の効用を述べたものであって、その前提としては、「実を異にする者は、名をも異にす」「実の喩られずして然る後に命く」と、名に対する実の先行性が確信されているのである。

このように荀子の正名理論においては、類・種概念が対象世界の実に先行せず、また実体を保持しない以上、それが本来的に普遍性や永遠性を内在させたりはしないこともすでに明白である。たしかにいったん制定され社会的合意を獲得した名は、政治権力からその普遍的使用が要求される。しかしそれはあくまでも、名の普遍的通用が統一秩序の形成に不可欠の要素であり、「期命《きめい》弁説なる者は、用の大文《たいぶん》にして王業の始め」であるとの人間社会の側の要請に基づくものであって、概念自身が本来的存在形態として物に優越する普遍性を備えていることを、何ら意味するものではない。実際に荀子が、名は本来的に普遍性を内在させると考えたのであれば、「聖王没して名の守りは慢《ゆる》む」などと、名の普遍性と政治権力の強弱との相互関連を力説する必要はなかったはずである。結局荀子における名の普遍性は、「刑名は商に従い、爵名《しゃくめい》は周に従い、文名は礼に従い、散名の万物に加うる者は、則ち諸夏の成俗に従いて、遠方異俗の郷にも曲《つぶ》さに期せ、則ち之に因りて通ぜ為《し》め」た人間の営為の所産にほかならないのである。

これまで解説してきた諸点から判断するならば、荀子の正名理論中に概念実在論的要素は全く稀薄であることが諒解されるであろう。彼が自己の正名理論の中枢に据えた、「為に名有る所」「縁《よ》りて以て同異する所」「名を制するの枢要」などの性格は、すでに解説を加えたように、そのいずれもが実念論的立場とはまるで正反対の方向を指し示している。そもそも概念実在論の立場を取る人物が、「彼の名辞なる者は、志義の使いなり。以て相通ずるに足れば、則ち之を舎《お》く」と、名辞を人間の意識の道具と見なし、名の本質を人間社会内部の「約名」と規定するなどということはあり得ないのである。故にもしあくまでも前記二種の振り分けに拘泥するとすれば、荀子の論理学的立場はむしろ唯名論の側にはるかに接近していると判断せざるを得ない(7)。このように一方の当事者である荀子を概念実在論者と規定することが到底成立しがたい以上、加地氏が古代中国における論理学的展開の柱として設定した、荀子が徹底した実念論者であったが故に、恵施・公孫龍の論理学、墨弁など唯名論の系譜と激しく敵対したとする構図も、やはり成立しがたいであろう。この点をさらに確認するため、引き続いてその三者を一括して唯名論の系統と見なせるかどうかを検証して行くことにしたい。

まず恵施の論理学上の特色は、「内無き」極限小と「外無き」極限大との全く形而上的概念を実体化した上で、その両者を万物の分類に際して、「万物畢《ことごと》く異なる」底辺と「万物畢く同じき」頂点とを設定するために駆使した点にある。つまり「至小」を基準に判断を下せば、物相互間のあらゆる共通性は否定されて「万物畢く異なる」状況が出現し、他方「至大」を基準に据えた場合には、物相互間の差異は一切解消させられて「万物畢く同じき」状態が出現するのである。かくして底辺と頂点とを押さえた後に、「万物を散じて厭《あ》かず」(『荘子』天下篇)と評されるように、恵施はその中間部分を「大同にして小同と異なる」分類法、すなわち彼の言う「小同異」を用いて分類する。この「小同異」なる分類法の具体的内容は、『荘子』則陽《そくよう》篇が伝える「丘里之《きゅうりの》言《げん》」から窺うことができる。

丘里とは、十姓百名を合して以て風俗と為すなり。異を合して以て同と為し、同を散じて以て異と為す。今、馬の百体を指すも馬を得ず。而るに馬の前に係《つな》がる者は、其の百体を立てて之を馬と謂《よ》べばなり。

ここに示されているのは、各種の基準をつぎつぎに設定した上で、万物を同類として統合したり、あるいは異類として区分したりする分類方法である。恵施は前記の「大同異」とこの「小同異」との巧妙な併用によって、一切の対象世界を、「万物畢く異なる」底辺から、「万物畢く同じき」頂点に至るピラミッド型の諸階層内に、分類・収容せんと意図したわけである。この場合、「丘里之言」の解説に「其の百体を立てて之を馬と謂《よ》ぶ」と指摘されるように、「小同異」が適用される範囲内においては、類・種概念が分類の便宜上仮設された名称に過ぎないことが、強く自覚されるのは当然である。故にこの点にのみ限定すれば、恵施に唯名論的要素が存在したと推測することも、一応は可能であろう。しかしながら、恵施が設定したピラミッド型の階層構造の大枠を形成すべき底辺と頂点とは、「至小」「至大」なる概念の実体化を俟って初めて措定され得たことも、また見逃すわけにはいかない。この点では、恵施には紛れもなく概念実在論的要素が存在すると言えるのである。

しかも、恵施が弁者としての名声を博する要因となったのは、主に後者に属する思考であったと推測される。なぜなら、『荘子』天下篇が恵施の思想の概要として紹介する所謂「歴物十事《れきぶつじゆうじ》」は、そのほとんどすべてが「大同異」を用いた命題で占められており、また『荀子』正名篇が「実を用うるに惑いて以て名を乱る」一例として挙げる「山淵平」との命題も、やはり前記「歴物」中の一条であって、まさしく「大同異」の所産にほかならないからである。したがって、当時周囲の思想界が恵施の特色として捉えたのは、むしろ彼の概念実在論的側面であったと言える。こうした諸点を勘案するならば、恵施の論理学的立場全体を唯名論と判断するのは、極めて危険であると結論せざるを得ない。

つぎに公孫龍を果たして唯名論者と理解し得るか否か、との問題の検討に移りたい。公孫龍の立場を唯名論と規定する上での最大の障害は、『公孫龍子』堅白論《けんぱくろん》に展開される彼の思考である。堅白論は、堅白石なる認識対象は存在しないと主張する公孫龍と、堅と白との属性がともに同一の石中に内在する以上、堅白石なる認識は成立可能であるとする論難者とが、激しく議論を応酬する構成を取っている。公孫龍が堅白石なる認識は形成し得ないとする論拠の第一は、つぎのように示される。

＊物の白きは、其の白とする所を定めず。物の堅《かた》きは、其の堅とする所を定めず。

＊堅は未だ石に与《くみ》して堅為《た》らず。而して物兼ねらる。未だ与《とも》に堅為らざるも、而して堅は必ず堅なり。其の石や物を堅くせずして而も堅なり。

＊白固《もと》より自ら白たること能わざれば、悪《いずく》んぞ能《よ》く石や物を白くせんや。若《こ》の白なる者必ず白なれば、則ち物を白くせずして而も白なり。

すなわち公孫龍は、堅や白を石に内在する属性とはせず、一切の個物を超越して本来的に普遍性を保つ実体と把握したのである。さらに第二の論拠は以下のように提示される。

＊視《み》れば其の堅とする所を得ずして、其の白とする所を得る者は、堅無きなり。拊《な》づれば其の白とする所を得ずして、其の堅とする所を得る。其の堅を得るや、白無きなり。

＊且つ猶《な》お白は目と火を以て見るがごときも、而して火は見ず。則ち火と目と見ずして神見る。神も見ざれば、而ち見は離る。堅は手を以てし手は撫《ぶ》を以てす。是れ撫と手と知りて而も知らず。而して神も与《とも》に知らず。神の是に乎《お》けるは之を離と謂う。離なる者とは、天下は故より独にして正しければなり。

前記のように、堅や白は本来個物から遊離・独立して存在するため、感覚器官たる目や手を経由したときのみ、各々石中にその姿を発現して知覚される。ところが公孫龍は、荀子のように五官が伝達する各種の知覚を統括する「徴知」や「神明の主」の存在を認めず、したがって堅と白とは決して同時に認識されることはない。故に彼においては、認識主体たる神は常に堅石と白石のどちらか一方しか知覚できず、必然的に堅白石なる統合認識は形成し得ないこととなるのである。堅や白の性質に関するこうした公孫龍の思索は、プラトンの唱えたイデア説に酷似した内容を持ち、個物を離れて色彩は存在しないとする唯名論的立場とは、真向から対立する性格を示している。

こうした傾向は、さらに通変論《つうへんろん》からも窺うことができる。通変論において公孫龍は、「羊と牛とは異なると雖も(8)、羊に歯有り、牛に歯無ければ、而ち牛の羊に非ず、羊の牛に非ずとするは、未だ可ならず。是れ倶《とも》には有らざるも、而して或《つね》に類するなり」と、対象を同類と異類とに分類する際に使用すべき方法、所謂同異の弁に関する彼独自の見解を披瀝している。注目されるのは、その分類法の中に「鶏の足と謂えば一、足を数うれば二、二と一、故に三。牛と羊の足と謂えば一、足を数うれば四、四と一、故に五。牛と羊の足は五にして、鶏の足は三。故に曰く、牛は羊に合して鶏に非ず」との形態が含まれる点である。ここに示されるのは、まさしく足概念の実体化にほかならない。

一方指物論《しぶつろん》は、「指《し》なる者は、天下の無とする所なり。物なる者は、天下の有とする所なり。天下の有とする所を以て、天下の無とする所と為すは、未だ可ならず」と、無形の認識と有形の対象世界との決定的な乖離を指摘する。指物論はまた、「天下に指無しとは、物の各《おの》おの名有るより生じて、指為《た》らざるなり」と、認識による命名が対象の実在を全的に把握できないことをも強調する。このように対象世界の存在を人間の認識に先行させる思考は、名実論《めいじつろん》においても顕著に現われている。

天地と其の産する所とは物なり。物は以て其の物とする所を物として、過ぎざるは実なり。実は以て其の実とする所を実として、曠《むなし》からざるは位なり。其の位する所を出ずるは位に非ず。其の位する所に位するは正なり。其の正なる所を以て、其の不正なる所を正す。其の不正なる所を以て、其の正なる所を疑わず。其の正すとは、其の実とする所を正すなり。其の実とする所を正すとは、其の名を正すなり。

つまり公孫龍においても、「夫れ名とは実の謂《いい》なり」(名実論)と、認識の所産に過ぎない名は、あくまで先行的存在である対象世界の実に掣肘されると思考されていたのである。故にもしかかる傾向のみを捉えて判断するならば、彼に唯名論的特色が存在するとの主張も、それなりの根拠を持つかのように見える。しかしながら、前記の堅白論や通変論で語られる実体化された普遍概念は、それが実体を備えていることによって、公孫龍の世界では紛れもなく名に先行して存在する実なのである。したがって、公孫龍の論理学的立場を唯名論と判断することは、全く不可能だと言わざるを得ない(9)。

最後に墨弁の性格について考察してみよう。墨弁は「挙《きょ》」なる認識方法に関し、まず経上篇で「挙とは、実に擬《ぎ》するなり」(経31)と定義した後、経説上篇において「挙とは、告ぐるに文名を以てして、彼の実を挙ぐるなり」(説31)と解説を加える。これにより墨者が、名は対象世界の実を抽出・表示する手段であると見なしていたことが判明する。さらにこの点は、「名とは、実・合・為なり」(経82)との経上篇の定義に対し、経説上篇が「謂う所以は名なり。謂う所は実なり。名実の藕《あ》うは合なり」と解説することからも確認できる。経説下篇が「文実有りて而る後に之を謂う。文実無ければ則ち謂うこと無し」(説104)と記すように、墨家においても実は名に先行すると考えられていたのである。

以上のような傾向は、墨弁が提示する万物の分類法にも色濃く反映している。経上篇は「名とは、達・類・私なり」(経79)と名に三種の区別を設定し、経説上篇はその各々の内容について以下のように説明する。

名。物とは達《たつ》なり。実有れば必ず文名を待つなり。之に馬と命《なづ》くるは類なり。若《こ》の実なる者は、必ず是の名を以てするなり。之に威《い》と命くるは私なり。是の名は、是の実に止むるなり。(説79)

ここで墨弁は荀子と同様、「達名」すなわち最高類概念として「物」を挙げる。それによれば、およそ存在物としての実を有する一切の対象は、必ず「物」概念の外延中に包括されると規定されている。続いて墨弁は、類・種概念たる「類名」の一例として「馬」概念を挙げ、馬としての実を保有する対象には必ずこの「馬」概念を適用すべきであると主張する。最後の「私名」は、『荀子』正名篇が言う「大別名」「散名」に該当する概念であって、個物に対する名称を指すと思われ、この「私名」を付す際には、特定の実を持つ対象にのみ限定すべきことが指摘されている。

こうした墨弁の思考は、『荀子』正名篇中に示された分類法と多く共通する要素を含み、「君とは臣氓《しんみん》の通約なり」(経34)、「名は画俿《がこ》の若し」(説32)と、名は対象物の実を表示する記号に過ぎないとの意識によって貫かれている。故に墨弁中には、恵施や公孫龍のような実念論的要素は見当たらない。また「堅白は、相外《そと》にせざるなり」(経67)、「堅無くして白を得るも、必ず相盈《み》つるなり」(説116)と、堅白論議に関し、堅・白を石に内在する属性と捉え、堅・白を石から分離せんとする公孫龍と対立する立場を取ることなどをも考え合わせるならば、墨弁全体の性格は唯名論的であったと判断すべきである。

以上個別に検討を加えてきたが、その結果明らかになったように、そもそも荀子自身を概念実在論者であったと判断することは到底不可能で、全く逆に荀子は徹底した唯名論者であったと理解しなければならない。他方恵施・公孫龍の論理学、墨弁などの立場も多様であって、恵施と公孫龍には概念実在論の性格が見られ、特に公孫龍は完全な概念実在論者であったと判断できる一方、墨弁の立場は完全な唯名論であったと考えられる。とすれば、概念実在論の立場を取る荀子が、彼等が唯名論者である故を以て、恵施・公孫龍の論理学や墨弁の系列と敵対したとする単純な図式を描くことは、もはや全く不可能であろう。したがって『荀子』中に、彼等が唯名論であるとの観点から荀子が非難を加えた痕跡を一切見出だせないのは、言わば当然の現象である。

要するに、中世西欧の普遍論争の型をそのまま古代中国に当てはめるのには無理があるのであって、もともと実念論か唯名論かとの問題意識そのものを自覚していない思想家群に対し、そのいずれかに截然と振り分けんとする試みは、結局無い物ねだりにならざるを得ないのである。前記の視点を導入すること自体には一定の意義があるとしても、恵施・公孫龍の論理学、墨弁などが個別に呈する複雑な諸相を収斂し、そこに各々の全体像を結ぶ作業は、古代中国に生を享けた彼等独自の条件を基本として進められるべきであろう。

古代中国の論理学的展開に対し、概念実在論と唯名論の抗争といった図式をもはや適用しがたいとすれば、荀子が多様な論理学派一般に激しい憎悪の念を示す原因は、当然他に求めざるを得ない。

荀子は、「夫《か》の堅白同異・有厚無厚の察《さつ》は、察ならざるには非ざるなり」(修身篇)と、弁者《べんじゃ》の学説にそれなりの精緻さが存在することは一応承認する。それにもかかわらず、荀子が弁者の活動を否定するのは、正名は統一秩序の形成にこそ、その究極の目標があるとの彼の基本的立場に由来する。故に弁者に対する非難の矛先は、「礼の理は誠に深し。堅白同異の察も、焉《ここ》に入れば而ち溺る」(礼論篇)と、もっぱら彼等の思索・弁論が礼的統一秩序樹立の妨げになるとの点に向けられる。

それでは、弁者の学説中のいかなる要素が、統一を阻害するものと見なされたのであろうか。「堅白同異の分隔《ぶんかく》は、是れ聡耳《そうじ》も聴く能わざる所、明目《めいもく》も見る能わざる所、弁士も言う能わざる所なり」(儒效篇)とか、「彼の名辞なる者は、志義の使いなり。以て相通ずるに足らば則ち之を舎《お》く。之を苟にするは姦《かん》なり。故に名は以て実を指すに足り、辞は以て極を見《あら》わすに足らば、則ち之を舎く。是より外《はず》るる者は、之を訒《じん》と謂い、是れ君子の棄つる所にして、愚者の拾いて己の宝と為すものなり」(正名篇)などの発言からすると、弁者の議論が対象把握の精密さを追究する過程において、当時の一般常識から遠く懸け離れた論理を導き出したところに、彼が弁者に敵意を抱くに至った最大の要因があったと思われる。荀子の側からすれば、それは政治的統一を図るべき正名の目標を見失ったまま虚しく浪費される饒舌と映り、かかる風潮の蔓延は「民をして疑惑せしめ、人をして弁訟多からしめ」(同)、ついには社会的「約」としての言語の共通性を破壊して、戦国の混乱に一層の拍車をかけるものとして危惧されたのである。

弁者の議論が世俗の常識から乖離する状況は、各々の思想的立場に応じて様相を異にしている。正名篇はその現状を正名の三原則を基準に、「盗を殺すは人を殺すに非ず」などの「名を用うるに惑いて以て名を乱る者」、「山と淵とは平らかなり」などの「実を用うるに惑いて以て名を乱る者」、「馬は馬に非ず」[10]などの「名を用うるに惑いて以て実を乱る者」の三種に大別する。この三者は、或いは概念間の包摂関係を誤用して事物の同異・貴賤を別《わか》つ名の目的を曖昧にしたり、或いは感覚器官が捉える実の差異を無視して名の弁別性を錯乱させたり、さらには名と実との対応関係が共約に基づくことを否認して名の共通性を喪失させたりと、その指弾される欠陥はさまざまである。しかし対象認識の精緻さや論理学的尖鋭さよりも、統一秩序の形成に資する現実的効用を最優先させる荀子の立場からすれば、上記三種の論理はその内容的差異の如何によらず、いずれも名の社会的実用性を逸脱し、徒らに名辞のみを空転させる所業として、一括して否定の対象とされるのである。

荀子が継承したのは、「子曰く、必ずや名を正さんか。（中略）名正しからざれば則ち言順《したが》わず。言順わざれば則ち事成らず。事成らざれば則ち礼楽興らず。礼楽興らざれば則ち刑罰中《あた》らず。刑罰中らざれば則ち民も手足を措く所無し」(『論語』子路篇)と、正名と政治的効用とを直結せんとする発想であった。正名篇に展開される荀子の理論は、そうした遺産の上に、彼が対決し凌駕すべき勢力と見なした各種論理学派の学説を、特に万物の分類法に重点を置きつつ批判的に摂取して形成されたものである。それ故に正名篇は、それなりに戦国期の論理学が到達し得た一つの頂点を示していると言えるが、その中枢に政治的統一と正名との密接な関連を説く「約名」の論理を据えたところにこそ、荀子の論理学が持つ最大の特色が存在していたのである。[11]

「名実玄紐《げんちゅう》」する戦国の昏迷に途を開かんとした荀子が、その方策として提出したのは、名の本質が社会的「約」であることへの徹底的な自覚であった。正名篇は、「辞を析《わか》ち擅《ほしいまま》に作りて以て正名を乱る」行為は、「其の罪猶《な》お符

度量衡の統一のため始皇帝が作らせた銅製の枡

節度量を為《いつわ》るの罪のごとし」であると糾弾する。「符節度量」が本来対象世界の側に存在せぬように、名もまた全く人間の意識の所産でしかない。とすれば、他ならぬ我々人間以外には、この世に名の正当性を保障すべき何者も存在しはしない。この事実を冷厳に直視するとき、相互に「約名」を定め、その共通性を社会的合意として守り続けて行く人間の責務は重い。かかる自覚はまた、戦国の分裂を終息させ、人間の営為を統率すべき中央集権的政治権力の必要性をも痛感させずには置かない。後王に仮託しつつ荀子が待望して止まぬ、強大な統治者が「法度衡石丈尺を一にし、車は軌を同じくし、書は文字を同じくし」「群物を運理し、事実を考験し、各《おの》おの其の名を載《たい》し、貴賤並《なら》び通ずる」(『史記』秦始皇本紀)世界、その世界を地上に現出せんとする事業は、やがて形名参同を唱え、大帝国の形成を目指す彼の弟子たちにより承け継がれて行く。

第六章　『尹文子』の形名思想

――名家的思惟の残照――

尹文の思想

『尹文子《いんぶんし》』は、『漢書』芸文志《げいもんし》・名家《めいか》類に、「尹文子」一篇とその名が記録される。自注には「斉《せい》の宣王に説く。公《こう》孫龍《そんりゅう》に先んず」とあるから、班固《はんこ》はその書を戦国中期の思想家・尹文の著作と判断したわけである。

この記載をそのまま信ずるならば、『尹文子』は戦国期の名家の思想を研究する上で、実に貴重な文献となる。だが現在伝わる『尹文子』に対しては、後漢末から三国時代にかけて芸文志が記す『尹文子』一篇が亡佚したのち、何者かによって偽作された全くの偽書ではないかとの疑念が唱えられてきており、今日ではほぼ通説となっている(1)。

もしそうであれば、今本『尹文子』を戦国期の名家の著作として扱うことは、全く不可能となる。そこで『尹文子』の思想内容を考察する基礎作業として、まず今本『尹文子』をめぐる文献上の問題について、検討を加えて置くこととしたい。

最初に、戦国中期の思想家・尹文その人について考えてみよう。尹文に関する最も古い記録は、つぎに掲げる『荘子』天下篇の記述である。

不累於俗、不飾於物、不苟於人、不忮於衆。願天下之安寧、以活民命、人我之養畢足而止。以此白心。古之道術有在於是者。宋銒尹文聞其風而悦之、作爲華山之冠以自表、接萬物以別宥爲始。語心之容、命之曰心之行。以聏合驩、以調海內、請欲置之以爲主。見侮不辱、救民之鬪、禁攻寢兵、救世之戰。以此周行天下、上說下敎、雖天下不取、强聒而不舍者也。故曰、上下見厭而强見也。雖然其爲人太多、其自爲太少。曰、請欲固置五升之飯足矣。先生恐不得飽。弟子雖饑、不忘天下、日夜不休。曰、我必得活哉。圖傲乎救世之士哉。曰、君子不爲苛察、不以身假物。以爲無益於天下者、明之不如已也。以禁攻寢兵爲外、以情欲寡淺爲內。其小大精粗、其行適至是而止。

俗を累《みだ》さず、物に飾らず、人を苟《おろそか》にせず、衆を忮《やぶ》らず。天下の安寧にして、以て民の命《いのち》を活《い》かし、人我《じんが》の養い畢《ことごと》く足りて止まんことを願う。此《ここ》を以て心を白《きよ》くす。古《いにしえ》の道術是《ここ》に在《あ》る者有り。宋銒《そうけん》・尹文は其の風を聞きて之《これ》を悦び、華山《かざん》の冠を作為《つく》りて以て自ら表わし、万物に接するに別宥《べつゆう》を以て始めと為す。心の容《しずけさ》を語りて、之に命《なづ》けて心の行《はたらき》と曰う。聏《と》かすを以て驩《よろこ》びを合わせて、以て海内《かいだい》を調《ととの》え、請（情《じょう》）欲《よく》は之を置《すくな》（寡）しとして以て主と為す。侮《あなど》らるるも辱《はじ》ならずとして、民の闘いを救い、攻を禁じ兵を寝《や》めて、世の戦いを救う。此を以て天下に周行し、上《かみ》に説き下《しも》に教え、天下取らずと雖も、強聒《きょうかつ》して舎《や》めざる者なり。故に曰く、上下に厭《いと》わるるも強《し》いて見《まみ》ゆと。然りと雖も、其の人の為《ため》にすること太《はなは》だ多く、其の自ら為にすること太だ少なし。曰く、請（情《じょう》）欲《よく》は固《まこと》に五升の飯を置きて足らんと欲すと。先生は恐らく飽《あ》くを得ず。弟子は饑うと雖も、天下を忘れず、日夜休《いこ》わず。曰く、我必ず活《い》かすを得んかなと。圖《おおい》傲なるかな、救世の士なるかな。曰く、君子は苛《か》察《さつ》を為さず、身を以て物に仮《か》らずと。以為《おもえ》らく、天下に益無き者は、之を明らかにするは已《や》むに如《し》かざるなりと。攻を禁じ兵を寝《や》むるを以て外と為し、情欲寡《か》浅《せん》を以て内と為す。其の小大精粗、其の行いは適《まさ》に是《ここ》に至りて止む。

これによれば、宋鈃・尹文の思想的特色は、大略以下のごとくであったと考えられる。彼等の思想活動の究極目標は、死の危険から民衆の生命を救済し、安寧に保全せんとする一点に存在した。

民衆の生命を脅す要因としては、まず生活物資の欠乏による餓死や凍死が挙げられる。そこで彼等は、「物に飾らず」「身を以て物に仮らず」「心を白くす」とか、「心の容を語りて、之に命けて心の行と曰う」「情欲寡浅を以て内と為す」などと、人間の情欲が本来寡浅なることを自覚し、外界への物質的欲望を極力抑制して、精神の平静を確保せよとする、心術と結合した形での禁欲主義を説く。

尹文像

彼等の学派はこの禁欲主義を、「固《まこと》に五升の飯を置きて足らんと欲す」「先生は恐らく飽くを得ず。弟子は饑うと雖も、天下を忘れず、日夜休わず」といった、極端な節倹主義によって、自ら実践してみせた。こうした禁欲・節倹主義が世界中に普及すれば、王公・貴族が奢侈によって莫大な富を浪費する一方、貧しい民衆がわずかな生活物資を得られずに餓死・凍死するといった不平等も解消されて、「人我の養い畢く足りて止み」、山頂が水平な形の華山の冠に象徴される彼等の均等主義も、同時に達成される。

民衆の生命を死の危険に曝す第二の要因は、民間における私闘の習俗、及び国家間の侵略戦争である。もとより侵略戦争は、民の生産活動を妨げ、賦斂を強化する点で、富の浪費と生活物資の窮乏といった観点からも、二重に民衆の生命を危うくする。そこで彼等は、「侮らるるも辱ならずとして、民の闘いを救い、攻を禁じ兵を寝めて、世の戦いを救う」「攻を禁じ兵を寝むるを以て外と為す」と、私闘の悪習を除去する非闘主義と、軍備を廃止して侵略戦争を根絶する反戦主義を訴える。

この場合、「侮らるるも辱ならず」とする心の在り方が、非闘を実現する手段とされる点や、「心の容を語りて、之に命けて心の行と曰う。胹かすを以て驩びを合わせて、以て海内を調う」と、従容たる心の働きにより利害の対立を溶解させ、ともに歓喜し合う心術が、世界平和をもたらす手段とされる点に、「心を白くす」る心術思想と、非闘・反戦主義との接合点を見出だすことができる。

以上抽出した諸点に限っても、彼等の思想は一定の構造性・体系性を示すが、天下篇の記述からは、さらに形名思想が存在した形跡をも窺うことができる。それを示唆するのは、「万物に接するに別宥《べつゆう》を以て始めと為す」との評言である。宥は囿《ゆう》に通じ、境界線で区切られた領域を意味するから、「別宥」は互いの領域を区分する行為を指すことになる。

それでは、彼等は何と何の領域を区別せよと提起したのであろうか。天下篇の記述形態によれば、そもそも「別宥」は、「心の容を語る」心術思想の前提とされている。とすれば「別宥」には、利害の対立を溶解させたり、侮辱されても恥辱とは感じないといった、従容たる心の平静さを導き出す機能が込められていたとしなければならない。

そうした機能を備えるものとして、「別宥」の具体的内容を推定してみるとき、それは、対象世界の領域と認識者たる人間の領域を区別せよ、との主張ではなかったかと思われる。『公孫龍子』指物論《しぶつろん》には、「物は指《し》に非ざるは莫《な》く、而して指は指に非ず」と、物(対象世界)と指(人間の認識)の領域を峻別せよとの論理が展開される。また『荘子』天下篇が記す所謂「弁者二十一条」の中には、「火は熱からず」との命題があって、やはりこれも、火(対象世界の物)と熱(人間の知覚)を混同するな、との思惟であったと考えられる。そして詳細は後に譲るが、ほかならぬ『尹文子』中にも、「賢不肖《けんふしょう》・善悪の名は宜しく彼に在るべく、親疏・賞罰の称は宜しく我に属すべし」とか、「名は宜しく彼に属すべく、分は宜しく我に属すべし」「形と名とは、居然《きょぜん》として別《わか》る。相乱すべからず」などと、同様の論理が説かれている。(2)

この点を、さらに『呂氏春秋《りょししゅんじゅう》』先識覧去宥《きょゆう》篇の記載によって確認してみよう。まず去宥篇の中から、「別宥」の意味を探る手がかりとなる部分を、以下に抽出して置く。

(A)東方之墨者謝子、將西見秦恵王。恵王問秦之墨者唐姑果。唐姑果恐王之親謝子賢於己也。對曰、謝子東方之辯士也。其爲人也甚險。將奮於説以取少主也。王因藏怒以待之。謝子至説王、王弗聽。謝子不説、遂辭而行。凡聽言以求善也。所言苟善、雖奮於取少主、何損。所言不善、雖不奮於取少主、何益。不以善爲之愨、而徒以取少主爲之悖。恵王失所以爲聽矣。

東方の墨者《ぼくしゃ》・謝子《しゃし》は、将《まさ》に西のかた秦《しん》の恵王に見《まみ》えんとす。恵王は秦の墨者・唐姑果《とうこか》に問う。唐姑果は王の謝子に親しむこと己より賢《まさ》らんことを恐る。対《こた》えて曰く、謝子は東方の弁士なり。其の人と為《な》りや甚だ険《けん》なり。将に説に奮《つと》めて少主《しょうしゅ》を取らんとすと。王は因《よ》りて怒りを蔵《ぞう》して以て之を待つ。謝子至りて王に説くも、王は聴かず。謝子は説《よろこ》ばずして、遂に辞して行《さ》る。凡そ言を聴くは以て善を求むればなり。言う所苟《いやし》くも善ならば、少主を取るに奮むと雖も、何ぞ損せん。言う所善ならざれば、少主を取るに奮めずと雖も、何ぞ益せん。善を以て之を愨《まこと》と為さずして、徒《た》だ少主を取るを以て之を悖《もと》れりと為す。恵王は聴を為す所以を失えり。

(B)鄰父有與人鄰者。有枯梧樹。其鄰之父、言梧樹之不善也。鄰人遽伐之。鄰父因請而以爲薪。其人不說曰、鄰者若此其險也。豈可爲之鄰哉。此有所宥也。夫請以爲薪與弗請、此不可以疑枯梧樹之善與不善也。

鄰父《りんぽ》の人と鄰《となり》する者有り。枯れたる梧樹《ごじゅ》有り。其の鄰の父は、梧樹の善からざるを言う。鄰人は遽《にわか》に之を伐《き》る。鄰父は因りて請いて以て薪《たきぎ》と為す。其の人説《よろこ》ばずして曰く、鄰者は此《か》くの若《ごと》く其れ険しきなり。豈《あ》に之れが鄰と為《な》るべけんやと。此れ宥《ゆう》する所有るなり。夫れ請いて以て薪と為すと請わざるとは、此れ以て枯れたる梧樹の善と不善とを疑うべからざるなり。

(C)齊人有欲得金者。清旦被衣冠、往鬻金者之所、見人操金、攫而奪之。吏搏而束縛之、問曰、人皆在焉。子攫人之金、何故。對吏曰、殊不見人、徒見金耳。此眞大有所宥也。

斉人《せいひと》に金を得んと欲する者有り。清旦《あさ》に衣冠を被《こうむ》りて、金を鬻《ひさ》ぐ者の所に往く。人の金を操《と》るを見て、攫《つか》みて之を奪う。吏は搏《とら》えて之を束縛す。問いて曰く、人皆焉《ここ》に在り。子、人の金を攫《と》るは、何の故ぞと。吏に対《こた》えて曰く、殊《た》えて人を見ずして、徒《た》だ金を見るのみと。此れ真《まこと》に大いに宥する所有るなり。

(D)夫人有所宥者、固以晝爲昏、以白爲黑、以堯爲桀。宥之爲敗亦大矣。亡國之主、其皆甚有所宥邪。故凡人必別宥然後知。別宥則能全其天矣。

夫れ人の宥する所有る者は、固《すで》に昼を以て昏《よる》と為し、白を以て黒と為し、堯《ぎょう》を以て桀《けつ》と為す。宥の敗《はい》を為すや亦《ま》た大なり。亡国の主も、其れ皆甚だ宥する所有るか。故に凡そ人は必ず宥を別《わか》ちて然る後に知るなり。宥を別たば則ち能く其の天を全うす。

先頭の(A)では、「言う所苟くも善ならば、少主を取るに奮むと雖も、何ぞ損せん。言う所善ならざれば、少主を取るに奮めずと雖も、何ぞ益せん。善を以て之を愨と為さずして、徒だ少主を取るを以て之を悖れりと為す」と、謝子の弁論に対する恵王の態度を批判する。相手の発言内容の善・不善と、若年の君主の心を取り込まんと意図するかしないかとは、本来別個の領域である。しかるに恵王は、後者の領域のみを拡大して、前者の領域までをも一つに囲い込み、その結果、善・不善を全く判断せぬまま、謝子の言説を拒絶したからである。

つぎの(B)の場合も同様で、「夫れ請いて以て薪と為すと請わざるとは、此れ以て枯れたる梧樹の善と不善とを疑うべからず」と、隣父に対する隣人の態度を批判する。樹木自体の善・不善と、薪にしたいと請うか否かとは、本来別個の領域である。しかるに隣人は、後者の領域のみを一方的に拡張して、前者の領域までをも一つに囲い込み、その結果、樹木の善・不善の問題を除外して、隣父の意図を邪推した。去宥篇はこうした思考方法を、「此れ宥《ゆう》する所有り」と批判するのである。

続く(C)では、「人皆焉に在り。子、人の金を攫るは、何の故ぞ」と訊問した官吏に対し、金を奪った斉人は、「殊えて人を見ずして、徒だ金を見るのみ」と答える。市場には、人と金の双方が並存していた。しかるに斉人は、後者の領域のみを全体にまで拡張し、視界全体を金の領域として囲い込んだ結果、人の領域を視野から全く排除してしまう。去宥篇はこうした思考方法を、やはり「此れ真に大いに宥する所有るなり」と批判する。

以上の事例を踏まえるならば、去宥篇全体を総括する(D)の真意も、明瞭に理解できよう。宥とは、本来区分すべき別個の領域に対し、その一方のみを拡張して他方を排除し、全体を一つの領域として囲い込む行為を指していたのである。だからこそ去宥篇は、「夫れ人の宥する所有る者は、固に昼を以て昏と為し、白を以て黒と為し、堯を以て桀と為す」と、必ず二つの領域を設定して、宥の性格を説明するのである。

したがって、「凡そ人は必ず宥を別ちて然る後に知るなり。宥を別たば則ち能く其の天を全うす」と説かれる「別宥」とは、前に批判されていた宥なる思考方法を否定して、本来区分すべきものとして並存していた別個の領域を、天然のままに区別する行為を指すと理解しなければならない。「別宥」のみを論ずるにもかかわらず、篇名だけが「去宥」とされる一見奇異な現象も、本来の区分のままに「宥を別つ」行為が、そのまま「宥を去る」行為に直結する以上、当然の事態として諒解し得るであろう。

とすれば、『呂氏春秋』先識覧去宥篇の記述は、『荘子』天下篇の「別宥」を、二つの領域を区別せよとの意味だと解した筆者の推測を裏づける確証となろう。かくして尹文には、「宥を別て」との主張が存在したことになるが、それでは尹文が、実際に「別宥」を説いた形跡を見出だし得るであろうか。以下に関係する資料を掲げてみる。

(1)尹文子、斉の宣王に見ゆ。宣王は言わずして歎く。尹文子曰く、何ぞ歎くやと。王曰く、吾れ国中に賢寡《すくな》きを嘆くと。尹文子曰く、国をして悉《ことごと》く賢ならしめば、孰《たれ》か王の下に処り、誰か王の使いと為らんと。王曰く、国悉く不肖なれば可ならんかと。尹文子曰く、国悉く不肖なれば、孰か王の朝を理《おさ》めんと。王曰く、賢と不肖と皆無ければ可ならんかと。尹文子曰く、然らず。賢有り不肖有り。故に王は上に尊く、臣は下に卑し。賢を進め不肖を退くるは、上下有る所以なり。

(『太平御覧』巻四百二・『芸文類聚』巻二十・『意林』巻二所収の「尹文子」佚文[3])

(2)斉王の尹文に謂いて曰く、寡人《かじん》は甚だ士を好むも、斉国を以て士無きは何ぞやと。尹文曰く、願わくば大王の所謂士なる者を聞かんと。斉王は以て応うる無し。尹文曰く、今、此に人有り。君に事《つか》うれば則ち忠、親に事うれば則ち孝、友に交われば則ち信、郷に処《お》らば則ち順なり。此の四行有らば士と謂うべきかと。斉王曰く、善きかな、此れ真に吾が所謂士なりと。尹文曰く、王此の人を得れば、肯《あえ》て以て臣と為すかと。王曰く、願うも得べからざる所なりと。是の時斉王は勇を好む。是に於て尹文曰く、此の人をして広庭・大衆の中に侵侮《しんぶ》せらるるも、終《つい》に敢ては闘わざらしめば、王は将に以て臣と為さんとするかと。王曰く、鉅《なん》ぞ士ならんや。侮らるるも闘わざるは辱《はじ》なり。辱なれば則ち寡人は以て臣と為さずと。尹文曰く、唯《た》だ侮らるるも闘わざるのみなれば、未だ其の四行を失わざるなり。是の人未だ其の四行、其の士為《た》る所以を失わず。然り而して王は一《あるい》は以て臣と為し、一は以て臣と為さざれば、則ち向《さき》の所謂士なる者は、乃ち士に非ざるかと。斉王以て応うる無し。尹文曰く、今人君有り。将に其の国人を理《おさ》めんとして、非有らば則ち之を非とし、非無ければ則ち亦《ま》た之を非とし、功有らば則ち之を賞し、功無ければ則ち亦た之を賞して、人の理まらざるを怨むは、可ならんかと。斉王曰く、不可なりと。尹文曰く、臣窃《ひそ》かに下吏《かり》の斉を理むるを観るに、其の方は此くの若《ごと》しと。王曰く、寡人の国を理むること、信《まこと》に先生の言の若ければ、人は理まらずと雖も、寡人敢ては怨まざるなり。意《おも》うに未だ然るまでには至らざるかと。尹文曰く、之を言うに敢て説無からんや。王の令に曰く、人を殺す者は死し、人を傷つくる者は刑せらるると。人は王の令を畏《おそ》るる者有り。侮らるるも終に敢ては闘わざるは、是れ王の令を全うするなり。而るに王曰く、侮らるるも闘わざるは辱なりと。之を辱と謂うは、之を非とするなり。非無くして王は之を辱とす。故に因りて其の籍を除き、以て臣と為さず。以て臣と為さざるは、之を罰するなり。此れ罪無くして王之を罰するなり。且つ王の敢ては闘わざる者を辱とするは、必ず敢て闘う者を栄とするなり。敢て闘う者を栄とするは之を是とするなり。(4) 王は之を是として必ず以て臣と為す。必ず以て臣と為すは、之を賞するなり。彼は功無くして王は之を賞す。王の賞する所は、吏の誅する所なり。上の是とする所は、而ち法の非とする所なり。賞罰是非相与《とも》に四謬《しびゅう》せば、十の黄帝《こうてい》ありと雖も、理むること能わざるなりと。斉王以て応うる無し。

(『公孫龍子』跡府篇・『呂氏春秋』先識覧正名篇)(5)

まず(1)において尹文は、国内を賢者だけで満たすとか、反対に不肖者だけで満たすとか、あるいは賢者も不肖者もいないようにするといった、宣王の思考態度を批判する。その上で尹文は、国内にはそもそも賢と不肖が並存しているのであり、だからこそ君臣関係を始めとする上下の区分も成立するのだと説く。宣王の発想は、いずれにせよ単一の領域のみを拡張し、それで国家全体を包摂せんとする点で、去宥篇が批判する宥と同様の性格を示す。逆に尹文の立場は、賢・不肖それぞれの領域を区分し、両者の並存を容認した上で、君臣・上下の身分秩序を構成せんとする点で、去宥篇の「別宥」と同一の思考方法だと言えよう。

また(2)では、尹文は忠・孝・信・順の四行を具備する者こそ士であるとの、士の概念定義を提示し、斉王の同意を取りつける。しかるに斉王は、「侮らるるも闘わざるは辱なり。辱なれば則ち寡人は以て臣と為さず」と、侮辱されて決闘するか否かとの異質な条件を持ち出し、今度はそれのみを唯一の基準に、士であるか否かを判定せんとする。これに対して尹文は、「唯だ侮らるるも闘わざるのみなれば、未だ其の四行を失わざるなり。是の人未だ其の四行、其の士為る所以を失わず。然り而して王は一は以て臣と為し、一は以て臣と為さざれば、則ち向の所謂士なる者は、乃ち士に非ざるか」と反論する。本来の定義に従えば、士たる本質を何ら喪失させていないにもかかわらず、新たな与件を介入させて、士を非士へと転換させる、斉王の矛盾を非難したわけである。

斉王の思考は、侮辱されて決闘するか否かの領域を、本来の士の領域にまで拡張し、臣下全体をその単一の基準でのみ囲い込む点で、宥なる思考方法の特色を示している。一方これに反駁する尹文の論理は、四行の具備によって成立する士の領域と、長剣を帯びて私闘を常習とする遊俠の領域とは本来別であり、後者を拡張して前者を排除し、全体を後者によって一つに囲い込むべきではないとする点で、やはり「別宥」と共通する思考方法だと言える。

このように見てくると、「別宥」なる術語が直接用いられてはいないにせよ、たしかに尹文の思想には、「万物に接するに別宥を以て始めと為す」要素が含まれていたと見ることができる。そしてこの「別宥」を非闘主義に適用するならば、侮蔑するのは他者の領域に属し、それを恥辱と受け止めるか否かは、あくまで自己の領域に属するから、

「侮らるるも辱とせず」と二つの領域を截然と区別し、平静なる心を保持して私闘を避けることが可能となろう。
また内なる心の領域と、外物の領域を区別するならば、外界の物質的刺戟に欲望を即応させんとする態度を否定して、情欲寡浅の理論的支柱にすることも可能になろう。「別宥」を主眼とする尹文の形名思想は、こうした形で、彼の思想体系の中に組み込まれていたと推測される。

ただし、尹文に「別宥」なる形名思想が存在したとすることは、平等を表わす水平な華山の冠に象徴される彼の均等主義や、「曰く、君子は苛察を為さず、身を以て物に仮らずと。以為らく、天下に益無き者は、之を明らかにするは已むに如かず」といった、天下篇の記述と矛盾するのではないかとの疑念も生じてくる。そこでつぎに、この疑問について考えてみよう。最初に手がかりとなる資料を掲げて置く。

齊宣王謂尹文曰、人君之事何如。尹文對曰、人君之事、無爲而能容下。夫事寡易從、法省易因。故民不以政獲罪也。大道容衆、大德容下。聖人寡爲而天下理矣。書曰、[6]睿作聖。詩人曰、岐有夷之行、子孫其保之。[7]宣王曰、善。

（『説苑《ぜいえん》』君道篇）

斉の宣王は尹文に謂いて曰く、人君の事は何如《いかん》と。尹文対《こた》えて曰く、人君の事は、無為にして能く下を容《い》るるのみ。夫れ事寡《すくな》ければ従い易《やす》く、法省かるれば因《よ》り易し。故に民は政を以て罪を獲ざるなり。大道は衆を容れ、大徳は下を容る。聖人は為すこと寡くして天下理《おさ》まる。書に曰く、睿《えい》は聖と作《な》ると。詩人曰く、岐《き》に夷《い》の行有り、子孫其れ之を保《やす》んずと。宣王曰く、善しと。

宣王に治世の方策を問われた尹文は、「人君の事は、無為にして能く下を容るるのみ。夫れ事寡ければ従い易く、法省かるれば因り易し。故に民は政を以て罪を獲ず」とか、「大道は衆を容れ、大徳は下を容る。聖人は為すこと寡くして天下理まる」などと答える。これは、一種の無為の治の勧めであるが、特に「衆を容れ」「下を容れ」るよう強調する点が注目される。それでは、「衆を容れ」「下を容れ」るとは、具体的にはいかなる施政を指すのであろうか。

この点を考える際には、これと近似した内容を持つ慎到《しんとう》の思考が参考となる。慎到は、「民は雑処《ざつしょ》して各《おの》おの能くする所有るも、能くする所の者は同じからず。此れ民の情なり。大君なる者は太上《たいじょう》なり。兼ねて下を畜《やしな》う者なり。下の能くする所は同じからざるも、皆上の用なり。是を以て大君は民の能に因りて資と為す。尽く包みて之を畜い、能に去取《きょしゅ》すること無し。是の故に一方を設けて以て人に求めず。故に求むる所の者は足らざること無し。大君は其の下を択ばず。故に足る。其の下を択ばざれば、則ち下を為《おさ》め易し。下を為め易ければ、則ち容れざるは莫《な》し。容れざる莫きが故に下多し。下多きは之を太上と謂う」(『慎子』民雑篇)と述べる。尹文と同様、「容れざる莫き」統治を説くのであるが、そのための具体的方策は、「能に去取すること無く」、「一方を設けて以て人に求めざる」こととされる。

つまり、民衆に特定の能力を強要し、能力差によって民を差別したり迫害したりせぬことが、「兼ねて下を畜い」、「尽く包みて之を畜う」統治の秘訣なのである(8)。そして尹文の場合も、これと同様の主張が存在したとすれば、「君子は苛察を為さず」とか、「天下に益無き者は、之を明らかにするは已むに如かず」といった記述の存在も、自然な現象として理解でき、さらに尹文の均等主義の立場ともよく合致するのである。もとより、「法省かるれば因り易し。故に民は政を以て罪を獲ず」と、苛細な法治を否定せんとする姿勢も、やはり「苛察を為さざる」立場に接続するであろう。

そして、単一の領域のみで全体を一つに囲い込まずに、区分すべき二つの領域を、本来のままに並存させんとする「別宥」の主張と、単一の基準を全体に押しつけて、適合せぬ民衆を排除したりせず、「能く下を容れ」んとする寛容主義とは、根柢で相通ずる側面を持っている。したがって、両者が尹文の思想中に並存する点を、格別重大な矛盾と考える必要はないであろう。

尹文と『尹文子』

これまで、わずかに残された断片的資料を繋ぎ合わせて、尹文《いんぶん》の思想を考察してきた。続いてその結果を踏まえながら、尹文と今本『尹文子』の関係について検討してみよう。

今本『尹文子』の思想的特色としては、まず第一に、『老子』の道を導入した形名思想の存在を挙げることができる。以下にその部分を掲げてみる。

大道無形、稱器有名。名也者、正形者也。形正由名、則名不可差。故仲尼云、必也正名乎。名不正則言不順也。大道不稱、衆有必名。[9]生於不稱、則羣形自得其方圓。名生於方圓、則衆名得其所稱也。大道治者、則名法儒墨自廢。以名法儒墨治者、則不得離道。老子曰、道者萬物之奧、善人之寶、不善人之所寶。[10]是道治者、謂之善人。籍名法儒墨者、謂之不善人。善人之與不善人、名分日離、不待審察而得也。道不足以治、則用法。法不足以治、則用術。術不足以治、則用權。權不足以治、則用勢。勢用則反權。權用則反術。術用則反法。法用則反道。道用則無爲而自治。故窮則徼終、徼終則反始。始終相襲、無窮極也。

大道は無形なるも、器を称《とな》うれば名有り。名なる者は、形を正す者なり。形の正しきは名に由らば、則ち名は差《たが》うべからず。故に仲尼云く、必ずや名を正さんか。名正しからざれば則ち言は順《したが》わずと。大道は称えざるも、衆は必ず名づけらるること有り。称えられざるに生ずれば、則ち群形は自ら其の方円するを得る。名は方円するに生ずれば、則ち衆名は其の称えらるる所を得る。大道の治むる者は、則ち名法儒墨《めいほうじゅぼく》自《おの》ずから廃せらる。名法儒墨を以て治むる者も、則ち道を離るるを得ず。老子曰く、道とは万物の奥《おう》、善人の宝にして、不善人の宝とする所なりと。是れ道の治むる者は、之を善人と謂う。名法儒墨に籍《か》る者は、之を不善人と謂う。善人と不善人とは、名分は日に離るれば、審察《しんさつ》するを待たずして得るなり。道以て治むるに足らざれば、則ち法を用う。法以て治むるに足らざれば、則ち術を用う。術以て治むるに足らざれば、則ち権《けん》を用う。権以て治むるに足らざれば、則ち勢《せい》を用う。勢用いらるれば則ち権に反《かえ》る。権用いらるれば則ち術に反る。術用いらるれば則ち法に反る。法用いらるれば則ち道に反る。道用いらるれば則ち無為にして自ずから治まる。故に窮すれば則ち終わりを徼《むか》え、終わりを徼うれば則ち始めに反る。始終相襲《よ》りて、窮極《きわま》ること無し。

『尹文子』は、全体の冒頭に位置するこの部分で、「大道は無形なるも、器を称うれば名有り」とか、「大道は称えざるも、衆は必ず名づけらるること有り。称えられざるに生ずれば、則ち群形は自ら其の方円するを得る。名は方円するに生ずれば、則ち衆名は其の称えらるる所を得る」と、『老子』の宇宙生成論を応用した形名論を説く。後文に、「老子曰く、道とは万物の奥、善人の宝にして、不善人の宝とする所なり」と、直接『老子』第六十二章の一節を引用する点から、この「大道」が『老子』の道を指すのは確実である。

このように『尹文子』は、『老子』の道を自己の形名論の基礎に据えるのであるが、同様の姿勢は、さらに政治思想の領域にも及んでいる。『尹文子』は、「大道の治むる者は、則ち名法儒墨自ら廃せらる。名法儒墨を以て治むる者も、則ち道を離るるを得ず」とか、「是れ道の治むる者は、之を善人と謂う。名法儒墨に籍る者は、之を不善人と謂う。善人と不善人とは、名分は日に離るれば、審察するを待たずして得るなり」と、『老子』の道に依拠する統治が、名・法・儒・墨四学派の政治思想をはるかに陵駕すると宣言する。

こうした傾向は、つぎの論点にも如実に現われる。『尹文子』は、「道以て治むるに足らざれば、則ち法を用う。法以て治むるに足らざれば、則ち術を用う。(中略)権以て治むるに足らざれば、則ち勢を用う」と、道―法―術―権―勢との価値的序列を設定する。法・術・権・勢の四者は、法家思想を構成する基本要素であるから、ここで『尹文子』は、法家思想を『老子』の思想の下位に従属させたことになる。ただし、下位に従属するとは言っても、これら四者は、「術用いらるれば則ち法に反る。法用いらるれば則ち道に反る」と、下降の後に上昇して再び道に復帰し、「無為にして自ずから治まる」統治に至る段階として、それぞれ限定的な意義は認められているのであり、全面的に否定されているわけではない。とすれば、ここに説かれるのは、道家思想と法家思想を折衷する、広義の道法思想だと言える。[11]

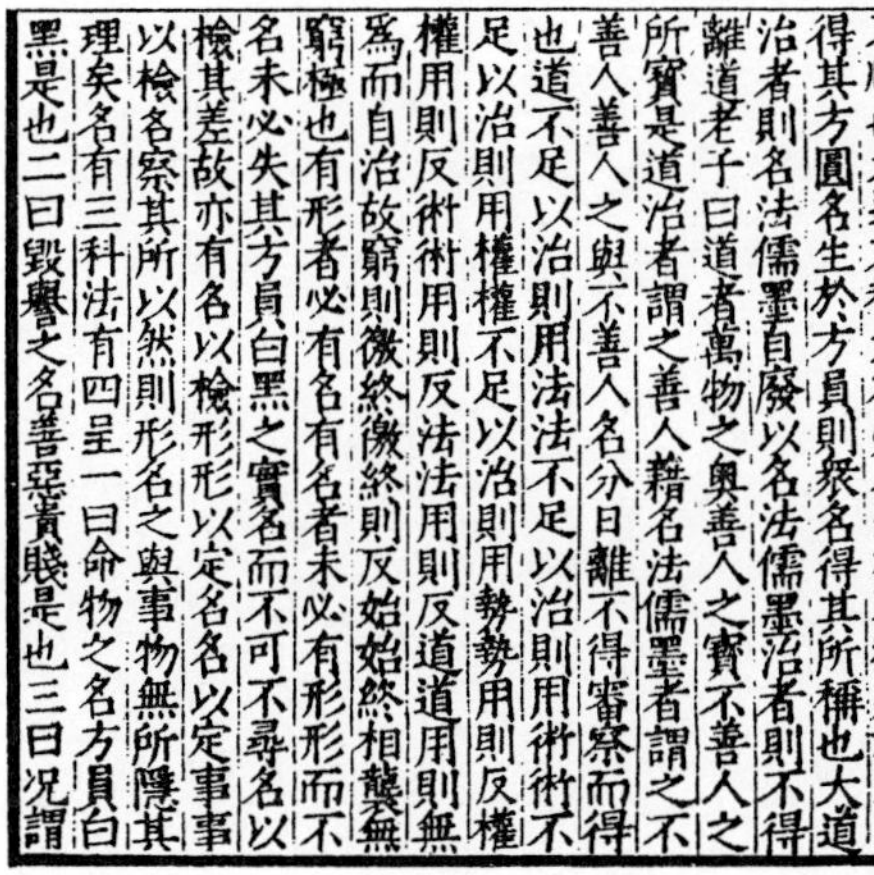
尹文子
大道上
大道無形稱器有名名也者正形者也形正由名
則名不可差故仲尼云必也正名乎名不正則言
不順也大道不稱衆有必名生於不稱則群形自
得其方圓名生於方員則衆名得其所稱也大道
治者則名法儒墨自廢以名法儒墨治者則不得
離道老子曰道者萬物之奧善人之寶不善人之
所寶是道治者謂之善人藉名法儒墨者謂之不
善人善人之與不善人名分日離不得審察而得
也道不足以治則用法法不足以治則用術術不
足以治則用權權不足以治則用勢勢用則反權
權用則反術術用則反法法用則反道道用則無
爲而自治故窮則徼終徼終則反始始終相襲無
窮極也有形者必有名有名者未必有形形而不
名未必失其方員白黑之實名而不可不尋名以
檢其差故亦有名以檢形形以定名名以定事事
以檢名察其所以然則形名之與事物無所隱其
理矣名有三科法有四呈一曰命物之名方員白
黑是也二曰毀譽之名善惡貴賤是也三曰況謂

『尹文子』

以上、『老子』との関係を見てきた。『老子』と形名思想、及び法家思想を接合する点で、『尹文子』は黄老道の思想構造と近似した性格を示している。

しかしながら、前掲の部分はもとより、『尹文子』全体を通観しても、道の無形性を論拠に君主の認識能力を絶対化しない点や、形名論の中に未来の存亡興廃を予知せんとする思考が含まれない点、災殃を媒介とする天人相関思想が全く存在しない点など、多くの重要な点で、『尹文子』は黄老道ともかなり異なる性格を備えている。[12]

また尹文との関係について言えば、前に検討を加えた尹文関係の資料による限り、彼の思想中に『老子』の思想的影響が存在したとする、明確な証左は見当たらない。わずかに「人君の事は、無為にして能く下を容《い》る」とか、「大道は衆を容れ、大徳は下を容る」(『説《ぜい》苑《えん》』君道篇)といった表現に、その可能性が残るが、それとても、確実に『老子』の影響だと判断できるものではない。尹文が宣王に「無為」「大道」「大徳」などを論じたのちに、「書」や「詩」を援引する点からも、尹文自身には『老子』からの思想的影響は存在しなかったと見るべきであろう。だとすれば、『老子』の思想を踏まえた形名論を特色の一つとする今本『尹文子』は、少なくもその部分に関する限り、尹文自身の著作と考えることはできない。さらに補足すれば、「名法儒墨」との表現も、それが戦国期の文章ではないことを窺わせる。そもそも「儒墨」なる呼称は、『荘子』や『韓非子』など、戦国期の文献にその用例を見出だすことができる。だが「名」や「法」を学派名とした例は、戦国期には見出だせず、司馬談の「六家要旨」に「陰陽・儒・墨・名・法・道徳」「名・法の要を撮《と》る」とあるのが、最も古い時期に属する用例である。[13]したがって、やはりこの点からも、『老子』を基盤とする前掲部分は、尹文の自著ではなく、漢初の成立であった可能性が高いであろう。

続いて、尹文の重要な主張であった非闘・反戦主義と、今本『尹文子』との対応関係を考察してみよう。

故有理而無益於治者、君子弗言。有能而無益於事者、君子弗爲。君子非樂有言、有益於治、不得不言。君子非樂有爲、有益於事、不得不爲。故所言者、不出於名法權術、所爲者、不出於農稼軍陣、周務而已。故名主任之。治外之理、小人之所必言、事外之能、小人之所必爲。小人亦知言損於治、而不能不言。小人亦知能損於事、而不能不爲。故所言者、極於儒墨是非之辯、所爲者、極於堅僞偏抗之行、求名而已。故明主誅之。古語曰、不知無害於君子、知之無損於小人。

故に理有るも治に益無き者は、君子は言わず。能有るも事に益無き者は、君子は為さず。君子は言有るを楽しむには非ざるも、治に益有らば、言わざるを得ず。君子は為すこと有るを楽しむには非ざるも、事に益有らば、為さざるを得ず。故に言う所の者は、名法《めいほう》・権術《けんじゅつ》より出でず、為す所の者は、農稼《のうか》・軍陣《ぐんじん》より出でざるは、務めを周《こまやか》にするのみ。故に名主は之に任ず。治外の理は、小人の必ず言う所にして、事外の能は、小人の必ず為す所なり。小人も亦《ま》た言の治を損なうを知るも、言わざること能わず。小人も亦た能の事を損なうを知るも、為さざること能わず。故に言う所の者は、儒墨是非の弁に極まり、為す所の者は、堅偽《けんぎ》偏抗《へんこう》の行いに極まるは、名を求むるのみなればなり。故に明主は之を誅す。古語に曰く、知らざるは君子を害すること無く、之を知るは小人を損なうこと無しと。

この部分の先頭には、「故に理有るも治に益無き者は、君子は言わず」とあり、末尾には「知らざるは君子を害すること無し」とあって、「君子は苛察《かさつ》を為さず」「天下に益無き者は、之を明らかにするは已《や》むに如かず」といった『荘子』天下篇の記述と合い、その限りでは、尹文自身の思想に沿うかのようである。

だが後文では、「故に言う所の者は、名法・権術より出でず、為す所の者は、農稼・軍陣より出でず」との主張が現われてくる。このうち、君子の発言を名法・権術の範囲に限るべきだとする論点は、『老子』の思想的優位を宣揚して、名・法・儒・墨を否定し、術や権を劣った統治手段として道の下位に従属させていた、『尹文子』の冒頭部分と真向から矛盾する。そして君子の行動を農稼・軍陣に限定すべきだとする論点は、「攻を禁じ兵を寝《や》めて、世の戦いを救う」(『荘子』天下篇)尹文の反戦・平和主義と、全く相容れない。このようにこの部分は、むしろ『商君書』の法術思想と近似した性格を示しており、到底尹文の自著とは考えがたい。

これと同様の傾向は、以下に掲げる部分にも見出だすことができる。

(a)爲善使人不能得從、此獨善也。爲巧使人不能得從、此獨巧也。未盡善巧之理。爲善與衆行之、爲巧與衆能之、此善之善者、巧之巧者也。所貴聖人之治、不貴其獨治、貴其能與衆共治。貴工倕之巧、不貴其獨巧、貴其能與衆共巧也。今世之人、行欲獨賢、事欲獨能、辯欲出羣、勇欲絶衆。夫獨行之賢、不足以成化。獨能之事、不足以周務。出羣之辯、不可爲戸說。絕衆之勇、不可與征陣。凡此四者、亂之所由生。是以聖人、任道以通其險、立法以理其差。使賢愚不相棄、能鄙不相遺。能鄙不相遺、則能鄙齊功。賢愚不相棄、則賢愚等慮。此至治之術也。

善を為すも人をして従うを得ること能わざらしむるは、此れ独善なり。巧を為すも人をして従うを得ること能わざらしむるは、此れ独巧なり。未だ善巧の理を尽くさず。善を為すに衆と之を行い、巧を為すに衆と之を能くするは、此れ善の善なる者にして、巧の巧なる者なり。聖人の治に貴ぶ所は、其の独治を貴ばずして、其の能く衆と治を共にするを貴ぶ。工倕《こうすい》の巧を貴ぶは、其の独巧を貴ばずして、其の能く衆と巧を共にするを貴ぶ。今世の人は、行うに独り賢ならんと欲し、事《つと》むるに独り能ならんと欲し、弁ずるに群より出でんと欲し、勇なるに衆を絶たんと欲す。夫れ独行の賢は、以て化を成すに足らず。独能の事は、以て務めを周《こまやか》にするに足らず。出群の弁は、戸説《こせつ》を為すべからず。絶衆《ぜっしゅう》の勇は、与《とも》に征陣すべからず。凡そ此の四者は、乱の由りて生ずる所なり。是を以て聖人は、道に任せて以て其の険《けん》を通じ、法を立てて以て其の差《たが》えるを理《おさ》む。賢愚をして相棄《す》てず、能鄙《のうひ》をして相遺《す》てざらしむ。能鄙相遺てざれば、則ち能鄙も功を斉《ひと》しくす。賢愚相棄てざれば、則ち賢愚も慮《りょ》を等しくす。此れ至治の術なり。

(b)世之所貴、同而貴之、謂之俗。世之所用、同而用之、謂之物。苟違於人、俗所不與。苟忮於衆、俗所共去。故人心皆殊、而爲行若一。所好各異、而資用必同。此俗之所齊、物之所飾。故所齊不可不愼、所飾不可不擇。昔齊桓好衣紫、國境不鬻異彩。楚莊愛細腰、一國皆有飢色。上之所以率下、乃治亂之所由也。故俗苟沴、必爲法以矯之、物苟溢、必立制以檢之。累於俗、飾於物者、不可與爲治矣。昔晉國苦奢、文公以儉矯之。乃衣不重帛、食不兼肉。無幾時、人皆大布之衣、脫粟之飯。越王句踐謀報吳。欲人之勇、路逢怒蛙而軾之。比及數年、民無長幼、臨敵雖湯火不避。居上者之難、如此之驗。
世の貴ぶ所は、同じく之を貴ぶは、之を俗と謂う。世の用うる所は、同じく之を用うるは、之を物と謂う。苟《いやし》くも人に違《たが》うは、俗の与《くみ》せざる所、苟くも衆に忤《さか》らうは、俗の共に去る所なり。故に人の心は皆殊《こと》なるも、為行《いこう》は一の若《ごと》し。好む所は各《おの》おの異なるも、資用は必ず同じ。此れ俗の斉しくする所、物に飾る所なり。故に斉しくする所は慎まざるべからず、飾る所は択ばざるべからず。昔斉の桓公《かんこう》は衣の紫なるを好みて、国境に異彩を鬻《ひさ》がず。楚荘《そそう》は細腰《さいよう》を愛して、一国皆飢色有り。上の下を率いる所以は、乃ち治乱の由る所なり。故に俗苟くも沴《みだ》るれば、必ず法を為《つく》りて以て之を矯《ただ》し、物苟くも溢るれば、必ず制を立てて以て之を検《ただ》す。俗を累《みだ》し、物に飾る者は、与《とも》に治を為すべからず。昔晋国は奢《しゃ》に苦しみ、文公は倹を以て之を矯《ただ》す。乃ち衣は帛《はく》を重ねず、食は肉を兼ねず。幾時《いくばく》も無くして、人は皆大布の衣、脱粟《だつぞく》の飯なり。越王句践《こうせん》は呉に報いんことを謀る。人の勇ならんことを欲し、路に怒蛙《どあ》に逢わば、而ち之を軾《しょく》す。数年に及ぶに比《いた》るや、民は長幼と無く、敵に臨みて湯火と雖も避けず。上に居る者の難は、此くの如きの験あり。

まず(a)では、独善・独巧・独治を否定し、「能く衆と治を共に」し、「賢愚をして相棄てず、能鄙をして相遺てざらしむ」統治を説く。この点では、「人君の事は、無為にして能く下を容《い》る。(中略)大道は衆を容れ、大徳は下を容る」(『説苑』君道篇)といった、尹文の寛容主義と通ずる面を持つ。また「能鄙も功を斉しく」し、「賢愚も慮を等しくす」る統治を「至治の術」とする点は、尹文の均等主義にも合致しそうな論調である。以上の点に限れば、(a)はいかにも尹文の自著であったかに思える。だが(a)には、そのようには考えがたい箇所も存在する。それは、「絶衆の勇は、与に征陣すべからず」との記述である。これは、卓越した勇気に頼る個人戦闘を排除して、整然とした集団戦法を肯定する立場で、尹文の反戦・非闘主義とは明らかに矛盾しよう。

つぎの(b)は、表面的には、(a)よりも一層尹文の自著かと思わせる要素を含んでいる。なぜなら、「苟くも人に違うは、俗の与せざる所、苟くも衆に忮らうは、俗の共に去る所なり」「此れ俗の斉しくする所、物に飾る所なり」とか、「俗を累し、物に飾る者は、与に治を為すべからず」などの記述は、明らかに「俗を累さず、物に飾らず、人を苟《おろそか》にせず、衆を忮《やぶ》らず」といった、『荘子』天下篇の尹文評を踏まえており、なおかつ(b)全体が、前記の尹文評を敷衍する構成を取っているからである。

したがってこの点に限れば、(b)こそは尹文の自著部分であったかのようである。だが仔細に検討してみると、そこには多くの疑念が生じてくる。

天下篇の「不累於俗、不飾於物、不苟於人、不忮於衆」は、それに続く、「天下之安寧、以活民命、人我之養畢足而止」との理想を実現するための手段・方策だと考えられる。すなわち、「衆を忮る」侵略戦争や、「人を苟にする」私闘を禁じ、「俗を累し」「物に飾る」奢侈が富の偏在と浪費を生ずる弊風を除去する方策が、天下の安寧や民衆の生命保全、均等な生活物資の充足をもたらすのである。故にこれら四者は、宋鈃・尹文学派が天下の万人に提示した、在るべき生き方だと言える。

ところが『尹文子』の側では、俗や衆を悪習を生じさせる主体として、否定的に扱っており、特に「忮衆」については、民衆の価値観に逆らう意に理解した上で、それを単に風俗の斉一性を説明するためにのみ使用している。これでは、四者を対等に並列する天下篇の形式と、大きく齟齬することになる。また「苟人」については、二箇所で「苟くも」と副詞的に使用するのみで、天下篇の動詞的用法とはまるで違う上、やはり四者を並列する天下篇の形式から逸脱している。

したがって表面的な類似性にもかかわらず、(b)の部分を尹文の著作と見なすことはできない。しかも(b)には、別種の疑問も残る。それは、「越王句践は呉に報いんことを謀る。人の勇ならんことを欲し、路に怒蛙に逢わば、而ち之を軾す。数年に及ぶに比るや、民は長幼と無く、敵に臨みて湯火と雖も避けず」との部分である。(b)は「俗苟くも沴るれば、必ず法を為りて以て之を矯し、物苟くも溢るれば、必ず制を立てて之を検す」実例として挙げているわけであるが、「天下の安寧にして、以て民の命を活かし」「攻を禁じ兵を寝《や》めて、世の戦いを救わん」とした天下篇の尹文像とは、およそ相容れぬ論調である。

以上、尹文の非闘・反戦主義と、今本『尹文子』との対応関係を検討してみた。その結果、『尹文子』中には、非闘・反戦主義と明らかに背反する要素が存在し、少なくもその部分を尹文の自著とは見なしがたいとの結論を得たわけである。

それではつぎに、『尹文子』において、尹文との繫がりを最も強く感じさせる部分を考察してみよう。

慶賞刑罰、君事也。守職効能、臣業也。君料功黜陟。故有慶賞刑罰。臣各愼所任。故有守職効能。君不可與臣業。臣不可侵君事。上下不相侵與、謂之名正。名正而法順也。接萬物使分、別海内使不雜、見侮不辱、見推不矜、禁暴息兵、救世之闘、此人君之德、可以爲主矣。守職分使不亂、愼所任而無私。飢飽一心、毀譽同慮、賞亦不妄、罰亦不怨。此居下之節、可爲人臣矣。

慶賞刑罰は、君の事なり。守職効能は、臣の業なり。君は功を料《はか》りて黜陟《ちゆつちよく》す。故に慶賞刑罰有り。臣は各《おの》おの任ずる所に慎む。故に守職効能有り。君は臣業を与《とも》にすべからず。臣は君事を侵すべからず。上下の相侵与《しんよ》せざるは、之を名正しと謂う。名正しくして法順《したが》うなり。万物に接して分《ぶん》あらしめ、海内《かいだい》を別《わか》ちて雑《まじ》らざらしめ、侮らるるも辱《はじ》とせず、推さるるも矜《ほこ》らず、暴を禁じ兵を息《や》め、世の闘いを救うは、此れ人君の徳にして、以て主為《た》るべし。職分を守りて乱さざらしめ、任ずる所に慎みて私無し。飢飽《きほう》にも心を一にし、毀誉《きよ》にも慮《りよ》を同じくし、賞せらるるも亦《ま》た妄《みだ》りにせず、罰せらるるも亦た怨まず。此れ下に居るの節にして、人臣為るべし。

このうち、「万物に接して分あらしめ、海内を別ちて雑らざらしめ」との部分が、天下篇の「万物に接するに別宥を以て始めと為す」や、「以て海内を調《ととの》う」との記述を意識していることは明白である。同様に、「侮らるるも辱とせず」は、天下篇の「侮らるるも辱ならず」を、「暴を禁じ兵を息め、世の闘いを救う」は、天下篇の「攻を禁じ兵を寝めて、世の戦いを救う」を、それぞれに踏まえた表現にほかならない。

ここまで強い共通性を示す以上、この部分は間違いなく尹文の自著かと言えば、実はそのようには理解しがたい。その理由の第一は、天下篇においては、「侮らるるも辱ならず」が、「民の闘いを救う」ための手段として、民衆に対する教化方針とされていたのに対して、『尹文子』の側では、それが君主の心構えを指す体裁になっている点である。『公孫龍子《こうそんりゅうし》』跡府《せきふ》篇や『呂氏春秋《りょししゅんじゅう》』正名篇が記す斉王と尹文の問答や、「子宋子曰く、侮らるるの辱ならざるを明らかにすれば、人をして闘わざらしむ」といった『荀子』正論篇の記載により、それが民間における私闘の習俗を対象としていたことは、すでに明確である。故に本来の意味から逸脱した用い方をしたのが、『尹文子』の側であることは、全く疑問の余地がない。天下篇には存在しない「推さるるも矜らず」の一句を、「侮らるるも辱とせず」の下に挿入し、対照的な対句に構成し直したのも、そもそも「侮らるるを辱とせず」を、「人君の徳」の内容としたことから必要を生じた操作であろう。

理由の第二は、『尹文子』のこの部分全体が、君臣間の職分を厳重に区別せよとする名分論の体裁を取っていて、天下篇と共通する表現が、「人君の徳」を解説する箇所にのみ組み込まれている点である。すなわち天下篇では、宋銒・尹文学派の思想的特色を表わす役割を担っていたものが、『尹文子』では単に名分論を構成する一要素に過ぎぬ扱いになっているわけで、『尹文子』の側が天下篇の記述を利用した形跡が明白である。

さらに、天下篇では「心を白《きよ》くす」る心術と結合していた「海内を調う」の文が、『尹文子』では名分論を説く文章に作り変えられたり、複雑な論理操作を前提とした特異な術語である「別宥《べつゆう》」が、単純に「分」に置き換えられたりする現象も、すべて名分論によって全体を統一する『尹文子』の構成に由来する作為であろう。

以上、尹文の思想と今本『尹文子』との対応関係を見てきた。『尹文子』の文章は、程度の差はあれ、何らかの意味で尹文と関係する要素を含むものが多い。だがその繋がりの大半は、『荘子』天下篇の尹文評に依拠することによって、辛うじて保たれているに過ぎない。上述のように、『尹文子』の中で尹文との繋がりを最も強く感じさせる部分ですら、すでに天下篇の尹文評を下敷に書かれているとすれば、『尹文子』全体も、やはり尹文の自著ではないと考えるのが妥当であろう。

『荘子』天下篇の尹文評と、『尹文子』の内容を全体的に比較してみると、『尹文子』の側には、天下篇が記す非闘・反戦主義や、「心を白くす」る心術思想の影が極めて薄い反面、君主中心の政治思想としての名分論や、道法思想としての形名論などが大きな比重を占める傾向が見られる。

もっとも我々は、尹文の自著と確認された資料を判定基準にしているのではなく、『荘子』天下篇の尹文評といった、間接的資料を基準にしているわけであるから、これに由来する誤差を生ずる恐れも、当然想定して置かなければならない。例えば天下篇が記す慎到像は、至って道家的に構成されているが、輯佚本《しゅういつぼん》の『慎子』の内容を分析すると、慎到には法家としての色彩の側がより濃厚である。(14) したがって、天下篇が記す尹文像も、統治のための形名思想の色彩を後退させて、実際よりは道家寄りに描かれている可能性も、考慮して置く必要があろう。さらに天下篇では、宋銒と尹文を並べて両者を同一学派として扱っているが、両者の間にはある程度思想傾向の違いが存在した可能性も、考慮すべきであろう。天下篇の記述が、宋銒の側により該当し、尹文の側にはもともと形名思想の要素が強かった疑いも、完全には捨て切れない。

ただし、こうした可能性を念頭に置いたとしても、今本『尹文子』と天下篇の尹文評との間に大きな懸隔が存在することということ自体は、依然として認めざるを得ない。しかも、天下篇の存在を前提にしなければ、今本『尹文子』の著述が不可能である一方、今本『尹文子』を尹文の自著と見なした場合、よしんば相当の潤飾を加えたとしても、その内容から天下篇のような尹文評が導き出される事態は、想像しがたいと言わねばならない。

このように考えてくると、今本『尹文子』の編述者が、尹文に関する断片的資料をもとり混ぜて、いかにも尹文の自著であるかのごとく装った結果、一部に尹文の思想が断片的に保存されている可能性は残るとしても、その全体を尹文の自著とは見なせないであろう。

『尹文子』の文献的性格

つぎにこれまでの結果を踏まえながら、今本『尹文子《いんぶんし》』の文献的性格を検討してみる。かねてより『尹文子』に対しては、後人の偽作ではないかとする説が多く提出されてきている。そして偽作説の大半は、『荘子』天下篇の尹文評と『尹文子』の内容との矛盾・乖離を、その主要な論拠としている。ただし、仲長統《ちゅうちょうとう》に仮託して序文が偽作された際、本文も同時に偽作されたのではないかと疑う宋濂《そうれん》『諸子弁』や、陳・隋の間の偽託とする黄雲眉《こううんび》『古今偽書考補証』、魏《ぎ》・晋《しん》の間の偽託とする顧実《こじつ》『漢書芸文志講疏』の外には、偽作時期について明言するものは少なく、漠然と後人の偽作とするものが多い。前に考察したように、戦国期の尹文の自著ではないとの意味で、今本『尹文子』が偽作であること自体は、すでに動かしがたいが、しからばその偽作時期はいつ頃であったろうか。

銭穆《せんぼく》『先秦諸子繫年』は、「其の書頗《すこぶ》る疑うべきにして、殆ど漢志の旧に非ず」と言う。だが問題は、『漢書』芸文《げいもん》志《し》の記す「尹文子」一篇が、そもそも尹文の自著であったか否かである。「太公」や「管子」にせよ、あるいは「列子」や「鶡冠子《かつかんし》」にせよ、芸文志が著録する書物の中には、すでにその時点で、仮託の上で成立したものが多数含まれている。

「尹文子」一篇に対し、班固《はんこ》自注が「說齊宣王、先公孫龍」と記すことから、その書が尹文の自著かと思わせる体裁や内容を備えていたことは間違いないとしても、それを直ちに尹文の自著であったと断定すべき根拠は何もない。仮に今本とほぼ同一の内容を持つ文献が「尹文子」の名の下に存在したとすれば、宣王と尹文の問答や、『荘子』天下篇の尹文評に依拠する表現の存在から、劉向《りゅうきょう》・劉歆《りゅうきん》・班固などが、それを標題通りに尹文の書だと見なしても、何ら不思議ではない(15)。

前に指摘したように、今本『尹文子』が、『老子』の思想的影響を強く蒙っている点、広義の道法思想に属する部分が相当の比重を占める点などを考慮すれば、その成立時期は漢初であった可能性が高い。なぜなら、高祖から武帝に至る前漢の前期は、「孝文帝は本より刑名の言を好む」(『史記』儒林列伝)、「丞相綰《わん》奏す。挙ぐる所の賢良は、或いは申・商・韓非・蘇秦・張儀の言を治め、国政を乱す。請う、皆罷《や》めん」(『漢書』武帝紀)とか、「竇太后《とうたいこう》崩ずるに及び、武安侯田蚡《でんぷん》は丞相と為りて、黄老《こうろう》・刑名・百家の言を絀《しりぞ》く」(『史記』儒林列伝)と記されるように、黄老道と形名思想の流行期に当たるからである。

黄老道には、実定法を道の下位に従属させる形での道法思想が含まれており、また黄老道以外にも、道法折衷の動きが広範に存在した。さらに、黄老道や「六家要旨」、『淮南子《えなんじ》』などの例のように、『老子』を他の諸思想の上位に置き、『老子』によって衆多の思想を統括せんとする傾向も、この時期に顕著となった思想的風潮である。

『尹文子』が示す特色は、こうした思想傾向と強い共通性を見せており、この時期に形名思想を奉ずる者が、時代的風潮に合わせる形で、尹文に偽託して編述したのだとすれば、『尹文子』が前記の特色を示す現象も、よく理解できるであろう。

もっとも、形名思想の流行期としては、他に魏晋《ぎしん》の時代を挙げることも可能である。仲長統・王符・荀悦といった思想家たちは、すでに後漢末から儒法並用の政治思想を説いていたが、「申・商の法術を擥《と》り、韓・白の奇策を該《そな》えた」(『三国志』魏書・武帝紀)魏の曹操は、より徹底した法治主義を推進した。そしてこの立場は、魏晋を通じて、ほぼ一貫した統治姿勢となる。(16)

したがって、こうした時代背景を考慮すれば、『尹文子』の偽作時期を、後漢末から魏晋の間に求める可能性も残されるであろう。ただし、仲長統・王符・荀悦などが法治を積極的に肯定したとは言っても、その大枠は儒と法の折衷であって、道と法を折衷する『尹文子』とは、思想の基本構造を異にする。また曹操以降の法治・形名路線も、先秦の法術思想及び形名参同術の系統を引き継ぐもので、戦国期以来の名家的思惟を宿す『尹文子』の形名思想とは、かなり性格が違っている。さらに、「老子曰く、民死を畏《おそ》れざれば、如何《いかん》ぞ死を以て之を懼《おそ》れしめんと。凡そ民の死を畏れざるは、刑罰の過ぐるに由る。(中略) 此れ人君の宜しく執《まも》るべき所にして、臣下の宜しく慎しむべき所なり」とする『尹文子』の主張は、苛酷なまでに法治を強行した魏の武帝や明帝の立場とは、相容れぬ側面を持っている。もっとも魏晋の時代は、一方で玄学が流行した時期でもあるから、その影響を受ける形で、『老子』と形名思想を接合する試みがこの時期に行われた可能性も、依然として否定はできぬであろう。

それでは、前漢前期と後漢末から魏晋の間の両者の中、いずれの可能性がより高いであろうか。この問題を考える上で、一つの判断材料を提供するのは、つぎに掲げる『尹文子』の序文である。(17)

尹文子者、蓋出於周之尹氏。齊宣王時居稷下。與宋鈃彭蒙田駢同學。先於公孫龍、公孫龍稱之。著書一篇。多所彌綸。莊子曰、不累於物、不苟於人、不忮於衆。願天下之安寧、以活於民命、人我之養畢足而止。之以此白心[18]。見侮不辱。此其道也。而劉向亦以其學本於黃老、大較刑名家也。近爲誣矣。余黃初末、始到京師。繆熙伯以此書見示。意甚玩之、而多脱誤。聊試條次、撰定爲上下篇、亦未能究其詳也。山陽仲長氏撰。

尹文子なる者は、蓋《けだ》し周の尹氏より出づ。斉の宣王の時に稷下《しょくか》に居る。宋鈃《そうけん》・彭蒙《ほうもう》・田駢《でんべん》と学を同じくす。公孫龍に先んじ、公孫龍之を称《しょう》す。著書一篇。弥綸《びりん》する所多し。荘子曰く、物に累《みだ》されず、人を苟《おろそか》にせず、衆を忮《やぶ》らず。天下の安寧にして、以て民の命《いのち》を活《い》かし、人我《じんが》の養い畢《ことごと》く足りて止まんことを願う。此《ここ》を以て心を白《きよ》くす。侮らるるも辱《はじ》とせず。此れ其の道なり。而るに劉向《りゅうきょう》は亦《ま》た其の学を以て黄老に本づくとし、大較《おおかた》刑名家なりとす。誣《ふ》を為すに近し。余は黄初の末に、始めて京師《けいし》に到る。繆熙伯《ぼくきはく》は此の書を以て見示《けんじ》す。意は甚だ之を玩《めで》るも、脱誤多し。聊《いささ》か試みに条次《じょうじ》し、撰定して上下篇と為すも、亦た未だ其の詳を究むること能わざるなり。山陽の仲《ちゅう》長《ちょう》氏撰。

この序文の作者は、山陽の仲長氏となっている。ただし、この仲長氏の序文に対しては、宋濂『諸子弁』、姚際恒《ようさいこう》『古今偽書考』、馬叙倫《ばじょりん》『荘子義証』、梁啓超《りょうけいちょう》『飲冰室専集』など、それを偽作だとする見方が多い。序文にその名が見える繆熙伯は、「東海の繆襲《ぼくしゅう》も亦《ま》た才学有りて、述叙する所多し」「襲の友人、山陽の仲長統は、漢の末に尚書郎と為り、早く卒す」(『三国志』魏書・劉劭《りゅうしょう》伝)と、仲長統の友人であったと記されるから、序文の仲長氏は明らかに仲長統を指すことになる。とすれば仲長統は、魏の黄初(二二〇—二二六年)の末に、繆襲から『尹文子』を見せられたわけである。ところが仲長統は、後漢の建安二十五(二二〇)年に没しているから、序文の記事は年号が合わない。これが序文を偽作と見なす説の論拠である。

こうした理由から、序文が仲長統に偽託されたこと、及び序文の偽作時期が魏の黄初以降であることは明白である。

そして、もし『尹文子』自体が魏晋の偽作である場合、その偽作者は、序文を偽作した人物以外には考えられぬであろう。

そこでつぎに、序文の内容を詳しく検討してみよう。序文の偽作者は、尹文が宋鈃・彭蒙・田駢などと同じく、稷下の学士の一人であり、公孫龍より前の人物であることを述べる。そののち偽作者は、『荘子』天下篇の尹文評の主に前半部を引いて、「此れ其の道なり」と総括する。故に偽作者は、天下篇の尹文評が記す内容を、そのまま尹文の思想的特色と理解していたわけである。

その上で偽作者は、「而るに劉向は亦た其の学を以て黄老に本づくとし、大較刑名家なりとす。誣を為すに近し」と劉向の『尹文子』評を批判する。芸文志の「尹文子」一篇の箇所に対する、唐の顔師古《がんしこ》の注には、「劉向云、與宋鈃倶游稷下」とあるから、劉向が「別録」に収めた「尹文子叙録」が、唐の時代まで存在したことは確実である。したがって、序文の偽作者の時代には、もとより劉向の「叙録」が伝存していたわけである。偽作者は、この劉向「叙録」が、『尹文子』の内容を、黄老に基づき大略形名家であると評した点を、「誣を為すに近し」と批判したのである。かかる批判を生じた原因は、偽作者が天下篇の尹文評の内容こそ、尹文の真の思想的特色だと理解していたからにほかならない。

しからば、『尹文子』の実際の内容はどうであろうか。上述のように『尹文子』には、『老子』の道を形名思想の根拠に据えたり、道家を上位に置く形で道法を折衷するなど、黄老道と近似した要素が存在する。また『韓非子』の形名参同術ほど徹底した理論ではないにせよ、「治王の与るや、必ず先に誅《ちゅう》する所有り。(中略)政を乱すの本とは、下は上の権を侵し、臣は君の術を用い、心は時の禁を畏れず、行は時の法《ほう》に軌《したが》わざるなり」とか、「名定まれば、則ち物は競わず。分明らかなれば、則ち私は行われず」と、形名家の言と見なし得る記述も散見する。したがって『尹文子』に関する全体的印象としては、前漢前期に流行した黄老・形名の類だとする劉向の批評の方が、むしろ実態に近い。

しかるに偽作者は、天下篇の尹文評の側に依拠しつつ、劉向の『尹文子』評を「誣を為すに近し」として退ける。故にもし序文の偽作者が、『尹文子』全体の偽作者と同一人物だったとすれば、黄老・形名の言に類する記述を含ませずに、最初から天下篇の尹文評にのみ沿う形で偽作したはずである。しかるに『尹文子』の内容は、上述のように、むしろ劉向の批評の方が妥当性を持つような性格を示す。

こうした現象は、たとえ自己の尹文理解とは合致せぬ内容を大量に含むにせよ、序文の偽作者が準拠せざるを得ぬ『尹文子』のテキストが、そもそも彼の前に存在したことを明示している。したがって、序文の偽作者が『尹文子』全体を偽作したのではない点は、ほぼ疑いのないところである。そして、もし魏晋に『尹文子』全体が偽作されたと仮定する場合、その偽作者は、序文の偽作者以外にはあり得ぬことも、すでに述べたごとくである。とすれば、すでに序文の偽作者が『尹文子』の偽作者ではあり得ぬ以上、『尹文子』が魏晋に偽作された可能性はほとんど消滅するであろう。

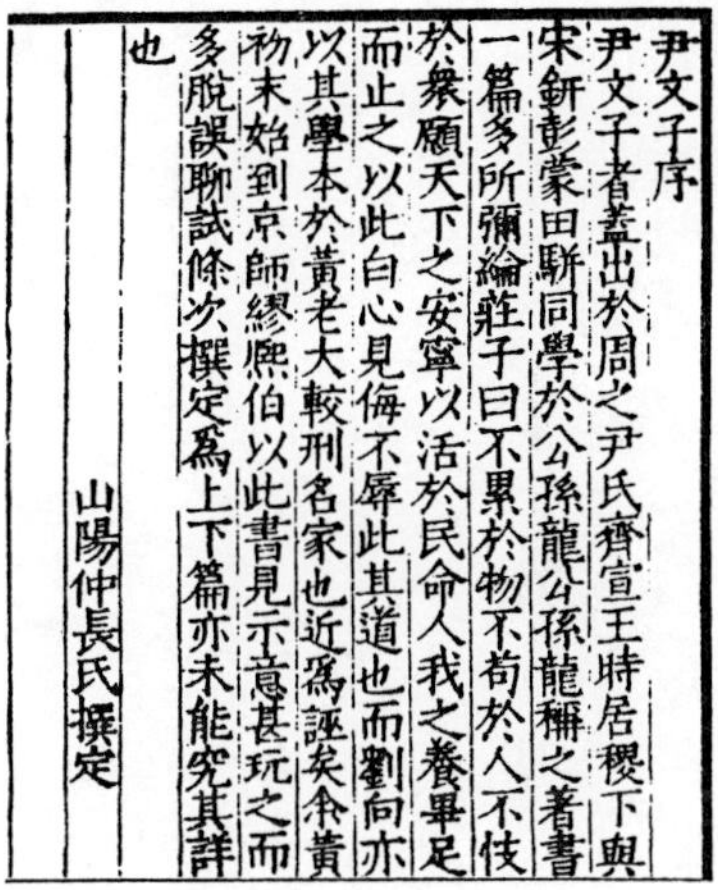
尹文子序
尹文子者蓋出於周之尹氏齊宣王時居稷下與宋鈃彭蒙田駢同學於公孫龍公孫龍稱之著書一篇多所彌綸莊子曰不累於物不苟於人不忮於衆願天下之安寧以活於民命人我之養畢足而止之以此白心見侮不辱此其道也而劉向亦以其學本於黄老大較刑名家也近爲誣矣余黄初末始到京師繆熙伯以此書見示意甚玩之而多脱誤聊試條次撰定爲上下篇亦未能究其詳也

山陽仲長氏撰定

『尹文子』序文

故に今本『尹文子』は、黄老・形名の学が流行した前漢前期に偽作されたもので、しかもそれは、芸文志が記す「尹文子」一篇と基本的には同一であると判断することができる。そしてこのテキストは、後漢の約二百年の間に、しだいに脱落や錯乱を生じたと考えられる。そこで序文の偽作者は、多数の脱誤を生じていたテキストの順次を整え、従来一篇であったものを上下二篇の体裁に編集し直したわけである。この場合、序文の偽作者は、わが手で撰定し直したテキストに、仲長統の名を借りて箔づけをしたまでのことであるから、序文が偽託であるからと言って、偽作者がテキストを上下二篇に編集し直したことまで疑う必要はない。『隋書』経籍志に至り『尹文子』を二巻と記すことや、唐以降のテキストもすべて二篇本であることが、それを裏づけている。

その後『尹文子』は、唐代の諸書に引用されるようになる。これらのうち、最も時期が早いのは、貞観五(六三一)年に魏徴《ぎちょう》の手によって完成した『群書治要』である。『治要』が抄録する『尹文子』は、今本のように大道上・大道下の二篇ではなく、大道・聖人の二篇になっている。そして今本大道上篇の途中、「古人以度審長短……」(19)から抄録が始まり、大道篇の末が今本大道上篇の末と一致する形で終わる。つぎは聖人の篇名で、今本大道下篇の冒頭から抄録が始まり、ちょうど今本大道下篇の末で終わっている。こうした抄録の状況から、篇名に相違はあるものの、『治要』が拠ったテキストも、今本とほぼ同一の体裁であったと判断できる。

つぎは貞観十二(六三八)年の虞世南《ぐせいなん》卒年以前に完成した、『北堂書鈔』である。『書鈔』の引用は、今本との間に出入がある。また『書鈔』に残された『尹文子』の佚文は、『治要』の抄録部分には該当する文章がなく、他の類書にも見えない。

これに続くのは、貞観十五(六四一)年の欧陽詢《おうようじゅん》卒年以前に完成した、『芸文類聚』である。『類聚』の引用も、やはり今本との間に出入がある。また『類聚』に残る佚文は、『治要』には存在しないが、『意林』や『太平御覧』には同じ佚文が収められている。

以上三者は、いずれも貞観年間のほぼ同じ時期に成立した文献であるが、これらに続くのは、唐の中期、開元四(七一六)年に趙蕤《ちょうずい》が著した『長短経』である。『長短経』は、政体・理乱・反経・適変・卑政等の諸篇に、『尹文子』

を引用する。引用箇所はすべて今本中に含まれており、『長短経』独自の佚文は存在しない。

最後は、長慶三(八二三)年の馬総《ばそう》卒年以前に完成した『意林』である。『意林』には、『尹文子』の序文の一部が引かれており、これによって唐代の『尹文子』も、仲長氏撰定本であったことを確認し得る。また『意林』の重要な特色は、登場順に文章を引いている点である。それに基づけば、『治要』と『意林』が拠った『尹文子』のテキストは、順次がほとんど同一であったと判断される。さらに『意林』に残存する佚文は、今本で言えば、大道上篇の後半から大道下篇の前半までの間に集中している。(20)『意林』が引くのはわずかに十二箇所で、佚文はさらにこの中の四箇所に過ぎないが、上記の現象によって、唐本から今本(宋本)(21)に至るまでの間、その部分を中心にかなりの脱誤を生じたと推定できる。

また唐代の文献ではないが、宋の太平興国八(九八三)年に李昉《りほう》が撰した『太平御覧』にも、『尹文子』からの引用が多数存在する。『御覧』の引用も、やはり今本との間に出入があり、そこに残された佚文は、『治要』の抄録部分には該当する文章が見えないが、『類聚』や『意林』と重複するものをも含んでいる。ともかく『御覧』の引用により、唐代の『尹文子』が、北宋の初めまでは、ほぼそのままの形で伝えられていたことが判明する。

さて以上のように見てくると、唐・宋の諸書に引かれる『尹文子』が、仲長統に偽託された序文を持つ二篇本で、基本的には今本『尹文子』と同一のテキストであったこと、相当数の佚文の存在から、この時期のテキストは今本よりも分量が多かったこと、『治要』本との比較から、今本の大道上篇・大道下篇それぞれの首尾は、仲長氏撰定本の原型をとどめていると思われることなどが判明する。(22)

故に今本『尹文子』は、唐代のテキストに、大道上篇の後半から大道下篇の前半までの範囲を中心に、かなりの脱誤を生じた状態のテキストだと言える。とすれば今本は、『漢書』芸文志が記す「尹文子」一篇のテキストが、後漢と宋の二度にわたって脱誤を生じた形で、現在に伝わったものだと考えることができよう。

『尹文子』の論理学に関しては、いまだに専論を見ないが、『尹文子』の文献的性格が甚だ不明確であることも、その原因の一つであろう。そこでこれまで、『尹文子』の論理学を検討する基礎作業として、まず『尹文子』の文献的性格について考察してみた。

上述のように、今本『尹文子』を戦国期の尹文の著作と見なすことはできない。だがそこには戦国期の名家的思惟を引き継ぐ形での、漢初の形名思想が語られている可能性が高い。したがって、『尹文子』の思想内容を考察することにより、戦国期の名家の論理学が漢代にいかなる展開を見せたのか、そのおよその状況を窺うことが可能になるわけである。

『尹文子』の形名論

『尹文子《いんぶんし》』はすでに述べたように、尹文の名に仮託して前漢前期に編述された、形名家の著作であると考えられる。したがって『尹文子』には、戦国期の名家的思惟を引き継ぐ形での、漢初の形名思想が語られている可能性が高い。そこで以下、『尹文子』の形名思想の特色を考察することにより、戦国期の名家の論理学が漢代に入っていかなる展開を見せたのか、その様相を探ることにしたい。

『尹文子』の形名論が示す特色としては、まず唯名論の立場を明確に表明する点を挙げることができる。
(A)有形者必有名、有名者未必有形。形而不名、未必失其方圓白黒之實。名而無形、不可不尋名以檢其差。(23)
形有る者は必ず名有るも、名有る者は未だ必ずしも形有らず。形ありて名あらざるは、未だ必ずしも其の方円白黒の実を失わず。名ありて形無きは、名を尋ねて以て其の差を検《ただ》さざるべからず。

ここでは、個物の形象の側こそ一義的存在であり、名称の有無は二義的存在に過ぎないと規定される。しかも(A)では、名称の有無にかかわらず、形象の存在のみで、実の存在はすでに保証されると思考されている。こうした思考は、「馬なる者は形に命《なづ》くる所以なり。白なる者は色に命くる所以なり」(『公孫龍子』白馬論)と、形と実を分離せんとする公孫龍の概念実在論とは、全く立場を異にしている。このように、可視的形象を名称に先行する一義的存在に据える点と、方円白黒の実を個物の属性と捉える点において、(A)は明確に唯名論の立場を取っていると言える。

(B)名者、名形者也。形者、應名者也。然形非正名也。名非正形也。則形之與名、居然別矣。不可相亂、亦不可相無。

名とは、形に名づくる者なり。形とは、名に応ずる者なり。然れども形は正名には非ざるなり。名は正形には非ざるなり。則ち形と名とは、居然《きよぜん》として別《わか》る。相乱《みだ》すべからず、亦《ま》た相無《な》みすべからず。

この(B)では、形と名は不可分の対応関係にあるも、形象の存在は直ちにそれに対応する正しい名称の存在を保証するものではなく、また名称の存在は直ちにそれに対応する正しい形象の存在を保証するものではないと説く。そこで、人間の命名行為を待たずに存在する形象の領域と、人間の命名行為を経て成立する名称の領域は、截然と分離するとも述べる。これは一見矛盾した議論であるかに思えるが、(B)が形と名の間に、「相乱すべからず、亦た相無みすべからざる」対応関係の存在を設定するのは、それが人間社会の維持に不可欠だからであって、その場合でも名称に対する形象の先行性が前提とされている。したがって、「形と名とは、居然として別る」とする(B)も、やはり唯名論の立場に立っていると考えることができる。

(C)五色五聲五臭五味、凡四類、自然存焉天地之間。而不期爲人用、人必用之。終身各有好惡、而不能辯其名分。名宜屬彼、分宜屬我。我愛白而憎黑。韻商而舍徵。好羶而惡焦。嗜甘而逆苦。白黑商徵、羶焦甘苦、彼之名也。

愛憎韻舎、好悪嗜逆、我之分也。定此名分、則萬事不亂也。
五色・五声・五臭・五味、凡そ四類は、自ら然りとして天地の間に存す。而して人の用を為すを期せざるも、人は必ず之を用う。終身各《おの》おの好悪有るも、而して其の名分を弁《わか》つこと能わず。名は宜しく彼に属すべく、分は宜しく我に属すべし。我は白を愛して黒を憎む。商を韻《よろこ》びて徴を舎《す》つ。膻《せん》を好みて焦を悪《にく》む。甘を嗜《たしな》みて苦を逆《しりぞ》く。白黒・商徴、膻焦《せんしょう》・甘苦は、彼の名なり。愛憎・韻舎《いんしゃ》、好悪・嗜逆《しぎゃく》は、我の分なり。此の名分を定むれば、則ち万事乱れざるなり。

ここでは、自然界の対象は人間とは本来無縁に独立しているが、人間は必ずそれらを利用するので、後次的に両者の関係が発生すると指摘する。その上で(C)は、「彼之名」と「我之分」の領域を峻別せよと主張する。ここでの名は、白黒・商徴・膻焦・甘苦などの実を表示する名称として、意味上は実と同義に使用されている。そして一方の分は、彼の名、すなわち彼の実に対する人間側の分別・嗜好の意味で用いられている。したがって(C)は、物の実が人間の認識に先行すると指摘しているわけで、この点で(C)も、やはり唯名論の立場を明確に宣言しているのである。ただしそこには、色・声・臭・味の四類自体が、すでに人間の官能による知覚であるとの反省は欠落している。

『尹文子』の形名論が示す特色としては、さらに、「道之を生じ、徳之を畜《やしな》う。……是を以て万物は道を尊びて徳を貴ぶ」(『老子』第五十一章)といった『老子』の生成論を、唯名論を唱える自己の形名論に応用する点を挙げることができる。

(D)大道無形、稱器有名。名也者也、正形者也。形正由名、則名不可差。故仲尼云、必也正名乎。名不正則言不順也。大道不稱、衆有必名。生於不稱、則羣形自得其方圓。名生於方圓、則衆名得其所稱也。
大道は無形なるも、器を称《とな》うれば名有り。名なる者は、形を正す者なり。形の正しきは名に由らば、則ち名は差《たが》うべからず。故に仲尼《ちゅうじ》云く、必ずや名を正さんか。名正しからざれば則ち言は順《したが》わずと。大道は称えざるも、衆は必ず名づけらるること有り。称えられざるに生ずれば、則ち群形は自ら其の方円するを得る。名は方円するに生ずれば、則ち衆名は其の称えらるる所を得る。

大道は無形であるが、道より生じた有形の器を識別せんとして人間が命名すれば、そこに名称が生じてくる。名称とは、人間が対象物の形象を正しく識別するための手段である。名称に対応する形象が正しいか否かの判断は、そもそも形象に対応させた名称が正しいか否かに左右されるから、名称と形象の対応関係を錯乱させてはならない。万物を生ずる道自身は万物に命名したりはしないが、万物はそれぞれに必然的名称を所有する。万物は道に命名されずに生成するので、それぞれ自主的に形象を決定できる。名称は、万物が決定した形象に対して人間が行う命名から生ずるので、万物はそれぞれに人間によって唱えられる名称を獲得する。

以上が(D)の論理展開である。ここでは、『老子』の宇宙生成論を応用しつつ、(24)「大道は称《とな》えず」と、名称が先験的に決定されることを否定する。その上で、対象物の形象に応じて人間が名称を対応させ、今度は一旦成立した形と名の対応関係を基準に、ある名称を名乗る個物の形象が、その名称に照らして正しいか否かを判断するとの、名称・言語の二重構造を解説する。したがって(D)も、『老子』を導入する形で唯名論の立場を表明していると言える。

(E)無名。故大道無稱。有名。故名以正形。今萬物具存、不以名正之則亂。萬名具列、不以形應之則乖。故形名者、不可不正也。

名無し。故に大道も称すること無し。名有り。故に名は以て形を正す。今、万物は具《つぶさ》に存するも、名を以て之を正さざれば則ち乱る。万名は具に列《つら》なるも、形を以て之に応ぜざれば則ち乖《はな》る。故に形名なる者は、正さざるべからざるなり。

最初、万物は無名であった。そこで大道も、名称を唱えて万物の存在を規定したりはしなかった。その後、名称が発生するに及び、「名は以て形を正す」と、万物は名称によってその存在形態を検証されるようになった。正名は万物を分類し秩序づける手段であり、かくして樹立された名称の体系は、今度は形象との対応関係によって、その妥当性が検証されなければならない。

以上が(E)の論旨で、やはりここでも、「道の道とすべきは、恒《つね》の道に非ず。名の名とすべきは、恒の名に非ず。无名は万物の始めなり。有名は万物の母なり」(馬王堆漢墓出土甲本『老子』第一章)との『老子』の生成論に依拠しつつ、整然と位相を確定された万物と万名の階層秩序の体系が、適切に対応しながら並立すべきことが説かれる。そして無名と有名の先後関係を明示する点や、「今、万物は具に存するも、名を以て之を正さざれば則ち乱る」と、万物への命名と分類が、社会的混乱を回避せんとする人間の営為であることを明言する点で、(E)も(D)と同様に、『老子』を取り込む形での唯名論を展開しているのである。

『尹文子』の名分論

これまで『尹文子《いんぶんし》』の形名論が唯名論の立場を取ることを指摘した。唯名論の立場からは、必然的に対象世界の領域と人間側の対処の領域を峻別せんとする論理が導き出されてくる。そこで以下、その様相について考察してみる。内容の検討に入る前に関係する部分を列挙して置く。

(A)名稱者、何彼此而檢虛實者也。自古及今、莫不用此而得。用彼而失。失者由名分混、得者由名分察。今親賢而疏不肖、賞善而罰惡。賢不肖善惡之名宜在彼、親疏賞罰之稱宜屬我。我之與彼又復一名、名之察者也。名賢不肖爲親疏、名善惡爲賞罰、合彼我之一稱而不別之、名之混者也。故曰、名稱者不可不察也。

名の称《とな》えらるるは、何ぞ此を彼として虚実を検《ただ》す者ならんや。古《いにしえ》より今に及ぶまで、此を用いずして得ること莫《な》し。彼を用うれば而ち失う。失うは名分混ずるに由り、得るは名分察《あき》らかなるに由る。今、賢に親しみて不肖を疏《うと》んじ、善を賞して悪を罰すれば、賢不肖・善悪の名は宜しく彼に在るべく、親疏・賞罰の称は宜しく我に属すべし。我と彼と又《ま》た一名に復するは、名の察《あき》らかなる者なり。賢不肖に名づけて親疏と為し、善悪に名づけて賞罰と為し、彼我の一称《いっしょう》を合して之を別《わか》たざるは、名の混ずる者なり。故に曰く、名の称えらるるは察せざるべからざるなり。

(B)語曰好牛、不可不察也[25]。好則物之通稱、牛則物之定形。以通稱隨定形、不可窮極者也。設復言好馬、則復連於馬矣。則好所通無方也。設復言好人、則復屬於人也[26]。則好非人、人非好也。則好牛好馬好人之名自離矣。故曰、名分不可相亂也。

語りて牛を好むと曰うは、察《さっ》せざるべからざるなり。好は則ち物の通称なり。牛は則ち物の定形なり。通称を以て定形に随うは、窮極すべからざる者なり。設けて復《ま》た好馬と言わば、則ち復た馬に連なる。則ち好は通ずる所無方《むほう》なり。設けて復た好人と言わば、則ち復た人に属す。則ち好は人に非ず、人は好に非ざるなり。則ち好牛・好馬・好人の名は自ら離る。故に曰く、名分は相乱《みだ》すべからざるなり。

(C)五色五聲五臭五味、凡四類、自然存焉天地之間。而不期爲人用、人必用之。終身各有好惡、而不能辯其名分。名宜屬彼、分宜屬我。我愛白而憎黑。韻商而舍徵。好膻而惡焦。嗜甘而逆苦。白黑商徵、膻焦甘苦、彼之名也。愛憎韻舍、好惡嗜逆、我之分也。定此名分、則萬事不亂也。

五色・五声・五臭・五味、凡そ四類は、自ら然りとして天地の間に存す。而して人の用を為すを期せざるも、人は必ず之を用う。終身各《おの》おの好悪有るも、而して其の名分を弁《わか》つこと能わず。名は宜しく彼に属すべく、分は宜しく我に属すべし。我は白を愛して黒を憎む。商を韻《よろこ》びて徴を舎《す》つ。羶《せん》を好みて焦を悪《にく》む。甘を嗜《たしな》みて苦を逆《しりぞ》く。白黒・商徴、羶焦《せんしょう》・甘苦は、彼の名なり。愛憎・韻舎《いんしゃ》、好悪・嗜逆《しぎゃく》は、我の分なり。此の名分を定むれば、則ち万事乱れざるなり。

まず先頭の(A)は、賢不肖・善悪など対象の実を表示する名は、対象の側に所属し、親疏・賞罰など対象への対応を規定する称は、対処する側に所属するから、名と称を一旦は対応させても、名と称の本来的相違を分別(名分)して、再びそれぞれの領域に復帰させるべきだと言うのである。

こうした思考は、本来区分すべき別個の領域に対し、その一方のみを拡張して他方を排除し、全体を一つの領域として囲い込む「宥」なる思考方法を否定する、「別宥《べつゆう》」の論理と合致する。同時にそれは、「万物に接するに、別宥を以て始めと為す」(『荘子』天下篇)といった、天下篇の尹文評との繋がりをも想起させるものである。

ただし、「一名に復す」「一称を合す」、「名の察らかなる者なり」「名の混ずる者なり」などといった用法からすると、(A)における名と称の区分は、多分にレトリックの要素を含んでいると見なければならず、必ずしも両者が厳密に使い分けられていたとは考えがたい。

また(A)においては、賢不肖や善悪が対象に下された価値判断である以上、それらはすでに認識者側の所産に過ぎず、対象の側の所有ではあり得ないとの反省は、全く欠落している。すなわち『尹文子』は、価値判断の対象となる実が、すでに対象側の属性として存在している以上、それらは対象側に所属すると見なして、価値判断をあたかも事実判断であるかのように理解しているのである。

したがってそこには、「物として然らざるは無く、物として可ならざるは無し」とか、「是非の彰《あき》らかなるは、道の虧《か》くる所以なり」といった、『荘子』斉物論《せいぶつろん》篇のような思索の徹底を見出だすことはできない。[27] 詳細は後述するが、政治秩序確立への強い意欲が、価値が先験的に定立されているとの立場を、『尹文子』の論理学に取らせているのである。

つぎの(B)は、定形と通称の区別を説く。定形とは、対象物に固有の属性として備わる形状を、通称とは、対象物の如何に限定されない人間側の価値判断を指している。したがって(B)は、人間の価値判断(通称)までをも、あたかも属性であるかのように、対象物(定形)に所属させんとする思考を、名分を乱す錯乱として否定していることになる。とすれば、対象の側に所属する実と、人間側の価値判断とを峻別せよと主張する点で、(B)も基本的には(A)と同様の立場に立っていると言える。

ただし(A)においては、賢不肖や善悪が対象の側に所属すると語られていたから、ここで「好」を対象より分離せんとするのは、明らかに矛盾した思考である。恐らく著者は、「好」を賢不肖や善悪と同質の概念としてではなく、親疏・賞罰などと同様に、対象への対処法を示す概念と理解していたため、両者の間に格別の矛盾を感じなかったのだと推測される。だが(B)の論理を(A)に適用すれば、善や悪もやはり「通ずる所無方」なる「物の通称」なのであって、「善悪の名は宜しく彼に在るべし」とはならないから、(A)と(B)は依然として矛盾を免れない。そもそも対象と価値判断の間に本質的断絶を見出だそうとせず、本来連続した思考である価値判断とそれに基づく対処法との間に、より重大な断絶を設定せんとする『尹文子』の思考の不徹底さが、こうした矛盾を招来する原因となっているのである。

(B)については、もう一つ論ずべき点がある。それは、公孫龍《こうそんりゅう》の白馬非馬論と極めて近似した表現を取る点である。公孫龍は、白を個物の属性としてではなく、個物に限定されぬ普遍的実体と理解する。そこで彼は、普遍的実体としての白と、白が一時的に発現する場としての馬を、本来別個の存在として分離せんとする。

前掲の(B)は、特定の対象に束縛されぬ普遍性を持つ通称(好)と、特定の形状に限定される定形(牛・馬・人)の差異を指摘し、「好牛・好馬・好人の名は自ら離る」と、好を牛・馬・人より分離せんとするから、普遍と特殊を峻別せんとする点では、『尹文子』の論理と公孫龍の論理は酷似している。だが公孫龍が、白なる色彩を普遍的実体と捉えて馬から分離するのに対して、『尹文子』の側は、好なる人間の価値判断が普遍的に適用される点を問題にして、好を対象物から分離せよと主張するのであるから、表面的な類似性にもかかわらず、両者の発想は根本的に異なっていると見なければならない。したがって、『尹文子』が通称を定形から分離せよと唱えても、それを公孫龍と同様に概念実在論を説くものと考えることはできないのである。

最後の(C)では、上述したように、「人の用を為すを期せず」に自然界に存在する五色・五声・五臭・五味の四類と、「必ず之を用いん」とする人間の側が抱く、愛憎・韻舎・好悪・嗜逆などの価値判断を、別個の領域として区別せよとの主張が語られる。したがって(C)も、対象物の実と人間側の対応とを分別せんとする姿勢で、やはり(A)や(B)と同類の論理と見なし得る。

ただし、(A)では賢不肖・善悪などの価値判断を、対象の領域に所属させる形を取りながら、すでに価値を内在させる対象と、それへの対処法を区分していたのに反して、(C)では上述の(B)と同じく、価値判断とそれに基づく対処法を区別せずに、一括して人間の領域に所属させる形で、対象世界と人間世界の区別を説く体裁を取っている。この点で(A)と(B)(C)の間に、論理的整合性を欠く面が存在することは否定できない。

さて(A)から(C)に示される立場は、内部にかなりの論理的矛盾を含みながらも、概括的に見れば、人間によって為される価値判断を、そもそも対象世界には存在せぬ虚妄として排斥する、『荘子』斉物論篇の立場に近い性格を示す。また『尹文子』は、『老子』の宇宙生成論を自己の形名思想中に導入するに際しても、「大道は無形なるも、器を称《とな》うれば名有り」などと、道が万物を生成した段階では万物は無形であり、万物に命名したのは人間であるとの方向で、それを応用している。

したがって『尹文子』は、物と人の領域を区分せんとする基本的姿勢において、『荘子』や『老子』といった先秦道家の思索を受け継いでいると言える。しかしながら、『荘子』にせよ『老子』にせよ、物と人の領域を区別した上、物が所属する天や道の側こそが本質的・根源的存在だと考えて、天への因循や道への復帰を説き、人間の価値判断の側には本質的意義を認めない傾向が強いのに反し、『尹文子』の側では、時期的先後関係に関しては、明瞭に物の先行性を承認しながらも、人間による価値判断の意義自体は何ら否定せず、単に両者を厳密に区分せよと説くにとどまっている点に注意しなければならない。そこにはやはり、正名論により人間社会に秩序を確立せんとする、形名家としての『尹文子』の立場が色濃く反映しているのである。

『尹文子』の政治思想

これまで『尹文子《いんぶんし》』の論理学的特色を、その唯名論的立場を中心に解説してきた。その結果『尹文子』の論理学には、正名を手段に人間社会に秩序を確立せんとする志向が、大きな影響を与えている状況が浮かび上がってきた。そこでつぎに、『尹文子』が示す政治思想としての性格について考察してみる。

名定則物不競。分明則私不行。物不競、非無心。由名定。故無所措其心。私不行、非無欲。由分明。故無所措其欲。然則心欲、人人有之、而得同於無心無欲者、制之有道也。田駢曰、天下之士、莫肯處其門庭、臣其妻子、必遊宦諸侯之朝者、利引之也。遊於諸侯之朝、皆志爲卿大夫、而不擬於諸侯、名限之也。彭蒙曰、雉兔在野、衆人逐之、分未定也。雞豕滿市、莫有志者、分定故也。物奢、則仁智相屈、分定、則貪鄙不爭。圓者之轉、非能轉而轉。不得不轉也。方者之止、非能止而止。不得不止也。因圓之自轉、使不得止。因方之自止、使不得轉。何苦物之失分。故因賢者之有用、使不得不用。因愚者之無用、使不得用。用與不用、皆非我也(28)。因彼所用與不可用、而自得其用。奚患物之亂乎。

名定まれば則ち物は競わず。分明らかなれば則ち私は行われず。物の競わざるは、心無きには非ず。名定まるに由る。故に其の心を措く所無し。私の行われざるは、欲無きには非ず。分明らかなるに由る。故に其の欲を措く所無し。然らば則ち心と欲は、人人之有るも、無心無欲に同ずるを得る者は、之を制するに道有ればなり。田駢《でんべん》曰く、天下の士、肯て其の門庭に処《お》りて、其の妻子を臣とすること莫く、必ず諸侯の朝に遊宦する者は、利之を引けばなり。諸侯の朝に遊べば、皆卿大夫《けいたいふ》為《た》らんと志すも、而して諸侯に擬せざるは、名之を限ればなり。彭蒙《ほうもう》曰く、雉兎《ちと》野に在りて、衆人之を逐うは、分未だ定まらざればなり。雞豕《けいし》市に満つるも、志す者有ること莫きは、分定まるが故なり。物奢《おご》るれば、則ち仁智も相屈し、分定まらば、則ち貪鄙《たんぴ》も争わず。円き者の転ずるは、能く転じて転ずるには非ざるなり。転ぜざるを得ざるなり。方なる者の止まるは、能く止まりて止まるには非ざるなり。止まらざるを得ざるなり。円の自ら転ずるに因らば、止まるを得ざらしむ。方の自ら止まるに因らば、転ずるを得ざらしむ。何ぞ物の分を失うを苦しまん。故に賢者の有用なるに因らば、不用なるを得ざらしむ。愚者の無用なるに因らば、用なるを得ざらしむ。用と不用は、皆我には非ざるなり。彼の用あると用うべからざる所に因らば、而ち自ら其の用を得る。奚《なん》ぞ物の乱るるを患《うれ》えんや。

ここでの「名」は、対象の分際を限定する名称の意味で、一方の「分」は、その名称により限定された分際・限界の意味で、それぞれ使用されている。したがって、ここでの「名」と「分」は、形名参同術における「名」や「分」と同様の性格を示しており、「名」を客観的な事実判断に基づく名称、「分」を主観的な価値判断に基づく分別の意味に使用していた、前掲の(C)とは、大きく用法が異なっている。そして名分を説くその内容は、のちに田駢や彭蒙の言を援引する体裁から判断して、彼等の思想を流用したものと思われる。

戦国中期の思想家である田駢と彭蒙の思想的立場を、最もまとまった形で伝えるのは、つぎに掲げる『荘子』天下篇の記述である。

公而不黨、易而無私。決然無主、趣物而不兩。不顧於慮、不謀於知。於物無擇、與之倶往。古之道術有在於是者。彭蒙田駢愼到聞其風而悅之、齊萬物以爲首曰、天能覆之而不能載之、地能載之而不能覆之、大道能包之而不能辯之。知萬物皆有所可、有所不可。故曰、選則不徧、教則不至。道則无遺者矣。……田駢亦然。學於彭蒙、得不教焉。彭蒙之師曰、古之道人、至於莫之是莫之非而已矣。其風窢然。惡可而言。常反人、不聚觀、而不免於鯇斷。其所謂道非道、而所言之韙不免於非。彭蒙田駢愼到不知道。雖然、概乎皆嘗有聞者也。

公にして党《とう》せず、易《やす》らかにして私無し。決然として主無く、物に趣きて両つならず。慮《りよ》に顧みず、知に謀らず。物に於て択ぶこと無く、之と倶《とも》に往く。古の道術是に在る者有り。彭蒙田駢慎到《ほうもうでんべんしんとう》は其の風を聞きて之を悦び、万物を斉しくして以て首(道)と為して曰く、天は能く之を覆うも之《の》を載すること能わず、地は能く之を載するも之を覆うこと能わず、大道は能く之を包むも之を弁《わか》つこと能わず。万物は皆可なる所有り、可ならざる所有るを知る。故に曰く、選べば則ち徧《あまね》からず、教うれば則ち至らず。道は則ち遺《す》つる者无《な》しと。(中略)田駢も亦《ま》た然り。彭蒙に学び、教えざるを得る。彭蒙の師曰く、古の道人は、之を是とする莫く之を非とする莫きに至るのみと。其の風は窢然《きよくぜん》。悪《いずく》んぞ言を而《もっ》てすべけんや。常に人に反して、聚観《しゅうかん》せず、鯇断《かんだん》を免れず。其の謂う所の道は道に非ずして、言う所の韙《い》は非を免れず。彭蒙田駢慎到は道を知らず。然りと雖も、概乎《がいこ》として皆嘗て聞くこと有る者なり。

天下篇が記す彭蒙・田駢・慎到の思想的特色は、ほぼ以下の二点に要約できる。第一は、自我に基づく主体性や私欲に基づく思慮・分別を発揮しようとせず、天地・万物の自然な在り方に因循せんとする姿勢である。第二は、それぞれに可と不可を有する点では、万物はすべて斉同であるから、特定の価値基準を強制して選別や教導を行うべきではなく、天地・万物を本来の在り方のままに容認・包摂すべきだとする姿勢である。

『荀子』非十二子篇においても、田駢はやはり慎到と同一学派のごとく扱われた上で、「法を尚《とうと》ぶも法無く、脩を下《あなど》りて作を好み、上は則ち聴を上に取り、下は則ち従を俗に取り、終日言いて文典を成すも、反紃《くりかえ》して之を察すれば、則ち倜然《ちょうぜん》として帰宿する所無く、以て国を経《おさ》め分を定むべからず。……是れ慎到と田駢なり」と酷評されている。そして「法を尚ぶも法無し」とか、「従を俗に取る」「倜然として帰宿する所無し」といった荀子の評言は、前掲の天下篇の批判内容とほぼ一致する。

以上の状況から判断すると、彭蒙・田駢・慎到の三者がほぼ同一の学風を形成していたことは、間違いのないところである。だが『荘子』天下篇が記す学統によれば、彭蒙の師―彭蒙―田駢との師承関係が明示されるにもかかわらず、慎到だけはその中に加えられていない。したがって、概括的に見れば三者はほぼ同一学派と見なせるものの、直接的師承関係からすれば、慎到は若干異質な存在であった可能性も残るであろう。

さて前掲の『尹文子』では、個物が私欲に基づく競争心を起こさぬよう、名によって分際を限定すべきことが説かれていた。これは、天下篇が記す彭蒙・田駢・慎到学派の思想的特色の中、第二の特色、すなわち万物に特定の価値基準を強制して選別や教導を行わず、各個物を本来の在り方のまま容認し包摂する統治形態を実現するための、具体的手段となるべき名分論である。無論それは、自我に基づく主体性や私欲に基づく思慮・分別を発揮せず、天地・万物の自然な在り方に因循せんとする第一の特色とも、密接に関連している。

しかも前掲の名分論は、上述した尹文の「別宥《べつゆう》」の思想とも、さらには「斉の宣王は尹文に謂いて曰く、人君の事は何如《いかん》と。尹文対《こた》えて曰く、人君の事は、無為にして能く下を容《い》るるのみ。夫れ事寡《すくな》ければ従い易《やす》く、法省かるれば因《よ》り易し。故に民は政を以て罪を獲ざるなり。大道は衆を容れ、大徳は下を容る。聖人は為すこと寡くして天下理《おさ》まる」(『説苑《ぜいえん》』君道篇)と記される尹文の統治論、及び尹文の情欲寡浅の主張とも、強い共通性を示している。とすれば『尹文子』の編述者は、もともと尹文の思想的立場と極めて近い関係にあった彭蒙・田駢の著作の一部を援用し、さらにそれを敷衍する形で、尹文に仮託した自己の統治論を組み立てた可能性が高い。したがってそこに展開される統治論は、編述者の手により、天下篇が記す尹文の思想とも連続性を保つよう配慮された形での、彭蒙・田駢系統の統治論であったと考えられる。

　それでは続いて、『尹文子』の中から政治思想を説く部分をもう一つ抽出してみよう。

慶賞刑罰、君事也。守職効能、臣業也。君料功黜陟。故有慶賞刑罰。臣各慎所任。故有守職効能。君不可與臣業。臣不可侵君事。上下不相侵與、謂之名正。名正而法順也。接萬物使分、別海内使不雜、見侮不辱、見推不矜、禁暴息兵、救世之鬪、此人君之徳、可以爲主矣。守職分使不亂、愼所任而無私。飢飽一心、毀譽同慮、賞亦不妄、罰亦不怨。此居下之節、可爲人臣矣。

慶賞刑罰は、君の事なり。守職効能は、臣の業なり。君は功を料《はか》りて黜陟《ちゅっちょく》す。故に慶賞刑罰有り。臣は各《おの》おの任ずる所に慎む。故に守職効能有り。君は臣業を与《とも》にすべからず。臣は君事を侵すべからず。上下の相侵与《しんよ》せざるは、之を名正しと謂う。名正しくして法順《したが》うなり。万物に接して分《ぶん》あらしめ、海内《かいだい》を別《わか》ちて雑《まじ》らざらしめ、侮らるるも辱《はじ》とせず、推さるるも矜《ほこ》らず、暴を禁じ兵を息《や》め、世の闘いを救うは、此れ人君の徳にして、以て主為《た》るべし。職分を守りて乱さざらしめ、任ずる所に慎みて私無し。飢飽《きほう》にも心を一にし、毀誉《きよ》にも慮《りよ》を同じくし、賞せらるるも亦《ま》た妄《みだ》りにせず、罰せらるるも亦た怨まず。此れ下に居るの節にして、人臣為るべし。

ここには、臣下の功績を査定して賞罰を下すのが君主の業務であり、職分を厳守しつつ職責を果たすのが臣下の任務であると、両者の役割の相違が指摘される。注目すべきは、君主と臣下が互いの領域を侵害せぬ分業体制の堅持が強調される点である。これは、「君臣の道は、臣は事に事《つと》めて、君は事無し。君は逸楽して臣は労に任ず。臣は智力を尽くして以て其の事を善くし、君は焉《これ》に与ること無く、成るを仰ぐのみ」「人君苟くも臣に任せて自躬《みずから》すること勿《な》ければ、則ち臣は皆事に事《つと》む」（『慎子』民雑篇）とか、「士、官を兼ねざれば則ち職寡し。職寡ければ則ち守り易し」（同・威徳篇）といった慎到の政治思想に、その内容が似ている。

そこでこの部分は、慎到の著作を流用したとも見なし得る。だが前述のように、彭蒙・田駢・慎到の三者は、同一学派を形成している。これら三者のうち、彭蒙と田駢の著作は亡佚して、慎到の著作の一部のみが、辛うじて輯佚本《しゅういつぼん》『慎子』の形で残存している。こうした事情を踏まえれば、『慎子』との類似性を示す前掲の部分も、実はやはり彭蒙や田駢の著作からの流用であった可能性が考えられるであろう。

これと同様の例は、『尹文子』の他の箇所にも見受けられる。以下にそうした部分を掲げてみよう。

(1)古人[29]以度審長短、以量受少多、以衡平輕重、以律均清濁、以名稽虛實、以法定治亂、以簡[30]制煩惑、以易御險難、萬[31]事皆歸於一、百度皆準於法。歸一者簡之至。準法者易之極。如此頑嚚聾瞽、可與察慧聰明同其治也。天下萬事不可備能。責其備能於一人、則賢聖其猶病諸。設一人能備天下之事、能左右前後之宜、遠近遲疾之間、必有不兼者焉。苟有不兼、於治闕矣、全[32]治而無闕者。大小多少、各當其分。農商工仕不易其業、老農長商習工舊仕、莫不存焉。則處上者何事哉。

古人《こじん》は度を以て長短を審《つまび》らかにし、量を以て少多を受け、衡《こう》を以て軽重を平らかにし、律を以て清濁を均しくし、名を以て虚実を稽《かんが》え、法を以て治乱を定め、簡を以て煩惑《はんわく》を制し、易《い》を以て険難《けんなん》を御して、万事も皆一に帰し、百度も皆法に準《のっと》る。一に帰する者は簡の至りなり。法に準る者は易の極《きわみ》なり。此《か》くの如ければ頑嚚聾瞽《がんぎんろうこ》も、察慧《さっけい》聡明と其の治を同じくすべきなり。天下の万事は備能《びのう》すべからず。其の一人に備能するを責《もと》むれば、則ち賢聖すら其れ猶《な》お諸《これ》を病《や》まん。一人の能を設けて天下の事に備え、左右前後の宜《ぎ》、遠近遅疾《えんきんちしつ》の間を能《よ》くするは、必ず兼《か》ねざる者有り。苟くも兼ねざること有らば、治闕《ちけつ》に於けるや、全く治まりて闕《か》くる者無し。大小多少、各《おの》おの其の分に当たる。農商工仕其の業を易《か》えざれば、老農・長商・習工・旧仕は、存《あ》らざること莫《な》し。則ち上に処《お》る者は何にか事《つと》めんや。

(2)爲善使人不能得從、此獨善也。爲巧使人不能得從、此獨巧也。未盡善巧之理。爲善與衆行之、爲巧與衆能之、此善之善者、巧之巧者也。所貴聖人之治、不貴其獨治、貴其能與衆共治。貴工倕之巧、不貴其獨巧、貴其能與衆共巧也。今世之人、行欲獨賢、事欲獨能、辯欲出羣、勇欲絶衆。[33]夫獨行之賢、不足以成化。獨能之事、不足以周務。出羣之辯、不可爲戸說。絶衆之勇、不可與征陣。凡此四者、亂之所由生。是以聖人、任道以通其險、立法以理其差。使賢愚不相棄、能鄙不相遺。能鄙不相遺、則能鄙齊功。賢愚不相棄、則賢愚等慮。此至治之術也。

善を為すも人をして従うを得ること能わざらしむるは、此れ独善なり。巧を為すも人をして従うを得ること能わざらしむるは、此れ独巧なり。未だ善巧の理を尽くさず。善を為すに衆と之を行い、巧を為すに衆と之を能くするは、此れ善の善なる者にして、巧の巧なる者なり。聖人の治に貴ぶ所は、其の独治を貴ばずして、其の能く衆と治を共にするを貴ぶ。工倕《こうすい》の巧を貴ぶは、其の独巧を貴ばずして、其の能く衆と巧を共にするを貴ぶ。今世の人は、行うに独り賢ならんと欲し、事《つと》むるに独り能ならんと欲し、弁ずるに群より出でんと欲し、勇なるに衆を絶たんと欲す。夫れ独行の賢は、以て化を成すに足らず。独能の事は、以て務めを周《こまやか》にするに足らず。

出群の弁は、戸説《こせつ》を為すべからず。絶衆《ぜつしゅう》の勇は、与《とも》に征陣すべからず。凡そ此の四者は、乱の由りて生ずる所なり。是を以て聖人は、道に任せて以て其の険《けん》を通じ、法を立てて以て其の差《たが》えるを理《おさ》む。賢愚をして相棄《す》てず、能鄙《のうひ》をして相遺《す》てざらしむ。能鄙相遺てざれば、則ち能鄙も功を斉《ひと》しくす。賢愚相棄てざれば、則ち賢愚も慮《りょ》を等しくす。此れ至治の術なり。

まず⑴は、「天下の万事は備能すべからず。其の一人に備能するを責むれば、則ち賢聖すら其れ猶お諸を病まん」と、君主一人の賢智には限りがあるとして、君主が自己の卓越した能力を恃んで全体を宰領せんとする、賢智主義的統治法を否定する。

⑴は賢智主義的統治法に替る方策として、「百度も皆法に準る。一に帰する者は簡の至りなり。法に準る者は易の極なり」と、法による統治を提示する。ここでの法は、「古人は度を以て長短を審らかにし、量を以て少多を受け、衡を以て軽重を平らかにし、律を以て清濁を均しくし、名を以て虚実を稽え、法を以て治乱を定む」と、度量衡の制度や音律、名分などと同列に扱われる点から明白なように、人間の能力差を超えて同一の効果をもたらす、客観的装置の一種と捉えられている。こうした機能を持つ客観的基準としての法に依拠しつつ、各人に任務を分担させる形で統治するならば、「簡を以て煩惑を制し、易を以て険難を御し」「頑嚚聾瞽も、察慧聡明と其の治を同じく」して自動的に治まる、効率的な統治が実現すると言うのである。

さらに⑴は、こうした統治を支える手段として、徹底した分業体制の維持を提唱する。「一人の能を設けて天下の事に備え、左右前後の宜、遠近遅疾の間を能くするは、必ず兼ねざる者有り。苟くも兼ねざること有らば、治闕に於けるや、全く治まりて闕くる者無し。大小多少、各おの其の分に当たる。農商工仕其の業を易えざれば、老農・長商・習工・旧仕は、存らざること莫し」と語られるように、異なる職種間の兼業を禁じ、各人の専門分野に専念させるならば、君主が自己の賢智・才能を揮って逐一介入せずとも、それぞれの部署で効率的に業務が達成されるから、「上に処る者は何にか事めんや」と、君主は安逸の中に無為の治を実現できると言うのである。

　これは、「君の智は、未だ必ずしも最も衆に賢ならず。未だ最も賢ならざるを以て、善く尽く下を被わんと欲すれば、則ち贍《た》らず。若し君の智をして最も賢ならしむるも、一君を以て尽く下を贍《すく》わば、則ち労す」(守山閣本『慎子』民雑篇)と、君主の個人的賢智に頼る統治法を否定し、「法とは天下の動きを斉しくする所以なり。至公・大定の制なり」(守山閣本『慎子』所収の佚文)、「人君為《た》る者は多聴せず。法に拠り数に倚りて以て得失を観る。……上下事無きは、唯だ法の在る所なればなり」(同・君臣篇)と、法による客観的統治を提唱する慎到の思想と、全く軌を一にしている。

　また慎到は、「古者は、工は事を兼ねず、士は官を兼ねず。工は事を兼ねざれば則ち事省かる。省かるれば則ち勝り易し。士は官を兼ねざれば則ち職寡し。職寡ければ則ち守り易し。故に士の位は世々にすべく、工の事は常にすべし」(同・威徳篇)とか、「明主の其の臣を使うや、忠も職を過ぐるを得ずして、職は官を過ぐるを得ず」(同・知忠篇)と、分業体制による効率的な統治を説き、それによって、「臣は事に事めて、君は事無き」(同・民雑篇)無為の治を達成できるとも述べる。やはりこの点でも、(1)と慎到の思想とは、ほとんど同一の性格を示している。

　つぎの(2)に移ると、ここでは「善を為すも人をして従うを得ること能わざらしむ」独善や、「巧を為すも人をして従うを得ること能わざらしむ」独巧を否定した上で、「能く衆と治を共にする」統治が提唱される。「独行の賢は、以て化を成すに足らず」と断言されるように、やはりこれも、君主の個人的能力に頼る賢智主義的統治法を排除せんとする立場である。

　(2)は「能く衆と治を共にする」方策として、「道に任せて以て其の険を通じ、法を立てて以て其の差えるを理む」べきことを説く。天地・自然の理法たる道が宿す必然に委ねるならば、凡庸な能力しか持たぬ人間でも、障害を乗り越えて一定の成果を挙げることが可能となる。また客観的基準たる実定法に依拠するならば、各人の能力差を超えて、一定の結果が保障される。このように道や法といった客観的装置の力を借りることにより、「賢愚をして相棄てず、能鄙をして相遺てざらしむ。能鄙相遺てざれば、則ち能鄙も功を斉しくす。賢愚相棄てざれば、則ち賢愚も慮を等しくす」といった、「至治」が実現されると言うのである。以上解説してきた(2)の内容は、賢智主義的統治法を否定する点でも、あるいは法による客観的統治を唱える点でも、前述した慎到の政治思想と符節を合している。

また能力の如何によらず、万人に一定の成果を挙げさせる方策として、天地の理法たる道への因循を説く点においても、「夫れ道とは、賢と不肖をして奈何《いかん》ともすること無からしむる所以なり。智と愚をして奈何ともすること無からしむる所以なり。此くの若《ごと》ければ、則ち之を道勝つと謂う」「成理を守りて、自然に因る。禍福は道と法より生じて、愛悪《あいお》より出でず」(守山閣本『慎子』所収の佚文)とか、「天道は因らば則ち大、化さば則ち細なり。因なる者は、人の情に因るなり。人は自ら為さざるは莫《な》し。化して之をして我に為さしめば、則ち得て用うべき莫し。……故に人の自ら為すを用い、人の我に為すを用いざれば、則ち得て用うべからざるは莫し。此を之れ因と謂う」(同・因循篇)といった慎到の思想と、ほとんど同一の性格を示している。

さらに、「能鄙をして相棄てざらし」めて、「能く衆と治を共にせん」とする姿勢に関しても、「是を以て大君は民の能に因りて資と為す」「大君は其の下を択ばず。故に足る」(同・民雑篇)とか、「身は不肖なるも而して令の行わるる者は、助けを衆に得ればなり」(同・威徳篇)といった慎到の統治論と、見事なまでの一致を見せている。

このように(1)と(2)も、その全体が慎到の思想と酷似した性格を示している。そこで(1)と(2)も、一応は慎到の著作からの流用と考えることができる。だが、思想内容がほとんど同一であるにもかかわらず、『慎子』と一致する文章が皆無である現象や、上述した彭蒙・田駢・慎到学派の事情を考慮すれば、この(1)と(2)も、むしろ彭蒙・田駢の著作からの流用であった可能性の側が高いであろう。もとより(2)に説かれる、賢愚の別なく「能く衆と治を共にせん」とする姿勢は、「人君の事は、無為にして能く下を容る」「大道は衆を容れ、大徳は下を容る」(『説苑』君道篇)といった、尹文の「容衆」の姿勢とも一致している。したがって『尹文子』の編述者は、彭蒙・田駢の著作を流用する操作によって、尹文の思想との繋がりをつけようと意図したのであろう。

この点は、さらに以下の資料によっても裏づけることができる。

(3)田子讀書曰、堯時太平。宋子曰、聖人之治以致此乎。彭蒙在側、越次答曰、聖法之治以至此、非聖人之治也。宋子曰、聖人與聖法何以異。彭蒙曰、子之亂名甚矣。聖人者、自己出也。聖法者、自理出也。理出於己、己非理也。己能出理、理非己也。故聖人之治、獨治者也。聖法之治、則無不治矣。此萬世之利、唯聖人能該之。宋子猶惑、質於田子。田子曰、蒙之言然。

田子《でんし》書を読みて曰く、堯《ぎょう》の時は太平なりと。宋子曰く、聖人の治以て此《これ》を致《いた》すかと。彭蒙側《ほうもうかたわら》に在りて、次《じ》を越して答えて曰く、聖法の治以て此《ここ》に至るにして、聖人の治には非ざるなりと。宋子曰く、聖人と聖法と何ぞ以て異ならんと。彭蒙曰く、子《し》の名を乱すや甚だし。聖人とは、己より出づるなり。聖法とは、理より出づるなり。理は己より出づるも、己は理には非ざるなり。己能く理を出だすも、理は己には非ざるなり。故に聖人の治は、独り治むる者なり。聖法の治は、則ち治まらざるは無し。此れ万世の利にして、唯《た》だ聖人のみ能く之を該《そな》うと。宋子は猶《な》お惑いて、田子に質《ただ》す。田子曰く、蒙の言然りと。

(4)田子曰、人皆自爲、而不能爲人。故君人者之使人、使其自爲用、而不使爲我用。[34]稷下先生曰、善哉田子之言。古者君之使臣、求不私愛於己、求顯忠於己。而居官者必能、臨陳者必勇、祿賞之所勸、名法之所齊、不出於己心、不利於己身。語曰、祿薄者、不可與經亂、賞輕者、不可與入難。此處上者所宜愼者也。[35]

田子曰く、人は皆自ら為すも、人の為にすること能わず。故に人に君たる者の人を使うや、其の自ら用を為すを使いて、我が用を為すを使わずと。稷下《しょくか》先生曰く、善きかな田子の言。古者《いにしえ》は君の臣を使うや、己を私愛せざるを求め、己に忠を顕《あき》らかにするを求む。而して官に居る者は必ず能、陳《じん》に臨む者は必ず勇なるは、禄賞の勧むる所、名法の斉《ひと》しくする所にして、己の心より出でずして、己の身を利せず。語に曰く、禄薄き者は、与《とも》に乱を経《おさ》むべからず、賞軽き者は、与に難に入るべからずと。此れ上に処《お》る者の宜しく慎むべき所なりと。

まず(3)においては、「聖人とは、己より出づるなり。聖法とは、理より出づるなり。理は己より出づるも、己は理には非ざるなり。己能く理を出だすも、理は己には非ざるなり。故に聖人の治は、独り治むる者なり。聖法の治は、則ち治まらざるは無し。此れ万世の利にして、唯だ聖人のみ能く之を該う」と、「聖人之治」と「聖法之治」の相違が語られる。個人的賢智に頼る「聖人之治」を「獨治」に過ぎぬとして否定し、理に従って統治する「聖法之治」を至上とする論旨は、前掲の(1)(2)とほとんど一致する。留意すべきは、(3)が田駢・彭蒙・宋鈃[36]の問答で構成されている点である。そして三者の会話の内容から判断すると、彭蒙と田駢は明らかに同一学派とされる一方、宋鈃はいまだ両者の域に到達せぬ他学派の人物として扱われている。

つぎの(4)は、「人は皆自ら為すも、人の為にすること能わず。故に人に君たる者の人を使うや、其の自ら用を為すを使いて、我が用を為すを使わず」と、君主に対する臣下の親愛の情に頼る不安定な統治を排除し、各人が自らの利益を追求せんとしてそれぞれに発揮する自発的努力を、組織化して利用せよと述べる。(4)はそのための手段として、俸禄と恩賞による勧誘、名分と法令による規制を挙げるが、やはりこうした論旨も、実定法に代表される客観的装置の威力により、個人差を超えた効果を招来せんとしていた、前掲の(1)や(2)の主旨と合致する。

また「人の自ら為すを用い、人の我に為すを用いざれば、則ち得て用うべからざるは莫し」(守山閣本『慎子』因循篇)とか、「先王は禄を受けざる者は臣とせず、禄厚からざる者は与に難に入らず」(同)といった慎到の思想と比較すると、⑴や⑵と同じく、⑶と⑷も慎到の思想とほとんど同一であることが判明する。そして⑷も、田駢の説に魏(稷)下先生が賛同する体裁を取っている点が注目される。こうした内容と体裁から、⑶と⑷も⑴⑵と同じく、彭蒙・田駢系統の著作を流用したものと考えられる。

以上の考察によって、『尹文子』に説かれる政治思想の大半が、彭蒙・田駢系統の著作からの流用であった状況が判明する。ただし『漢書』芸文志《げいもんし》には、彭蒙の著作に関する記述が存在しないから、前漢前期に『尹文子』を偽作した編述者は、芸文志が「田子二十五篇」と書名及び篇数を記録し、班固《はんこ》自注が「名は駢。斉人なり。稷下に游ぶ。天口駢と号す」と記す、田駢の著作を利用した可能性が高い。その結果『尹文子』は、『荘子』天下篇が記す彭蒙・田駢・慎到学派の政治思想を、自己の政治思想の中心に据えたことになる。

論理学と政治思想の関係

つぎに『尹文子《いんぶんし》』の論理学的立場と『尹文子』の政治思想が、どのような関係にあったのかを考察してみよう。『尹文子』の政治思想の基本は、君主の主観に基づく恣意的統治や、君主の個人的能力に頼る賢智主義的統治を否定し、客観的理法に因循する形での、効率的・自動的な無為の治を説く点にある。そこで名分も、実定法や権勢、度量衡の制度や音律などと並ぶ、客観的装置の一種と位置づけられている。

故に『尹文子』は、「名とは、形に名づくる者なり」とか、「形有る者は必ず名有るも、名有る者は未だ必ずしも形有らず」と、個物の客観的形象の側こそ一義的存在であり、人為の所産たる名称の有無は、二義的存在に過ぎないとする立場を強調したのである。「白黒・商徴《しょうち》、膻焦《せんしょう》・甘苦は、彼の名なり。愛憎・韻舍《いんしゃ》、好悪・嗜逆《しぎゃく》は、我の分なり」

「名は宜しく彼に属すべく、分は宜しく我に属すべし」と、自然界の客観的存在を表示する名と、人間による主観的分別とを厳しく区分し、「我の分」に対する「彼の名」の先行性を説く立場も、やはり同様である。

また「大道は無形なるも、器を称《とな》うれば名有り」「称えられざるに生ずれば、則ち群形は自ら其の方円するを得る。名は方円するに生ずれば、則ち衆名は其の称えらるる所を得る」とか、「名無し。故に大道も称すること無し。名有り。故に名は以て形を正す」と、『老子』を導入する形で、形先名後の前後関係を明示する主張も、道によって生成された万物の客観的在り方を、人間の主観的対応に先行させんとする立場にほかならない。

さらに「賢不肖・善悪の名は宜しく彼に在るべく、親疎・賞罰の称は宜しく我に属すべし」と、対象の実を客観的に表示する名と、対象への対応を規定する称を峻別せよとする議論や、「好は則ち物の通称なり。牛は則ち物の定形なり」と、対象物に固有の属性として備わる形状(定形)と、人間側の価値判断(通称)を峻別せよとする議論も、同じく事物の客観的在り方の側が、人間の主観的対応に優先するとの立場から発せられている。

つまり、『尹文子』の論理学が唯名論の立場を取るべき必然性は、君主は客観的理法に因循して統治すべきであり、名はその理法を君主に指示する客観的装置であるとする、『尹文子』の政治思想の性格に存在したのである。

ところで『尹文子』は、一方で『老子』の道を応用する形での唯名論を唱えつつ、他方では『荘子』斉物論篇《せいぶつろん》のような方向へは進もうとせず、価値判断による分別を積極的に肯定する立場を堅持していた。その原因もまた、客観的装置の一種たる名の威力によって、社会を効率的・自動的に統治し、容衆・無為の治を実現せんとする彭蒙《ほうもう》・田駢《でんべん》・慎到《しんとう》学派の思想を、『尹文子』が自己の政治思想の中心に据えていたところにある。この学派の思想は、道家思想とも多くの共通性を示すが、基本的には社会の安定的統治を目指す、政治思想としての性格を持つ。故にそこで扱われる名は、天地の理法や実定法とともに容衆・無為の治を実現すべき、統治手段として捉えられている。したがってそれを引き継ぐ『尹文子』の名分論も、臣下の職分を明確にしたり、万民に各自の分際を自覚させたりして、社会に安定的秩序をもたらす機能を、当然のごとく名に期待したのである。

　そこで『尹文子』の編述者が、『老子』の道を導入して自己の名分論・形名思想を展開する場合でも、「今、万物は具《つぶさ》に存するも、名を以て之を正さざれば則ち乱る」と、万物に対する命名には、社会秩序確立への強い期待が込められることになったのである。このように『尹文子』の編述者は、『老子』の道を導入して自己の名分論・形名思想を述べる一方、彭蒙・田駢・慎到学派から名分論を含む容衆《ようしゅう》・無為《むい》の政治思想を借用して、『尹文子』を構成した。この学派には、容衆・無為の治を理想とする点に象徴されるように、そもそも道家と相通ずる側面があり、さらには「慎到は趙人、田駢・接子は斉人、環淵《かんえん》は楚《そ》人《ひと》なり。皆黄老道徳《こうろうどうとく》の術を学び、因りて発明し、其の指意を序す」（『史記』孟子荀卿列伝）と、田駢や慎到は前漢前期には黄老道の一派と見なされていたから、彼等の政治思想と『老子』の道を応用した名分論とは、もともと接合しやすい関係にあったと言える。

　しかも彭蒙・田駢・慎到学派の思想は、容衆・無為の治を標榜したり、情欲寡浅《かせん》を説いたり、「別宥《べつゆう》」の名分論を説いたりする尹文の思想とも、多くの接点を持つから、彼等の政治思想を流用する操作は、『尹文子』を尹文の著作のように偽装する点においても、編述者にとっては二重に好都合であった。おまけに容衆・無為の治を説く『説苑《ぜいえん》』君道篇の資料では、尹文は「大道は衆を容《い》れ、大徳は下を容る」と、大道・大徳なる術語を使用しているから、この点で尹文と『老子』も結合しやすい関係にあったと言える。

　かくして編述者は、『老子』を応用した自己の名分論、彭蒙・田駢・慎到学派の政治思想、『荘子』天下篇の尹文評の三者を混淆・雑揉して、『尹文子』の偽作を為し遂げたのである。その結果『尹文子』は、黄老道が盛行していた前漢前期の思想風潮に歩調を合わせながら、戦国期の尹文の思想に関しても、当たらずといえども遠からざる内容を収容できたわけで、編述者の操作はそれなりに巧妙であったと評し得るであろう。

それではつぎに、前漢前期の形名思想の展開を考える上で、『尹文子』の形名思想がどのような意味を持つのか検討してみよう。

戦国後期から前漢前期に至る時代、形名思想の主流を占めたのは、『老子』の道を応用した形名思想であった。この系統には二種類あって、一つの典型は、『韓非子』に見られる法術的形名思想であり、もう一つの典型は黄老道に見られる道家的形名思想である。まず最初に、『老子』の道を応用した法術的形名論について述べると、それは以下のような形態を取る。

(1)道者萬物之始、是非之紀也。是以明君、守始以知萬物之源、治紀以知善敗之端。故虚靜以待、令名自命也、令事自定也。虚則知實之情、靜則知動之正。有言者自爲名、有事者自爲形。形名參同、君乃無事焉、歸之其情。
(『韓非子』主道篇)

道とは万物の始めにして、是非の紀《き》なり。是を以て明君は、始めを守りて以て万物の源を知り、紀を治めて以て善敗の端を知る。故に虚静にして以て待ち、名をして自《みずか》ら命《なづ》けしめ、事をして自ら定めしむ。虚なれば則ち実の情を知り、静なれば則ち動の正を知る。言有る者は自ら名を為し、事有る者は自ら形を為す。形名参同すれば、君は乃ち無事にして、之を其の情に帰す。

(2)道在不可見、用在不可知。虚靜無事、以闇見疵。見而不見、聞而不聞、知而不知。知其言以往、勿變勿更、以參合閲焉。
(同)

道は見るべからざるに在り、用は知るべからざるに在り。虚静《きよせい》にして事無く、闇《やみ》を以て疵《し》を見る。見るも見られず、聞くも聞かれず、知るも知られず。其の言を知りて以て往かしめ、変うること勿《な》く更《あらた》むること勿く、参《さん》合《ごう》を以て閲《けみ》す。

(3)用一之道、以名爲首。名正物定、名倚物徙。故聖人執一以靜、使名自命、令事自定。不見其采、下故素正。因而任之、彼自事之。因而予之、彼將自擧之。正與處之、使皆自定之、上以名擧之。不知其名、復循其形。形名參同、用其所生。二者誠信、下乃貢情。（『韓非子』揚搉《ようかく》篇）

一を用うるの道は、名を以て首《はじめ》と為す。名正しくして物定まり、名倚《かたよ》りて物徙《うつ》る。故に聖人は一を執《と》りて以て静まり、名をして自ら命《なづ》けしめ、事をして自ら定めしむ。其の采《すがた》を見《あら》わさざれば、下は故に素正《そせい》す。因りて之に任ずれば、彼は自ら之に事《つと》む。因りて之に予《あた》うれば、彼は将《まさ》に自ら之を挙げんとす。正して与《とも》に之に処《お》り、皆自ら之を定めしめ、上は名を以て之を挙ぐ。其の名を知らざれば、復《ま》た其の形に循《したが》う。形名参同《けいめいさんどう》して、其の生ずる所を用う。二者誠信《せいしん》なれば、下は乃ち情を貢《すす》む。

(4)道無雙。故曰一。是故明君貴獨道之容。君臣不同道。下以名禱、君操其名、臣效其形。形名參同、上下和調也。（同）

道は双《そう》無し。故に一と曰う。是の故に明君は独道の容《さま》を貴ぶ。君臣は道を同じくせず。下は名を以て禱《もと》め、君は其の名を操《と》り、臣は其の形を效《あき》らかにす。形名参同して、上下和調す。

まず(1)では、『老子』の道の性格が、万物の始源であり、是非の綱紀であると規定される。その上で、君主がかかる道の性格を体得して統治するならば、「万物の源」や「善敗の端」をも察知し得る、絶対的な認識能力の保持が可能になると述べられる。

道を体現した統治のより具体的な形態は、「虚静にして以て待つ」ことである。虚静なる道の在り方に依拠し、自己を秘匿しつつ、対象が各々の実情を自ら露呈させるのを待つならば、「虚なれば則ち実の情を知り、静なれば則ち動の正を知る。言有る者は自ら名を為し、事有る者は自ら形を為す」との絶大な効果を発揮する。そこで君主は、労することなく自動的に形と名を参同して、是非の判断を相手の実情に帰着させることが可能になるというのである。

続く(2)では、他者から自己の実態を視認されず、また自己の作用を他者に察知されざる、不可知なる道の在り方が語られる。そこで君主が、かかる道の在り方を体現しつつ、「虚静無事」なる姿勢で君臨するならば、臣下に対しては、「見るも見られず、聞くも聞かれず、知るも知られざる」優位に立つことができる。この優位を利して、臣下の言質と実績を参同すれば、君主は自動的に群臣の督責を達成し得るとされる。

つぎの(3)も同様で、一なる道の在り方を統治に応用せんとすれば、正名を第一にすべきだと説く。そこで君主は、一なる道の在り方を体得して、自己を静なる状態に保つ。そうすれば、「名をして自ら命けしめ、事をして自ら定めしむ。其の采を見わさざれば、下は故に素正す。因りて之に任ずれば、彼は自ら之に事む。因りて之に予うれば、彼は将に自ら之を挙げんとす。正して与に之に処り、皆自ら之を定めしめ、上は名を以て之を挙ぐ。其の名を知らざれば、復た其の形に循う」と、臣下の側に自ら守るべき名分を申告させ、自ら職責とすべき事業を遂行させて、自動的に形名を参同して群臣を督責する行為が可能になると言う。

最後の(4)においても、「道は双無し。故に一と曰う」と、まず道の唯一絶対性が強調される。その上で「是の故に明君は独道の容を貴ぶ」と、君主が道の唯一絶対性を体得して統治し、君道と臣道を峻別するならば、「下は名を以て禱め、君は其の名を操り、臣は其の形を效らかに」して、君主は自動的に形名参同を達成できると言う。

これまで見てきたように、『韓非子』主道・揚搉両篇の形名思想には、以下のような特色が存在する。第一の特色は、この両篇における形名思想の内容が、一応は万物への命名といった広汎な対象を設定しながらも、実質的にはほとんど君主による臣下の督責に集中している点である。

第二の特色は、道が備えるさまざまな性格を君主が体現するならば、君主は自己の実態を臣下に秘匿できる一方、臣下に対しては絶対的な認識能力を保持して、臣下の側に自ら形と名を露見させ、自動的に形名参同を達成し得るとする方向で、『老子』の道を導入している点である。(37) それではつぎに、黄老道に見られる道家的形名思想について考察してみよう。

(A)道とは神明《しんめい》の原なり。神明とは、度の内に処《お》りて度の外を見る者なり。……神明とは、見知の稽《けい》なり。
(『経法』名理篇)

(B)道を執《と》る者の天下を観るや、必ず審《つまび》らかに事の始めて起こる所を観て、其の形名を審らかにす。形名已に立たば、逆順位有り、死生分有り、存亡・興壊《こうかい》処有り。然る后《のち》に之を天地の恒道《こうどう》に参《はか》らば、乃ち禍福・死生・存亡・興壊の在る所を定む。故に万挙して理を失わず、天下を論じて遺《い》筴《さく》无《な》し。　(同・論約篇)

(C)見知の道は、唯《た》だ虚にして有ること无《な》し。虚にして有ること无ければ、秋毫《しゅうごう》之を成すも、必ず形名有り。形名立たば、則ち黒白の分已む。故に道を執る者の天下を観るや、執ること无く、処《お》ること无く、為すこと无く、私すること无きなり。是の故に天下に事有れば、自ら形名声号を為さざるは无し。形名已に立ち、声号已に建たば、迹を逃れ正を匿《かく》す所无し。　(同・道法篇)

(D)凡そ事に小大と無く、物は自ら舎《やどり》を為す。逆順・死生、物自ら名を為す。名形已に定まれば、物自ら正を為す。
(同)

先頭の(A)では、「道とは神明の原なり」と、『老子』の道を認識能力の根源に据えるべきことが明言される。このように「道を執る」君主は、(B)のように、「其の形名を審らかに」して、逆順・死生・存亡・興壊の区分を明瞭に識別し確定できるようになる。そこで君主が、これらを天地の理法と照合させるならば、禍福・死生・存亡・興壊などの結末に至る過程一切を、事前に予知できると言う。

同様に(C)の場合も、存在物としての実体を保有せず、虚無である道の性格を体得する形で、君主は天下全体を認識せんとする。そうすれば、虚無があらゆる万物の間隙に浸透して、それらの微細な差異までも余さず析出するように、君主の認識能力は、森羅万象に自ら形名を露見させ、自ら声号を申告させて、自動的に天下全体を隈なく認識しつくせるとされる。そして最後の(D)も、やはり道を体得した認識方法がもたらす、絶大な効果を列記する。

以上考察してきたように、黄老道に見られる道家的形名思想には、以下のような特色が存在している。その第一は、道家的形名思想が、万物に対する事実判断、是非・善悪の価値判断、臣下に対する督責、天道の推移とその指示内容の照合による国家戦略の策定等、広汎な領域をその内部に包摂している点である。

第二の特色は、「自ら形名声号を為さざるは无し」(C)とか、「物自ら名を為す」「物自ら正を為す」(D)と、道を体現して認識する君主は、自動的に形名審合を達成できるとする方向で、『老子』の道を応用している点である。

法術的形名思想と道家的形名思想の間には、前者では『老子』の道が、虚静・無為を装うことによる、君主の意図の秘匿や臣下の姦詐の看破・摘発といった方向に利用されるのに対し、後者の側では、道が君主の恣意を排除するための客観性の根拠に応用されるといった相違がある。また上述のように、後者の方が、認識対象とする領域が広いといった相違もある。

しかし、こうした差異を含みながらも、両者には強い共通性も存在している。それは、君主が道の在り方を体得しさえすれば、認識対象の側に自ら形象を露見させ、自ら名分を申告させて、無為のまま自動的に形名を合致させることが可能になると主張する点である。そしてこれこそが、戦国後期から前漢前期にかけて、『老子』の道を導入する形で流行した形名思想が示す最大の特色であった。

こうした現象は、道法思想の展開といった観点よりすれば、思想史的には大きな意義を認めることができよう。また君主が道の在り方を体得し、虚静・無為なる心術を用いて認識すれば、より透徹した認識が可能になるとの論理にも、一定の説得力が存在している。だがその反面、形名思想それ自体の構造を考えれば、道によって君主の認識能力を絶対化し、自動的に形名審合が可能になるとする論理には、『老子』の道の威力に倚りかかって万事を解決せんとする、思考放棄にも似た安易さがつきまとうことも事実である。

これと比較するとき、「人の用を為すを期せず」に「自ら然りとして天地の間に存す」る物の側に一義的存在としての地位を認め、「必ず之を用いん」とする人間側の都合から発生する名称や価値判断は、二義的存在に過ぎぬとする立場に立ち、形象と名称の関係や、対象の実と人間の価値判断をいかに理解すべきかについて、さまざまな角度から探究を試みる『尹文子』の形名思想は、戦国期の名家《めいか》的思惟をほぼ忠実に継承していると評し得る。

たしかに『尹文子』の形名思想も、『老子』の道を導入はしている。だが道によって君主の認識能力を絶対化したり、道を体得した君主の認識能力によって、形名審合が自動的に可能になるといった方向には、決して『老子』の道を応用してはおらず、法や名に依拠すれば、自動的に統治できるとは主張しても、自動的に形名審合ができると主張したりはしていない。『尹文子』の形名思想は、『老子』の道に安易に倚りかかることなく、あくまでも分析的思索の積み重ねによって、形と名の対応関係を解明せんとする姿勢を保持しているのである。

前述のように『尹文子』の編述者は、戦国期の彭蒙・田駢・慎到学派の資料を、『尹文子』の政治思想を組み立てる材料に流用した。そのため、編述者の手に成る『老子』の道を応用した形名思想の側も、彭蒙・田駢・慎到学派の名分論との整合性を保つ形で、すなわち道による認識能力の絶対化や、自動的な形名審合の主張を含まない形で構成されたと考えられる。当時の形名思想の主流が、『老子』の道の威力にもたれかかる一種の退行現象を示す中にあって、『尹文子』の形名思想が戦国期の名家的思惟の後継者たる性格を見せる要因は、そうしたところにあったと思われる。そしてまた、こうした『尹文子』の形名思想の特色は、黄老道が盛行した前漢前期にあっても、なお戦国期の名家的思惟の伝統が、一部に残存していた状況を我々に伝えている。

一方では形名論に『老子』の道を導入して、戦国後期から前漢前期に至る時代思潮に歩調を合わせつつ、他方では『老子』の道に全面的に倚りかかる方向を選ばずに、分析的思考の積み重ねによって形名審合を実現せんとする『尹文子』の形名思想は、戦国期以来の名家の論理学が見せた、漢代的展開の一つの姿だったと言える。

注

序章　名家の誕生

（1）戦国期の王号については、拙稿「『春秋』の成立時期——平勢説の再検討」（『中国研究集刊』第二九号、二〇〇一年）参照。
（2）古代の都市については、西川幸治『都市の思想』（日本放送出版協会、一九九四年）参照。
（3）国家による時の管理については、山田勝芳「支配する時間——中国古代の政治と時間意識」（渡部治雄編『文化における時間意識』角川書店、一九九三年）に詳細な考察がある。
（4）稷下の学士については、拙著『諸子百家』序章（講談社、二〇〇〇年）参照。

第一章　恵施の思想——至大と至小の論理

（1）武内義雄『老子と荘子』第八章（岩波書店、一九三〇年）。
（2）津田左右吉『道家の思想と其の展開』第四章（岩波書店、一九三九年）、赤塚忠「天下篇所載の弁について」（『中哲文學會報』第一号、一九七四年）。

（3） この関係について高田淳氏は、「名弁の思想（Ⅱ）――恵施の思想」（『東洋学報』第四五巻、一九六二年）において、「大同異の見方は荘子の斉同観と相通ずるもので、小同異という恵施の常識的見方をその中に位置付けたということができよう。恰も大一的世界に小一的世界を充当させたように。そして小同異の見方と大同異の見方には優劣はなく同等に扱われているのも、大一と小一との関係と同様である」と述べる。

（4） 高田氏前掲論文では、「恵施の大一概念はかれ自身の思想内容において独自なものを確保するものではなかったといわねばならない。つまり、大一は現実の世界をそのまま容認するためのものでしかない」とする。しかしながら大一は、既存の世界をいったん打破する方向に機能するものであり、また後述するように、大一概念の駆使によって初めて恵施は独自の思想的立場を確保し得たと考えられる。

（5） 高田氏前掲論文では、「歴物」の思想が内包する、万物の相対的関係を相対的なもののままに受容する態度を、そのまま恵施の常識的見方を意味するものと理解しているように見受けられる。しかしながら恵施は現実を無批判に受容したのではない。恵施の眼前にあった所与の現実とは、万物の相対的関係が相対的なもののままに容認されている世界ではなく、すでに相対的差等が固定化され絶対化された世界であった。恵施が原存在のままの万物と対峙するために、彼が現実世界に反常識的な「歴物」の理論を介入させる段階を経過している点に注目しなければならない。

（6） 以下『戦国策』の引用は呉師道『補正戦国策』によるが、剡川姚氏本により若干文字を改めた箇所がある。

（7） 原文では、「其害稼亦甚矣」以下は「惠王曰、惠子施也、難以辭與公相應、雖然、請言其志」とあるが、錯誤があると思われ、文意によって改めた。

（8） 原文は二箇所とも「諸民人」。兪樾『諸子平議』（『春在堂全書』所収）の説により「良人」に改めた。『淮南子』道応訓では「諸先生」となっている。

（9） この記事は、ほとんど同じ表現で『戦国策』魏策にも見えている。

（10） 原文は「往者」、陳奇猷『韓非子集釈』（中華書局、一九五八年）により「狂者」に改めた。

（11） これは上引の「丘里之言」の中、「異を合して以て同と為す」の部分に相当する例であるかも知れない。「万物を散ず」

との表現からは、同類から異類への分類方向が強く感ぜられるが、「小同異」中には、異類を同類へと統合して行く方向も当然含まれていたと考えられる。
(12) 後にも触れるが、恵施が連衡策の是非をめぐる張儀との対決に敗れた際の発言に、こうした傾向が顕著に現われている。
(13)『戦国策』趙策には、「楚魏憎之、令淖滑恵施之趙、請伐齊而存燕」とあって、紀元前三一六年、斉が燕王噲を攻めて燕の全域を占領した際にも、恵施が魏の使者として趙・楚とともに再び斉を伐たんとしたことが見える。恵施が秦を牽制するために斉と同盟せんとするのも、もちろん斉が魏を脅すほどに限度を超えて強大化しないことを前提にしたものである。
(14)『韓非子』内儲説上篇では、「夫(攻)齊荊之事也誠利、一國盡以爲利、是何智者之衆也、攻齊荊之事誠不可利、一國盡以爲利、何愚者之衆也」と、「智術」の代りに「智者」と「愚者」の語が用いられているが、固定した判断に疑念を提出しつつ賢智にこだわる恵施の姿勢を示している点では、やはり『戦国策』の場合と同様である。

第二章　弁者の論理——ソフィストたちの命題

(1) 馮友蘭『中国哲学史』(太平洋図書公司、一九六一年)は、弁者二十一条を恵施を祖とする合同異派と公孫龍を祖とする離堅白派に分ける説を提唱し、それに賛同する学者も多い。汪奠基『中国邏輯思想史』(上海人民出版社、一九七九年)はそれに異を唱え、二十一条全体を恵施学派のものとする。なお弁者二十一条の注解としては、譚戒甫『荘子天下篇校釈』(台湾商務印書館、一九八五年)がある。

第三章　公孫龍の言語哲学

1　指物論——対象と認識

(1) その主なものとしては、譚戒甫『公孫龍子形名発微』(科学出版社、一九五七年)、兪樾『兪楼雑纂』(『春在堂全書』所収)、宮崎市定「公孫龍子の研究」(『東方学報』京都第三六冊、一九六四年)、天野鎮雄「公孫龍子指物論本文整理私案」(『東方学』第二五輯、一九六三年)、鈴木由次郎「公孫龍子訳註」(『高田真治博士古稀紀念論集』一九六三年)から最も有益な教示を受けた。なお諸家の注釈も多数に上るが、参照されたい。

(2) 指物論に対し書誌学的根拠なしに校改を加えることの危険性については、加地伸行「名実論争における公孫龍――『公孫龍子』「指物論」解釈」(『高野山大学論叢』第四巻、一九六九年)にすでに詳細かつ的確な指摘があるので、参照されたい。

(3) なおこのように指物論の原文に対して一切校訂を加えないからと言って、筆者は『公孫龍子』に関する本文校訂を全く否定するわけではない。諸本間に異同が存在する箇所については、当然その取捨選択を考慮する必要があり、また白馬論や堅白論など比較的理解しやすい篇においては、意味の確定できる部分を基礎に前後の関係から校訂を加えることは、一応の妥当性を持つであろう。指物論に限ってはそうした方法を適用しがたいため、言わば他に有効な手段が見当たらないとの消極的理由から、前記の方法を採用したのである。なお指物論は諸本間にほとんど異同が見られないが、一例として崇徳書院二十家子書本と守山閣本との差異をあらかじめ示して置くと、つぎの三箇所である。( )内が守山閣本。

⒀天下無指者生於(于)物之各有名不爲指也

㉓天下無物誰徑謂(爲)指

㉗奚待於(于)物而乃與爲指

(4) 加地氏前掲論文は、指物論の内容は意味論を述べたものであるとして、問答形式で解釈する。しかしながら、白馬論や通変論・堅白論などが明瞭に問答形式を示す文体・構成を持つのと比較すると、指物論には名実論とともにそうした特徴が全く見られないので、すべて公孫龍自身の思考を展開したものと見なして解釈した。

(5) 宮崎氏前掲論文では、「而指非指」では意味が通らぬとして、ここを「而物非指」と改める。しかし加地氏前掲論文が批判するように、そうした指と物とを入れ替える操作は、氏の主観以外に何らの根拠も持っていない。

(6) この後に原文では「楽出虚蒸成菌」の六字が続くが、異文の混入と思われるので削除した。

注

（1）『墨子』経上篇には「盈、莫不有也」とあり、謝希深注もまた「盈、滿也」と言う。

（2）崇徳書院二十家子書本・百子全書本・子彙本・守山閣本などの諸本は、いずれも「見與不見離」に作るが、道蔵本は「見與不見與」に作る。

（3）崇徳書院二十家子書本・百子全書本は「惡乎其石也」に作るが、道蔵本・守山閣本・子彙本などの諸本は「惡乎甚石也」に作る。

（4）崇徳書院二十家子書本・百子全書本・子彙本・守山閣本などには「有不見焉」の句があるが、道蔵本は「有不見焉」の句を欠く。

（5）この部分の論旨について、兪樾『兪楼雑纂』、王琯『公孫龍子懸解』（中華書局、一九二八年）、侯外廬等『中国思想通史』（人民出版社、一九五七年）、鈴木由次郎「公孫龍子訳註」（『高田真治博士古稀紀念論集』）などは、公孫龍が堅・白を物から独立させた発言と解し、高田淳「名弁の思想（Ⅰ）――公孫龍の思想」（『東洋学報』第四五巻、一九六二年）も、かなり不鮮明な表現ながら同様の見解を取っているように推測される。謝希深注は、「不與萬物爲堅而固當自爲堅」と述べたかと思うと、後に「世無獨立之堅乎、亦無孤立之白矣」と続けるなど、論理に一貫性を欠いているが、譚戒甫『公孫龍子形名発微』、天野鎮雄「公孫龍子堅白論本文整理私案」（『岩手大学学芸学部研究年報』第二五巻、一九六六年）並びに中国古典新書『公孫龍子』（明徳出版社、一九六七年）などは、公孫龍が堅・白の物からの独立を否定した発言と解釈する。しかしながら原文を忠実に解読するとき、後者のような理解が到底成立し得ないことは明白である。天野氏は堅・白の独自的存在を否定する方向に解釈せんとして、ほとんど原型をとどめぬまでに本文を校改するが、そうした恣意的操作を必要とすることこそ、何よりもその理解自体に無理があることの証左である。

（6）諸家の「力與知」に対する解釈は、説明の細部において各々差異は見られるものの、基本的には、「夫不因天然之自離、而欲運力與知而離於堅白者、果決不得矣、故不如因是天然之自離也」とする謝希深注を踏襲した理解が一般的である。

（7）畢沅『経訓堂墨子』や孫詒譲『墨子間詁』の説を参照すれば、この文の前半が、たとえ重量物を持ち挙げる筋力を持っていても針で縫うことができない場合があるのは、それが筋力の管轄ではないからである、との意味であることは理解できる。後半部分についてはその正確な文意を捉えがたいが、全体の主旨が力と知との働きの相違を指摘する点にあることは、前後の関係からして疑問の余地がないであろう。

（8）原文は諸本ともに「捶」に作るが、「捶」では文義が通らず、前掲鈴木氏「訳註」の説により両方「撫」に改めた。

（9）この論議の直後、「仁内義外」とする告子への反駁の中で、孟子は「馬の白を白とするは、以て人の白を白とするに異なる無きなり」と述べており、これから判断すると、彼自身も白の普遍性については承認していたと思われる。

3　白馬論——白馬と馬の間

（1）原文は「願白馬之賦」とあるが、陳奇猷『韓非子集釈』により、「白」字を除いた。

（2）弁者としての兒説の事跡は未詳である。宋の元王の時、兒説の弟子がそれまで誰も解けなかった結紐に対し、それが本来解けない仕組みになっていることを看破したとの記載が、『呂氏春秋』審分覧君守篇に見える。また『淮南子』人間訓高誘注では、「宋大夫」としている。なお『白氏六帖』巻九引く桓譚『新論』では、「公孫龍常に争論して曰く、白馬は馬に非ずと。人屈せしむること能わず。後白馬に乗り、符伝無くして関を出でんと欲するも、関吏聴さず。此れ虚言は以て実を奪い難し」とあり、また『呂氏春秋』審応覧淫辞篇の公孫龍「藏三牙」の弁に対する高誘注にも、「白馬に乗り、禁ぜられて関を度るを得ず、因りて馬の白なるを言いて馬に非ずとするが若きは、此の類なり」とあって、漢代に降ると白馬出関の故事をすべて公孫龍に帰せんとする傾向が存在したことを示している。

（3）蘇秦が秦王に対し、「夫刑名之家、皆曰白馬非馬也」（『戦国策』趙策）と語っていることも、それを裏づけている。

（4）『公孫龍子』跡府篇においては、「龍之所以爲名者、乃以白馬之論爾」と、「白馬非馬」論こそが公孫龍の中心学説であったかのごとく強調している。さらに『孔叢子』公孫龍篇にも類似の記載が見られる。

（5）この「也」字に対し、謝希深は「白馬豈非馬乎」と注し、兪樾『兪楼雑纂』は「非馬也、當作非馬邪、古也邪通用」とする。今両説を参酌して、「也」のまま反問の意に解した。

(6) 王琯『公孫龍子懸解』、金受申『公孫龍子釈』(商務印書館、一九三三年)、徐復観『公孫龍子講疏』(台湾学生書局、一九六六年)、鈴木由次郎「公孫龍子訳註」(『高田真治博士古稀紀念論集』)、宮崎市定「公孫龍子の研究」、天野鎮雄「公孫龍子白馬論本文整理私案」(『東京支那学報』第一一号、一九六五年)などは、いずれもこうした立場を取る。王啓湘『周秦名家三子校詮』(北京古籍出版社、一九五七年)は、「有白馬爲有馬、白之非馬何也」の二句を古注の混入として除いている。

(7) 「名実論争における公孫龍(その二)テキスト『公孫龍子』「白馬論」解釈」(『名古屋大学文学部研究論集(哲学)』第一八号、一九七一年)。

(8) 崇徳書院二十家子書本・百子全書本は「而已耳」に作る。道蔵本・子彙本・守山閣本は「如已耳」に作る。「而」「如」両字は通用するが、「如、而也」との謝希深注から判断すると、本来は「如」字であったかと思われる。

(9) 公孫龍は堅白論においても、ある石が常に白のみと結合すべき必然性の根拠や、色彩を宿さぬ段階での石の存在形態等については触れておらず、したがって対象認識の形成に関する彼の論理には、依然として不明確な部分が残されている。こうした状況が、『公孫龍子』十四篇中すでに八篇を失うといった資料的制約によるのか、あるいは彼の思考自体の不徹底に由来するのかは、今のところ判断しがたい。

(10) 従来の解釈では、いずれも「故白者非馬也」の存在意義を説明することが困難である。そこで金受申のように、この句を衍文として削除する説まで提出されている。

(11) 子彙本・守山閣本は、「以有白馬爲非馬」に作るが、この部分はかねてより客の主張する「有白馬爲有馬」に反駁せんとする公孫龍の発言であり、前後の論理展開から考えて、二十家子書本・道蔵本・百子全書本などの方が勝る。

(12) 諸本ともにこの「白」字を欠いているが、文意により補った。譚戒甫『公孫龍子形名発微』では、逆に前の「謂有白馬爲有黄馬」中の「白」字を削って統一を取ろうと図っている。いずれの方策を採るにせよ、白馬＝馬から黄馬＝馬が導き出されている点を前提にしなければならないが、譚戒甫の解釈では、それ以下の論理がすべて馬と黄馬との差異のみで展開されることとなる。仮に公孫龍がその論理で押し通そうと考えたのであれば、むしろ白馬＝馬をただちに馬＝白馬と逆転させることにより、白馬≠馬を導く方がはるかに近道である。したがって譚戒甫の説では、ここで殊更に黄馬が媒介として用いられるべき必然性が、今ひとつ納得できない憾みがある。

(13) 謝希深注、兪樾、鈴木氏「訳註」などがこうした立場を取っており、他は独自の見解を示さず兪樾の説の紹介にとどまるものが多い。両説ともに前後の解釈は筆者と大分異なるが、「馬馬」の意味だけに限定するならば、「形形二指」とする譚戒甫や、「馬的馬」とする徐復観の理解が比較的妥当である。

(14) 諸本ともにこの「馬」字を欠く。今、文意により補って置く。

(15) 孔穿が趙の平原君の求めに応じ、公孫龍の「白馬非馬」論を撃破するために用意した論理の要旨は以下のごとくである。孔子が「楚人弓を亡い、楚人之を得ん」との楚王の言に対し、「亦た人之を得んのみと曰うには如かず」と批判を加えたのは、「楚」が限定する国家的偏狭性を排除して、「人」の普遍性を拡大せんとする意図に基づくものであり、したがってこの場合には「楚を去る」ことは正当性を保持している。これに比して「白馬」の「白」は色彩の区別を明確にせんとするための語であり、この場合公孫龍が「白を去る」ことは、名の弁別性を失わせるが故に正当性を持ち得ない。

以上の孔穿の論理は、類・種概念の包摂関係に目的の正当性といった価値判断を導入する操作によって、概念間の移行関係に一定の不可逆的方向性を与えんとする試みである。

4　通変論――普遍と特殊

(1) たとえば、右向きの矢印が円柱の側面に沿って進む場合が、それに該当する。

(2) この前後は、原文では「曰、右苟變、安可謂右。苟不變、安可謂變。曰、二苟無左、又無右、二者左與右奈何、羊合牛非馬。牛合羊非鷄」となっている。しかし、この文は前後の論理展開から考えて、最初の「曰」から「奈何」までが連続した客の質問であり、後の二句はそれに応ずる公孫龍の発言であることが明瞭である。故に二番目の「曰」の位置は、「奈何」と「羊合牛非馬」の間に移動させるべきであり、私見によって改めた。

(3) 「雖」と「唯」は古く通用した。『墨子』尚賢中篇に「故唯昔三代聖王、堯舜禹湯文武之所以王天下、王諸侯者、此亦其法已」、非命上篇に「今雖毋求執有命者之言」とあるのや、銀雀山漢墓から出土した竹簡本『孫子』虚実篇に「敵唯衆」とあるのが、その例である。

(4) ここでは「或」を恒常の意に解した。『老子』第四章に「或不盈」とあるのがその例で、河上公注は「或、常也」と語釈する。もとより、ここを「或いは」と読んで、両者の間に共通しない要素が存在しても、なおある内包によっては、両者が同類を形成する事例であると解釈することも可能である。ただしその場合でも、牛・羊・馬・鶏四者間の同異を決定する際には、結果的に牛と羊とが恒常的に同類を組む点に変わりはない。

なお公孫龍は「羊に歯有りて、牛に歯無し」とするが、その理由は不明である。牛の上顎骨吻端部にはたしかに歯がないが、下顎骨吻端部には6本の切歯と切歯化した犬歯2本があるし、さらに上顎・下顎ともに左右6本ずつ、計24本の臼歯が存在する。一方の羊の場合も、上顎骨吻端部にはやはり歯がないが、下顎骨吻端部には6本の切歯と2本の犬歯があり、さらに上顎・下顎ともに左右6本ずつ、計24本の臼歯が存在する。したがって両者の歯式には、ほとんど差がない。牛と羊がともに偶蹄目・反芻亜目・ウシ科に属する以上、当然の現象である。公孫龍の哺乳類に対する分類法は、後出の「馬に尾有るも、羊と牛には尾無し」とする例をも含めて、比較解剖学に基づく現代の分類法とは、およそ発想が異なっていると思われる。

(5) 公孫龍は、順序数と計量数の性質を厳重に区別する思考によって、数概念を実体化せんとしている。Gödel が自然数はすべて、$1=\{a\}, 2=\{a, \{a\}\}\cup\{a\}$ のように表記できるとして、順序数と計量数の性質を同時に表示し得る方法を創出するとともに、数を人間の観念的思弁の表象・符号に過ぎないとして、「整数は神によって創造された。その他すべてのものは人間が造った」(Kronecker)とする数の実体化を全面的に否定したことは、この点で示唆的であろう。

(6) これは足概念を実体化する思考で、『荘子』天下篇の所謂「弁者二十一条」の中にも「雞三足」と見え、戦国期の弁者の間に伝承された著名な論題であった。『呂氏春秋』淫辞篇に、「孔穿公孫龍相與論於平原君所。深而辯、至於藏三牙、公孫龍言藏之三牙甚辯。……謂藏三牙、甚難而實非也。謂藏兩牙、甚易而實是也。……」と記される「三牙を蔵するの弁」も、鼎の取手は両側に一個ずつの二個ではなく、三個存在すると言うもので、原理的には同様の議論である。その理論の詳細は不明であるが、『公孫龍子』の亡佚した八篇の中に専論があったと思われる。前記の資料でことさらに「藏」が強調される点よりすれば、普遍的な足概念が一時的に個物に宿り、個物が普遍概念を内蔵する期間だけ、その発現形としての具体的な足が認識されるといった形ではなかったかと推測される。地面に木が並んで立っていても、あるいは家屋の中に柱が並んで立っていても、人はそれを足だとは認識しないが、ムカデには足があると認識する。してみれば、人が何かを足だと認識するためには、普遍的な足概念が個物に宿ることが不可欠だといった類の思考であろう。

（7）二十家子書本では「若」字がなく、道蔵本により補った。謝希深の注にも、「若左右之不相雑」とある。

（8）つぎの(18)に至って明確になることであるが、公孫龍は青を臣下に、白を君主に配当している。したがって、反は君主が上に向かって尊く、臣が下に向かって卑い方向性を、対は君主が下に向かって統治し、臣が上に向かって服従する方向性を、それぞれ含んだ思考であろう。

（9）この点は、金は木に勝ち、木は土に勝ち、土は水に勝ち、水は火に勝ち、火は金に勝つとする五行相勝説に関しても同様である。木が金を賊するのは、たしかに金が木に勝つとの理法に対する反逆と言える。ところが相勝説に従えば、木―青―臣下は土―黄―公子執政に本来的に勝つことになり、通変論の内容とはそぐわない。また方角の配当に関しても、五行説では土―黄が中央を占め、やはり公孫龍の政治論とは適合しない。

（10）その詳細については、拙稿「古佚書『伊尹九主』の政治思想」(『島大国文』第一二号、一九八三年)参照。

5　名実論――名は実の従者

（1）「不以其所不正」の句は、二十家子書本や道蔵本、守山閣本にはない。子彙本や葉方疑刊十二子本では「以其所不正」の五字を存するが、文義が通じがたい。ここでは伍非百『公孫龍子発微』(稿本・陳柱『公孫龍子集解』所引)の説に従って、「不以其所不正」の六字を補った。

（2）二十家子書本や道蔵本は「行不唯乎此」に作るが、守山閣本・子彙本・十二子本が「此不唯乎此」に作るのに従った。

（3）墨家・恵施・荘子・荀子・鄒衍などは、それぞれに思想的立場を異にするものの、人間の認識能力の客観性を信頼したり、あるいは超越的認識能力の存在を認める点で、巨視的に観れば認識論に関して公孫龍と対立する立場にある。また戦国後期には、法術思想や黄老道において、老子の道を認識主体の後盾にする形で、君主の認識能力の絶対化を図る思想も盛んに唱えられた。なおその詳細については、拙稿「道法を生ず――道法思想の展開」(『島根大学教育学部紀要』第一六巻、一九八二年)参照。

6　公孫龍の全体像――その政治活動と言語哲学

(1) 兼愛の論理に関しては、拙稿「墨家思想の体系的理解(一)――兼愛論について」(『集刊東洋学』第三二号、一九七四年)参照。

(2) 原文は「辭正爲下」であるが、誤りと思われるので、「下」を「上」に改めた。

7　跡府篇の意図――公孫龍学派の消滅

(1) 『淮南子』道応訓に「昔者公孫龍在趙之時、謂弟子曰、人而無能者、龍不能與遊。有客衣褐帶索而見曰、臣能呼。公孫龍顧謂弟子曰、門下故有能呼者乎。對曰、無有。公孫龍曰、與之弟子之籍」とあることも、それを裏づけるであろう。

(2) 前二五七年、秦の攻囲から趙都邯鄲を救う功績をあげた平原君に対し、公孫龍は増封を辞退するよう勧めている(『戦国策』趙策)。また平原君の死は前二五一年であるから、公孫龍一門が鄒衍に敗退して平原君に退けられたのは、前二五七年から前二五一年の間となる。

(3) 守山閣本・墨海金壺本・『孔叢子』公孫龍篇などは、「而齊國無士何也」に作る。

(4) 諸本はいずれも「榮敢闘者是而。王是之必以爲臣矣」に作るが、このままでは文義が通らず、私見により「而」を「之」に改めた。

(5) 「同異」の側が通変論の内容を指す点は、第三章の通変論の箇所を参照。

(6) 尹文は反戦・非闘を唱えた名家の人物である。なおこの両者の問答は、『呂氏春秋』正名篇にも収録されるが、そこでは斉王を湣王と明記している。

（7） 心を虚静に保ちつつ、天道に随順せよと説く『管子』中の一篇が、白心篇なる篇名を持つことも、その一例である。

第四章　墨家の論理学——兼愛の戦士たちの論理

（1） 渡辺卓『古代中国思想の研究』（創文社、一九七三年）は、兼愛・非攻を弱者支持の立場に立つ初期墨家の作、節用・節葬・非楽などを領域国家にすり寄った中期墨家の作、尚同・尚賢・天志・明鬼・非命などを大帝国による天下統一を支持した末期墨家の作とする。筆者は渡辺説を全面的に否定するが、その詳細は、「墨家思想の体系的理解（一）——兼愛論について」（『集刊東洋学』第三二号、一九七四年）、「墨家思想の体系的理解（二）——非攻論について」（『集刊東洋学』第三三号、一九七五年）、「『墨子』尚賢論の特性について」（『国学院雑誌』七七—六、一九七六年）、「『墨子』尚同論の構造——天子専制理論との対比」（『文化』第四〇巻一・二号、一九七六年）、「墨家集団の質的変化——説話類の意味するもの」（『日本中国学会報』第三四集、一九八二年）参照。

（2） 鄒衍の思想の詳細については、拙稿「政治思想としての鄒衍学説」（『文化』第三八巻三・四号、一九七五年）参照。

（3） 渡辺卓『古代中国思想の研究』は、墨家の論理学を末期墨家の手になるものとし、その成立時期を戦国末から秦初とする。

第五章　荀子の正名思想——王権と言語

（1） 以下『荀子』の引用は、王先謙『集解』本による。諸家の説を参酌し適宜字句を改めた箇所があるが、紙数の都合上逐一の註記を省くこととした。

（2） この問題に関しては内山俊彦「荀子の思想における自然認識と政治意識（一）（二）」（『山口大学文学会誌』第二〇巻一・

二号、一九六九年、一九七〇年)に詳細な指摘がある。

(3) この点については、津田左右吉『道家の思想と其の展開』第四章、板野長八『中国古代における人間観の展開』(岩波書店、一九七二年)参照。

(4) 加地伸行『中国論理学史研究——経学の基礎的探究』研文出版、一九八三年。

(5) 同書。

(6)『公孫龍子』名実論が、「天地と其の産する所とは物なり」と定義する場合の「物」も、存在物としての共通性を内包とする総称概念であって、「天地與其所產」はその外延に相当する。故にそれは、「萬物」を外延とする荀子の「物」概念と格別対立する思考ではない。指物論において認識と対置される「物」の用法も、やはりこうした見方を裏づけている。

(7) これは正名理論に関してであって、荀子が個物を超える形而上的存在を全く説かないことを意味したりするものではない。彼もまた万物を貫く理法の存在にしばしば言及する。こうした一見矛盾するかのような状況は、宇宙の一切を完璧に認識し得るとする極端な態度(解蔽篇)と「天人之分」(天論篇)との並存や、「性」と「偽」との緊張関係などとともに、荀子の自然認識の特色に関わる問題である。

(8) 原文では「羊與牛唯異」とあるが、『墨子』経説下篇の「牛狂與馬惟異」の句に対する孫詒讓『墨子間詁』の説により、「唯」字を「雖」に改めた。

(9) 加地氏は公孫龍が唯名論者であったことの確証として、白馬論を前面に押し立てるが、白馬論は堅白論と連繫しており、白馬論の内容を以て彼が唯名論者である根拠とするには無理がある。

(10) この句の上に「白」字を補い、公孫龍の「白馬非馬」論を非難したと解する説が一般的であるが、『莊子』斉物論篇にも「以馬喩馬之非馬、不若以非馬喩馬之非馬也」とあって、やはり「白」を欠いている。故にこの句は、前の斉物論篇とともに、前掲の「丘里之言」中に登場する「今指馬之百體而不得馬」のような議論に対する批判と見るべきであろう。なお何啓民『公孫龍與公孫龍子』(台湾商務印書館、一九六七年)参照。

(11) 個物を超越した普遍概念を実体化する企ては、たしかに統一への気運を醸成する効果を持つ。しかし唯名論の立場から、人間の営為を重視しつつ統一を指向する方向も、また可能である。故に、概念実在論↓統一、唯名論↓分裂、との組み合わせのみが唯一の理論的必然ではない。中世西欧の場合は、西ローマ帝国の滅亡やフランク王国の解体以降、政治的統一の可能性が稀薄であり、それだけに西欧世界全体を覆うべきものとしてカトリック的概念の実体化は重い意味を持つ。これに対して戦国期の中国世界においては、やはり普遍者を設定せんとする試みが広汎に見出だせる反面、武力統一が急速に進行中であった現状を反映し、唯名論的自覚から統一を希求する立場も相互補完的に構築される。したがってこの問題を論ずる際には、両者の置かれた歴史的条件の相違を考慮する必要があり、中世西欧における統一指向と概念実在論の関係をただちに古代中国に移入して、秦漢帝国の成立を概念実在論の方向からのみ説明するのは危険である。

第六章 『尹文子』の形名思想——名家的思惟の残照

(1) 張心澂『偽書通考』(台湾商務印書館、一九三九年)、及び黄雲眉『古今偽書考補証』(文海出版社有限公司、一九七二年)参照。

(2) 以下『尹文子』の引用は、『四部叢刊』所収の江南図書館蔵明覆宋刊本による。

(3)三者の引用は相互に出入がある。本稿の引用は、王啓湘が校定して『周秦名家三子校詮』に収めたものを用いた。ただし、「孰處王下」の下に、『意林』から「誰爲王使」の四字を補った。

(4) 『公孫龍子』跡府篇と『呂氏春秋』正名篇とでは若干字句に異同がある。ここの引用は二十家子書本『公孫龍子』に拠る。ただし、諸本はいずれも「榮敢鬪者是而。王是之必以爲臣矣」に作るが、このままでは文義が通らず、私見により「而」を「之」に改めた。

(5) 『呂氏春秋』先識覧正名篇は、この問答の後に、「論皆若此。故國殘身危、走而之穀如衞。齊湣王周室之孟侯也。……」との批評を記す。これに従えば、ここに登場する斉王は湣王となるが、他の資料で尹文と問答する相手はすべて宣王であるから、あるいは『呂氏春秋』の誤りかも知れない。

(6) 『尚書』洪範篇。孔伝に「於事無不通、謂之聖」とある。
(7) 『詩経』周頌・天作。毛伝に「夷易也」とある。
(8) 慎到の思想については、拙著『黄老道の成立と展開』(創文社、一九九二年)参照。
(9) 王啓湘「尹文子校詮」は、生の上に「道」があるべきだとして補うが、誤りであろう。この句の意味上の主語は、万物(衆・羣形)である。
(10) 「校詮」は、道の上に「以」があるべきだとして補うが、誤りであろう。この句は「道者萬物之奧」との『老子』の文を承けており、統治する主体は道である。
(11) 道法思想の詳細については、注(8)の拙著参照。
(12) 黄老道の思想については、注(8)の拙著参照。
(13) 『史記』太史公自序。
(14) 注(8)の拙著参照。
(15) 梁啓超『飲冰室専集』(『飲冰室合集』上海中華書局、一九一六年所収)は、元来は先秦の名家の言であったが、編者が誰の著作か分からなかったため、後に尹文の書と見なされたのではないかと言う。だがそれは誤りで、編述者には最初から尹文の著作に見せかけようとする意図が存在したのである。
(16) 魏晋における形名思想の流行については、堀池信夫『漢魏思想史研究』(明治書院、一九八八年)第三章参照。
(17) ここは芸文志の班固自注を踏まえていると思われるので、「先」を補って置いた。
(18) この句の先頭の「之」字は、衍字として除くべきであろう。
(19) 今本は「故人以度審長短……」となっている。
(20) 「彭蒙曰、雉兎在野、……」の文と、「人有字長子曰盜、……」の文の間に、四個の佚文が連続している。
(21) 江南図書館蔵明翻宋本(四部叢刊所収)。
(22) 上述のように、『治要』の抄録は今本大道上篇の途中から始まるが、大道なる篇名は冒頭の「大道」二字を採ったと思われるから、『治要』が拠ったテキストの冒頭部分も、やはり今本と同一であったと推定できる。

(23) 原文は「無形」二字を脱するが、上文との対応から補うべきだとする孫詒讓「尹文子宋本尹文子校文」(『札迻』巻六所収)の説により補った。

(24) 「道可道也非恒道也、名可名也非恒名也、无名萬物之始也、有名萬物之母也」(馬王堆漢墓出土・帛書『老子』甲本第一章。

(25) 原文ではこの句の上に「又曰」の二字があるが、衍字とする銭熙祚「尹文子校勘記」(『守山閣叢書』所収)の説により削除した。

(26) 原文には「彼」とあるが、「復」字に改めるべきだとする江継培の説(『湖海楼叢書』所収の『尹文子』)に従った。

(27) 『荘子』斉物論篇は、価値定立は人間の側の営為に過ぎず、価値は対象世界の側には存在しないとの立場を取る。この点に関しては、拙稿「荘周寝言」(『中国における人間性の探究』創文社、一九八三年)参照。

(28) 原文には「用」とあるが、『群書治要』に「也」とあるのが善いとする銭熙祚の説により改めた。

(29) 原文は「故」に作るが、『群書治要』に「古」とあるのが善いとする銭熙祚の説により改めた。

(30) 原文は「治」に作るが、道蔵本や『群書治要』では「制」に作るとの銭熙祚の指摘により改めた。

(31) 原文では「萬」の上に「以」の字があるが、衍字とする銭熙祚の説に従って削除した。

(32) 原文は「金」に作るが、「全」字の誤りとする王啓湘『周秦名家三子校詮』の説により改めた。

(33) 『長短経』の引用では、「獨」の上に「夫」の字があるとする銭熙祚の説により、補って置いた。

(34) 原文は「魏」に作るが、「稷」に作るべきだとする孫詒讓の説により改めた。

(35) 今本では(4)に引用した部分がすべて脱落している。『群書治要』によって補う銭熙祚の校訂に従った。

(36) 原文に見える「宋子」は、「宋鈃尹文聞其風而悦之」(『荘子』天下篇)と、尹文と同一学派とされる宋鈃を指すと考えられる。

(37) 法家的形名思想については、注(8)の拙著参照。

あとがき

研究対象に埋没し、「岩鼻やここにもひとり月の客」(『去来抄』)とばかり、自分だけの世界に浸れるのは、恐らく学問の楽しみの一つであろう。筆者にこの酔狂な楽しみを教え、世捨て人の境地に誘ってくれたのは、公孫龍や恵施であった。

筆者が古代中国の論理学に初めて関心を持ったのは、金谷治教授の指導の下、東北大学大学院文学研究科の修士課程一年に在籍していた、一九七一年頃だったと記憶する。動機は至って単純で、難解を以て聞こえる『公孫龍子』が自分に読めるかどうか挑戦してみたいとの軽い気持ちからであった。

たまたま手近にあった崇徳書院二十家子書本のコピーを取り、最も難しそうな指物論篇から読み始めた。案の定、最初は何を言っているのか、ちんぷんかんぷんだったが、格闘するうち、しだいに分かったと思い込める状態に至った。こうなると面白くて止められず、『公孫龍子』にのめり込む日々が続く。その一方、公孫龍と並んで弁者の双璧とされる恵施にも興味が湧き、筆者の頭の中は弁者一色となった。以来、今日に至るまで、数えてみれば三十余年の歳月が過ぎ去った。

このたび前著『孔子神話——宗教としての儒教の形成』(岩波書店、一九九七年)のときと同じく、岩波書店編集部中川和夫氏の尽力を得て、これまでの研究を一書にまとめて刊行する運びとなった。本書に収録したのは、三十余年の間に発表した十一篇の論文と、新たに稿を起こした序章、第二章、第四章など、三章分の原稿である。今回、一般書の形での出版である点を考慮し、重複部分を省くなど、大幅な修改を加えた。したがって原型とはかなり異なってはいるが、来歴を明らかにする意味で、以下にそのリストを発表順に示して置くことにする。

(1) 恵施像の再構成——弁者と魏相との接点　『日本中国学会報』第二八集、一九七六年
(2) 『公孫龍子』指物論の立場——その認識論の性格　『集刊東洋学』第三七号、一九七七年
(3) 堅白石——公孫龍に於ける対象認識の様相　『島根大学教育学部紀要』第一一巻、一九七七年
(4) 白馬と馬の間——『公孫龍子』白馬論の意味　『島根大学教育学部紀要』第一二巻、一九七八年
(5) 荀況に於ける約名の論理　『集刊東洋学』第四一号、一九七九年
(6) 普遍者たち——『公孫龍子』通変論の立場　『島根大学教育学部紀要』第二〇巻、一九八六年
(7) 公孫龍における正名——『公孫龍子』名実論の立場　『東北大学教養部紀要』第四九号、一九八八年
(8) 公孫龍後学——『公孫龍子』跡府篇の意図　『東北大学教養部紀要』第五四号、一九九〇年
(9) 『尹文子』の文献的性格　『集刊東洋学』第六七号、一九九二年
(10) 『尹文子』の形名思想　内藤幹治編『中国的人生観・世界観』東方書店、一九九四年
(11) 公孫龍の思想——時代との関わり　『日本中国学会創立五十年記念論文集』汲古書院、一九九八年

これら十一篇のうち、(2)から(6)までは、島根大学教育学部在職中に執筆したものである。筆者は一九七七年四月に島根大学教育学部の助手を拝命し、三十年住み慣れた仙台を離れ、松江に赴任した。所属は国語研究室で、そこに北

恭昭先生がおられた。北先生は古辞書、特に『倭玉篇』の研究で一家を成した国語学の研究者で、岩波講座日本語第九巻『日本語の辞書(一)』、『倭玉篇五本和訓集成』などの著作がある。

浅野さんは何を研究しているのと質問されて、古代中国の論理学ですと答えると、北先生は興味を示され、イエズス会の宣教師が編んだ『日葡辞書』にも、水掛け論を堅白の議論と説明しているのがあるよといった具合に、いろいろと教えてくださったものである。二人の専門分野は違っていたが、辛うじて言語を扱うとの共通性があったせいか、折に触れて『倭名類聚鈔』や『類聚名義抄』、『倭玉篇』、『金句集』といった古辞書のお話を伺う機会があった。

実は北先生には、国語学者としての顔とは全く別の側面があった。先生は幼い頃からパイロットに憧れ、十三歳から十七歳までの五年間、官立新潟航空機乗員養成所の本科で飛行機の操縦訓練に励んだ経歴の持ち主であった。終戦によって大空への夢を断たれた先生は、その後東京教育大学文学部に進まれ、国語学の世界へと転身されたという。そのことを私は知らずにいたが、ある日、私も無類の飛行機好きだと知った先生は大変喜ばれ、それ以降は飛行機の話でも盛り上がるようになった。

北先生は当時生意気な若造だった私に深い慈愛を示され、お互いの研究室での談笑が深夜に及ぶことも度々であった。先生は一九八四年四月に上越教育大学に移られたが、先生の愛情につつまれて過ごしたそれまでの七年間は、私にとって至福の時であったように思う。ちょうどその期間は、国研の窓から見える共済会の白い建物を堅白石に見立てながら、『公孫龍子』と格闘していた時期でもあり、古代論理学の研究は私の脳裏で北先生の思い出と重なり合う。

北先生とのお付き合いは、上越教育大学に移られたのちも続いたが、大阪外国語大学へ移られたのちの一九九八年九月十五日、先生は病を得て他界・昇天された。恐らく先生は、その最期の瞬間をも、少年飛行兵の魂を抱いたまま迎えられたことであろう。私の妻、章呼も北先生に可愛がられた教え子の一人であり、先生の死は私たち夫婦にとって、大きな衝撃であった。先生を慕うかつての教え子たちは、翌一九九九年に追悼文集『上りのない双六』を発行し、先生の遺徳を偲んだ。その折、私が寄せた一文をここに再録し、合わせてこのささやかな書物を北先生に捧げたいと思う。先生のご温情に報いる術を思案し続けていたが、これが今の私に示せる精一杯の微衷だと思い至ったからである。

銀翼連ねて

近ごろは滅多に聞かなくなったが、たまに青空の向こうから、プロペラ機の爆音が聞こえてくることがある。悲しいほどに懐かしい。

中学校の時分、飛行機狂いの仲間がいて、暇さえあれば飛行機の絵を描き、模型作りに熱中していた。時には教師の目を盗み、机の下で部品に紙ヤスリをかける始末で、お世辞にもまじめな生徒とは言いがたい連中であった。

零戦や雷電・紫電改、隼や鍾馗・疾風などが完成するたびに、かつて大空を舞ったであろう勇姿に思いを馳せては、生まれてくるのが遅すぎた人生を悔やみ続ける。そんな無邪気な一年坊主たちも、やがて学年が進み、二年、三年となると、大戦末期、それぞれの戦闘機がたどった悲運の歴史に思い至り、以前のようには気勢が上がらなくなったりもした。

その当時、私の心に強く焼きついた一枚の写真がある。昭和二十年、敗色濃いビルマ戦線での一式戦の姿を撮ったものであった。かつて加藤隼戦闘機隊の活躍で勇名を轟かせたビルマの陸軍航空隊も、インドや中国南部から侵攻してくる連合軍の航空兵力に圧倒されてすでに昔日の面影なく、わずかな機数で、押し寄せる連合軍の地上部隊に細々と夕弾攻撃をくり返す日々であった。

ミンガラドン飛行場を飛び立った宮辺大尉操縦の一式戦二型甲は、僚機と二機編隊で、夕闇迫るビルマ上空を飛んでいた。まさに陸軍航空隊の落日を象徴する光景で、私はその写真が漂わせる寂寥感に強く魅せられた。

私にはもう一枚、心惹かれた写真がある。捷号作戦に囮部隊として出撃し、ハルゼーの機動部隊をレイテ湾から釣り出すことに成功したのち、エンガノ岬沖で撃沈された、小沢機動部隊の空母瑞鶴の写真である。

大きく傾いた飛行甲板の上で、乗組員が艦橋マストの軍艦旗に敬礼し、万歳を斉唱する光景で、こちらは連合艦隊の最期を象徴する写真であった。

青春を賭けて戦い、海に空に散っていった若者たちの哀歓は、私の心の底に執拗なわだかまりとして沈澱していった。

私が島大に着任して間もなく、研究室で北先生と話し込んでいると、先生がかつて少年飛行兵の卵であったことに話が及んだ。私も驚いたが、私が飛行機好きだと知って、先生も大変驚かれ、かつ喜ばれた。意気投合した二人は、以後しばしば飛行機の話に花を咲かせ、ついには先生のリクエストに応じて、私が九七戦や九九直協、零戦や飛燕などのプラモデルを製作・進呈するに至った。

一機出来上がるたびに、先生は各地の飛行場で目撃した折りの印象を語られた。アンテナや方向舵はこうだったとか、ピトー管やフラップはこうだったという具合に。

ある日先生は、浜松の飛行場に着陸してきた三式戦について、憤りを込めて話されたことがある。浅野さん、あの時、三式戦の両翼の二〇ミリ機銃の銃口には、ボロ布が詰めてあったんだよ、インチキだよな、あんなんでB29なんか撃墜できっこないよなと。

私は、先生それは帝都防衛のために特別編成された震天制空隊の三式戦ではありませんか、震天制空隊の三式戦は高々度で侵入するB29に体当たり攻撃をするため、機銃すべてを取り外して機体を軽くしていましたからと答えた。それを聞いた先生は、そうだったのかと、幾分納得された様子だった。

終戦の翌年に生まれた私にとって、大空への想いは、空想の世界での憧れだったにすぎない。だが先生の場合は違う。実際に練習機の操縦桿を握り、雲海の上を天翔けた末の憧れである。一度も作戦機に搭乗することなく、訓練途上のまま、祖国の敗戦によって大空への想いを突然断ち切られただけに、その無念さは私などの比ではないことを知らされた。先生も一年か二年早く生まれていれば、四式戦や五式戦を駆って、本土上空でF6FやP51と死闘を演じたのであろうか。生き延びてしまった先生は、「翔る」の文字をどんな思いで眺めておられたのだろうか。

今の私にとって、北先生の思い出は、遠い空の彼方から、かすかに響く爆音に似ている。たまらなく懐かしく、地上に残された者の心を揺さぶる。ペラ回せ！　車輪止めはずせ！

二〇〇三年五月三十一日

浅野裕一

■岩波オンデマンドブックス■

古代中国の言語哲学

2003年 8月26日　第1刷発行
2017年12月12日　オンデマンド版発行
著　者　浅野裕一《あさのゆういち》
発行者　岡本　厚

発行所　株式会社　岩波書店
〒101-8002　東京都千代田区一ツ橋2-5-5
電話案内　03-5210-4000
http://www.iwanami.co.jp/

印刷／製本・法令印刷

ISBN 978-4-00-730698-3　　Printed in Japan